유가 철학의 욕망 경계(境界)와 근대적 분화

이 저서는 2010년 정부(교육부)의 재원으로 한국연구재단의 지원을 받아 수행된 연구임
(NRF-2010-812-A00094)

This work was supported by the Korea Research Foundation Grant funded by the Korean Government(NRF-2010-812-A00094)

유가 철학의
욕망 경계와 근대적 분화

境界

이명수 지음

다른생각

유가 철학의 욕망 경계와 근대적 분화

초판 1쇄 인쇄	2015년 8월 25일
초판 1쇄 발행	2015년 8월 28일
지 은 이	이명수
펴 낸 이	이재연
펴 낸 곳	다른생각
주 소	서울 종로구 창덕궁3길 3 302호
전 화	02) 3471-5623
팩 스	02) 395-8327
이 메 일	darunbooks@naver.com
등 록	제300-2002-252(2002. 11. 1.)
I S B N	978-89-92486-23-1 93150

값 20,000원

| 서문 |

유가 철학은 욕망론이다

유가 철학은 욕망론이다. 우리가 자주 언급하는 조선의 사단칠정론(四端七情論)도 사실은 욕망의 처리법에 관한 토론이다. 욕망은 누구나 다 가지고 있다. 이 욕망의 존재를 부정한 사람은 아무도 없다. 따라서 욕망의 긍정이니 부정이니 하면서, 단순하게 평가하는 것은 잘못이다. 욕망에 대한 토론에서 최고의 정점에 있었던 주희도 욕망의 존재를 인정하면서 자신의 견해를 개진하였다.

그러나 욕망은 고전적 관점에서는 천편일률적으로 천덕꾸러기처럼 간주되어, 이겨내지 않으면 안 되는 것으로 취급되었다. 도(道)에 위배되는 것이거나 도를 방해하는 것, 또는 이치를 가로막는 '못된 것'으로 인식되었다.

그런데 근대성이나 근대적 메커니즘의 수용 과정에서, 욕망에 대한 인식은 전환을 맞게 된다. 외적 사물이나 상대를 대할 때 욕망이나 갈망은 일어나기 마련이라는 자연성을 인정하게 되었고, 이목구비와 같은 감각기관의 욕망뿐만 아니라, 인간이 지향하는 멘털리티의 욕망도 역시 필연적인 것이라고 성찰하게 된다.

우리 인간의 욕망은 무한하다. 본능적으로 무엇인가를 소유하고 싶고 먹고 싶고 마시고 싶다는 바람은 피할 수도 없고 끝도 없다. 그리하여 서로 더불어 살면서 대상을 욕망하는 과정에서 충돌이 발생할 가능성을 늘 안고 있다. 그렇다고 욕망을 억누를 수도 없는 노릇이다. 따라서 욕망에 대한 사유는 불가피하다.

뿐만 아니라 세상에는 인간의 욕망을 다 채울 수 있을 정도로 대상이 충분하지도 않고, 대상에 대한 욕망을 절제할 수 있는 인간의 내면 상태도 갖추어져 있지 않다. 하지만 욕망을 '악'으로만 여길 수는 없다. 욕망하는 대상을 다른 사람들과 함께 누릴 수 있다면 좋으련만, 현실은 그렇지 못하다. 사람의 인간성 또한 관대하거나 너그럽지 않기 때문이다. 예를 들어 먹을 것이 있으면 다른 사람을 배려하지 않고 혼자서만 마구 먹어대기 일쑤다. 그런가 하면 자기 것이 아닌데도 자기와 함께 나누어 먹자고 억지를 부리는 사람도 있다.

이렇듯 누구나 육체가 요구하는 생리 현상에서부터 외부적 물질 활동에 이르기까지 '적절한 상태'를 누리는 심리 상태를 기대하기는 어렵다. 이 같은 인간의 내면 상태가 현실화하는 것은 오늘날의 우리 사회를 보면 알 수 있다. 동·서양을 막론하고 그런 심각한 상황을 목도한 사상가들은, 그러한 현상에 대해 자신의 견해를 표출해 왔다. 유가의 욕망론도 예외가 아니다.

□ 욕망에 대한 원초적 고민: 누군가가 하나를 더 먹으면, 하나도 못 먹는 사람이 있게 된다

세상에 존재하는 재화의 양은 늘 제한적이다. 그럼에도 불구하고 혼자서 독점하거나, 다른 사람보다 더 먹거나, 다른 사람에 대해 약탈이나 강탈을 일삼는 사람도 또한 늘 있어 왔다. 그렇게 되면 헐벗는 사람이 반드시 있게 마련이다. 그런 사회에서는 원활한 인간 '관계'가 이루어지기 힘들다. 막힌 사회가 되는 것이다. 확대재생산이 매우 어려운 농업경제 중심의 사회에서는 재화의 양이 늘 부족하다. 인간이 생리적으로 필요로 하는 기초적인 수요도 충당할 수 없을 만큼 사물의 양은 매우 제한적일 수밖에 없었다. 그런 상황에서 소수가 재화를 독점한다면 사회문제를 야기하게 되며, 심하면 싸움이 일어나거나 상대방을 약탈하는 문제가 생길 수도 있다.

이런 점을 우려한 공자는 '극기복례(克己復禮)'를 말했다. 도덕 주체인 '나'야말로 인간적으로 살고 예를 실천할 것을 권한 것이다. 그것이 바로 '인(仁)'의 실천이다. 그 반대 상태가 불인(不仁)인데, 공자가 살던 당시의 사회 상황이 그러했다. 하찮은 자기의 이익을 획득하기 위해 싸우거나 전쟁을 일삼는 때였다. 인간답게 사는 모습은 찾아볼 수 없어, '가진 것 없는 타자'에게 보태주기는커녕 더 빼앗기 위해 혈안이 되어 있었다. 그런 세상에서 힘 있는 권력자나 경제적으로 여유로운 사람은 문제가 없겠지만, 그렇지 않은 사람의 삶은 고달플 수밖에 없다.

사회 경제적으로 힘이 센 사람은 힘이 셀수록 자신의 지위를 발판으로 '자신만의 욕망'을 최대한 누리려고 한다. 적지 않은 사람들이 음지에서 웅크린 채, 기초적이고 생리적인 필요조건조차 채우지 못하는 현실을 외면하려 한다.

그렇지만 문제의식을 가진 사람이라면, 이러한 사회에 대해 가만히 있지 않는다. 그리하여 많은 사람들이 '도'를 말하고, 인간의 '욕망'에 대해 토론하여, 사람이 가야 할 '길' 또는 '이치'를 제시하였다. 공자를 비롯한 선진 유가 철학이나 성리학의 세계관은 이러한 생각들로 가득 차 있다.

□ 지도층의 길을 욕망의 처리에서 찾다

이 세상에서 살아가기 위해서는 길이 필요하다. 그 길이란, 다름이 아니라 바로 인간의 존재 방식이다. 그것을 '도(道)'라고 한다. 그 길을 따라가는 일, 즉 진리의 실천에는 인간의 마음이 중요하기 때문에, 욕망을 문제 삼는다. 그 길을 가는 일은 인간의 욕심이 성패를 좌우한다고 보았다. 공자는 일흔 살이 되어서야 사람이 살아가면서 지켜야 할 인간적 한계를 넘지 않게 되었다고 한다. 마음으로 하고 싶은 일을 해도 자연스러워서 인간의 길, 즉 법칙에 저촉되지 않았다는 것이다.

평생 소원이 공자를 배우는 일이라고 토로했던 맹자도 역시 인간의 길을 마음에서 찾았다. 욕심을 없애는 것은 결코 불가능한 일이겠지만, 그렇게만 된다면 그것이 바로 도덕적 역량, 즉 도덕심이라고 보았다. 그는 어려움에 빠진 사람을 측은하게 여기는 마음인 측은지심처럼, 자연적으로 생겨난 도덕심을 보존하기 위해 욕망을 처리할 것을 권하였다. 공자가 제시한 인(仁)이라는 길을 마음의 측면에서 찾은 것이다.

어려움에 빠진 사람을 보고 차마 그냥 지나치지 못하는 일반인의 마음, 이른바 '불인인지심(不忍人之心)'을 발견한 맹자는, 같은 맥락에서 인간은 누구나 마음에 인의예지(仁義禮智)라는 보편적 도덕성이 있다고 보았다. 그리하여 이런 도덕심을 항상 견지하면서 놓치지 말 것을 주장하였다. 만약 그것을 놓아 버리면 그 상태가 바로 악이고, 그런 악의 상태가 바로 당시의 전국시대라고 진단하였다.

맹자는 동물적인 욕망으로 가득 차서 도덕심이라고는 전혀 없는 마음 상태를 방심(放心)이라고 규정하였다. 이 방심의 상태는, 마치

스컹크가 독한 냄새가 나는 가스를 방출하듯이 도덕심이 밖으로 내보내져, 모습은 사람이지만 내면은 짐승과 같은 상태에 비유할 수 있다. 이에 마음을 버리는 행위를 거둬들일 것을 맹자는 권장하였다. 여기서 수양의 문제가 대두되었다. 수양이란, 비유하자면 마음을 반질반질하게 닦고 본래적인 상태로 복원하는 것이다.

공자도 마찬가지였지만, 맹자도 늘 바람직한 지도자가 나타나기를 기대하였다. 세상이 평화롭지 못한 것은 지도층의 도덕적 자각이 없기 때문이라고 보았다. 곧 군자가 없는 것을 매우 아쉬워했다. 군자는 욕심이나 욕망을 절제할 줄 아는 사람이다. 그에게는 이의지심(理義之心), 즉 이치를 중시하고 정의를 챙기는 마음이 있다. 군자는 동물적·육체적인 기호(嗜好)를 이겨내고, 그 힘으로 사람의 길을 실천하는 사람이다. 이러한 군자가 도탄에 빠진 백성을 구제할 것을 맹자는 기대하였다.

순자는 맹자와 달리 인간의 길을 외부에서 찾았다. 그에게 길이란, 성품이면서 감정이자 욕망인 내면 상태를 조절하는 방법이었다. 그런데 그 길은 일정 부분 마음에서 고민하고 생각해낸 것이다. 이런 점에서 순자도 마음을 중시하였다. 악의 상태인 성품을 다스릴 올바른 마음에 의해 사회제도가 만들어질 것을 기대한 것이다. 그는 인간의 무한한 욕망은 불가피하기 때문에 인간의 내면은 '악'의 상태에 있다고 보았지만, 그런 내면, 즉 희노애락의 감정 상태를 어떻게 할 것인가를 역시 걱정하였다. 그는 세상의 어려운 문제를 풀기 위한 희망을 심사숙고하는 마음에서 찾았다. 순자에게 마음이란 사유작용이었다. 그 사유작용을 통해 제정된 예의, 문화적 요소로서 음악, 기타 사회제도가 만들어지기를 희망하였다.

순자에게는 마음을 보는 두 가지 패러다임이 있었다. 그 하나는 욕심이고, 다른 하나는 심사숙고하는 사려작용이다. 욕심이나 욕망을 의미하는 악의 마음과 희망의 마음이라는 두 측면을 보았다. 인간의 동물적 욕망 상태를 사려 깊은 사유 기능이 이겨낼 것으로 기대하였다. 악의 상태를 사려 깊은 사회제도를 통해 극복할 것으로 여긴 것이다.

□ 성리학적 유학 전통: 욕망은 도덕 이성의 실현에 방해가 된다

선진 유가 철학이 '길'을 '도'라고 하면서, 우리가 이행해야 할 규범이나 질서를 논할 때 마음과 욕망을 문제 삼았다. 이런 흐름을 송명이학(宋明理學)에서는 '이법'의 차원으로 끌어들였다. 도덕성이나 도덕심을 자연적인 이법으로 승화시키고, 그것을 보존하기 위해 동물성과 같은 욕망을 버리자고 하였다. 그들 성리학자들은 더도 말고 덜도 말고 "하늘의 이치를 보존하고 인간의 욕망을 제거하자."라는 슬로건을 내걸었다.

그들에게 천리는 존재의 이치였다. 욕망은 육체와 결부된 것이어서, 몸이 나기 이전부터 존재하는 도덕 이치인 본성을 이행하는 데 방해꾼으로 인식되었다. 그들이 보기에 도덕적 이치로서의 천리는 인간의 몸에 자리 잡고 있는데, 그것이 바로 본성이다. 이 본성은 순도 100%의 청정수와 같이 선한 상태이다.

성리학자들이 말하는 이치의 성(性)은 맹자가 말한 '성선(性善)'의 성(性)과 같아서 아주 '좋은 것'이다. 청정수는 흐려지기 마련이므로 꾸준히 불순물을 걸러내는 일이 필요하듯이, 마음의 탁한 상태, 즉 불순한 요소인 욕망을 제거하기 위해 우리의 몸을 단속하거나 수양하지 않으면 안 된다.

송명이학의 도덕주의는 맹자가 말한 도덕심이나 도덕성을 '천리'

라고 상정한다. 한편으로 순자가 인간의 성품·감정·욕망을 같은 맥락에서 보고 악의 요소를 찾은 것을 간파하지 않은 감이 없지 않다. 인간의 마음에서 선하다는 성품과 악하다는 성품을 이분법적으로 대립시키면서, 이론상 어쩔 수 없이 못된 욕망이 성품을 흐려놓는다'는 점을 부각시키려고 한 것이다.

□ 근대적 분화: 욕망도 자연의 이치다

그렇다면 유가의 욕망론의 근대적 분화는 무엇일까? 그것은 다름 아닌 사람이 살아가는 방식에 관한 근대적 전환이다. 그것은 동아시아적 가치 지향·패러다임·존재 방향·도에 관한 근대적 성찰이다. 그것은 서구 근대성의 지표인 자본주의·합리적 개인주의 등과 같은 존재 양식을 넘나드는 것으로, 기존의 욕망에 대한 전통적인 인식의 전환이다. 변함없는 것이라고 간주해 오던 인간의 길을 물질성의 각도에서 본 것이다.

인간의 내면을 중요하게 여기는 풍토에 의해 가려진 개인의 삶을 돌아보고, 인간의 삶에서 경제활동도 빼놓을 수 없다는 점을 놓치지 않은 것이다. 오히려 욕망은 이치이고, 그것이 있어야 이치의 실현이 가능하다고 보는 '패러다임의 전환'이었다. 물론 이른바 '전근대'에도 이 같은 물질성의 이치에 대한 자각이 없었던 것은 아니다.

근대적 분화란 국가적 지도 노선으로 이념화되어 왜곡되어 온 욕망의 인식에 대해 성찰하는 것이기도 했다. 공자·맹자·순자로 대표되는 선진 유가 철학의 견해에서부터 주자학적 세계관에 이르기까지 욕망은 매우 중요한 토론거리였다. 그들 사상가들은, 사람의 존재 방법으로서의 도, 즉 이치는 누구나가 공유하면서 살지 않으면 안 되는 것이라고 사유하였다. 그러면서 그 도·이치가 사람의 못된 욕심에 의해 가려지지나 않을까 하고 매우 걱정하였다. 한편으로 그들의 철학은 동아시아 문화사에서 정치 이론으로서 크게 왜곡되었다. 정치적으로 악용되는 과정에서 이념화되고 단순화되었지만, 근대적 인식 과정에서 욕망은 이치를 실현하는 역동성, 즉 운동적 요소가 되었다. 오래도록 유교 본연의 가르침이 왜곡되는 상황에서, 욕망의 문제도 시대정신에 맞게 풀이해야 한다는 인식에 도달한 것이다.

이 저술은 이상에서 언급한 내용을 저자 나름대로 표출한 것이다. 여기에서는 욕망에 대한 '근대성'의 국면과 서구에 의해 만들어진 '근대 시기'에 있었던 인식의 변화를 '근대적 분화'의 맥락으로 파악한다. 그러면서 그 같은 양상을 쉽게 알아볼 수 있도록 분리하여 서술한다.

● 과도기적 욕망 인식과 근대성 지향의 욕망론

우리가 살아가는 과정에는 '실용 이성'이 필요하다. 현실은 늘 합리성을 요구하기 때문이다. 굳이 서구의 자본주의적인 모더니티가 아니더라도, 쇼핑을 하거나 그 밖의 물질생활을 하다 보면 '계산적인 마음'이 작동하지 않을 수 없다. 우리가 있는 현장 또한 우리의 존재 방식을 달리 요구하기 때문이다. 탁상공론을 문제 삼는 것도, 아무리 좋은 이론이라 하더라도 때로는 그것이 현실에서는 황당무계한 것으로 판명되고 말기 때문이다.

우리가 교육을 통해 배운 존재의 방식이나 원리 또한 현실에 맞지 않을 때가 많다. '이치'와 '욕망'의 문제도 마찬가지다. 아무리 도덕적 이치가 좋고 욕망은 나쁜 것이라고 말해도, 현실 속에서는 그것이 뜬금없는 소리가 될 수도 있고, 때로는 비웃음을 자아낼 수도 있다. 유학 사상의 전개 과정에서도 이치와 욕망을 이분법적으로 구분하려는 태도에 대해 혼란스러워하거나 냉소적인 시선이 나타나기 시작했다. 이런 과도기적 시기의 인식을 이 저술에서 다루었다.

예를 들면, 명나라 말기의 유종주(劉宗周)는 양욕(良欲)을 말했다. 이는 명대 중기 태주학파(泰州學派)의 견해에서 어렵지 않게 발견할 수 있다. 이때 사상가들은 '일상성'과 삶의 조건에서 사물의 이치를 찾고, 거기에서 욕망은 불가피한 것이라고 파악하였다. 욕망을 사물의 이치 속에서는 물론이고 인간관계의 질서 속에서도 없어서는 안 되는 것이라고 보았다. 양명좌파(陽明左派)로 불리는 이지(李贄)는 "옷을 꿰매 입고 밥을 먹는 것이 인륜물리(人倫物理)이다. 옷 꿰매 입고 밥 먹는 것을 빼고 질서나 사물이란 없다."『분서(焚書)』, 「답등석양(答鄧石陽)」라고 하여, 현장성·일상성에서 질서와 사물의 이치를 인식할 것을 권했다. 도덕 질서와 사물의 이치를 따로 분리하지 않았던 것이다.

명말에 양명좌파뿐만 아니라 진확(陳確)이나 황종희(黃宗羲) 같은 사람들은 욕망을 터부시하는 맥락에서 사물의 이치를 등한시하는 것은 터무니없다는 입장을 보였다. 그것은 밥 먹고 일하는 일상의 과정에서 허구임이 뻔히 드러난다는 것이다. 이런 생각은 자본주의적 인식으로 연결된다. 사상가들은 서구적 '근대성'에 가까운 견해를 표출하면서 욕망의 의미를 접근하기 시작하였다.

● 근대 시기—서구적 모더니티를 고려하다

대체로 양명학적 소양을 가진 사람들이 주로 중국적이면서 물질적인 메커니즘을 도덕주의와 연결하였다. 그들은 반주자학적인 입장을 전개하면서 근대성을 표출하였다. 원래 도덕 이성이란 현장에서 생활을 영위하는 사람들에게는 항상 취약한 것인데다, 격동기에는 또한 현실과 동떨어진 이상처럼 보여, 개인·국가·민족의 존재 방식이 되기도 쉽지 않다는 인식이 뒤따르게 된다. 저자가 생각하기에, 형이상학이란 누군가의 직관적인 논리여서 더욱 현실과 맞아떨어지기 어렵다. 이런 입장은 중국의 격동기에 그렇게 논란거리가 되었던 욕망에 대한 견해에서도 나타난다.

그러한 인간 욕망의 문제는 일본을 제외한 동아시아 특유의 역사 조건과 맞물려 여전히 논란거리가 되고 있었다. 시대 상황으로 볼 때, 서구는 이미 대륙의 합리론과 영국의 경험론을 토대로 하여 근대 이성으로 넘어갔다. 진리에 대한 과학적 접근과 자본주의로의 이행을 거쳐, 이제는 남의 땅을 넘보는 제국주의로 한참 나아갔다. 그렇지만 동아시아는 19세기 중엽에 이르기까지도 '도'를 이야기했으며, 그것은 시·공간을 초월하는 진리라고 간주하면서 잠에서 깨어나지 못했다. 단순한 정책노선에 불과한 '도'를 성인이 말한 이치라고 선전하고 왜곡하는 지도층이 많았고, 일반인들은 이들의 말을 그대로 믿었다. 그 중심에는 유교적 지식인들이 한몫을 하고 있었는데, 이들에 의해 욕망은 배척해야 할 대상이라는 인식이 강하게 유포되었다.

이른바 서구의 충격이 가해진 후에야 세상 물정을 아는 사람들은 근대적 메커니즘, 즉 자본주의적 모더니티를 전개하였다. 그 대표적 사상가들로는 강유위(康有爲)·담사동(譚嗣同)·양계초(梁啓超)·엄복(嚴復)을 들 수 있다. 이들은 도덕론에서 그렇게 강조하는 의리에 대해 인식의 패러다임을 달리하였다. 재물이나 자본의 이익을 추구하는 것이나 욕망을 펼치는 것도 의리라고 강하게 비판하였다. 물질적 이익을 공평하게 추구한다면, 그것이 바로 의리이자 도라는 견해를 피력했다. 자연이 마련해 준 이치에 욕망도 포함시킴으로써, 전근대적 사유에 대해 비판하고 성찰하였다.

● 욕망대로 사는 것이 본성이다

고대의 사상에서는 인간의 도덕적 다짐이자 의지인 '명(命)'마저도 본성으로 간주하였다. 그렇지만 근대의 욕망론에서는 동물적인 욕망을 거부하는 생각은 잘못된 것이라고 여긴다.

회고해 보건대, 맹자는 인의예지의 도덕성과 의리를 생각하는 마음인 측은지심을 본성의 차원으로 보았다. 맹자는 여기에서 한 걸음 더 나아가, 욕망이나 자기의 이익을 추구하는 욕심을 이겨내는 군자의 모습을 요구하였다.

그리하여 군자의 도덕적 사명감마저 본성에 편입시키는 '성명(性命)' 사상을 내놓았다. 그렇지만 근대 사상은 그 같이 정의되는 도덕성을 반기지 않았다. 욕망대로 하는 것이 인간의 본성이며, 그것은 역시 자연적인 것이라고 인식하였는데, 그 대표적 사상가는 공자진과 위원 등이다.

● 동중서(董仲舒)식 도의에 대한 성찰—사적 욕망의 추구

한대(漢代)의 동중서는 "의를 올바르게 하고 이익을 도모하지 않으며, 도를 밝히고 공을 헤아리지 않아야 한다."『한서(漢書)』 권56 『동중서전』라고 하였다. 전통 유가의 의리관을 유지한 것이다.

송나라 때의 소옹(邵雍)도 "천하가 다스려지려면 사람들은 반드시 의를 숭상해야 하고, 천하가 어지러우려면 사람들은 반드시 이익을 숭상한다."[소옹, 『황극경세(皇極經世)』『관물내편(觀物內篇)』 7]라고 하였다. 정호(程顥)·정이(程頤) 형제도 "이익이란 중인(衆人)이 똑같이 욕망한다. 욕망을 독점하여 자기에게 보탠다면 그 해가 크다. 욕망이 심하면 어둡고 막혀서 의리를 잊을 것이요, 요구가 심하면 침탈과 원한을 부른다."[이정(二程), 『이정집(二程集)』「주역정씨전(周易程氏傳)」 권3]라고 하였다.

그들 모두 마음을 공평하게 하여 올바른 이치를 잃지 말고, 여러 사람과 더불어 이익을 함께할 것을 바랐던 것인데, 이는 공자의 '균(均: 균평)' 사상이나 맹자의 여민동락(與民同樂)의 이념에 보이는 것처럼 이익이나 욕망에 대해 공리적(公利的) 입장에 선 것이다. 의리의 이행을 위해서는 사적인 이익을 추구해서는 안 된다는 것이었다.

이에 반해 근대의 사상가들은 자기의 영리 행위마저 하나의 이치로 여겼다. "이치, 이치하면서 욕망하거나 사적으로 이익을 추구하는 것은 말이 안 돼."라고 말하는 '도학선생'도 자신의 이익을 챙기지 않고서는 못 산다는 냉소적인 입장을 보였다.

● 인간의 도리는 사물의 질서 속에 있다

근대로의 전환기인 격동의 시기에도 동아시아 문명을 지배해온 중화주의는 도를 표방하면서 인도(人道)를 강하게 교도하였다. 과학적 논리가 수용되고 서구의 민주주의 제도가 소개되고 있는 상황에서도, 수백 년 전에 세워진 주자학적 이론 체계를 여전히 세상 경륜에 유효하다고 보는 풍조가 강하게 남아 있었다.

자기 도취 또는 자기 우월주의로 가득한 지역적 문명주의는 시·공간적 상황에 유연하게 대처하는 데에 큰 장애가 되었다. 다른 모든 것보다 도덕이 먼저라는 식의 교육적 지침은 현실 문제에 대한 접근성을 떨어뜨렸던 것이다.

이러한 상황에서 뜻있는 유학자들은 '새로운 이치', 나라가 나아가야 할 길, 사람이 살아가는 방법, 학문의 주제가 시대 상황에 어떻게 어울려야 하는가를 나름대로 개진하였다. 그리하여 사람이 살아가는 길은 상황에 따라 달라진다는 맥락에서, 동기주의보다는 공리주의로, 도덕을 따로 분리하기보다는 사물의 이치와 함께 논하였다.

욕망을 추구하는 것은, 사람이 살아가기 위한 하나의 이치로서 너무나 당연하다고 여겼다. 이런 사조는 명대 중기 이후부터 나타나는 '근대성'의 사유 패턴과 유사하다. 이지의 인륜물리, 왕부지나 황종희의 공리주의(功利主義) 경향이 근대로의 전환기에 부자연스럽지 않게 이어졌다. 굳이 학문적 파벌을 나누자면, 양명 사상에 영향을 받은 사람들의 견해가 현안과 어우러져 전개되었는데, 공자진·위원·강유위·담사동·양계초 등의 사상적 기조는 전반적으로 모두 반주자학적이었다.

그들이 볼 때, 이치는 물질문명의 메커니즘도 마다하지 않는 것이어야 했으며, 같은 의미에서 욕망은 세상의 현안에 부응할 수 있는 역동성이자 생동의 기틀이었다.

● 시대 상황에 맞게 욕망을 실현할 제도를 구축해야 한다

유가의 근대 욕망론은 서구적 메커니즘에 크게 영향을 받았다. 동아시아에서 근대로의 전환기라는 것도 일정 부분 서구적 메커니즘과 패러다임으로의 전환이라는 것을 부인할 수 없다. '고요'의 도덕주의는 서구적 근대 합리성의 지표인 자본주의·개인주의에 의해 성찰할 것을 요구받았다. 그리하여 직관론이나 관념론의 틀을 벗어나지 못하던 이전의 세상 담론이 좀 더 과학적이면서 현실적인 바탕 위에서 전개되는 단계로 나아갔다. 민생이나 제도를 논하는 방향에서도 '실학'

이라는 개념이 대두되었다.

여기에서 인간의 내재적 역동성·힘·의욕 등에 대한 인식도 크게 변화하였다. 강유위 같은 사람은 이치도 사람이 만들어 낸 것이라고 하여, 기존의 '천명(天命)'적 신비주의를 타파하였다. 일상의 물질생활·이익 추구·남녀 문제·정감 표출의 중요성 등을 현실적으로 접근하려 한 것이다.

같은 흐름에서 한국의 최한기(崔漢綺)는 '운화(運化)'·'기화(氣化)'의 각도에서 우주와 세상의 현상들을 설명하였다. 그는 현실적 상황을 미루어 보면서 인류가 나아가야 할 길을 헤아릴 것을 권장하는 '추측'론을 제기하였다.

이런 관점에서 근대 전환기의 사상가들은 욕망, 공과 사, 선과 악, 물질과 정신 등의 문제들을 유기적으로 접근하였다. 그러면서 사회 시스템도 변화하지 않으면 안 된다고 주장하였다.

□ 욕망의 범주에 관한 의미의 경계

이 저술은 유가의 욕망론의 정신은 무엇이며, 그 근대적 분화는 어떻게 전개되었는지를 다룬다. 욕망의 범주에 관한 개념을 현대화하고, 욕망의 의미를 역사적 맥락 속에서 이해함으로써, 학술사적 애매성에서 벗어나고자 하였다. 예를 들면 '성(性: 성품, 본성)'이니 '정(情: 감정, 정감)'이니 '심(心: 마음)'이니 '의(意: 의지)'니 하는 알쏭달쏭한 용어들에 대한 접근의 어려움을 해소해보려고 하였다.

- 의미의 경계: 욕구와 욕망, 이치와 욕망 그리고 욕망과 마음 등의 용어 관계에서 발생할 수 있는 의미의 구분을 시도해 보았다.

- 공자, 맹자, 순자의 욕망론: 성·정·욕을 거의 합일하여 보려는 순자의 입장은 후대에 송명이학뿐만 아니라 근대에도 영향을 미쳐, 욕망의 함의를 파악하는 데에 큰 도움을 줄 것으로 판단되어 일정 부분 비중 있게 다루었다.
- 사물의 운동성과 욕망: 자연 존재의 운동성과 연결되는 욕망의 문제, 즉 장재(張載)가 말한 '기의 욕[氣之欲]'은 그의 사유에 나타나는 공취지성(攻取之性: 사물에 내재하는, 공격하거나 취하는 존재론적 운동성)과 같고, 그것은 성품의 운동성인 '성의 욕[性之欲]'과 관련이 있는데, 이런 점도 욕망론의 범주에서 접근해 보았다.
- 도덕 합리주의 철학에서의 욕망: 이성을 중시하는 시각에서 욕망을 보는 관점으로, 역시 '근대성' 및 욕망론의 근대적 분화와 대비하여 다루었다.
- 근대성 발현기의 욕망론: 특히 명대 중기부터 명말 청초에 이르는 자본주의의 맹아와 같은 특색을 보여주는 욕망에 관한 견해, 그리고 아편전쟁 전후 서구의 충격 과정에 나타난 욕망에 대한 인식의 전환을 다루었다.
- 욕망론을 둘러싼 이슈: 이치와 욕망, 도리와 물리, 정의와 이익, 공과 사, 선과 악 등이 욕망과 관련하여 어떻게 논의되는지, 그 추이를 살폈다.

□ 오늘 이곳에 사는 우리의 욕망 문제

그렇다면 우리가 오늘 이곳에서 늘 안고 사는 욕망의 문제를 어떻게 할 것인가? 이 저술은 유가 철학의 욕망론이 어떤 의미로 이 시대에 유효하게 다가올 수 있을까를 전망한다. '물질성의 이성주의'에 치우쳐 그것이 모든 것을 다 커버하는 것처럼, 결여된 인간형으로 살아가고 있는 한국적 현실에서, 유가적 전통 욕망론과 그 근대적 분화가 우리의 삶에 어떻게 기여할 수 있을까를 고민해 보았다.

학문이란, 특히 인문학은 사람이 있는 장소를 염두에 두지 않으면 안 된다. 그리하여 오늘 이곳의 시·공간적 조건에 기여하고, 미래에도 유효한 거시적 제안이 있으면 더욱 좋다. 그럼에도 불구하고 그 같은 문제의식을 진행하지 않아도 되는 것처럼 보이는 것이 또한 인문학이다. 고전적 의미에서 지나치게 형이상학적으로 흐를 가능성도 이 인문학에는 내재한다. 직접적으로 시장에 노출되지 않으므로 자신의 이야기나 일방적으로 늘어놓고 자기 조상이나 칭송하면서 마구 써내려가더라도, 이에 대해 문제를 제기하는 사람은 별로 없다. 재미없는 학문이 되거나 의미 없는 작업이 될 가능성이 큰 것 또한 인문학이다.

이런 생각을 하면서, 어떻게 보면 유가 철학의 욕망론 또는 근대적 분화가 이 시대에 어떤 의미가 있는 줄도 모르고서, 내가 알고 있는 것에 도취되어 글을 써가는 것은 아닌가 하는 반성도 곁들이면서 이 글을 진행하려고 노력하였다.

:: 목 차

유가 철학의

욕망 경계境界와 근대적 분화

I

유가 철학의 욕망론에 관한 기본 문제

1. 유가 철학의 욕망 경계(境界)

(1) 유가 철학의 '욕망'론의 기초적 접근

1) 인(仁)을 성취하는 대장정과 욕망

욕망이란 무엇일까? 바깥세상을 향한 자기 운동성이라고나 할까? 마음속에 그리는 '그 무엇'에 대한 동경이라고나 할까? 언젠가 방영된 이른바 '힐링 프로그램'에서 고등학생이 스님에게 "공부를 좀 하려고 하면, 놀고 싶은 욕망이 솟구쳐 공부가 안 됩니다."라고 말했다. 그러자 스님이 "놀이 삼아 공부를 하면 되지요."라고 하였다.

이렇듯 욕망이란 일상으로 파고든다. 그렇다고 스님이 말한 것처럼 쉽게 해결할 수 있는 것도 아니다. 일반인들은 스님이 말한 것처럼 '놀이 삼아 공부하는 방식'으로, 놀고 싶은 욕망도 해결하고 공부도 하기가 어렵기 때문이다.

또한 언뜻 보면 욕망에 담겨 있는 함의는 매우 부정적이다. 식욕·성욕·수면욕·재물욕·지배욕·권력욕·애정욕·과시욕·명예욕·지식욕 등

등과 같은 말로 표상되는 욕망은 욕심과 같은 말이기도 하지만, '탐욕'과도 그 뜻이 통한다. 그렇다고 이것을 '악'과 같은 실재(reality)로 인식할 수는 없다. 그것은 인간이 궁극적으로 추구하려는 목표의식과도 무관하지 않아서, 무작정 나쁜 것으로 여기기에는 무리가 있기 때문이다.

따라서 본 저술은 유가 철학의 욕망론에 주목한다. 공자(B.C. 553~B.C. 479)는, "아침에 도를 들으면 저녁에 죽어도 좋다."[1]라고 하면서 세상에 도가 있기를 매우 강력히 희구하였다. 여기에서 '도'는 순간 또는 긴 안목의 합리적 인생 지표로서, 현실적이거나 관념적인 면을 모두 내포하고 있다. 바꿔 말하면 경험적이거나 선험적으로 규정되는 길이다.

그런데 공자에게, 그 길은 인(仁)의 도(道)이다. 유가 철학의 궁극적 지향점인 도의 함의는 '인'으로 표상되는 소통성·관계성이다. 마치 행인(杏仁)이나 도인(桃仁)의 인(仁)과 같은 생명의 근원성[2]에 닿아 있다. 유가 철학은 그 같은 근원적 도덕성·역사성·시대정신을 성찰해 왔으며, 같은 의미에서 욕망과 관련된 긴 토론의 여정을 거쳐 왔다.

『논어』에서 인(仁)은 사람 사랑, 곧 애인(愛人)의 의미로 언급되거나, 좀 더 강력하게 살신성인(殺身成仁)으로 표명되면서, 나 이외의 타인에 대한 배려가 세상을 바꿀 것으로 여긴다. 증자(曾子)의 윤리학에서는 도(道)의 의미를 충서(忠恕) 등으로 풀이되기도 한다. 또한 인(仁)은 나의 진심으로서의 충(忠)과 타인을 포용한다는 의미의 서(恕)를 내포하는 것으로 풀이하기도 한다.[3]

---

1) 『論語』「里仁」7장, "子曰: 朝聞道, 夕死可矣."

2) 張立文 主編, 『聖境』, 人民出版社, 2005. 10, 32쪽.

3) 『論語』「里仁」15장, 曾子曰: 夫子之道, 忠恕而已矣 참조. 주희에 의하면, 충(忠)은 자기의 마음을 다하는 것이고, 서(恕)는 자기 마음을 미루어서 타인을 헤아리는 것이다.

공자는 "내가 원하지 않는 것을 남에게 베풀지 마라."[4]라고 하였다. 이것도 역시 타자의 편에 서서 남을 배려하는 인(仁)을 실천하기 위한 요건이다. 또 다른 대목에서 공자는 또한 "내가 서고자 하면 남도 서게 해 주고, 내가 이루고자 하면 남도 이루게 해 준다."[5]라고 하였다. 맹자(B.C. 372~B.C. 289)는 인(仁)의 실천 방법으로서 오륜을 제시하기도 하였다. 이러한 것들은 모두 인간관계의 바람직한 방법이나 덕이라는 데에 주목한 것이다.

같은 의미에서 『대학』은 혈구지도(絜矩之道)를 말한다. "윗사람이 내게 해서 싫은 것을 내가 아랫사람에게 하지 말고, 아랫사람이 내게 해서 싫은 것을 내가 윗사람에게 하지 말며, 앞 사람이 내게 해서 싫은 것을 내가 뒷사람에게 하지 말고, 뒷사람이 내게 해서 싫은 것을 내가 앞 사람에게 하지 말며, 오른쪽에 있는 사람이 내게 해서 싫은 것을 내가 왼쪽 사람에게 하지 말고, 왼쪽 사람이 내게 해서 싫은 것을 내가 오른쪽 사람에게 하지 않는 것이다."[6]라고 하여, 세상 사람과 더불어 살 수 있는 방법론적 법칙성을 제시하였다. 따라서 유가 철학의 욕망론도 일정 부분 사람이 살아가는 데 필요한 길, 즉 타자와의 '소통성' 확보와 무관하지 않다.

송명이학(宋明理學)의 세계관은 이(理)의 도덕적 합리성을 추구하였다. 거기에서 인(仁)을 '만물은 한 몸'이라고 보는 만물일체(萬物一體)의 사유와 '만사만물(萬事萬物)의 이치'인 이(理)에 담아, 유가 철학을 도덕 합리주의 존재론으로 승화하였다. 그것의 주된 특징은 엄숙주의로 나

4) 『論語』「顏淵」 2장, 仲弓問仁. 子曰: 出門如見大賓, 使民如承大祭. 己所不欲, 勿施於人. 在邦無怨, 在家無怨.과 『論語』「衛靈公」 23장, 子貢問曰: 有一言而可以終身行之者乎? 子曰: 其恕乎! 己所不欲, 勿施於人.의 글 참조.

5) 『論語』「雍也」 28장, 夫仁者, 己欲立而立人, 己欲達而達人.

6) 『大學』傳 10장, 所惡於上, 毋以使下; 所惡於下, 毋以事上; 所惡於前, 毋以先後; 所惡於後, 毋以從前; 所惡於右, 毋以交於左; 所惡於左, 毋以交於右: 此之謂絜矩之道.

타나는데, 인간이 지켜야 할 천리는 어떤 욕망 앞에서도 굴복되어서는 안 된다는 것이었다.

그런데 시대의 변화는 유학에서 사유의 양상도 변화시켰다. 주자학이나 양명학의 엄숙주의와 송명이학적 사조(思潮)의 '욕망을 배제해야 한다'는 주장은 비판을 받기도 했다. 또 각 학파의 내부에서는 욕망에 대한 인식에서 유연하고 절충적인 입장도 나타났고, 매우 새롭게 인식하는 경향도 등장했다. 특히 19세기 중엽 이후 근대적 서구 사조의 유입은 기존의 인간론에 큰 변화를 가져왔다. 우리나라에서도 마찬가지였는데, 특히 강유위의 이상향에 대한 사색, 즉 대동세계의 구상은 유학의 담론에 큰 변화를 가져왔다.

2) 학파들마다 욕망에 대해 다양한 의미를 부여하다

우리는 유가의 각 학파들마다 다르게 표방한 욕망론의 함의와 그 양상에 주목할 필요가 있다. 그리고 거기에는 제각기 방향성이 있음을 눈여겨보아야 한다. 욕망론마다 두 경계, 곧 의미의 범위와 궁극의 지향점이 있으므로, 그것들을 맥락적으로 이해해야 한다. 유가의 욕망론에 내포된 지향점·궁극 정신은 그리 단순하지 않아서, 수양론·정치사상·인성론·경제사상 등과 그 내포(內包)나 외연(外延)이 긴밀하게 연결되어 있다. 욕망에 관한 사유의 기본으로서 '경계(boundary)'가 있거니와, 거기에서 표방하는 종극의 지향[7] 또는 최고의 경지로서의 경계들(sublime)도 다양하게 존재하고 있다는 점을 주목하지 않으면 안 된다.

예를 들자면, 욕(欲, 慾)·인욕(人欲, 人慾)·물욕(物欲, 物慾)·기(己)·사

7) 劉學,『先秦諸子思惟硏究』, 湖南人民出版社, 2009, 159쪽 참조.

(私)·사욕(私欲, 私慾)·정욕(情欲, 情慾)·욕정(欲情) 등과 같이 유가에서 말하는 욕망의 범주에는 의미의 경계가 있어서, 생명 유지에 필요한 생리적 욕구(need)를 초과하여 추구하는 것은 '악'일 수 있다는 전제가 이미 내재한다. 따라서 단순히 욕구·욕망·인욕 등의 표현을 혼용할 경우, 자칫 생명 유지에 필요한 최소량을 추구하는 것마저 부정하는 것처럼 보일 수 있다.

이런 점에서 "송명이학은 욕망 부정", "육구연·양명우파 일부와 양명좌파는 욕망 긍정", "청대의 대진은 욕망 긍정", "근대 사상가도 역시 욕망 긍정" 등과 같은 패러다임으로 유가 철학의 욕망에 관한 견해를 구분하여 논할 경우, 그들의 토론이 지향하는 본지(本旨)가 드러나지 않아서, 경우에 따라서는 어떤 학파의 토론은 의미 있는 것이고 나머지는 무의미한 것이 되어 버릴 수도 있다. 또한 자칫 우리가 학문적으로 취사선택하는 메커니즘에 빠지는 일이 발생할 수 있다.

송명이학의 도덕적 합리성에 따르면, 사람이 살아가는 데 기본적으로 요구되는 생물학적 필요량 이상을 가지려는 욕망을 추구해서는 안 된다. 추구하는 욕망이 생물학적 필요량 정도이면 그것은 곧 천리이고, 자연의 이치상 불가피한 것이다. 그 정도의 욕망이라면 논란을 벌일 일이 아니다. 이 같은 의미로 유학이 늘 꿈꾸어 왔던 바람직한 지도자의 도리로서 필요한 금욕을 제기한 것이다. 유학은 도리(道理)를 강조한다. 도(道)가 강령으로서의 길이라면, 이(理)는 강령인 도에 뒤따르는 세부적인 이치이다.[8] 이 같은 도리를 이행해야 하는 군자에게 지도층다운 내면적 경지가 있지 않으면 안 된다. 지도자란 백성을 먹여 살리는 위치에 있는 사람이다. 그런 사람이라면 누려야 할 것에 대한

8)『朱子語類』卷6,「性理三, 仁義禮智等名義」, 道是統名, 理是細目 참조.

최소한의 한계를 넘어서서는 안 된다는 위민의식(爲民意識)이 깔려 있다. 이는 우리 시대의 정치 지도층에게도 시사하는 바가 작지 않다.

3) 시대 상황에 따라 달라진 욕망 토론의 양상

한편 시대가 흘러, 서구의 충격에 의해 형성된 동아시아의 근대에, 사상가들은 이전의 내적 도리를 강조하던 경향에서 벗어나 외적 사물의 질서로 관심을 옮겨갔다. 그렇다고 해서 욕망에 대한 토론 주제를 도리(道理: 인간적인 길과 그에 부수되는 이치)에서 물리(物理: 사물 존재의 이치)로 완전히 전환한 것은 아니었다. 이전에는 대상을 인식하는 데에서 내적 도리에 치우치거나 한정하던 경향에서 벗어나, 도덕적으로 접근하고 외적 사물의 질서를 이해하거나, 물리를 더불어 고민하는 단계로 접어든 것이다. 다시 말하면 직관적으로 물리를 이해하는 데에서 탈피하여, 시대 상황을 반영하고 과학적 성과를 적용하여, 객관적 자연 법칙을 수용하면서 세상의 현안을 고민하는 단계로 접어들게 되었다.

특히 명대(明代) 중기 이후에 처음 나타나는 현상이지만, 근대에 이르면 자연적 이치와 욕망에 대해 이원론적으로 접근하지 않았다. 이를 좀 더 '관계적으로' 이해하여, 욕망을 자아실현의 요소로 인식하기도 하였다. 인간이 맞는 현안들, 즉 전반적인 사회 시스템을 포함하는 외적 대상에 대응하는 의욕이나 역동성 혹은 시대적 주체성을 실현하는 조건이라고 파악하였다.

'근대'는 전근대적 가치와 현대적인 것을 유기적으로 연결하는 가교이기도 하지만, 동아시아가 서구적 지향과 충돌하고 자본주의·식민주의를 거치면서, 불가피하게 생활양식의 변화를 모색한 시기이기도 하다. 오래도록 이어져온 우리의 가치가 피할 수 없는 '근대'라는 아포리아를 만나 고민한 만큼, 거기에는 우리의 전통적인 문명의 이치, 예컨대 주자학적 사유체계라는 도덕 이치를 실현하는 것 이상으로, 삶에 관한 울퉁불퉁하고도 다양한 리좀(rhizome) 현상과 같은 이치(ration)를 찾는 면모도 없지 않았다.

이런 시대를 고민하면서 나타난 사유체계에는 때로는 장자 철학에 대한 현실적 변용도 보이는데, 그 과정에서 행해지는 욕망에 대한 토론은 오늘날 서구적 이치(reason)를 극복하려는, 근대성 성찰의 좋은 대안이 될 수 있을 것이다.

(2) 개념의 문제: 바람, 욕구 그리고 욕망의 경계(boundary)

우리가 욕망이라고 할 때, 그것은 단어의 구성상 '욕'과 '망'으로 이루어져 있다. 두 글자는 모두 '바라다'라는 의미를 갖는다. '욕'만을 '욕망'이라고 할 수도 있으며, 또한 여기에는 일반적으로 말하는 '욕망(desire)'의 의미가 함축된다고도 할 수 있다. 곧 욕망은 '바라다'는 의미이면서 '생물학적 필요량을 넘는 것을 바라다'는 용어로 사용하기에 적합하다.

물론 욕구라고 할 때도, 동양학적 자구(字句) 분석을 통해 보면, '욕'과 '구'로 구성되어 있다. 그렇다면 '욕구'도 '욕하여' '구하다'이므로, 생물학적 필요량 이상을 '바라는' 욕망의 의미가 없는 것은 아니다. 이 같은 용어 풀이의 문제점은 특히 순자의 저작에서 발견된다. 뒤에서 논의하겠지만, 생리적 필요량으로서의 욕구 또는 요구(Need)[9]

9) 용어의 의미를 보면, 'need'는 생활체의 생리적·심리적 기구(機構)에서 생기는 부족 상태를 보충하고 과잉 상태를 배제하려는 생리적·심리적 과정이다. 생활체는 생명을 유지하고 생활을 무사히 영위하기 위해 외부 환경에 적응하고 물질을 교환하며 사회적으로 접촉한다. 이 과정에서 생활체의 생리적 기구 내의 물리·화학적 성질은 일정한 한계 내에서 변동한다. 이 변동이 한계에 도달하게 되면 생명의 위험을 초래하게 된다. 이와 같은 극단에 도달하지는 않는다 하더

는 성리학적 개념으로는 본성에 해당한다. 이황(李滉, 1501~1570)이나 이이(李珥, 1536~1584)는, 비록 본성에 해당한다 하더라도, 즉 생물학적 요구량이라 하더라도 과도한 것이 될 수 있다고 보았다. 지나쳐서 중용(中庸)이나 중절(中節)의 상태를 잃으면 자연적 이치로서의 천리를 벗어나게 되는 것이 욕망이라고 규정하였다.[10] 『순자』에 있는 다음의 글을 보자.

> 욕망을 비록 다 채울 수는 없더라도 거의 채울 수는 있을 것이요, 욕망은 비록 제거할 수는 없다 하더라도 구하는 과정에서 조절할 수는 있다. 욕망을 비록 다할 수는 없다 하더라도 구하는 것은 오히려 거의 다할 수 있고, 욕망은 비록 제거할 수도 없고 구하는 것도 불가능하지만, 사려 깊은 사람은 욕망은 하되 조절하여 구한다. 도(道)란 나아가면 '욕망을' 거의 다하게 하고, 물러나더라도 구하는 것을 조절하게 할 것이니, 천하에 그만한 것이 없다.[11]

라도, 생리적 기구 내부 환경의 적절한 균형 상태가 파괴된다. 이렇게 되면 균형을 다시 회복하려는 작용이 생긴다. 이와 같은 평형 상태를 미국의 생리학자인 W. B. 캐넌은 '호메오스타시스(homeostasis)'라고 불렀다. 요구는 호메오스타시스로부터의 이탈이나 생리적 불균형으로부터 직접 발생하는 1차적 요구와 어떤 경험에 의해 1차적 요구로부터 파생한 2차적 요구로 구분된다. 생활체가 호메오스타시스를 유지하기 위해서는 외부 환경으로부터 일정량의 산소·수분 및 기타 영양소들을 섭취해야 하며, 체온을 유지하고 신진대사를 해야 한다. 이러한 필요성이 생겼을 때, 이 필요성을 충족시키려고 하는 것이 생활체의 생리적 요구이다. 따라서 이러한 생리적 요구는 호메오스타시스의 유지를 위해, 궁극적으로는 생명을 유지하기 위한 생활체의 자기조절 기능의 표시라고 할 수 있다. 따라서 1차적 요구는 생리적 1차적 요구와 심리적 1차적 요구로 구분된다. 생리적인 1차 요구는 공기에 대한 요구, 수분(水分)에 대한 요구, 음식물에 대한 요구, 성적 요구, 육아(育兒)를 갈망하는 모성의 요구, 피로할 때 휴식의 요구, 수면의 요구 등이다. 심리적인 1차적 요구는 유해한 자극으로부터의 퇴피(退避), 적을 만나 경계하고 도망치려는 위급(危急)의 요구, 적에 대한 투쟁 등을 들 수 있다. 이와 같은 1차적 요구에 의해 이 요구를 충족시키려는 과정에서 경험적으로 습득되는 각종 요구들이 있다. 이러한 요구를 경험적 또는 습득적인 2차적 요구라고 한다. 습득적인 2차적 요구로는 지위·명예·권력·독립 등에 대한 요구, 애정·집단 소속 등과 같은 사회적 안정감을 확보하려는 요구 등을 들 수 있다. 1차적 요구는 생명의 유지·종족의 보존이라는 생물학적 의미를 가지고 있으며, 모든 종족·개체에게 공통적인 것이지만, 2차적 요구는 이러한 공통성이 없으며, 인간의 경우, 문화·역사·사회에 따라 달라진다(http://100.naver.com/100.nhn?docid=117908, 검색일: 2011. 6. 18).

10) 李滉, 『退溪集』 卷7 箚 「戊辰經筵啓箚二」와 李珥, 『栗谷全書』 卷34 附錄二 年譜下 辛巳九年 46歲 7月 奉教製進人心道心說 參조.

11) 『荀子』 「正名」, 欲雖不可盡, 可以近盡也, 欲雖不可去, 求可節也. 所欲雖不可盡, 求者猶近盡, 欲

이 글에서는 '욕(欲)'을 욕망으로 풀이하였다. 순자가 말하고자 하는 문맥에 별로 위배되지 않음을 알 수 있다. 그럼에도 불구하고 또 다른 문제가 남는다. 순자가 말한 "사려 깊은 사람은 욕망하되 조절하여 구하고자 한다[慮者欲節求也]."에서 '~하고자 한다[欲]'로 풀이하는 것이 '욕망하다'보다 더 바람직하지는 않은가 하는 점이다. 곧 단순히 조동사나 부사로 처리하기 어렵다는 점이다.

그처럼 허사로 처리할 경우에도 문제는 남지만,[12] 어쨌든 어디까지가 의미의 경계(boundary)인지 알기 힘든 애매함이 있다. 분명한 것은 영어 'need'의 해석으로서 욕구가 아니라, 동양철학적 원전에 근거한 '욕'과 '구'를 합친 것이라면 '생물학적 필요량 이상'을 의미하는 '욕망'이라는 뜻도 담겨 있다고 할 수 있다. 왜냐하면 '무한한 바람'을 의미하는 '욕(欲)'과 '구(求)'의 합성어일 수도 있기 때문이다.

공자는 군자의 "욕이불탐(欲而不貪)"을 표명하였다. 바람직한 인간

雖不可去, 所求不得, 慮者欲節求也. 道者, 進則近盡, 退則節求, 天下莫之若也.

12) '欲'에 대한 사전적 정리는 김원중의 『허사사전』에도 좀 보인다. 1. 조동사로서 어떤 일을 하겠다는 의지를 나타내고, 동사 앞에 쓰이며, '……하려고 한다', '……하려고 생각한다'라고 해석한다. 예 1) 欲加之罪, 其無辭乎(죄를 판결하려고 하는데, 변명할 말이 없는가)!(『左傳』 僖公 10年) 예 2) 廣故數言欲亡(오광은 일부러 몇 마디 말하고는 도망치려 했다).(『史記』「陳涉世家」) 예 3) 孤不度德量力, 欲信大義於天下(나는 덕행과 역량을 헤아려 보지도 않고, 천하에 대의를 펼치려고 했습니다).(『三國志』「蜀書·諸葛亮傳」) 2. 조동사로서 일의 이치상 반드시 이와 같아야 함을 나타내고, 형용사 앞에 쓰이며, '……해야 한다', '마땅히 ……해야 한다'라고 해석한다. 예) 膽欲大而心欲小(담은 커야 되고, 마음은 치밀해야 한다).(『新唐書』「孫思邈傳」) 3. 부사로서 행위나 상황이 곧 발생하려는 것을 나타내며, 동사 앞에 쓰이고, '장차 ……하려 한다', '……하려 한다'라고 해석한다. 예 1) 吾與隗囂事欲不諧, 使來見殺, 得賜道亡(나는 외효와의 관계를 화해하지 않으려 한다. '그의' 사신은 피살되었고, '내가' 그에게 준 것도 중도에서 잃어버렸다)!(『後漢書』「隗囂傳」) 예 2) 佗脈之曰 "府君胃中有蟲數升, 欲成內疽, 食腥物所爲也!(화타는 그를 진맥하고 말하기를 "태수의 위에는 몇 말이나 되는 벌레가 있는데, 장차 내장이 독창이 되려 합니다. '이는' 비린내 나는 고기를 먹었기 때문입니다)."(『三國志』「魏書·華佗傳」)라고 했다. 〈참고〉 '욕'은 본래 동사로서 '요구하다'·'좋아하다'라는 뜻이다. 예를 들면 '夫子欲之(공자께서 그것을 요구하신다).'(『論語』「季氏」), '己所不欲, 勿施於人[내가 바라지(좋아하지) 않는 것을 남에게 베풀지 말라].'(『論語』「衛靈公」), '魚, 我所欲也(물고기는 내가 좋아하는 것이다).'(『孟子』「告子章句上」) 또한 명사로 쓰면 '바람'·'욕망'이라는 뜻이다. 예를 들면 '上下同欲者勝(윗사람과 아랫사람이 같이 바란다면 승리한다).'(『孫子』「謀攻」) '慾'자와 마찬가지로 '정욕'·'탐욕'이라는 뜻이 있다. 예를 들면 '從耳目之欲(이목의 욕망을 따르다).'(『孟子』「離婁下」), '不覺寒暑之切肌, 利欲之感情(추위와 더위가 살갗에 사무치는 것을 느끼지 못하고, 이익과 탐욕의 감정만 느낀다).'(劉伶, 酒德頌). 김원중 편저, 『虛辭辭典』, 현암사, 1898, 525~526쪽 참조.

이 되기 위해서는 "욕망하되 탐내지 않아야 한다."[13]라고 하여, 욕망의 불가피성 또는 과도한 욕망에 대한 경계(警戒)의 입장을 밝혔다. 또 "종심소욕불유구(從心所欲不逾矩)."[14]라고 하였다. 즉 "마음에 욕망하는 바를 따랐지만 법도를 넘지 않았다."라고 하여, '욕망하는 것'이 무한할 수 있음을 암시하였다. 사회적으로 적절한 한계를 넘지 않을 만큼만 욕망을 표출하는 것이 인생의 황혼기인 70살에야 가능했다고 하여, 일정한 수양이나 인생 경험에 의한 자기 절제의 필요성을 제기한 것이다. 또 한편으로 "늙어서 경계해야 할 것은 탐욕스러운 이익을 획득하는 데에 있다."[15]라고 하여, 욕망을 억제하기 위한 노력은 평생 동안 필요하다고 말했다. 맹자는 "가욕지위선(可欲之謂善)."[16]이라고 하였다. '욕망할 만한 것(바람직한 것)'을 '선'이라고 하여, 역시 '욕망'은 피할 수 없는 것이고, 욕망해도 되는 것이 있다고 하였다.

여기에서 욕구·요구 그리고 욕망에 관한 접근을 용이하게 하기 위하여 현대의 철학자 라캉의 견해를 보기로 하자. 라캉이 말한 '욕구'라는 개념에는 우선 순전히 생리학적이고 생물학적인 뜻이 내포되어 있다. 갈증을 느끼는 자는 물을 바라고, 배가 고픈 자는 먹을 것을 찾는다. '욕구'는 어떤 대상을 겨냥하고, 거기에서 만족을 구한다. 그러나 라캉은 이 세상에 순수하게 생리적·생물적 욕구만 존재하는 것은 실제로는 불가능하다고 한다. 모든 욕구에는 언제나 '욕망'과 '요구'가 섞여 있다는 것이다.[17]

김석에 의하면, 라캉의 사유에서, 욕구가 생리적인 유기체의 필

13) 『論語』「子張」2장, 子曰: 君子惠而不費, 勞而不怨, 欲而不貪, 泰而不驕, 威而不猛 참조.
14) 『論語』「爲政」4장, 七十而從心所欲, 不踰矩 참조.
15) 『論語』「季氏」7장.
16) 『孟子』「盡心章句下」25장, 可欲之謂善.
17) 김형효, 『구조주의 사유체계와 사상』, 인간사랑, 2008, 359~360쪽.

요에서 비롯된다면, 요구는 이것을 언어로 표현해서 전달하는 것이다. 그런데 욕구와 요구는 불일치할 수밖에 없는데, 욕구를 완전하게 요구로 변화시키는 것이 불가능하기 때문이다. 여기에서 욕망은 욕구와 요구 사이의 차이로 나타난다. 라캉은 욕망에 대해 말하면서, 자연적 욕구가 언어로 기술될 때 불가피하게 어긋나는 부분이 발생하면서 이것이 욕망을 이룬다고 하였다. 라캉의 『에크리』에 수록되어 있는 「남근의 의미」에서, "가령 욕구 중 소외되는 부분은 요구로 전달되지 못하고 남는 어떤 억압을 구성한다. 그러나 이 억압된 것은 하나의 파생물 속에서 나타나는데, 이것이 바로 인간에게 욕망으로 모습을 드러내는 것이다."[18]

욕구·욕망·요구의 문제를 둘러싸고 이처럼 접근해 보는 일, '생물학적 필요량을 의미하는 욕구'를 본성 차원으로 보고, 그 이상을 요구하는 것을 '욕망'으로 규정하는 것은 유가 철학의 시각과 상통하는 면이 있다. 따라서 이런 접근은 유가 철학의 욕망론 이해에 타산지석으로 삼을 만하다.

요약하자면 첫째, 유가 철학의 욕망 경계에서, 성품(본성)·욕구·욕망의 한계가 문제된다. 일반적으로 '욕(欲)'은 '바라다'라는 일반 동사의 성격을 띠기도 하지만, 그것은 '무한정 바라다'의 의미로서 '욕망하다' 또는 '욕망'의 의미를 갖는다고 이해해도 좋다.

둘째, 생물학적 필요량으로서의 욕구는 자연적 이치인 천리의 체현으로서 '성(性: 성품)'의 함의에 포함된다.

셋째, '욕구'를 '욕망하여 구하다'의 줄임말로 이해할 수도 있다. 예를 들면 『순자』의 사유에서 "욕망[欲]은 비록 제거할 수는 없다 하더라

18) 김석, 『에크리-라캉으로 이끄는 마법의 문자들』, 살림, 2007, 185쪽.

도, 구하는[求] 과정에서 조절할 수는 있다. 욕망[欲]을 비록 다할 수는 없다 하더라도 구하는 것[求]은 오히려 거의 다할 수 있고, 욕망[欲]은 비록 제거할 수 없고 구하는 것[求]이 불가능하더라도, 사려 깊은 사람은 욕망은 하되 조절하여 구한다."[19]라는 문장이 그것이다. 그런데 생물학적 또는 생리적 필요량도 욕망의 범주에 넣을 수 있는데, 이는 성리학적 정의와 일치하는 것이다.

넷째, 욕(欲)·인욕(人欲)·물욕(物欲)·기(己)·사(私)·사욕(私欲)·정욕(情欲, 情慾)·욕정(欲情) 등과 같은 용어의 함의가 거의 '욕망'에 해당하며, 단지 유가 철학의 전개 과정에서 학파마다 '욕망'을 어떻게 달리 접근했느냐가 문제될 수 있다.

마지막으로 근대성이나 근대적 의미의 욕망론에서, 욕망은 바로 이치에 속한다고 여긴다. 어디까지가 이치이고 어디서부터가 욕망인가를 나누는 것 자체가 부질없다고 인식하기도 한다. 여기에서 또한 이치와 욕망의 관계에 대해 공(公)과 사(私)의 잣대를 가지고 토론을 진행하기도 하는데, 이치는 '공'이고 욕망은 '사'라는 방향성을 견지한다.

2. 본원 유가에서의 욕망 문제

(1) 도덕적 주체성과 사회사적 의의

중국 주나라 시대의 봉건 천하는 본래 불완전한 통일 상태였다.

19) 『荀子』「正名」, 欲雖不可去, 求可節也. 所欲雖不可盡, 求者猶近盡, 欲雖不可去, 所求不得, 慮者欲節求也. 蕭公權, 『中國政治思想史』(上), 聯經出版社, 臺北, 1980, 19~20쪽 참조.

그리하여 점차 그것이 이완되면서 열국으로 분할되었다. 그 정치적 기초가 실제로 안정되지 않았지만 수백 년 간 유지될 수 있었던 까닭은, 왕실이 강성하여 예악정벌(禮樂征伐: 예의의 제정과 음악의 제작이라는 문화적인 측면과 군대를 보내 어떤 제후국에 경고를 내리거나 정벌하는 일)이라는 큰 권력을 집행할 수 있었던 데에 있다.

그러나 시대의 변천에 따라 정치와 사회는 똑같이 혼란스러워졌다. 이(夷, B.C. 894~B.C. 879)·평(平, B.C. 770~B.C. 720)·경(敬, B.C. 519~B.C. 476)의 옹립은 모두 제후들의 힘을 빌린 것이다. 이러는 사이에 귀족은 천민으로 타락했고, 천민들은 모두 그 윗사람을 능멸하였다. 그리고 종법의 정전제(井田制)도 소멸해 갔다. 옛 사람의 마음 상태와 관련을 맺고 있었던 예속(禮俗)은 본래의 의의를 모두 잃어가고 있었으니, 전쟁이나 가뭄에서 비롯되는 고통은 없었더라도 인심이 동요함에 따라, 문무(文武)가 결탁하여 형성된 봉건 천하도 오래 버티기가 어려웠다.[20]

이 같은 상황에서 춘추 말기의 공자는 요순(堯舜)·우(禹)·탕(湯)의 도(道)를 그 종극(終極)의 이상으로 삼았다. 그는 말하기를 "태백은 지극한 덕(德)이 있다고 이를 만하다. 세 번 천하를 사양하였으나 백성들이 그 덕을 칭송할 수 없게 하였다."[21]라고 하여, 양보하는 현인을 칭찬하였다. 또 문왕을 칭찬하여 말하기를, "천하를 삼분하여 그 둘을 소유하고도 복종하여 은(殷)나라를 섬겼으니, 주나라의 덕은 지극한 덕이라 말할 만하다."[22]라고 하였다.

동시에 공자는 "정사(政事)를 덕으로 하는 일은, 비유하자면 북극

20) 蕭公權,『中國政治思想史』(上), 聯經出版社, 臺北, 1980, 19~20쪽 참조.
21)『論語』「泰伯」1장, 泰伯, 可謂至德也矣, 三以天下讓, 民無得而稱焉.
22)『論語』「泰伯」20장, 三分天下有其二, 以服事殷, 周之德, 可謂至德也矣.

성이 제자리에 머물러 있음에, 여러 별들이 그것을 향하는 것과 같다."[23]라고 하여, 이상적 지도자에 의한 덕치의 필요성을 제기하였다. 천자가 북극성이라면 제후는 뭇별들과 같아서, 인덕(仁德)으로 사람들을 모이게 할 수 있다고 믿었다. 그는 또 "먼 지방 사람이 복종하지 않으면, 문덕(文德)을 닦아서 그들을 오게 하라."[24]라고 하여, 덕으로써 인도할 때 세상이 평화로워질 것이라고 주장하였다. 이 같은 맥락에서 절제와 자기희생이 뒤따르는 '인(仁)'의 '도(道)'가 세상에 실현되기를 희망하였다.

전국 시대에 일곱 나라의 군주들은 자신의 지세(地勢)가 넓고 강한 것을 믿고서, 대부분이 천자국의 우두머리를 가리키는 왕을 참칭(僭稱)하였다. 나라가 강성할수록 군주들은 더욱 위세를 떨쳤다. 위로는 원후[遠侯: 군(敵)의 동정(動靜)이나 지형(地形) 등을 탐지하기 위하여, 먼 곳으로 파견되는 일]의 구속이 없었고, 아래로는 귀족의 견제도 없었다. 부강(富强)은 국가 정책의 주요 골간이었고, 군주는 국정의 중심이었다. 그들은 종주국인 주나라를 훼멸하고, 봉건의 정치를 해산하고 중심력을 떨침으로써 집권전제(集權專制)의 중심으로 전화(轉化)하였다.[25]

맹자는 성선론을 왕도사상의 논거로 삼아 세상의 변화를 희망하였다. 인간이면 누구나 갖고 태어난다는 '남에게 차마 하지 못하는 마음'으로 어려움에 빠진 세상을 구하는 정치가 행해지기를 기대하였다. 맹자는 대인·대장부와 같은 군자 계열의 사람들이 자신들의 욕망을 절제하면서 양심적으로 세상을 올바로 세우는 것을 꿈꾸었다. 그가 말하는 '성(性)'이란 선천적으로 부여된 인간 고유의 능력으로, 그

23) 『論語』「爲政」1장, 爲政以德, 譬如北辰居其所, 而衆星共之.
24) 『論語』「季氏」1장, 遠者不服, 則修文德以來之.
25) 蕭公權, 앞의 책, 20쪽 참조.

것을 '양지(良知)'·'양능(良能)' 또는 '양심(良心)'『맹자』「진심장구상(盡心章句上)」이라 하였다. 그는 인간이 받은 자연·성품에는 본래 욕망이 없다는 입장을 취하였다. 군자다운 사명의식으로서의 명(命)이 있으므로, 차마 먹고 마시는 일에 그치는 동물적 속성을 인간의 본성으로 여길 수는 없다는 생각을, 그의 성명(性命: 성품과 사명) 의식에 담았다.

맹자는 종족제의 신분 질서 속에서 지켜야 할 도덕적 가치를 자기의 기준으로 삼아, 그것을 성품으로 여겼다. 이에 반해 순자는 자기 측의 규정을 유지하지 않고 외부에 대한 객관적 인식을 통해 성품을 접근하였다. 때문에 그는 내면을 중시하는 도덕적 의의를 결여했다.

맹자는 심성 내부에서 선악을 나누지만, 순자는 대상으로서의 사물이나 사람과 그것을 인식하는 심지(心知: 마음에서 인식 기능)를 갖춘 성인을 대립적 위치에 놓았다. 때문에 선악은 정치적·사회적 개념이 된다.[26] 그는 사람의 악을 교정하는 데 사법예의(師法禮義: 스승과 모범의 교도와 예의)가 필요하다고 인정했으며, 특히 예(禮)에 중점을 두었다. 맹자는 예(禮)가 선천적으로 인성에 구비되어 있다고 생각했지만, 순자는 후천적으로 성인이 제정한 것으로 본다. 인간의 성품이나 감정은 원래 대상이 되는 사물을 향해 무한한 사적인 욕망을 발산하는데, 이때 제한적인 사물의 양과 인간의 욕망이 조화를 이루지 못하여 싸움이 일어난다는 것이다. 따라서 그러한 욕망을 조절하기 위해 예의가 필요하다고 보았다.

결국 '힘'에 의존하여 세상을 뒤흔든 패도 정권은 '도덕'의 의미를 무색케 하였다. 불완전한 통일을 이루었던 주대의 봉건 천하이든 전국 시대이든 할 것 없이, 순리로 여겼던 이상적 봉건제의 모델인 '왕

26) 戶川芳郎, 蜂屋邦夫, 溝口雄三(조성을·이동철 옮김)『유교사』, 이론과실천, 1990, 52~55쪽 참조.

도'와는 반대되는 '패권'의 분열상을 특징으로 한 중국의 고대 시기에, 공자·맹자·순자는 혼란상을 타개하기 위하여 인간주의를 전개해야 한다고 믿었다.

공자는 '선왕(先王: 옛날의 바람직했던 왕)'의 제도 이념을 인(仁)의 도(道)로 파악하고, 타자를 위해 자기 희생을 감수할 줄 아는 군자의 리더십이 출현하기를 희망하였고, 맹자는 공자의 학문을 심학적으로 계승하여 왕도정치의 근간을 마련하였다. 순자는 공자가 제시한 이념을 경험론적으로 계승하여 시대의 난맥상을 해결하고자 했는데, 그들 모두 인간이 지닌 선천적이거나 후천적인 이기적이고 동물적인 속성의 변화에 주목하였다.

(2) 공자의 욕망론: 배려와 관계성 확보

1) 인간다움의 길: 인(仁)

공자가 말한 인간다움의 근원은 인(仁)에 있었다. 그것은 도덕으로서, 인류와 더불어 성취해야 할 사명과 같은 것이었다. 이는 "하늘이 나에게 덕을 주었으니, 환퇴(桓魋)가 나를 어떻게 하겠어!"[27]라고 한 말에 단적으로 나타나 있다.

그에게 도는 인간이 가야 할 궁극적인 경계(경지)였다. 이 점을 잘 나타내주는 것이 바로 증자가 "책임은 무겁고 갈 길은 멀다."[28]라고 말한, 임무를 이행하기 위한 긴 여정이다.

공자는 기본적으로 '인(仁)'을 말하고, 행동 규범으로 '예(禮)'를 말하여, 인간관계, 즉 인륜에 관한 지대한 관심을 표명하였다. 이는『논

27)『論語』「述而」22장, 子曰: 天生德於予, 桓魋其如予何.
28)『論語』「泰伯」7장, 任重而道遠.

어』의 "극기복례, 위인(克己復禮, 爲仁)."[29]이라는 문장에 압축적으로 표현되어 있다. 주자의 견해에 의하면, '기(己)'는 사욕(私欲)이다. 따라서 이 문장은 "나를 이겨내어 예로 돌아가는 것(예를 이행하는 것)이 인을 실천하는 것이다."라는 표명이다. 어떻든 도덕을 이행한다는 것은 나를 일정 부분 극복하거나 희생하는 것이므로, 그리 쉬운 일이 아니다. 하지만 이 문장은 공자의 욕망론을 논의하는 데에서 빼놓을 수 없는 대표적 표현으로 여겨진다.

춘추 말기에 주나라의 봉건 질서가 쇠퇴하여 사회적 혼란이 심해지자, 공자는 주나라 초기의 제도로 복귀해야 한다고 생각했다. 그는 위정자는 덕이 있어야 하며, 도덕과 예의에 의한 교화가 이상적인 통치 방법이라고 생각했다.

이러한 사상의 중심에 있는 것이 인(仁)이었다. 공자는 최고의 덕을 인이라고 보고, 인은 "사람을 사랑하는 것"이라고 정의하기도 했다. 공자가 설정한 인이란, 그리스도교의 사랑이나 불교의 자비와는 다른, 부모형제에 대한 골육의 애정, 곧 효제(孝悌)를 기초로 하여 타인에게도 미치는 사랑이었다. 모든 사람이 인덕(仁德)을 지향하고, 인덕을 갖춘 사람만이 정치적으로 높은 지위에 앉아 인애(仁愛)의 정치를 한다면, 세계의 질서도 안정을 찾을 수 있다는 입장을 드러낸 것이다.

그는 인간관계에서 서로간의 소통을 위한 임무를 지는 것을 중요하게 여겼다. 그는 "임금은 예(禮)로 신하를 부리고, 신하는 충성(忠誠)으로 임금을 섬긴다."[30]라고 하였다. 신하의 충성에 대한 임금의 예(禮)가 대표적인 덕이라고 언급하였다. 신하된 자가 충성심을 갖고 임금을 섬기지 않으면 안 되지만, 군주도 또한 예를 바르게 하여 신하를

29) 『論語』「顔淵」1장.
30) 『論語』「八佾」19장, 定公問, 君事臣, 臣事君, 如之何, 孔子對曰: 君事臣以禮, 臣事君以忠.

대우하지 않으면 안 된다는 것이다. 이러한 점은 공자가 제나라 경공에게, "임금은 임금답게, 신하는 신하답게, 아비는 아비답게, 아들은 아들답게 자기의 의무를 다한다."[31]라고 한 부분에도 나타난다.

충성을 신하가 임금에 대해 가져야 할 덕이라고 언급한 것은 주목할 만하다. 그런데 『논어』에서 말하는 충성은 군신간의 도덕뿐만 아니라 '정성스런 마음'이다. 예컨대 번지(樊遲)가 '인(仁)'을 묻자, 공자는 "거처함에는 공손히 하며, 일을 집행함에는 공경히 하며, 남과 교제함에는 충성으로 하라."[32]라고 하였다. 또 군자가 생각해야 하는 아홉 가지, 즉 구사(九思)[33]에는 "말함에는 충성될 것을 생각하라."라는 항목이 있다. 또 우리가 일반적으로 '일일삼성(一日三省)'이라고 알고 있는, "내가 하루에 세 가지로 반성한다."[34]라는 말이나, 증삼의 일상적인 성찰 가운데 "남과 함께 교제할 때 충성하지 않았던가?"라는 말 등에는 정성·성실의 의미가 내포되어 있다. 또 "충성과 믿음을 주로 삼고, 나만 못한 이와는 벗하지 말라."[35]라는 말이나, "말은 참되고 진실하게 하며, 행동은 도탑고 공경하게 하라."[36]라는 말 등에서 보이는 충성에는 미더움·신실함의 뜻이 내재되어 있다.

『논어』의 '인'에 관한 정의 가운데, 역시 앞서 언급한 '극기복례' 외에, '애인(愛人: 사람 사랑)'·'공(恭: 공손, 공경)·실(實: 진실)·신(信: 미더움)·민(敏: 민첩함)·혜(惠: 자혜)'라는 다섯 가지의 덕을 세상에 행하는 일[37]등이,

---

31) 『論語』「顏淵」11장, 孔子對曰: 君君臣臣父父子子.

32) 『論語』「子路」19장, 樊遲問仁. 子曰: 居處恭, 執事敬, 與人忠.

33) 『論語』「季氏」10장, 孔子曰: 君子有九思, 視思明, 聽思聰, 色思溫, 貌思恭, 言思忠, 事思敬, 疑思問, 忿思難, 見得思義.

34) 『論語』「學而」4장, 曾子曰: 吾日三省吾身, 爲人謀, 而不忠乎, 與朋 友交而不信乎, 傳不習乎.

35) 『論語』「學而」8장, 主忠信, 無友不如己.

36) 『論語』「衛靈公」5장, 子張問行. 子曰: 言忠信, 行篤敬, 雖蠻貊之邦行矣: 言不忠信, 行不篤敬, 雖州里行乎哉?

37) 『論語』「陽貨」6장, 子張問仁於孔子, 孔子曰: 能行五者於天下, 爲仁矣. 請問之, 曰恭寬信敏惠, 恭則不侮, 寬則得衆, 信則人任焉, 敏則有功, 惠則足以使人.

이 같은 의미를 명백하게 드러내준다.

한편 공자는 영윤(令尹: 정승 벼슬) 자문(子文)이라는 사람을 평하여, "충(忠: 충성, 자기의 역량을 다하는 것)의 수준이라고 평할 수 있다면서 인(仁)하지는 않다."라고 하였으며, 진문자(陳文子)를 평하여 '청(淸: 청렴)'의 수준이라고 평가하면서도 '인(仁)하지는 않다'고 하였다.[38] 공자는, 자신의 역량을 다한다는 것이나 청렴하다는 미덕만으로는 '인'이라 하기에 아쉽다고 보았다.

그런 점에서, 인은 종합적인 미덕이다. 공자의 훌륭한 제자들 가운데 한 사람이면서 공자의 생각을 결정적으로 곧잘 풀이했던 증자는, 이 인을 가리켜 "충서(忠恕)일 뿐이다."라고 하였다. 충은 나의 중심(中心)으로, 진심 또는 성실이다. 서(恕)는 추기급인(推己及人)으로, 나의 심정을 미루어 상대에게 확대하는 것이다.

'인'으로 귀결되는 인간의 길은 진실과 사랑의 마음을 담아 깍듯이 타자에게 다가가는 것이다. 그것은 일정 부분 '나'를 넘어 서로가 공유해야 할 인간관계의 규범으로서 '예'의 실천을 요구한다. '인'과 '예'는 동전의 양면 같이 매우 밀접한 관계에 있다. 이런 인간의 길을 실천하기 위해서는 일차적으로 자기 절제가 요구된다는 점에서, 사적인 욕망은 문제가 되지 않을 수 없다.

2) 더불어 살기 위한 전제 조건: 욕망의 극복과 절제

타자와의 관계적 질서로서 '예'를 이행하는 일이 바로 인(仁)을 실천하는 힘이다. 그것은 타자와 원활한 인간관계를 위해서는 절차가 있어야 한다는 것이다. 『논어』에는 '예(禮)'자가 70여 개 보이는데, 이

38) 『論語』「公冶長」18장, 子張問曰 ……令尹何如. 子曰: 忠矣. 曰仁矣乎, 曰: 未知, 焉得仁, 子張問曰 ……陳文子何如. 曰: 淸矣. 曰: 仁矣手. 曰: 未知, 焉得仁 참조.

것들의 의미는 주로 생활규범·도덕규범·예절의식을 가리킨다. 그 가운데 예는 '몸을 가지고 있는 우리를 단속하는' 수단으로 쓰인다. "선생님께서는 순서 있게 사람들을 잘 인도하시는데, 우리들을 글로써 넓혀 주시고, 우리를 '예'로써 단속하신다."[39]라는 말 속에 나오는 '예'나, '극기복례'의 '예'는 그 대표적인 경우이다.

극기복례의 '기(己)'를 '자기의 부정한 사상이나 언행'으로 보는 경우도 있지만,[40] 공자가 자신의 수많은 제자들 가운데 칭찬을 아끼지 않았던 안회(顔回)가 질문한 '인의 의미'에 대해 답변한 것임을 감안하면, 주희가 '내 몸의 사사로운 욕망(私欲)'[41]으로 풀이한 것도 온당하다. 그렇지만 '기'를 이렇게 풀이한다면, 여기에는 욕망을 가리키는 부정적인 의미가 일정 부분 포함되어 있다고 할 수 있다.

한편 『논어』에서 '기'는 도덕을 이행하는 주체이다. 그것은 "기욕립이립인(己欲立而立人)", 곧 "내가 서고자 하면 남을 세워 주어야 한다."[42]라는 것이나 "기욕달이달인(己欲達而達人)", 곧 "내가 영달하고자 하면 남을 영달하게 해주어라."[43]라는 대목에서 볼 수 있듯이, '기'는 도덕을 이행하는 인문주의적 주체이다.[44]

공자는 또 군자는 "욕망은 하지만 탐내지 않는다."[45]라고 했을 뿐만 아니라, "70세에 마음이 욕망하는 것을 따랐어도 법도에 벗어나지

---

39) 『論語』「子罕」10장, 夫子循循然善誘人, 博我以文, 約我以禮.

40) 朱伯崑, 『先秦倫理學概論』, 北京大學出版社, 1984, 33쪽 참조.

41) 『論語』「顔淵」1장에 대한 朱熹의 注 참조.

42) 『論語』「雍也」28장.

43) 『論語』「雍也」28장.

44) 이황은 그의 「西銘考證講義」에서 '己'를 이기심의 근거로 보았다. 그러면서 이 '己'를 공적으로 욕망을 추구하는 주체라고 여겼다. 이 점은 욕망 처리의 한 방법론을 제시한 것이라 할 수 있다(이명수, 「퇴계 이황의 심학에 있어 '敬'과 욕망의 문제」, 『유교사상연구』 28집, 한국유교학회, 2007, 25쪽 참조.

45) 『論語』「子張」2장, 欲而不貪.

않았다."[46]라고도 하여, 욕망이란 불가피한 것이라고 인식했다. 나이 70세 이전에는 늘 자신의 욕망을 절제하려고 주의했던 것으로 보인다. 그는 "군자에게는 세 가지 경계할 것이 있으니, 젊어서는 혈기가 아직 정해지지 않았으므로 경계할 것이 여색에 있고, 장성해서는 혈기가 한창 강하므로 경계할 것이 싸움에 있고, 늙어서는 혈기가 이미 쇠했으므로 경계할 것이 얻는 데 있다."[47]라고 하였으니, 이는 인생의 단계마다 절제되지 않는 욕망이 있음을 인정한 것으로 볼 수 있다.

젊을 때는 혈기가 정해지지 않아서 욕심에 따라 움직이기 쉽다. 따라서 경계해야 할 것이 색을 좋아하는 것에 있으니, 도덕으로 이기면 정욕이 머물지 않는다. 장성한 때에는 혈기가 막 강해져서 화를 내기 쉽다. 따라서 경계해야 할 것이 다투고 싸우는 데 있으니, 이치로 이기면 화내는 것을 반드시 징계하게 된다. 늙어서는 혈기가 이미 쇠하여 별로 바라는 바가 없고, 오직 내 몸과 내 집에 대한 생각이 강할 뿐이다. 그렇기 때문에 경계해야 할 것이 얻는 데 있다.

따라서 외물을 접하는 행위를 조심스럽게 할 것을 요청한 것인데, 이는 안연에게 말하면서, '예'에 저촉되는 행위를 삼가는 일을 매우 중요하게 여긴 데에서도 찾을 수 있다.[48]

공자는 또 '욕망하지 않는 것을 완성된 사람의 조건들 가운데 하나'[49]라고 보았다. 이는 그가 '참으로 중용 잡기[允執其中]'[50]를 주장하거나 '넘침은 모자람과 같다[過猶不及]'[51]고 하여 철저하게 적절하고 절제

46) 『論語』「爲政」 4장, 七十而從心所欲 不踰矩.

47) 『論語』「季氏」 7장, 孔子曰: 君子有三戒, 少之時, 血氣未定, 戒之在色, 及其壯也, 血氣方剛, 戒之在鬪, 及其老也, 血氣旣衰, 戒之在得.

48) 『論語』「顔淵」 1장 참조.

49) 『論語』「憲問」 13장, 子路問成人, 子曰: 若臧武仲之知, 公綽之不欲, ……可以爲成人矣 참조.

50) 『論語』「堯曰」 1장.

51) 『論語』「先進」 15장.

된 중용의 생활을 강조한 것과 맥락이 닿아 있다.

결국 공자는 인의 실천을 도(道)로 삼았다는 점에서, 그 이행의 주체로서 '기'를 매우 중시한 것으로 보인다. 그렇지만 그 같은 주체적 인간의 내면의 한 편에 도사리고 있는 욕망의 굴레는 '도를 이행하는 길'에 장애가 된다고 보았다. 따라서 타인을 생각하는 배려심을 기르고, 탐욕에 대해 경계를 늦추지 말 것을 우리에게 요구했다고 할 수 있다.

(3) 맹자의 욕망론: 도덕성과 사명으로 극복되는 동물적 욕망

1) 생명성, 도덕성 그리고 욕망의 문제

맹자의 인간론에서 이목구비(耳目口鼻)를 통해 누리는 감각적인 것은 인간의 자연성이다. 그렇지만 진정한 지도자라면 그것을 극복해내야 한다. '군자'라는 도덕적 인격체가 그 같은 자연성을 누리는 일은 결코 승인될 수는 없는 것이다.

더욱이 운명적으로 하늘로부터 부여받은 임무·사명 때문에 그 자연성을 추구하는 일을 할 수는 없다. 그렇기 때문에 '성(性)'이라 하지 않는다고 단언하였다.[52] 덕이 높은 군자는 생욕적(生欲的)이면서 감각적인 본능을 인성에서 제외하며, 인(仁)·의(義)·예(禮)·지(智)라는 도덕성만을 인정한다는 것이다. 곧 본성에 대해 선택적이면서도 차별화하는 입장에 서는 군자의 의연한 모습을 맹자는 '군자'의 의미에 담고 있다.

『맹자』의 첫머리에서 그는 양혜왕을 향하여 "하필 이익을 말씀하십니까? 역시 인의(仁義)만 있을 뿐입니다."[53]라고 했다. 이렇게 함으

52) 『孟子』「盡心章句下」 24장, 孟子曰: 口之於味也, 目之於色也, 耳之於聲也, 鼻之於臭也, 四肢之於安佚也, 性也, 有命焉, 君子不謂性也 참조.

53) 『孟子』「梁惠王章句上」 1장.

로써 자기 철학의 기조에서는 공리주의(功利主義)가 배격된다는 점을 분명히 했다. 그는 "인(仁)이라는 것은 인(人)이다."[54]라거나, "인(仁)은 사람의 마음이요, 의(義)는 사람의 길이건만, 그 길을 버리고 따르지 않으며, 그 마음을 놓아 구할 줄을 모르니 슬프다."[55]라고 하였다.

이렇게 기본 이념에서, 맹자는 공자가 제시한 인(仁)과 의(義)를 내면적 덕성의 차원으로 발전시킴으로써, 왕도정치에 대한 이념적 발판을 마련하였다. 그는 단순한 육체의 '소체(小體)'로 사는 소인의 삶을 배격하였다. 손발과 같이 상대적으로 차원 낮은 몸놀림으로 인생을 살 것이 아니라, 마음으로 살아갈 것을 권하였다. '대체(大體)', 곧 심장으로 사는 대인의 길을 갈 것을 우리에게 요구한 것이다. 마음에 내재한 덕을 기르면서 살기를 바란 것이다. 삶을 말할 때도 "인에 살고 의를 따르면 대인의 일은 갖춰진다."[56]라고 하였다. 맹자는 마음의 덕인 인과 의가 사회에 정착되기를 기대한 것이다.

맹자의 욕망론은 이 같은 취지로 전개된다. 맹자가 생각하기에, 사람이란 하늘로부터 본성을 부여받았을 뿐만 아니라, 사명도 부여받았다. 따라서 동물적 속성을 감내할 줄 아는 사람의 사명의식도 본성의 차원에서 고려해야 한다고 보았다. 그와 같은 차원의 인간을 맹자는 군자라고 보았다.

이러한 입장은 '생명성'을 '성(性)'으로 파악하려 했던 고자와의 의견 대립 과정에서도 나타난다. 고자는 '살아 있음을 말하는 성[生之謂性]'과 '음식이나 여색 같은 본능으로서 성[食色, 性也]'을 말한다. 이에 대해 맹자는 "그렇다면 개의 성이 소의 성과 같으며, 소의 성이 사람의

54) 『孟子』「盡心章句下」16장, 仁也者, 人也.
55) 『孟子』「告子章句上」11장, 仁人心也, 義人路也. 舍其路而弗 由, 放其心而不知求, 哀哉.
56) 『孟子』「盡心章句上」33장, 居仁由義, 大人之事備矣.

성과 같단 말인가?"[57]라고 반론하였다. 맹자가 볼 때 성(性)은 인간과 동물 간에 구별이 있었다. 성에 대해 말할 때에는 인간만이 소유하는 성이어야 한다는 것이다. 그는 사람이란 모름지기 사물과는 다르게 하늘로부터 부여받은 것이 있다고 보았다.

훗날 주희는 맹자의 이 같은 입장을 풀이하여, "성(性)이란 사람이 하늘에서 얻은 바의 이(理)요, 생(生)이란 사람이 하늘에서 얻은 바의 기(氣)이니, 성(性)은 형이상(形而上)이요, 기(氣)는 형이하(形而下)이다."[58]라고 하였다. 생(生)은 모든 동물이 갖고 있는 것처럼 인간도 갖고 있지만, 인간은 동물이 갖고 있지 않은 그 무엇인가를 갖고 있다는 것이다. 그것은 바로 '이(理)'로서, 인간에게 '성(性)'으로 체현되고, 그 성(性)은 인간만이 갖고 있는 보편적인 것, 즉 고차원적이면서 동시에 저차원적인 물질성을 이루는 것이라고 여겼다. 이 같은 견해는 사람의 성품에 대해 별로 언급하지 않았던 공자의 사상을 보완하는 의의를 지닌다.

맹자가 정의한 인간성이란 인간이 지닌 도덕의식이다. 그것은 성선설의 바탕이 되었다. 맹자가 활동하던 당시에는 인간성에 관한 여러 견해들이 대립하고 있었다. 이는 다음과 같은 공도자(公都子)의 언급을 통해서도 확인할 수 있다.

> 공도자는 말하기를, "고자(告子)는 '성품은 선도 불선도 없다.'라고 하였고, 혹자는 '성품은 선하게 될 수도 있으며 불선하게 될 수도 있다. 이 때문에 문왕(文王)과 무왕(武王)이 일어나면 백성들이 선을 좋

57) 『孟子』「告子章句上」 3장, 然則犬之性, 猶牛之性; 牛之性, 猶人之性與?

58) 『孟子』「告子章句上」 3장, '然則犬之性, 猶牛之性; 牛之性, 猶人之性與?'에 관한 朱熹의 주, 性者, 人之所得於天之理也; 生者, 人之所得於天之氣也; 性, 形而上者也; 氣, 形而下者也.

아하고도, 유왕(幽王)과 여왕(厲王)이 일어나면 백성들이 포악함을 좋아한다.'라고 하였으며, 혹자는 '타고난 성품이 선한 사람도 있고, 타고난 성품이 불선한 사람도 있다. 이 때문에 요임금을 군주로 삼았는데도 상(象)이 있었으며, 고수를 아버지로 삼았는데도 순임금이 있었다.'라고 하였다."[59]

이렇듯 맹자 생존 당시의 인간의 성품에 관한 입장은 분분했던 것 같다. 맹자는 공도자의 입을 빌어 소개한 사람의 성품에 관한 세 가지 가운데, 첫 번째인 성품 자체의 좋고 나쁨의 논의 자체를 부정한 고자의 견해에 대해 매우 못마땅해 했다. 우선 고자는 사람의 성품이란 지각과 운동만 있을 따름이어서, 선과 악으로는 전혀 이름 지을 수 없다는 입장을 보였다. 고자에게 성품이란 생리적인 것이어서 '선'과 '불선'을 논의하는 것 자체가 무의미했다.

이 같은 견해 외에, 성품은 선하게 할 수도 있고, 선하지 않게 할 수도 있다는 입장을 취하는 사람도 있다. 성품이란 정해진 것이 아니어서 지도자가 인도하는 방식에 달려 있다는 것이다. 따라서 문왕과 무왕과 같은 사람의 훌륭한 교화가 있으면 백성이 다 선해지고, 유왕이나 여왕과 같이 포악하게 정사를 처리하면 백성들도 다 포학하고 어지러움을 좋아한다는 것이다. 그 같은 방식으로 성품의 선함과 불선함이 나타난다고 하였다.

마지막으로 어떤 사람은 타고난 성품이 본래 선한 이도 있고 악한 이도 있다는 입장을 취한다. 우리가 이 세상을 살다 보면, '어쩌면

59) 『孟子』「告子章句上」 6장, 公都子曰: 告子曰: 性, 無善無不善也. 或曰性可以爲善, 可以爲不善, 是故文武興則民, 好善, 幽厲興則民, 好暴. 或曰: 有性善, 有性不善, 是故以堯爲君而有象, 以瞽瞍爲父而有舜.

사람이 저렇게 좋을 수 있을까?' 하고 감탄할 정도로 좋은 사람이 있는가 하면, '저 자가 과연 사람이야?' 할 정도로 못된 사람도 있다. 요임금처럼 완벽하게 좋은 사람이 있는가 하면, 그의 배다른 형제인 상(象)처럼 못된 짓만 골라 하는 사람도 있다. 완악한 아버지 고수에게 순임금이 있어서 화목을 도모하였고, 그지없이 악하고 무도한 은나라 주왕에게는 착한 작은아버지인 미자계와 왕자 비간이 있었다. 이 같은 역사적 사실들로 미루어 본다면, 선한 사람이 있는가 하면 도저히 어떻게 할 수 없는 악한 사람도 있다.

그렇지만 맹자는 사람의 타고난 성품은 완전하게 선한 상태라고 믿었다. 그런 의미에서 사람의 내재적 도덕성을 인정하지 않으려는 첫 번째 입장인 고자의 견해는 그에게 대립적일 수밖에 없었다. 인간 본성의 선함을 믿은 맹자와, 성을 생물학적 측면으로만 접근하려는 고자의 대립은 불가피한 것이었다. 고자는 말한다.

> "생(生)을 일컬은 것이 성(性)이다."[60]
> "음식과 여색은 성(性)의 차원이다."[61]

고자는 "인(仁)은 안에 있고, 의(義)는 바깥에 있다."[62]라고 하여, 인·의·예·지를 덕성으로 파악한 맹자와 첨예하게 대립하였다. 고자가 말하는 인은 마치 동물이 음식과 이성(異性)을 탐하는 것과 다르지 않았다. 그는 아무리 인간이라 하더라도 동물적 속성을 피할 수는 없다고 파악했다.

---

60) 『孟子』「告子章句上」 3장, 告子曰: 生之謂性.
61) 『孟子』「告子章句上」 4장, 告子曰: 食色, 性也.
62) 『孟子』「告子章句上」 4장, 仁, 內也, 非外也; 義, 外也, 非內也.

도덕과 가치는 본성의 바깥에 있다고 본 고자에게, 사람의 성품은 동물의 것과 다를 바가 없었다. 동물과 구별되는 인간의 존재 근거로서의 의(義)는 외재한다는 것이다. 맹자는 이 같은 입장에 단호히 반대했다.

> 사람이 금수와 다른 점은 많지 않은데, 서민(庶民)은 그것을 버리고, 군자는 그것을 보존한다. 순은 여러 사물들의 이치에 밝고 인륜을 살폈으니, 인의를 따라 행한 것이지, 인의를 일부러 행한 것이 아니다.[63]

맹자가 생각하기에, 사람과 금수는 모두 하늘과 땅 사이에서 태어났으니 다를 것이 없었다. 금수와 다른 점이 있다면, 그것은 진실로 사람이 마땅히 보존해야 하는 것이라고 했다. 그 점에 대해 일반 백성은 금수와 다른 것을 알지 못하여, 마침내 지키지 못하고 버리니, 금수와의 차이가 많지 않게 된다는 것이다.

오직 군자만이, 사람이 금수와 다른 것은 성품을 온전히 하는 데 있음을 알고, 조심스럽게 그 성품을 보전하여 사람 된 도리를 다한다고 보았다. 유가 철학의 전통에 따르면, 상고시대에 자연히 마음을 보존하여 군자의 도통을 연 사람은 순임금이다. 내재적 덕성을 믿는 유가 철학의 전통에서, 요임금이나 순임금은 모든 물건의 이치에 밝아서, 생각하거나 찾지 않고도 인륜의 도를 살필 줄 아는 완벽한 성왕으로 믿어지는 존재들이다. 이른바 '나면서부터 아는' 사람들이다. 순임금은 인의가 이미 마음에 근본적으로 자리 잡고 있어서 행하는 바

63) 『孟子』「離婁章句下」 19장, 孟子曰: 人之所以異於禽於獸者幾希, 庶民去之, 君子存之. 舜明於庶物, 察於人倫, 由仁義行, 非行仁義也.

가 모두 여기에서 나온 것이지, 인의를 아름답게 여긴 후에 일부러 행한 것이 아니라고 여겼다.

맹자가 고자와 달리 인간과 동물을 구별한 것은, 인간의 인(仁)한 성품을 염두에 두었기 때문이다. 인간은 동물과 다르게 '인(仁)'과 '의(義)'를 지닌다. 사람이 본래부터 내재하고 있는 인한 성품을 따른다면 그 자체로 도덕적인 존재가 된다.

고자는 "생(生)을 일컬은 것이 성(性)이다."라고 하여, 성을 한낱 생명 현상으로 파악한다. 이에 반해, 맹자는 '인의예지(仁義禮智)'로 세분되는 인간의 어진 덕성을 제시하였다.

2) 도덕적 사명으로 극복되는 욕망

욕망을 보는 맹자의 입장은 성명 사상과 깊은 관련이 있다. '성(性)'은 기본적으로 생명 상태이자 자연성이고, 주어지는 '생(生) 자체'이다. '명'은 자연적으로 인간에게 부여된 것, 즉 천명 혹은 사명이다. 『맹자』에서는 자연적인 생명 상태와 인간에게 부여된 천명이나 사명이 매우 중요하게 다루어지고 있다. 자연 상태이자 생명 현상을 가리키는 '생'을 '성'으로 보는 것이라면, 그런 고자의 견해와 잠정적으로 달라 보이지 않는다. 그렇지만 맹자는 고자와 달리 '성'에 '도덕성'을 추가하였다. 생물학적이어서 동물적인 것과 다를 것이 없는 인간의 성품에 대한 고자의 인식을 넘어 '인간적 품격'을 고려하였다.

그에 의하면 인간의 '성'은 먹고 마시려는 것뿐만 아니라, 도덕적 본성도 갖고 있다. 인간은 생물학적 생명'성'뿐만 아니라 도덕'성'을 '성'으로 가지고 있어서, 육체적 본성(본능) 외에 세상을 좋게 만들려는 타고난 성품도 있다는 것이다. 전자가 욕망의 측면이라면, 후자는 전자에 대립되는 성품이라고 할 수 있다.

그런데 맹자의 '성'에 관한 견해에는 '명(命)'이 크게 자리하고 있다. '명'은 자연적으로 부여된 상태이다. '명'은 천명이기도 하지만, 인간에게 주어졌다고 보는 '사명'이기도 하다. 모범적인 사람으로서 군자라면, 이런 점을 소홀히 해서는 안 된다는 것이 맹자의 입장이었다.

여기에서 우리는 '명'과 관련하여 맹자가 중시하는 '성'을 눈여겨보아야 한다. 그는 '사람들은 누구나 다 남에게 차마 하지 못하는 마음을 갖는다'고 믿었다. 여기에서 '남에게 차마 하지 못하는 마음'은 어려움에 빠진 타자를 차마 지나치지 못하는 마음이다. 그것은 '인(仁)'의 마음이다. 더 세분하자면 인의예지의 도덕성이다. 이것은 그가 주장한 성선설의 논리적 근거이다. 이 도덕성은 '군자'가 이 세상에 적용해야 할, 하늘이 부여한 사명이다.

군자는 도덕성을 이행하기 위하여 생명 상태의 동물적 욕망을 의식하지 않으면 안 된다. 즉 오감과 같은 감각적 요소를 유보해야 한다. 반드시 사명을 뜻하는 '명'을 '성'에 일치시키려는 의도를 가졌던 맹자의 생각에는 언뜻 논리적 모순이 내재하는 듯이 보인다. 일정 부분 경험에 의거한 것이기는 해도, 직관론의 범위를 크게 벗어나지 않기 때문이다. 직관적으로 사물을 판단하려는 경향은, 좀 더 치밀한 경험적 사실이나 논리를 들이댈 때 항상 취약성을 드러낼 수밖에 없다.

이런 점에서 고자와 대립되는 것도 사실이다. 고자는 경험적 사실만 보려고 한 반면, 맹자는 내적 인간성을 설득하여 지도자의 마음가짐을 통해 세상이 평화롭게 되기를 바랐다. '성'과 '명'을 따로 분리하지 않고 욕망을 성품에 포함시키지 않는 군자의 의연함을 기대한, 맹자의 입장은 후대의 사상가들에 의해 분분하게 논란이 일었다. 물론 근대의 사상가들에 의해서도 크게 비판이 제기되었다.

당초 공자는 인의(仁義)의 도를 실현하는 군자의 의연한 모습을 상정하였다. 이런 모습은『논어』의 여러 곳에 반영되어 있다. 거기에는 하늘이 부여한 운명적 요소나 임무와도 같은 사명의식이 크게 부각되어 있다. 이 같은 공자의 입장을 심학적으로 계승한 맹자도 역시 '군자다운 사명의식', 곧 '명'을 강조하였다. 이는 욕망과 관련하여 더욱 두드러지게 나타난다.

그는 인간의 육체적·생리적 요소만을 성품으로 파악하는 것은 결코 옳지 않다는 의중을 드러냈다.

> 맹자가 말했다. "입이 맛에, 눈이 빛에, 귀가 소리에, 코가 냄새에, 사지가 안일함에 대해서라면 성(性)이겠지만, 여기에는 명(命)이 있기 때문에 군자가 성이라고 말하지 않는다."[64]

맹자에게 성품이란 하늘로부터 부여받은 것이었다. 그렇지만 하늘로부터 부여받은 사명감도 있으므로, '그것을 넘으려는 인간의 모범적인 삶의 태도'가 있지 않으면 안 된다고 여겼다.

입은 맛을 즐기는 것이고, 눈은 아름다운 채색을 즐기는 것이며, 귀로는 음악 소리를 듣고, 코로는 좋아하는 냄새를 맡고, 몸은 안일을 좋아하게 되어 있다. 그렇지만 하늘이 명(命)한 제한적인 측면이 있기 때문에 정해진 분수에 맞게 편안해 해야 한다. 이것은 바로 도덕적 사명감이다. 군자라면 얻지 못할 경우 억지로 가지려 하지 않고, 이미 얻었다면 과도한 욕망의 단계로 가서는 안 된다.

이 다섯 가지 육체적 감각을 성취하는 것이 '본성 차원'이라고 하

---

64)『孟子』「盡心章句下」24장, 孟子曰: 口之於味也, 目之於色也, 耳之於聲也, 鼻之於臭也, 四肢之於安佚也, 性也, 有命焉, 君子不謂性也.

여 정당화해서도 안 된다는 것이 맹자의 입장이었다. 일반 사람이라면 본성이라 할 수도 있겠지만, 세상을 지도하는 위치에 있는 군자라면 사명감이 있어야 하고, 그런 사명감은 본성과 같은 것으로 보아야 한다는 것이 그의 확고부동한 입장이었다. 맹자는 '성이 있기 때문에 명이라 하지 않는' 단계로 나아갔다.

> 인(仁)이 아버지와 자식의 관계에 있어서와, 의(義)가 군주와 신하의 관계에 있어서와, 예(禮)가 손님과 주인의 관계에 있어서와, 지(智)가 현자들의 관계에 있어서와, 성인이 천도(天道)에 있어서라면 명(命: 사명, 하늘의 명령)에 관련되지만, 여기에는 성(性)의 측면이 있기 때문에 군자가 '단순히' 명이라고 말하지 않는다.[65]

고자가 "생 자체가 성품이다."라고 한 말에서의 '성품'은 짐승이나 사람에 관계없이 모두 똑같은 생물학적 성품을 뜻한다고 인식한 맹자는, 사람의 성품은 금수와 같을 수 없다고 보았다. 그는 짐승과 달리 '인간의 성품'이 있다고 하였다. 자칫 '하늘이 부여한 것', 곧 '명'에 그쳐서, 도덕성으로서 '성'을 망각해 버릴지 모른다는 경계심을 드러냈다. 여기에는 선천적 도덕성을 회복하여 세상을 변화시켜야 한다는 맹자 특유의 인문주의적 사명의식이 내포되어 있다고 할 수 있다. 동물적 성(性)과 인간에게 주어졌다고 믿는 명(命) 때문에 겪지 않으면 안 되는 인간적인 고충이 묻어난다.

여기에서 우리는 맹자의 욕망론과 관련하여, "성(性)이지만 여기에는 명(命)이 있기 때문에 군자가 본성이라고 말하지 않는다(性也, 有

65) 『孟子』「盡心章句下」 24장, 仁之於父子也, 義之於君臣也, 禮之於賓主也, 智之於賢者也, 聖人之於天道也, 命也, 有性焉, 君子不謂命也.

命焉, 君子不謂性也).”와 “명이지만 여기에는 성이 있기 때문에 군자가 명이라고 말하지 않는다(命也, 有性焉, 君子不謂命也).”라는 두 대목에 주목할 필요가 있다.

“성이지만 여기에는 명이 있다(性也, 有命焉).”라고 말한 데에서의 ‘성’은 ‘인간 본래의 생리적 본능 및 기능’을 의미한다. 그리고 ‘명’은 바로 정해진 법칙이다. 그러므로 ‘명’은 선천성을 의미하는 ‘천’과 그 의미가 상통한다고도 할 수 있다. 인간의 생리적 본능이 비록 정해진 법칙성을 띤다 하더라도, 이것이 동물과 인간을 구분하는 기준이 될 수는 없기 때문에, 이 생리적 본능을 인성이라고 정의할 수 없다는 것이다.

맹자는 이와 같이 생리적 본능은 인성이 아니라고 명확히 했다. “명이지만 여기에는 성이 있다(命也, 有性焉).”라고 말한 데에서의 ‘성’은 바로 맹자가 말하는 동물과 인간을 구별할 수 있는 도덕과 가치의식으로서의 본성이다. 그러나 여기에서의 ‘명’은 두 가지로 해석할 수 있다.

하나는 ‘천명(天命)’이라는 의미이다. 하늘이라는 형이상(形而上)적 실체가 인간에게 ‘명한(부여한)’ 덕이 바로 인의예지라는 것이다. 그렇더라도 그 인의예지는 인간의 성품 속에 내재하므로 결코 ‘명’이라고 불러서는 안 되니, 인간의 도덕적 주체성을 부각시킨 것으로 볼 수 있다. 또 다른 ‘명’의 의미는, “성이지만 여기에는 명이 있다(性也, 有命焉).”라고 말한 데에서와 마찬가지로 ‘정해진 법칙으로서의 선천성’이다. 인간은 선천적으로 인의예지라는 덕성을 지니고 있다는 것을 말한 것이다. 이 성품은 생리적 본능과 구별해야 한다. 성품이란 덕성이므로 동물적인 성과 같을 수 없다는 것이 맹자의 생각이었다고 할 수 있다. 그러면서 맹자는 ‘군자다운 의연함’으로 실천하지 않으면 안 되는 인간다움의 성품에 대한 주체적 입장을 굳게 견지하였다. 맹자는 성과 명, 명과 성을 따로 구분하지 않았다. 그렇게 함으로써 도덕을 실천하는 데에 필요한 인간의 주체적 의지를 크게 부각하였다.

그런데 이러한 맹자의 '성명' 의식은 전환기마다 평가를 달리하였다. 송명이학의 도덕 합리주의는 이를 자연스럽게 수용하여 자신들의 논리를 풍요롭게 했지만, 명대 중기 이후의 사상가들은 이에 대해 논란을 거듭했으며, 근대기 이르러서는 도리어 비판을 가했다.

3) 욕망 줄이기와 공유

이렇듯 맹자에게 인간은 결코 동물적이어서는 안 되는 존재였다. 오히려 도덕성을 인식하고 실천할 줄 아는 군자를 요구하였다. 그의 사상에서 자연성으로서의 '성'과 하늘의 명령이자 인간의 사명을 의미하는 '명'은 서로 뗄 수 없는 것이다. 그가 역설한 왕도정치의 논거로서, '도탄에 빠진 백성을 차마 두고 보지 못하는 마음'인 불인인지심(不忍人之心)[66]을 보존하는 것, 그리고 도덕적인 마음을 보존하는 것으로서의 '존심(存心: 인간 본연의 도덕심의 보존)과 역시 타고난 도덕성을 기르는 것으로서의 양성(養性: 인간 본연의 도덕성 함양)'[67]은 중요하다. 같은 의미에서 마음을 기르는 일은 욕망을 줄이는 가장 좋은 방법이라고 인식하였다.

> 마음을 기르는 일에서 욕망을 적게 하는 것보다 더 좋은 것이 없다. 그 사람의 됨됨이가 욕망이 적으면, 비록 보존되지 못한 것이 있더라도 그것이 적을 것이다. 그 사람 됨됨이가 욕망이 많으면, 비록 보존

66) 『孟子』「公孫丑章句上」 6장.
67) 『孟子』「盡心章句上」 1장.

된 것이 있더라도 그것이 적을 것이다.[68]

맹자에게, 욕망을 줄이는 일은 마음을 수양하는 방법이자 덕행의 기초였다. 하지 말아야 할 것을 하지 않으려고 노력하는 것도 욕망이나 욕심을 줄이는 것이었다.

맹자는 욕망을 근본적으로 배척하지는 않았다. 다만 욕망이 과다한 것이 옳지 않다고 여길 뿐이었다. 그는 "욕망할 만한 것을 선이라 한다."[69]라고 하여, 대상에 대한 바람직스러운 욕망을 근본적으로 인정하였다. 그는 생물학적 본능과 같은 욕망도 일정 부분 인정했지만, 그것은 어디까지나 함께 누려야 하는 것이라고 말했다.

이 같은 의미는 그가 말한 여민동락(與民同樂: 백성들과 함께 즐김)에서도 보인다. 그는 "땅을 넓히고 백성을 많게 하려는 것은 군자가 욕망하는 것이지만, 즐거움의 대상은 거기에 있지 않고".[70] 이성을 좋아하는 것이나 부귀는 모두 사람이 욕망하는 것이라고 설파하여 천부적인 욕망을 수긍하였다.[71] 그의 관심은 백성과 함께 즐기거나 욕망을 줄이는 것에 집중되었다. 욕망을 줄이는 것은 마음을 수양하는 방법이며, 덕을 실행하는 기초라고 인식하였다.

4) '의'를 위한 욕망의 유보

여기에 만족하지 않고 맹자는 우리에게 군자답게 욕망을 억제하자고 요구했다. 행위의 기준을 '의(義)'에 두고서, 의를 회피하며 구차한 삶을 추구하지 않는 의연한 자세를 요구한 것이다.

68) 『孟子』「盡心章句下」 35장, 養心莫善於寡欲, 其爲人也寡欲, 雖有不存焉者寡矣, 其爲人也多欲, 雖有存焉者寡矣.

69) 『孟子』「盡心章句下」 25장, 可欲之謂善.

70) 『孟子』「盡心章句上」 21장, 孟子曰: 廣土衆民, 君子欲之, 所樂, 不存焉.

71) 『孟子』「梁惠王章句下」 5장.

물고기도 내가 바라는 것이고 곰 발바닥도 내가 바라는 것이지만, 두 가지를 다 얻을 수 없다면, 물고기를 버리고 곰 발바닥을 취할 것이다. 삶도 역시 내가 바라는 것이고 의(義)도 내가 바라는 것이지만, 두 가지를 다 얻을 수 없다면, 삶을 버리고 의(義)를 취할 것이다. 삶도 내가 바라는 것이지만, 바라는 것이 삶보다 더한 것은 있다. 그러므로 구차하게 '그것을' 얻고자 하지 않는 것이며, 죽음도 내가 싫어하는 것이지만, 싫어하는 것이 죽음보다 심한 것은 있다. 그러므로 환란을 피하지 않는 바가 있다.[72]

맹자에게 욕망의 유보는 의를 위한 것이었다. 정의의 실천을 위해서라면, 가장 피하기 어려운 삶도 포기하고, 가장 싫은 죽음도 마다하지 않으며, 환난을 불가피하게 맞이하지 않으면 안 된다. 그는 공자가 세상을 뜬 지 백여 년 후에 활약하였다. 그는 이미 양주(楊朱)와 묵자(墨子) 두 학파의 영향을 받은 것으로 보인다. 그의 저작인『맹자』에서 양주의 '위아(爲我)'와 묵자의 '겸애(兼愛)'를 모두 비판하고 있지만, 백성이 군주보다도 우위에 있다고 존중할 뿐만 아니라, 백성이 즐거움과 이익을 누리도록 해야 한다고 주장했다.

그는 제나라 선왕의 물음에 대해, 재물을 좋아하고 여색을 좋아하는 것은 반드시 백성과 똑같이 해야 한다고 말하기도 하였다. 재물을 좋아할 때는 반드시 백성들이 굶고 추위에 떠는 것을 염두에 두어야 하고, 여색을 좋아할 때는 반드시 원망하는 여자·홀아비에 미칠 것을 생각해야 한다고 하였다.[73] 사람이면 누구나 가질 수 있는 심정을 지

72)『孟子』「告子章句上」10장, 孟子曰: 魚, 我所欲也; 熊掌, 亦我所欲也, 二者不可得兼, 舍魚而取熊掌者也. 生, 亦我所欲也; 義, 亦我所欲也, 二者不可得兼, 舍生而取義者也. 生亦我所欲, 所欲有甚於生者, 故不爲苟得也; 死亦我所惡, 所惡有甚於死者, 故患有所不辟也.

73)『孟子』「梁惠王章句下」5장 참조.

도자가 정치에 확장하여 인정(仁政)을 실천해야 한다는 것이 맹자의 사상에서 무엇보다 중요하다. 이미 앞에서 언급한, 어려운 처지에 있는 남을 차마 두고 지나치지 못하는 마음을 세상에서 실천하는 일, 도탄에 빠진 백성을 측은히 여겨 차마 방치하지 못하는 마음이 세상에 확대되는 것이 맹자 사상의 목표였다.

맹자의 정치 학설은 비록 즐거움과 이익을 추구하는 이념을 포함하고 있지만, 스스로를 아끼고 스스로에게 이익 되게 한다는 '자사자리(自私自利: 자신의 이익을 사적으로 챙김)'의 이념은 아니다. 자신이 아니라 백성을 이롭게 해야 한다는 이념이며, 백성을 이롭게 해야 한다는 주의이다. 그가 주장한 인의(仁義)는 최대 다수의 쾌락과 이익을 도모하기 위한 것이었다.[74]

이런 마음 상태를 갖게 하는 것이 맹자 사상의 간절한 목표였다. 맹자의 욕망론도 이 같은 맥락에 있다. 따라서 사람다운 지도자로서 군자의 리더십에는 대자적(對自的)인 수양이 크게 요구된다. 인간의 사사로운 욕망으로 인해 상실되는 양심을 회복하는 것이 수양론의 의의이다. 그렇게 함으로써 세상을 평화롭게 할 적극적인 마음자세를 마련하려는 것이었다.

5) 마음, 지(志: 의지) 그리고 호연지기

'나의 소원은 공자 배우기'라는 점을 적극적으로 표방한 맹자는, 공자의 '인(仁)' 사상을 심학적으로 계승하였다. 마음 범주의 도덕심·도덕성·도덕적 기운으로서의 호연지기를 그의 인간론에 활용하였다.

그 만큼 인간의 마음에 내재한 덕성과 마음의 역량을 통해 이 세

---

74) 高維昌,『周秦諸子概論』, 臺灣商務印書館, 1966. 56~61쪽 참조.

상에 인(仁)의 도를 현실화할 수 있을 것이라는 믿음이 있었다고 할 수 있다. 마음이란 측은지심·수오지심·사양지심(공경지심)·시비지심과 같은 것들로서, 사람이 사람일 수 있는 중요한 요건이다. 이러한 마음들이 없으면 '비인간'이다.

맹자는 당시 참칭(僭稱)과 패도(霸道)를 일삼는 열국의 지도자들이 이 같은 도덕심을 이행함으로써 '사리사욕'을 넘고, 그것을 일반인과 공유하기를 바랐다. '마음'에 내재한 도덕적 역량·작용·기능이 난세에 크게 발휘되기를 희망하였다. 따라서 마음에 내재되어 있는 기운의 역할이 맹자의 도덕론에서 중요하게 대두된다. 그는 도덕성이나 도덕심 외에 세상이 처한 혼란한 국면을 타개할 수 있는 '힘'을 마음에서 찾았다. 그런 마음은 의지와 같은 것인데, 그것을 가지면 세상을 좋게 만들 수 있다고 믿은 맹자의 생각에서 호연지기와 지(志)가 대두된다. 맹자는 호연지기와 '기(氣)의 장수'인 '지'의 역할도 또한 중요하다고 보았다. 사단(四端: 네 가지 실마리)의 마음뿐만 아니라, 의(義)가 모여서 생기는 호연지기와 그 기를 인도할 '지'를 중시하였다.

『서경(書經)』의 「대우모(大禹謨)」에서 "인심(人心)은 위태롭고, 도심(道心)은 은미하니, 정일(精一)하여야 진실로 그 중용을 잡으리라."[75]라고 하였다. 이와 관련하여 『맹자』에서는 이렇게 언급하고 있다.

> 양혜왕이 "과인은 나라에 대해 마음을 다할 뿐입니다."라고 하였다.[76]

75) 『書經』「大禹謨」, 人心, 惟危, 道心, 惟微, 惟精惟一, 允執厥中.

76) 『孟子』「梁惠王章句上」 3장, 梁惠王曰: 寡人之於國也, 盡心焉耳矣.

여기에는 마음에 대한 신뢰가 그 역량의 측면으로 전개되고 있다. 인간이 가진 내면의 힘에 의해 마음이 온전하게 표출되기를 바랐던 맹자의 의지에 일정 부분 부응하고 있다. 맹자의 의중을 읽은 양나라 혜왕이 '마음'을 다해 나라에 이바지하겠다는 다짐을 표현한 것이다. 『맹자』에 "그 마음을 다하는 사람은 그 성(性)을 알 것이니, 그 성을 알면 하늘을 알 것이다."[77]라고 하여, 마음은 대상을 인식하는 데에도 매우 중요하다고 하였다.

그러면서 맹자는 마음의 계열인 '지(志)'의 중요성을 제기하였다. 그의 제자가 고자와 대립하는 부동심(不動心)에 대해 묻자, 맹자는 이렇게 말한다.

> 고자가 "말에 대해서 이해되지 못하거든 마음에서 구하지 말며, 마음에 얻지 못하거든 기(氣)에 도움을 구하지 말라." 하였으니, 마음에 얻지 못하거든 기에 도움을 구하지 말라는 것은 옳겠지만, 말에 대해 이해되지 못하거든 마음에서 구하지 말라는 것은 안 된다. 지(志)는 기의 장수(將帥)요, 기는 몸에 꽉 차 있는 것이니, 지가 최고요, 기가 그 다음이다. 그러므로 "그 지를 잘 잡고, 또 그 기를 포악하게 하지 말라."라고 한다.[78]

맹자의 심학에서 마음의 요소인 '지(志)'는 가장 중요한 것이다. 그것은 내면적 '힘의 요소'인 '기'를 인도할 수 있다. 그렇지만 '기'도 또한 '지'에 영향을 줄 수 있으므로 포악하게 해서는 안 된다. 비록 '지'

77) 『孟子』「盡心章句上」 1장, 孟子曰: 盡其心者, 知其性也, 知其性, 則知天矣.

78) 『孟子』「公孫丑章句上」 2장, 告子曰: '不得於言, 勿求於心; 不得於心, 勿求於氣.' 不得於心, 勿求於氣, 可; 不得於言, 勿求於心, 不可. 夫志, 氣之帥也; 氣, 體之充也. 夫志至焉, 氣次焉. 故曰: '持其志, 無暴其氣.'

가 한결같을 때 '기'를 잘 통솔할 수 있지만, 때로는 '기'가 한결같아 '지'의 역할이 불가능하여 마음이 흔들릴 수도 있기 때문이다. 예를 들어 아무리 착한 마음의 소유자라 하더라도, 외부 상황이 여의치 않아 그가 견딜 수 있는 '의지력'에 영향을 주고, 찌든 나머지 '기운'·'기'의 운동성이 도덕심을 흔드는 경우가 있다.

그의 제자가 "이미 지가 최고요, 기가 그 다음이라 하셨고, 또 그 의지(意志)를 잘 잡고도 그 기를 포악하게 하지 말라고 하신 것은 무슨 말씀입니까?"[79]라고 하자, 맹자는 이렇게 말한다.

> 지가 한결같으면 기를 동하게 하고, 기가 한결같으면 지를 움직이니, 이제 넘어지려는 자와 달리는 자라면 이것은 기이지만, 도리어 그 마음을 흔든다.[80]

맹자는 도덕심을 유지하는 데에서 '지'와 '기'의 역할을 중시하였다. 그는 한편으로 '의'가 모여서 이루어지는 '호연지기'에 대해 자신감을 드러냈다. 그가 그런 경지에 도달했다고 본 것이다. '호연지기'라는 기운에 대해, 그것이 어떻다고 말하기는 어렵지만, '기' 가운데 참으로 순수한 도덕적 요소라고 판단한 것 같다.

'지'가 '기'를 인도할 때, 거기에 전혀 거스르지 않는 순한 기운을 상정한 것으로 보인다. 그의 제자가 "감히 묻겠습니다. 선생님께서는 어디에 장점이 있습니까?"라고 하자, 맹자는 "나는 말을 알며, 나는 나의 호연지기를 잘 기르노라."[81]라고 말하였다. '말을 아는 일'과 '자

79) 『孟子』「公孫丑章句上」 2장, 既曰 "志至焉, 氣次焉", 又曰 "持其志無暴其氣"者, 何也?
80) 『孟子』「公孫丑章句上」 2장, 志壹則動氣, 氣壹則動志也. 今夫蹶者趨者, 是氣也, 而反動其心.
81) 『孟子』「公孫丑章句上」 2장, 敢問夫子惡乎長? 曰: 我知言, 我善養吾浩然之氣.

신에게 내재하는 호연지기를 기르는 일'을 통해 '부동심'의 상태에 이미 접어들고 있었음을 맹자는 자신하고 있었던 듯하다.

맹자의 수양론에서 지극한 경지는 마음이 흔들리지 않는 것이다. 그런 상태란, 궁극적으로는 삶과 죽음에도 흔들림이 없는 경지이다. 자기에게 주어진 분수에 편안해 하고, 스스로 즐거워할 줄 아는 자세로, 하늘이 부여했다는 인간의 사명인 천명을 다하는 것이다.

이런 마음 상태를 갖추기 위한 맹자의 수양론은, 이기적인 사욕(私欲)을 극복할 것을 요구한다. 그리하여 개인적으로는 안정과 평화를 얻고, 사회적으로는 성숙된 인격을 형성하는 것이다. 이를 기반으로 정의의 실현과 인류 공존의 기반을 마련하려는 것이었다.[82]

맹자는, 마음의 역량으로 볼 수 있는 '지(志)', 남의 말을 잘 알아들어 선악을 판단하는 데에 능해지는 것, 호연지기를 잘 기르는 일, 흔들림 없는 부동심을 더없이 중요시하였다. 그것은 마음을 보존하는 일로서의 존심(存心)이나 외적 조건에 의해 놓쳐버린 마음을 본래적인 상태로 되찾는 일로서의 구방심(求放心)과 맥락을 함께한다.

역시 같은 차원에서 맹자는 마음 기르는 일을 강조했는데, 여기에서 그는 내면의 욕망을 줄이는 것이 무엇보다 좋다고 하였다.

(4) 순자의 욕망론: 욕망의 외적 통제 필요성의 제기

1) 나면서부터 갖는 욕망

공자와 맹자에 비해 순자의 욕망에 관한 견해는 한층 치밀하다. 춘추 시대 말기라는 난세에 도를 세우려 했던 공자나, 역시 전국 시

82) 미조구치 유조 지음, 정태섭·김용천 옮김, 『중국의 공과 사』, 신서원, 2004, 25~26쪽 참조.

대 중기의 혼란한 시대에 나름대로 공자학을 계승했다고 자임하여 인성론의 각도에서 왕도정치의 이론을 전개했던 맹자에 비해, 한층 더 복잡다단한 상황으로 치닫던 전국 시대 말기를 살았기 때문인지는 몰라도, 순자의 견해는 이들의 이론에 대해 보완적인 역할을 한 것으로 보인다.

우리가 송명이학의 세계관을 통해 친숙해 있는 성(性)·정(情)·욕망에 관한 토론만큼은 아니더라도, 그 같은 용어에 대한 접근을 용이하게 해주는 대목을 순자 철학을 통해 상당 부분 발견할 수 있다. 순자에 의하면, 사람은 나면서부터 욕망을 갖는다.[83] 그러면서 그것은 성품이나 감정과 연결되어 존재한다.

> 성(性)이란 자연의 성취요, 정(情)이란 성의 질(質: 바탕, 실질)이며, 욕(欲: 욕망)이란 정(情)의 반응이다.[84]

성이란 자연적으로 이루어진 것이요, 정이란 성의 바탕이며, '욕'이란 정이 반응한 것이다. 이렇듯 순자는 인간의 성품·감정과 욕망의 존재 양태를 연결하여 보았다. 성품은 자연적 소산이고, 자연적으로 이루어진 성품의 바탕이 감정이다. 그 감정이 꿈틀거리는 동적 운동이 욕망이라고 할 수 있다. 좀 더 쉽게 풀이하자면, 감정은 성품의 질료적 차원이며, 성품의 질료적 차원으로서의 감정이 '무엇인가에' 반응하는 것 자체가 욕망이다. 따라서 욕망이란, 성의 질료인 감정이 반응하는 것, 감정의 꿈틀거림, 또는 감정의 운동성이다. 성품에 내재하는 실질적인 존재 양태가 감정이고, 그 감정이 운동성으로 나타

83) 『荀子』「禮論」, 人生而有欲 참조.
84) 『荀子』「正名」, 性者, 天之就也, 情者, 性之質也, 欲者, 情之應也.

나는 것이 욕망이라고 할 수 있다.

그런데 순자에게 욕망이란, 그의 성악설이 말해주는 것만큼이나 염세주의적 인식으로 가득 차 있다. 그는 말한다.

> 욕망하는 것이 얻어질 수 있다 하여 구하는 것은 정(情) 차원에서 결코 못 벗어나는 것이요, 옳다고 여겨 그렇게 하라고 인도하자니, 그것을 올바른 길로 이끌 지혜가 반드시 나와야 하는 것이다. 그러므로 문지기가 되더라도 욕망을 제거할 수 없을 것이니, 성품에 갖추어져 있기 때문이요, 비록 천자가 되더라도 욕망을 다 채울 수는 없다.[85]

욕망이란 자연적인 것이라서 결코 소멸될 수 없는 것이면서, 무한히 잠복되어 있는 인간의 내적 바람이다. 문지기처럼 낮은 지위에서 세상의 일에 담을 쌓고 사는 사람이나, 막강한 권력을 갖고 있어서 온갖 것을 다 가질 수 있는 천자의 위치에 있더라도, 욕망하는 것은 끝이 없다는 것이 순자의 인식이었다.

2) 욕망과 기질지성

우리는 순자의 욕망론에서 송대의 기(氣) 철학자인 장재가 제기하기 시작한, 완전한 도덕성 저편의 인간성인 기질지성, 곧 '기질의 성품'과 유사한 사유 체계를 발견하게 된다. 송대의 철학에서 '기질의 성품'이란, 성품이 감정으로 발현되는 것인데, 그 감정에는 좋은 것과 나쁜 것이 섞여 있다고 여긴다. 그런데 순자의 사유에서 성품·감정·욕망은 송명이학을 이해하는 데 매우 도움을 줄 만큼 경계가 나뉘면

---

85) 『荀子』「正名」, 以所欲爲可得而求之, 情之所必不免也, 以爲可而道之, 知所必出也. 故雖爲守門, 欲不可去, 性之具也. 雖爲天子, 欲不可盡.

서도 서로 연결되어 있다.

이미 살펴본 바와 같이, 순자에게 "성은 자연의 성취요, 정은 성의 바탕이며, 욕망은 정의 메아리(반응)이다."[86] 성은 하늘이 준 것이요, 정은 성의 실질·질료·바탕이다. 그 성품이 존재론적으로 드러나는 것은 욕망에서 비롯된다. 순자는 "성품의 호오(好惡)·희노애락(喜怒哀樂)을 정이라 한다."[87]라고 했는데, 이 같은 성품 가운데 하나인 감정은 욕망에 의해 실현된다.

역시 주지하는 바와 같이, 순자에게 자연적인 것은 나쁜 존재이다. 그가 생각하기에, 욕망하는 것을 얻을 수 있다고 해서 마구 구한다면, 이것은 인간의 감정 차원을 못 벗어나는 것이다. 옳다고 해서 그 속으로 이끌더라도 반드시 벗어나야 할 것임을 알아야 한다. 그러므로 비록 문지기의 위치에 있더라도 욕망을 제거할 수 없으니 성품에 갖추어졌기 때문이요, 비록 높은 지위에 있는 천자와 같은 사람이라 하더라도 욕망이란 다 누릴 수 없을 정도로 무한하다.[88]

순자의 사유에서 성품·감정·욕망은 속성상 서로 통한다. 성리학적 세계관에서 보면, 천리를 몸에 천부적으로 타고난 것이 성품이다. 그 성품은 발현(發現)하여[89] 정, 곧 감정이 된다. 성은 천지지성(본연지성)과 기질지성(氣質之性)으로 이루어져 있다. 이 두 가지 성이 발현하여 정이 된다. 곧 "성발위정(性發爲情)"한다.

86) 『荀子』「正名」, 性者, 天之就也, 情者, 性之質也, 欲者, 情之應也.

87) 『荀子』「正名」, 性之好惡喜怒哀樂謂之情.

88) 『荀子』「正名」, 以所欲爲可得而求之, 情之所必不免也, 以爲可而道之, 知所必出也. 故雖爲守門, 欲不可去, 性之具也. 雖爲天子, 欲不可盡 참조.

89) '發'을 가리킨다. 여기에서 발현은 '발동'으로 해석해도 무방할 것이다. '발'이란 '시발(始發)'·발현·발동의 의미이다. 예컨대 '이발(理發)'이나 '기발(氣發)'과 같이 무엇이 존재론적으로 '출현'하거나 '운동성'이 시작되는 단계를 나타낼 때, 혹은 형이상학적 직관론에서 자연적 물질성의 잠재적 운동, 예컨대 뒤에서 언급하게 될 장재의 공취지성(攻取之性)이 시작되는 것을 가리킬 때, '발현'이라고 하든 '발동'이라 하든 그 해석에는 별 문제가 없다고 생각된다.

사단칠정론과 관련하여 볼 때, 사단의 정과 칠정 가운데 선한 측면은 본연지성에서 발출(發出)된다. 그렇다면 선의 측면 말고 다른 경우, 즉 악의 측면은 기질지성에서 발출된다. 정이(程頤)는 공자가 말한 "성상근, 습상원(性相近, 習相遠: 성품은 서로 가깝지만, 습관에 따라 서로 멀어진다)."에서, '성상근'의 성을 기질지성이라고 보았다.[90] 기질지성이란, 인간의 몸이 주어진 이후부터 존재하는 것이라고 믿어지는 성품이겠지만,[91] 이 역시 성품·감정·욕망을 연결하여 악으로 본 순자의 성론과 무관하지 않다.

이 같은 순자의 사유와 관련하여, 훗날 대진(戴震)은 "정자와 주자가 '이(理)'를 높여 '천(天)'과 '나'로 삼은 것은, 순자가 예의를 높여 '성인'과 '나'로 삼은 것과 같다. 그들이 이(理)가 형기(形氣: 육체의 기운)에 의해 더러워지거나 무너지는 것으로 여긴 것은, 성인 이하 사람들의 형기는 모두 크게 아름답지 못하다고 한 것이니, 이것이야말로 순자의 성악설이다."[92]라고 지적하였다. 대진은 또한 "송나라 유학자들의 설(說)은 순자와 다른 것 같지만, 실제로는 같다."[93]라고 하였는데,[94] 이러한 지적은 시사하는 바가 크다고 할 수 있다. 급기야 그는 순자가 말한 '성'은 송나라 유학자들의 '기질지성'이라고 하였다.

이제 맹자를 공자와 같다고 하고, 정자와 주자를 순자와 양웅 같다

90) 『論語』「陽貨」2장, "性相近也, 習相遠也."에 대해, 정이(程頤)는 "이것은 기질지성을 말한 것이요, 본연지성을 말한 것이 아니다. 그 근본으로 말하면 性은 곧 理요, 理는 善하지 않음이 없으니, 맹자가 말한 性善이 바로 이것이다. 어찌 서로 비슷하다고 말할 수 있겠는가?"라고 하였다.

91) 張載, 『正蒙』「誠明篇」, 形而後有氣質之性, 善反之則天地之性存焉. 故氣質之性, 君子有弗性者焉 참조.

92) 戴震, 『孟子字義疏證』「理」, 程子·朱子尊理而以爲天與我, 猶荀子尊禮義以爲聖人與我也. 謂理爲形氣所汚壞, 是聖人而下形氣皆大不美, 卽荀子性惡之說也.

93) 戴震, 『孟子字義疏證』「性」, 宋儒立說, 似同於孟子而實異, 似異於荀子而實同也 참조.

94) 張曙光, 『外王之學—荀子與中國文化』, 河南大學出版社, 1995, 182쪽 참조.

고 하자. 공자와 맹자는 모두 기품이나 기질을 지적했는데, 사람의 기품이나 기질은 금수와 달라서 마음이 열려 소통할 수 있으니, 그것을 놓치지 않고 실천하면 이의(理義)가 될 것이요, 정자와 주자는 이(理)를 마치 존재물처럼 여겼는데, 실제로는 노자와 장자, 그리고 석씨(釋氏: 석가모니)의 말을 섞은 것이다. 그렇다면 정자와 주자의 학은 자못 노자와 석씨한테서 나와 순자나 양웅으로 들어간 것이니, 그들이 말한 이른바 '성'은 공자와 맹자가 말한 '성'이 아니다. 그들이 말한 기질지성은 곧 순자나 양웅이 말한 '성'일 것이다.[95]

인간의 감정은 외적 사물에 대한 내면이며, 그 내면은 사물에 대한 무한한 '바람'이라고 할 수 있다. 성품이 자연 상태라면, 그것은 감정에 포괄되어 있고, 그 감정은 외적 사물에 반응하는 것인데, 그것이 바로 욕망이라 할 수 있다.

명나라 말기의 양명 사상가인 유종주(劉宗周, 1578년~1645년)가 "양욕(良欲)은 성품에서 나온다."[96]라고 한 것도, 성품에 대한 부정적 입장을 취한 순자의 견해를 일정 부분 반영한 것이라고 할 수 있다. 사상가들은 순자처럼 욕망에 관해 부정적 요소를 인식한 반면, 시대 변화에 따라 그 긍정적인 면을 인식하기도 하였다. 기질에서도 장재와 같은 기 철학자들은 좋은 것과 나쁜 것의 두 측면을 보기도 했는데,[97]이는 순자의 정(情)이 성(性)의 질(質: 질료, 바탕)이라는 것과 관련

95) 戴震, 『孟子字義疏證』「性」, 今以孟子與孔子同, 程·朱與荀·揚同, 孔·孟皆指氣稟氣質, 而人之氣稟氣質異於禽獸, 心能開通, 行之不失, 卽謂之理義; 程·朱以理爲如有物焉, 實雜乎老·莊·釋氏之言. 然則程·朱之學殆出老·釋而入荀·揚, 其所謂性, 非孔·孟之所謂性, 其所謂氣質之性, 乃荀·揚之所謂性歟?

96) 戴璉璋·吳光 주편, 『劉宗周全集』(2책), 臺北, 中央硏究院中國文史哲硏究所 籌備處, 1986, 374쪽, "生於性, 良欲也." 참조.

97) 장재의 기질지성이란 선과 악이 있는 것이며, 가변적이다. 그는 "사람 기질의 선악과 귀천, 요수(夭壽)의 이치는 모두 자연으로부터 받은 정해진 분수이다."(『經學理窟』「氣質」)라고 하였다.—程宜山, 『張載哲學的系統分析』, 學林出版社, 1989, 80쪽 참조.

이 없지 않다. 기질지성이 이(理)와 기(氣)의 측면, 곧 선과 악이 섞여 있다고 보는 성리학적 관점도 순자의 성·정·욕의 관점을 매우 의식한 것은 아닐까? 이렇게 본다면, 후술하게 될, 인간의 성품을 천지지성과 기질지성으로 나눈 장재의 생각이 순자의 욕망론과 무관하지는 않을 것이며, 이는 인성론 연구에 하나의 중요 재료가 된다고 할 수 있다.

3) 욕망의 조절과 사회제도

순자에게, 타고난 성품의 바탕은 감정이다. 감정의 반응인 욕망은 사회적 지위가 가장 낮은 문지기부터 맨 위에 있는 천자라 하더라도 다 채울 수 없다. 그 만큼 끝없이 생성되는 것이 욕망이다. 이에 "옳다고 여겨 그것을 올바른 길로 이끄는 지혜가 반드시 나와야 한다." 라는 인식이 요구된다.

순자가 보기에, 사람마다 모두 제각기 욕망을 이루고자 하면 반드시 서로 충돌할 것이다. 어떤 사람의 욕망도 완전하게 만족시킬 수는 없다. 따라서 자신의 욕망을 절제한 뒤에라야 개인의 욕망이 일정 부분 만족할 만한 정도에 이를 수 있다.

그러한 입장에서 순자는 공자나 맹자와 달리 '도'를 인식하고 있었다. 공자나 맹자에게 도란, 형이상학적 측면과 형이하학적 측면 모두를 아우르는 도덕 또는 도덕성의 성격을 강하게 띠지만, 순자에게 도란 '욕망을 둘러싸고 일어날 수 있는 문제를 해결하기 위한 외적 제도'와 같다.

> 옳은 것을 옳다 하고 그른 것을 그르다 하며, 할 수 있는 것을 할 수 있다 하고 할 수 없는 것을 할 수 없다 하여, 자기의 사사로운 욕망

을 물리치고, 반드시 저 공도(公道: 공공의 길)와 통의(通儀: 두루 통하는 정의)가 서로 아우르고 포용될 수 있는 것을 따라야 한다.[98]

순자가 보기에는, 반드시 도를 따라 사사로운 욕망을 물리쳐야만 비로소 좋은 삶을 누릴 수 있었다. "사회적 위치로는 천자가 되려 하고, 부자(富者)로 말하면 이 세상을 다 갖고 싶은 것이 인간의 감정상 똑같이 바라는 것이다. 그런데 인간의 욕망을 따르자니 상황이 용납하지 않고 사물이 감당해 내지 못한다."[99]라고 전제한 뒤, "그러므로 선왕(先王)이 이를 위하여 예의(禮義)를 제정하여 분배할 것을 고안하여, 귀천의 차등, 장유(長幼)의 차이, 지혜로운 사람과 어리석은 사람·능력 있는 사람과 그렇지 못한 사람의 구분이 있도록 하였으니, 모두 사람들로 하여금 그 일을 재량(載量)하여 각기 그 마땅함을 얻도록 한 후에, 곡록(穀祿)의 다소(多少)와 후박(厚薄: 도답고 엷음)을 어울리게 하였으니, 이것이 무리가 거처하는 데 한결같이 조화롭게 되는 도(道)이다."[100]라고 했다.

인간의 무한한 욕망 때문에 선왕이 예의를 제정하여 이 세상에 존재하는 물건들을 분배한 것으로 인식한 다음, 이제는 물건을 조절하고 욕망을 길러주는 수단으로 예를 파악하였다. 그는 말한다.

예는 어디에서 기원하는가? 사람은 나면서부터 욕망을 가지고 있다. 욕망하는데도 얻지 못하면 구하지 않을 수 없다. 구하는데도 도량

98) 『荀子』「强國」, 是爲是, 非爲非, 能爲能, 不能爲不能, 并己之私欲, 必以道夫公道通義之可以相兼容者.

99) 『荀子』「榮辱」, 夫貴爲天子, 富有天下, 是人情之所同欲也, 然則從人之欲, 則勢不能容, 物不能瞻也.

100) 『荀子』「榮辱」, 故先王案爲之制禮義以分之, 使有貴賤之等, 長幼之差, 知愚能不能之分, 皆使人載其事而各得其宜, 然後使穀祿多少厚薄之稱, 是夫群居和一之道也.

의 한계가 없으면 다투지 않을 수 없다. 다투면 혼란스럽고 혼란스러우면 곤궁해지니, 선왕(先王)은 그 혼란을 싫어하였다. 그러므로 예의를 제정하여 나누어 주어 사람의 욕망을 길러주고, 사람들이 추구하는 것을 공급하여, 욕망으로 하여금 반드시 물건을 바닥나지 않도록 하였으니, 욕망 때문에 물건이 반드시 고갈되지 않아 물건과 욕망이 서로 지탱되어 길러졌으니, 이것이 예의 기원이다. 그러므로 예라고 하는 것은 '욕망을' 길러주는 것이다.[101]

순자가 생각하기에, 인간의 성품이나 감정은 본래 사물을 향하여 무한하게 지니려는 속성을 드러낸다고 보았다. 거기에서 물량(物量)을 둘러싼 조화의 문제가 발생한다. 그 결과 싸움이 일어나고 예의가 없어진다. 따라서 그것을 조절하기 위한 예의가 필요하다. 예의의 질서 아래에서 인간은 생활의 욕망을 기르고 또한 만족시킨다. 사람들에게는 빈천·장유·빈부에 따른 차등적 대우가 부여되고, 질서가 확립된다. 사적 욕망으로 가득 차고 악의 편에 있는 "성(性)과 인간의 행위로서 위(僞)가 합해진 후에 성인의 이름이 이루어지고, 한결같은 천하의 공(功)이 이루어진다. 그러므로 천지가 합하여 만물이 생기고, 음양이 접하여 변화가 일어나며, 성(性)과 위(僞)가 합하여 천하가 다스려진다고 한다."[102]라는 것이 순자의 입장이었다.

이처럼 인간의 성품과 감정을 다스리는 일, 즉 욕망을 처리하는 문제를 세상 다스리기와 밀접하게 연관시켜 표명한 글은 『예기』「예운

101) 『荀子』「禮論」, 禮起於何也? 曰: 人生而有欲, 欲而不得, 則不能無求, 求而無度量分界, 則不能不爭. 爭則亂, 亂則窮, 先王惡其亂也, 故制禮義以分之, 以養人之欲, 給人之求, 使欲必不窮乎物, 物必不屈於欲, 兩者相持而長, 是禮之所起也. 故禮者, 養也.

102) 『荀子』「禮論」, 性僞合, 然後(成)聖人之名, 一天下之功, 於是就也. 故曰天地合而萬物生, 陰陽接而變化起, 性僞合而天下治.

(禮運)」에 대표적으로 보인다. 여기에서는 인간이면 누구나 갖게 되는 일곱 가지 감정을 다스리기 위한 예는 불가피한 것이라고 보고 있다.

> 무엇을 인간의 감정이라 하는가? 희(喜: 기뻐함)·노(怒: 노여워 함)·애(哀: 슬퍼함)·구(懼: 두려워 함)·애(愛: 사랑)·오(惡: 미워함)·욕(欲: 욕망함)의 일곱 가지처럼 배우지 않아도 할 수 있는 것들이다. ……그러므로 성인이 사람의 칠정을 다스리며, ……화목을 닦으며, 사양(辭讓)을 숭상하며, 쟁탈을 제거하는 방법에서 예를 버리면 무엇을 가지고 다스리겠는가? 음식과 남녀 같은 것에 사람의 큰 욕망이 있는 것이요, 죽음과 가난과 고통에 사람이 크게 싫어하는 것이 있다. 그러므로 욕망하고 싫어함은 마음의 큰 단서요, 사람이 그 마음을 감추니 헤아리거나 잴 수 없으며, 아름다움과 추악함도 모두 그 마음에 있으므로 그 얼굴에는 나타나지 않으니, '하나'로써 그런 점을 다하게 한다면, '예'를 버리고 무엇으로 하겠는가?[103]

인간이라면 감정이 없을 수 없다. 이에 일곱 가지 감정을 추스르며, 화목을 닦고, 사양을 숭상하며, 쟁탈을 제거하는 방법이 필요하다. 그것이 바로 예이다. 마찬가지로 음식과 남녀에 대한 욕망은 사람이 가장 바라는 것이요, 죽음이나 가난 같은 고통은 사람이 가장 싫어하는 것이다.

따라서 무엇인가를 욕망하고 배척하려는 것은 마음이 작용하는 가장 큰 실마리이다. 그럼에도 불구하고 마음의 운동성은 감추어져

103) 『禮記』「禮運」, 何謂人情? 喜·怒·哀·懼·愛·惡·欲七者, 弗學而能, ……故聖人所以治人七情, 修十義, 講信修睦, 尙辭讓, 去爭奪, 舍禮何以治之? 飮食男女, 人之大欲存焉; 死亡貧苦, 人之大惡存焉, 故欲惡者, 心之大端也. 人藏其心, 不可測度也; 美惡皆在其心, 不見其色也, 欲一以窮之, 舍禮何以哉?

있어서 헤아리거나 잴 수 없다. 무슨 마음을 갖고 있는지, 아름다운 것인지 추악한 것인지, 파악하기가 불가능하다. 이 같은 마음 상태를 만약 한결같게 하거나 마음먹은 것을 극진하게 하려 한다면, '예'를 통해야 한다는 것이 『예기』의 요지이다.

맹자는 "마음을 기르는 데에는 욕심을 줄이는 것보다 더 좋은 것이 없다."[104]라고 하여, 욕망의 실재를 인정하였다. 그러면서 '예'를 덕성으로 파악하고, 그것을 지키려는 마음을 '사양지심'이라 하여, 그러한 마음 상태를 기르도록 기대하였다. 이에 반해 순자는 예를 외적 통제 수단, 즉 사회 시스템이라고 인식하였다. 맹자가 예를 도덕심 가운데 하나로 여겼다면, 순자는 예를 외재적 조절 수단으로 여겼다.

순자도 맹자와 마찬가지로 마음 기르는 일을 중시하였는데, 그것은 '성(誠)'에 의해 이루어진다고 하였다. 인간의 정성을 통해 마음이 길러지고, 그 마음을 통해 세상을 바르게 할 수 있는 사회 시스템이 제대로 서게 된다고 믿은 것이다.

> 군자가 마음을 기르는 데에는 성(誠)보다 더 좋은 것이 없으니, 성을 지극하게 하는 데에는 다른 일은 없고, 오직 인(仁)을 지키고 오직 의(義)를 행하는 것만이 있다. 성심(誠心)으로 인을 지키면 드러날 것이요, 드러나면 신묘해질 것이며, 신묘하면 변화할 수 있다. 성심으로 의를 행하면 이치에 맞고[理], 이치에 맞으면 현명해질 것이고, 현명하면 변화할 수 있다.[105]

104) 『孟子』「盡心下」35장, 養心, 莫善於寡欲.

105) 『荀子』「不苟」, 君子養心莫善於誠, 致誠則無他事矣, 唯仁之爲守, 唯義之爲行. 誠心守仁則形, 形則神, 神則能化矣, 誠心行義則理, 理則明, 明則能變矣.

순자는 인간이 정성으로 마음을 기른 후에, 그 성심을 가지고 의를 실천하여 이치에 도달하며, 현인의 단계에 접어들 때 악의 상태인 자연 상태의 변화가 이루어진다는 시각을 견지하였다. 맹자의 '마음 기르는 일'이 '욕망을 줄이는 것'이라면, 순자의 '마음 기르는 일'은 '정성에 의존하는 것'이다. 맹자의 '덕성을 회복하는 일'이 마음 기르는 일의 궁극적인 목표라면, 그와 달리 순자에게 그것은 '인'을 지키고 '의'를 실천함으로써 교화를 이루는 일이다.

4) 욕망, 인간의 행위 그리고 마음

순자가 말한 '정'은 '성'의 실질이다. 호오(好惡: 좋아하거나 싫어함)·희노애락(喜怒哀樂)의 '정'은 성에 존재하면서[106] 바탕을 이루는데, 이것을 천정(天情)이라 한다.[107] 정과 성은 하늘이 부여한 자연적인 생명 상태이다. 정은 성에 대한 실질의 표현이다. 욕망은 정의 반응이다. 순자의 성·정·욕은 일직선으로 연결되어 있고, 정은 성에 대한 실질이 드러난 것이며, 욕망은 성의 실질인 정이 반응하는 것을 가리킨다.

순자는 성·정·욕망을 따로 말했지만, 맥락상 셋의 관계는 따로 분리되지 않는다. 정과 욕망은 모두 성에 본래 갖춰져 있는데, 그는 그런 내면이 행위로 표출된 결과를 사회혼란으로 연결시킨다. 그 혼란의 원인은 욕망에 밀착되어 있는 것으로 보았다고 할 수 있다.

여기에서 선으로 유도할 외적 기반이 필요하게 된다. 그것은 바로 사법(師法)이나 예의 등의 '위(僞: 인간의 행위·노력)'로서, 인간의 행위 즉 노력의 산물이다. 순자의 사상에서 '악'의 측면인 천부의 성(性)과 후천적인 사람의 행위[僞]는 유기적으로 연결되어 있는 것이다. 사람의

106) 『荀子』「正名」, 性之好惡喜怒哀樂謂之情 참조.
107) 『荀子』「天論」 참조.

성품은 악의 상태라서, 그것이 선하게 되기 위해서는 교육이나 수양과 같은 인간의 노력이 요구된다는 것이다.[108]

그가 말하는 선이란 예의에 준거해야 하며, 인적 노력이 보태진 '위(僞)'의 부분을 가리키고, 천부의 성(性)이나 성정(性情)의 교정을 거치지 않은 방임은 악의 상태를 의미한다.

> 무릇 사람의 성이라는 것은, 훌륭하다는 임금인 요임금과 순임금의 것이나 못됐다는 걸왕과 도척(盜跖)의 것이나 모두 한가지이다. 군자와 소인을 대비시켜 말하는 그런 성도 모두 한가지로 같다. 이제 장차 예의로써 '위(僞)'를 쌓으면 사람의 성이 되는가? 그렇다면 어째서 요임금이나 우임금을 귀히 여기며, 어째서 군자를 귀히 여기겠는가? 무릇 요임금·우임금 그리고 군자를 귀히 여기는 것은 성을 변화시킬 수 있었고, 위(僞)를 일으킬 수 있었기 때문이다. 위가 일어나야 예의가 일어난다. 그렇다면 성인의 예의와 적위(積僞: 인간 노력의 축적)의 관계는, 역시 도자기를 굽는 사람이 진흙을 으깨어 기와를 만드는 것과 같다.[109]

순자에 의하면, 군자는 소인과 더불어 똑같이 악의 상태인 성품을 갖는다. 거기에 노력을 가하여 성품을 선의 상태로 변화시켜야 하고, 그렇게 함으로써 예의가 이룩된다는 것이다. 성인 같은 사람이 성품을 변화시키고 인위적 노력을 일으키며, 인위적 노력이 일어나 예의가 생기게 하고, 예의가 생겨서 법도(제도)가 제정되는 것이다. 그렇

108) 『荀子』「性惡」, 人之性惡, 其善者僞也.

109) 『荀子』「性惡」, 凡人之性者, 堯舜之與桀跖, 其性一也. 君子之與小人, 其性一也. 今將以禮義積僞, 爲人之性邪. 然則有曷貴堯禹, 曷貴君子矣哉. 凡所貴堯禹君子者, 能化性, 能起僞, 僞起而生禮義. 然則聖人之於禮義積僞也, 亦猶陶埏而生之也.

다고 할 때 순자의 사상에서 예의와 법도는 성인이 만든 것이다.[110]

공자나 맹자와 마찬가지로 순자에게도 군자는 중요한 인간형이다. 순자에게 군자는 성인처럼 화성기위(化性起僞: 성품을 변화시키고, 인간적인 행위를 일으킴)가 가능한 사람이다. 군자는 소인과 더불어 똑같이 악의 상태인 본성을 갖고 있지만, 그것을 기위하여 선의 상태로 성품을 변화시키는 순간을 맞이해야 하고, 그렇게 함으로써 예의가 이룩된다는 것이다.

5) 도, 예제 그리고 마음 비움의 중요성

따라서 맹자가 인(仁)과 예(禮)를 내면적 실체로 파악하는 것과는 기본적으로 다르다. 맹자가 "맛에 대한 입의 지향, 색(色)에 대한 눈의 지향, 성(聲: 소리, 음악)에 대한 귀의 지향, (좋은) 냄새에 대한 코의 지향, 안일에 대한 사지(四肢)의 지향은 성(性)이지만, 명(命)이 있으니 군자는 성이라 하지 않는다."[111]라고 한 말에서 볼 수 있듯이, 군자라면 이 같은 육체적 감각을 초월하지 않으면 안 된다고 하였다. 하지만 순자는 욕망을 감내하는 인간성이 아니라, 성품과 연결된 욕망을 인정하고, 그것을 변화시켜 선의 상태로 만드는 군자의 모습을 상정하였다.

그런데 이 '인간의 행위'는 바로 마음의 '사려'·'선택작용'으로서 '심려(心慮)'이다. 그 점에서 순자의 철학에서도 마음의 역할은 중요하다.

> '생(生)'이 그러한 까닭을 '성(性)'이라 한다. 성의 조화로움이 생기는 것에는 정교하게 감응이 어우러진다. 일삼지 않아도 저절로 그러

---

110) 『荀子』「性惡」, 故聖人化性而起僞, 僞起而生禮義. 禮義生而制法度. 然則禮義法度者, 是聖人之所生也.

111) 『孟子』「盡心下」 24장, "口之於味也, 目之於色也, 耳之於聲也, 鼻之於臭也, 四肢於安佚也, 性也, 有命焉, 君子不謂 性也.

한 것을 '성'이라 한다. '성' 가운데 호오·희노애락을 '정'이라 한다. 정이 그런 것이어서, 마음이 그 때문에 가려지는 것을 '여(慮: 사려)'라 한다. 마음이 사려하여 움직일 수 있음을 '위(僞)'라고 한다. 마음에 사고 작용이 쌓이고, 이런 학습을 할 수 있고 나서의 성과를 '위'라고 한다.[112]

순자에게 성과 정은 자연적이며, 그 반응인 욕망은 '악'에 관련된다. 그래서 사람의 마음이 선택적 작용을 하지 않으면 안 된다고 보았다. 본성적인 인간의 감정이란, 필연적으로 그러한 것이어서, 마음이 이를 위해 선택적으로 작용을 하지 않으면 안 된다는 것이다. 즉 '심려'가 필요하다는 것이다. 이것이 바로 '위'이다. 따라서 순자가 설정한 '인간의 행위'란 '마음의 심사숙고'와 같은 것이고, 그 소산은 예악제도와 같은 '도'의 차원이라고 할 수 있다. 순자가 생각하기에, 마음은 인식·사유·변별의 능력을 가진다고 보았다. 그는 이렇게 말했다.

사람은 무엇으로써 '도'를 아는가? '마음'이다. 마음은 무엇으로써 '인식작용[知]'을 하는가? '하나로 비워서 고요함'이다.[113]

순자의 사유에서, 마음의 '사려 작용'은 악의 상태인 성정의 욕망 때문에 필요하다. 그것은 '인간 행위'의 결과인 '선'에 관련된다. 마음에는 '정'에 대한 선택적 기능뿐만 아니라 인식 작용도 있다. 그 인식

112) 『荀子』「正名」, 生之所以然者謂之性. 性之和所生, 精合感應, 不事而自然謂之性. 性之好惡喜怒哀樂謂之情. 情然而心爲之擇謂之慮. 心慮而能爲之動謂之僞. 慮積焉能習焉而後成謂之僞.

113) 『荀子』「解蔽」, 人何以知道? 曰心. 心何以知? 曰虛壹而靜.

작용을 통해 인간이 나아가야 할 '도', 즉 길을 알게 된다.

제대로 된 인식 작용을 위해 마음을 '하나로 비워서 고요 상태'를 유지하는 것이 필요하며, 그것을 통해 다시 '도'를 찾는 과정이 요구된다고 할 수 있다. 더욱이 순자는 마음을 '공재(工宰)'에 비유하였다. 즉 물건 만드는 기술자의 사물을 다루는 기능에 비유하여, 그것이 '도'를 주재할 수 있을 것으로 보았다. 그는 "마음이란 도의 공재(주재)이며, 도란 다스림의 떳떳한 이치이다."[114]라고 하였다.

6) 한결같은 고요 상태로 마음 비우기

노자와 장자는 만물 존재가 생성되는 차원에서 '비우는 것'을 우리에게 가르쳐 주었다. 이런 비움은 순자에게도 중요한 것이었다. 그것은 바로 마음 비우기인데, 순자에게 마음은 잠정적으로 이중성을 지닌다. 그는 "마음은 '무엇을' 저장하지 않은 적이 없지만, 이른바 '비움'이라는 것이 있다. 마음은 두 갈래가 아닌 적이 없지만, 이른바 '하나'라는 것이 있다. 마음은 동요하지 않은 적이 없지만, 이른바 '고요'라는 것이 있다."[115]라고 하여, 일시적으로 마음은 부정적인 것이 되지만, 그렇다고 거기에 그치지도 않는다고 보았다. 결과적으로는 긍정적인 것이 된다고 하였다.

마음은 무엇을 저장하여 꽉 채워야 하지만, '비움'의 자기 기능이 있다. 어떤 대상을 놓고 두 갈래로 나뉘지만, '하나'로 비우며, '고요'의 침잠 상태도 또한 있을 수 있다. 언뜻 보기에는, 훗날 정이가 마음을 주재하는 '경(敬)'을 '주일무적(主一無適: 한 곳에 집중하여 잡념으로 분

114) 『荀子』「正名」, 心也者, 道之工宰也. 道也者, 治之經理也.

115) 『荀子』「解蔽」, 心未嘗不藏也, 然而有所謂虛, 心未嘗不兩也, 然而有所謂一, 心未嘗不動也, 然而有所謂靜.

산되는 일이 없음)'으로 규정한 것과 함의가 흡사하다고나 할까? 도가(道家) 철학자인 장자는 '심재(心齋)', 즉 도를 모이게 하기 위해 마음을 깨끗이 비울 것을 주장한 바 있거니와,[116] 순자도 이와 유사한 맥락에서 허심탄회하게 마음 비우기를 권장하였다.

뿐만 아니라 순자는 마음 범주의 인식 작용과 그 인식한 것을 저장하는 일에 대해 언급하였다. 그에게 '저장하여 채우는 일'이 있음에도 불구하고, 역시 '비움'이라는 것도 장차 새로 받아들일 것을 해치지 않기 위함이었다. 순자는 말한다.

> 사람은 나면서부터 '인식 작용'이 있다. 인식에는 '지(志)'가 있다. '지'라는 것은 간직함이다. 그렇지만 이른바 '비움'이란, 이미 간직한 것을 가지고 장차 받을 것을 해치지 않는 것을 '비움'이라 한다.[117]

그런데 사람이 태어나면서부터 갖는 인식 작용은 마음이 한다. 그는 말하기를, "마음은 나면서부터 인식 작용이 있다. 인식 작용에는 '차이'가 있지만, 그 '차이'는 동시에 무엇인가를 아울러서 이해한다. 동시에 뭔가를 아울러서 안 것은 두 개이지만, 이른바 '하나'라는 것이 있다. 저 하나를 가지고 이 하나를 해치지 않음을 '하나'라고 한다. 마음은 누워서도 꿈꾸고, 방종하면서도 스스로 가고, 시키면 도모한다."[118]라고 했다.

결국 여기에서 우리는 '저장'하면서 '비우고', '둘'로 나뉘면서도 '하나'가 되고, '움직임' 속에서 '고요 상태'가 되는 마음에 유의하지 않으

116) 『莊子』「人間世」 참조.

117) 『荀子』「解蔽」, 人生而有知, 知而有志, 志也者, 藏也, 然而有所謂虛, 不以所已藏害所將受謂之虛.

118) 『荀子』「解蔽」, 心生而有知, 知而有異, 異也者, 同時兼知之, 同時兼知之, 兩也, 然而有所謂一, 不以夫一害此一謂之壹. 心臥則夢, 偸則自行, 使之則謀.

면 안 된다. 순자는 "그러므로 마음은 동요하지 않은 적이 없다. 그렇지만 이른바 '고요'란, 극적으로 꿈꾸는 것을 가지고 인식 작용을 어지럽히지 않음을 '고요'라 한다. 미처 '도'를 얻지 않았더라도 '도'를 구하는 것, 그것을 '하나로 비워 고요하다'고 하며, 법칙으로 삼는다."[119] 라고 하였다.

마음의 '하나로 비워 있으면서 고요한 상태'는 '도'를 추구하게 하고 '법칙'을 만들게 하는데, 그 도와 법칙은 심사숙고한 '위(僞: 인간의 행위, 노력)'의 성과로서 인간 사회를 이끄는 예제와 같다.

3. 본원 유가 욕망론의 궁극적 정신

(1) 나의 욕망을 뒤로 미루는 지도자가 필요한 때

본원 유가의 욕망론은 공자·맹자·순자가 각각 처해 있던 춘추 말기·전국 중기·전국 말기라는 시대 상황과 무관하지 않다. 생산성이 저조한 농업사회에서 동물성에 가까운 인간의 행위는 패도로 나타났다. 패도란 다름 아닌 힘의 리더십이다. 그런 리더십으로 자기가 중심이 되어 바깥 세계를 끌어들이는 것이 패도라 할 때, 그런 상황에서는 혼란이 수반될 수밖에 없었다.

이런 난맥상에 대해, 공자는 '군자'다운 지도자를 통한 치세를 염원하였다. 그가 상정한 인간이 가야 할 궁극적 경계는 '도'였다. 그는 도의 함의를 인(仁)에 담아 전개하였고, 그것은 대상이나 상대와의 소

119) 『荀子』「解蔽」, 故心未嘗不動也, 然而有所謂靜, 不以夢劇亂知謂之靜. 未得道而求道者, 謂之虛壹而靜, 作之則.

통성 확보를 골간으로 하였다. 공자의 문제의식에서, 인간과 자연, 하학(下學: 형이하학적 구체 상황에 대한 공부)과 상달(上達: 형이상학적 진리에의 통달)[120]을 통해, 사람과 사람, 사람과 사물 간에 관계성을 확보하는 일은 무엇보다 시급한 것이었다고 할 수 있다.

무엇보다 인간 사회의 관계성 확보에 대해 고민했던 공자의 생각은 증삼(曾參)의 윤리학에도 단적으로 보인다. 안연과 함께 매우 중요한 제자로 손꼽히는 증삼은 인(仁)을 충서(忠恕)[121]로 풀이하였는데, 그것은 그 의미 파악에 크게 도움이 된다. 충서는 내가 만나는 타자에게 '나의 진심(가슴속)'을 드러내고, 타자도 또한 그 '마음속'을 이심전심으로 소통하는 것이다. 그는 그렇게 된다면 세상은 좋아질 것이라고 기대하였다.

이 같은 맥락에서 공자는 '극기복례'[122]와 같이 자기가 솔선하여 욕망을 극복하고 예를 실천하는 일을 중요시하였으며, 살신성인(殺身成仁)[123]과 같은 자기희생을 바람직스러운 것으로 여겼다고 할 수 있다.

이러는 과정에서 공자는, 사람이면 누구나 가질 수 있는 사회적이면서 경제적인 욕망에 주목하였다. 그는 "경제적으로 부유하고 사회적으로 신분이 높은 것은 모든 사람들이 욕망하는 것이지만, 정당한 도를 통해 얻지 않으면 그런 일을 선택하지 아니하며, 가난하고 신분이 낮은 것은 모든 사람들이 싫어하는 것이지만, 정당한 도를 통해 얻지 않았더라도 구차하게 떠나지는 않아야 한다."[124]라고 했다.

120) 『論語』「憲問」 37장.

121) 『論語』「里仁」 15장, 子曰: 參乎. 吾道, 一以貫之. 曾子曰. 唯. 子出. 門人問曰. 何謂也. 曾子曰: 夫子之道, 忠恕而已矣 참조.

122) 『論語』「顔淵」 1장.

123) 『論語』「衛靈公」 8장.

124) 『論語』「里仁」 5장, 子曰: 富與貴, 是人之所欲也, 不以其道, 得之, 不處也, 貧與賤是人之所惡也, 不以其道, 得之, 不去也.

공자는 '극기복례'에 보이는 사적인 욕망, 맹목적이거나 동물적인 욕망을 극복하고, 사회적 명예와 권력을 넘어, 경우에 따라서는 자기 희생도 감수할 줄 아는 인간형을 요구하였다고 할 수 있다.

(2) 정의로운 호연지기로 백성과 욕망을 공유하는 사람

공자의 견해를 '심학적으로' 계승한 맹자는 군자다운 의연한 사명감을 가지고 천부의 성품을 사회에 실천할 때, 세상이 평화로워질 것이라고 확신하였다. 자기의 욕망과 욕심을 절제하거나 줄임으로써 타자를 배려할 공간을 확보할 수 있다고 보았다. 그는 공자와 마찬가지로 육체적(동물적)·사회적·경제적 욕망에 주목하였다. 그는 "땅을 넓히고 백성을 늘리는 일은 군자가 욕망하는 일이다."[125]라고 하거나, "여색을 좋아하는 것, 부자가 되는 것, 귀한 자리에 오르는 것도 사람이 욕망하는 것이다."[126]라고 하였다. 또한 그는 "높은 자리를 욕망하는 것은 사람이면 누구나 똑같은 마음이다."[127]라고 하였다.

이렇게 말한 것에서 알 수 있듯이, 맹자는 인간의 생물학적 욕구뿐만 아니라 사회적인 욕망도 역시 타고난 것이라고 인정하였다. 그렇지만 성품이라고 인정하지는 않는데, 이는 역시 타고난 도덕적 본성이나 사명감이 자연적으로 부여되었다고 확신했기 때문이다. 그러면서 맹자는 '백성과 함께 더불어 즐긴다'는 여민동락을 제시함으로써, 욕망을 공유하자고 주장하였다. 다른 한편으로는 과욕(寡欲)을 주

125) 『孟子』 「盡心章句上」 21장, 廣土衆民, 君子欲之.

126) 『孟子』 「萬章章句上」 1장, 天下之士悅之, 人之所欲也, 而不足以解憂, 好色, 人之所欲, 妻帝之二女, 而不足以解憂, 富, 人之所欲, 富有天下, 而不足以解憂, 貴, 人之所欲, 貴爲天子, 而不足以解憂, 人悅之, 好色, 富貴, 無足以解憂者, 惟順於父母, 可以解憂 참조.

127) 『孟子』 「告子章句上」 17장, 欲貴者, 人之同心也.

장하여 사적 욕망을 줄일 것을 요청하였다.

(3) 사려 깊은 제도를 구축하여 욕망 조절하기

순자는 성품·감정·욕망을 하나로 연결하여 파악하였다. 그에게 인간의 감정은 성품의 바탕이고, 그것은 바로 욕망이었다. 감정이란 외적 세계와 감응하여 드러난 것이고, 그러한 바탕은 타고난 것이다.[128] 순자에게 인간이란, 음식과 남녀를 좋아할 뿐만 아니라, 이로움을 좋아하고 해로움을 피하는 등의 자연스런 감정과 욕망을 본래적인 성품으로 하는 존재였다. 사람은 모두가 한결같은 것을 가지고 있는데, 배가 고프면 먹고 싶고, 추우면 따뜻해지고 싶고, 피곤하면 쉬고 싶고, 이로운 것을 좋아하고 해로운 것은 싫어하는 것 등이다. 이는 태어나면서부터 가지고 있는 것이지, 후천적으로 형성된 것이 아니다. 순자는 "재성(材性: 재주)이나 지능은 군자나 소인이 같다. 영예를 좋아하고 욕되는 일을 싫어하며, 이로움을 좋아하고 해로움을 싫어하는 것은 군자나 소인에게 모두 같다. 다만 그들이 그것들을 추구하는 방법은 다르다."[129]라고 하였다.

그는 생리적인 것뿐만 아니라 사회적인 것을 아우르는 욕망을 인간의 타고난 성품이라고 파악하였다. 순자는 "눈이 빛깔을 좋아하고, 귀가 소리에 기울이며, 입이 맛있는 것을 선호하며, 마음이 이로움에 끌리며, 몸과 피부가 즐겁고 편안함을 좋아하는 것은 모두 사람의 타고난 감정인 성품에서 생긴다."[130]라고 하여, 인간이면 누구나 갖는

---

128) 『荀子』「正名」, 性者, 資之就也. 情者, 性之質也. 欲者, 情之應也.

129) 『荀子』「榮辱」, 材性知能, 君子小人一也. 好榮惡辱, 好利惡害, 是君子小人之所同也, 若其以求之之道則異矣

130) 『荀子』「性惡」, 若夫目好色, 耳好聲, 口好味, 心好利, 骨體膚理好愉佚, 是皆生於人之情性也,

생리적 욕망의 문제를 제기하였다.

맹자가 욕망의 조절·과욕·내면의 사양지심과 같은 덕성의 예(禮)를 길러 충돌이 없는 평화를 꿈꾸었다면, 순자에게 예는 외적 사회 시스템으로서 통제 기능이라는 의미를 가졌다. 그에게 욕망이란 예의와 법도로 규제해야 하는 것이었고, 따라서 예법의 역할과 생물학적 본성에 대한 사회적 교화도 역시 정당화되었다.

이미 거듭 지적했듯이, 공자는 타자와의 관계를 복원하는 것만이 존재자들이 평화롭게 공존할 수 있는 길이라고 여겼다. 이런 의미에서 이 세상의 주체인 인간이 곧 하늘과 땅·사람과 사물에 대해 어떠한 존재 방식을 견지해야 할 것인가를 문제 삼았다. 인(仁)이라는 소통 상태, 대상과의 관계성 확보가 바로 공자가 추구한 길이었다.

이런 의미에서 공자는 공경스런 태도로 나를 수양할 것, 즉 수기이경(修己以敬)을 주장하였다. 맹자는 혼란한 세상에 대해 낙관주의 관점에서, '방심'을 악으로 보고 방심을 되찾는 '구방식(求放心)'이나 도덕심을 보존하는 존심(存心)을 요청하였다. 그렇지 않을 때 욕망이 그들의 지향점인 도(道)를 이루는 데 장애가 될 것이라는 우려를 나타냈다고 할 수 있다.

순자는 공자나 맹자와는 달리 인간이 마주치는 외적 상황과 쉽게 동화할 수 있는 '동물적 욕망'을 가진 인간에 주목하여, 성품과 욕망을 통일적으로 보았다. 공자나 맹자가 자율적인 내적 도덕성의 실현을 통해서 이상 사회를 구축하려 한 반면, 순자는 자기 리더십뿐만 아니라 타자에 대한 통제 시스템의 필요성을 제기하였다. 그리하여 개인이 스스로 자기를 대상화하여 욕망을 억누르는 수양을 해야 한다고

感而自然, 不待事而後生之者也.

요구하고, 외적으로는 성인이 제정한 예악 법도가 필요하다고 보았다. 그리하여 교육(수양)이나 예제를 제정해야 한다고 주장하였다.

Ⅱ

유가 욕망론의 전근대적 전개: '이성에서 욕망으로'의 합리주의

1. 이성에서 욕망으로—합리주의 욕망론

(1)『사서집주』와 욕망

공자는 '붕우(朋友)'를 통하여 궁극적으로 군자라는 지도자를 길러 냄으로써 이상적으로 사회를 이끌기를 희망하였다. 그가 일생 동안 외친 '인(仁)'은 몸을 죽여서라도 실천할 만한 귀중한 것이었다.[131] 이 역시 앞에서 이미 살펴본 바와 같이, 인(仁)은 상대와 나를 하나로 관통하는 '충서(忠恕)'와 같은 것이며,[132] 그렇게 되기 위해서는 다소간 '나'를 이겨내거나 수양하지 않으면 안 된다.

이와 같이 자기 수양이 이루어진 사람이 사회를 이끌기를 공자는 희망했다. 공자에게, 사회에 대한 리더십의 발휘는 바로 정치였다. 그에게 정치란 솔선수범이었다. 즉 우선 올바르게 자기를 이끄는 것

131)『論語』「衛靈公」8장, 子曰: 志士仁人, 無求生以害仁, 有殺身以成仁 참조.

132)『論語』「里仁」15장, 子曰: 吾道一以貫之, 曾子曰: 唯, 子出, 門人問曰: 何謂也, 曾子曰: 夫子之道, 忠恕而已矣 참조.

이 중요하다.[133] 자기를 올바르게 이끌었을 때 세상을 다스리는 체계는 저절로 이루어진다고 보았다.[134]

그런 점에서, 완벽한 덕의 상태로서의 '기(己)', 인(仁) 실현의 주체로서 '기(己)'는 중요하다. 자기 스스로 도덕 상태를 갖추는 것이 중요할 뿐만 아니라, 타자와의 교섭 주체로서 '나' 또한 매우 중요하다. 이에 공자는 '극기복례'에 크게 주목하였다.

> 안연이 인(仁)에 대해 묻자, 공자가 "자기[己]를 이겨 예(禮)로 돌아가는 것이 인을 행하는 것이니, 하루 동안이라도 자기를 이겨 예로 돌아가면 천하가 인으로 돌아간다. 인을 행하는 것은 자기로 말미암는 것이지, 남으로 말미암는 것이겠는가?"라고 말하였다.[135]

무엇보다 '나' 밖의 대상과 교섭하려는 '나'를 공자는 문제 삼았다. 바깥 세상과 교섭하려는 주체로서 '나'는 어떠해야 하는가? 인(仁) 실천의 주체로서 '나'는 '절제된 주체, '남을 맞이하기 위한 태도가 구비된 나'이어야 한다. '인' 실천의 조목을 묻는 안연에게 공자는 "예가 아니면 보지 말며, 예가 아니면 듣지 말며, 예가 아니면 말하지 말며, 예가 아니면 움직이지 말 것이다."[136]라고 말했다. 따라서 공자가 중요시한 '나'는 시(視: 봄)·청(聽: 들음)·언(言: 언어활동)·동(動: 행동)이라는 육체적 감각기관의 활동에서 예가 아닌 것을 참고 이겨내는 상태, 그런 마음가짐을 적극적으로 유지하려는 나를 의미한다.

133) 『論語』「子路」13장, 苟正其身矣, 於從政乎何有, 不能正其身, 如正人何 참조.

134) 『論語』「子路」6장, 其身正, 不令而行, 其身不正, 雖令不從 참조.

135) 『論語』「顔淵」1장, 顔淵問仁. 子曰: 克己復禮爲仁. 一日克己復禮, 天下歸仁焉. 爲仁由己, 而由人乎哉?

136) 『論語』「顔淵」1장, 顔淵曰: 請問其目. 子曰. 非禮勿視, 非禮勿聽, 非禮勿言, 非禮勿動.

'인(仁)'과 '예(禮)'를 '덕성'의 차원, 다시 말하면 천리로 접근한 주희는, '인'은 마음의 덕이고 '예'는 이치의 절제된 표현이라고 보았다.[137] 이에 반해 '나' 곧 '기(己)'는 그것들과 대립 상태에 있는 존재이다. 사욕으로 가득한 위험스런 존재이다. 주희의 생각에 '나'는 이중성을 지닌다. 사욕을 가진 존재이면서 인을 실천하는 '주체'라는 두 가지 성질을 갖는다. 긍정과 부정의 두 측면을 가진 '나'이다. '나'는 '악'의 편일 개연성이 있을 뿐만 아니라, '선'을 실현할 수 있는 가능성으로서의 주체라는 모순 상태에 있다고 할 수 있다.

공자는 인문주의적 주체를 "인능홍도(人能弘道: 사람이 도를 넓힐 수 있다)"[138]로, 맹자는 "만물개비어아(萬物皆備於我: 온갖 것은 다 나에게 갖춰져 있다)"[139]로 함축하였다. 이 같은 기조에서 인의 실천이 타인으로부터 말미암는 것이 아니라 자신에게서 연유한다는 공자적 도덕 실천의 주체의식과, 공자의 견해를 심학적으로 계승하고, 도덕 실천의 사명감 때문에 욕심을 본성으로 여기지 않은 맹자의 군자 의식은, 주희에 의해 '천리와 인간의 욕망'이라는 대립적 패러다임을 통해 한층 강화되었다. 인간의 이치는 천리에 대한 장애라고 확실하게 인식되었다.

> 인(仁)의 실천이란, 그 마음의 덕(德)을 온전히 하는 것이다. 마음의 온전한 덕은 천리가 아닌 것이 없으나, 또한 인간의 욕망에 의해 파괴되지 않을 수 없다. 그러므로 인을 실행하는 자는 반드시 사욕(私慾)을 이겨내어 예(禮)에 돌아가면 일마다 모두 천리여서, 본심(本心)의 덕이 다시 내 몸에서 온전해진다. 또 "하루라도 나를 이겨 예로 돌아

137) 위의 『論語』「顔淵」 1장에 대한 주자의 注 참조.
138) 『論語』「衛靈公」 28장.
139) 『孟子』「盡心章句上」 4장.

가면 온 세상 사람들이 모두 그 인을 인정한다."라고 한 것은, 그 효과가 매우 빠르고 지극히 크다는 것을 극단적으로 말한 것이다. 또 인의 실천은 자신에게 달려 있어서 남이 간여할 수 있는 것이 아니라고 하였으니, 또한 그 기틀이 나에게 있어서 어려움이 없음을 나타냈다. 날마다 '나'를 이기는 것을 어렵게 여기지 않는다면, 사욕(私欲)은 말끔히 씻기고 천리가 유행(流行)하여 인은 이루 다 쓸 수 없다.[140]

이 같은 "극기복례위인(克己復禮爲仁)"에 대한 주희의 코멘트에서 볼 수 있듯이, '기(己)'는 천리를 실현하는 데 장애가 되는 것으로 인식하고 있다. 그것은 '사욕(私欲)'이어서 공적인 것을 방해하는 것이었다. '극기(克己)'의 '극(克)'이란 우선 '이기다'라는 뜻을 가지므로, 주희처럼 '사욕'으로 풀이해도 무난해 보인다. 그런데 같은 문장인 '위인유기(爲仁由己)'의 '기(己)'는 인을 실천하는 주체로 풀이하지 않으면 안 된다. 그렇다면 한 문장 안에서 두 가지 쓰임새를 갖는 '기'가 있게 된다.

여기에서 '천리'와 '인욕', 곧 자연적 측면의 이치와 인간적·세속적 측면의 욕망을 대립적인 것으로 보는 패러다임으로 접근하려 한 나머지, 고전 해석에 무리가 따른 것은 아닌가 하는 의구심이 들기도 한다. 청초(淸初)에 안원(顔元, 1635~1704)이나 이공(李塨, 1659~1733)도 이 같은 입장에 있었다. 그들은 극기란 몸을 단속하는 것, 즉 약신(約身)이라고 보았다. 몸을 잘 컨트롤하여 시·청·언·동의 행동이 조리에 맞도록 하는 것으로 풀이한 것이다. 대진(戴震, 1723~1777)도 성인은 무사(無私)이지만 무욕(無欲)은 아니라고 하여, '기'를 사욕으

140) 『論語』「顔淵」 1장의 朱子注, 爲仁者, 所以全其心之德也. 蓋心之全德, 莫非天理, 而亦不能不壞於人欲. 故爲仁者必有以勝私欲而復於禮, 則事皆天理, 而本心之德復全於我矣. 又言一日克己復禮, 則天下之人皆與其仁, 極言其效之甚速而至大也. 又言爲仁由己而非他人所能五, 又見其機之在我而無難也. 日日克之, 不以爲難, 則私欲淨盡, 天理流行, 而仁不可勝用矣.

로 보고 욕망을 부정하는 주자학적 입장을 비판하였다.[141] 대망(戴望, 1837~1873)[142]도 '극기복례 위인'의 '극'을 '책(責)'으로 보고, '기'가 예(禮)를 회복할 수 있도록 독책(督責: 재촉하고 권함)한다는 의미로 풀이하여, '기'의 '주체성'을 살리고 있다.[143]

어떻든 이 문장은 주희가 『사서』를 '천리'와 '인욕'의 패러다임으로 이루어진 것이라고 알리는 대표적인 것으로 여겨졌다. 『사서집주』를 읽노라면 인간의 욕망은 극복하지 않으면 안 되는 것이라는 풀이로 가득 차 있다는 느낌을 받을 때가 있다. 유학 자체가 나 이외의 타자에 대한 관심이나 애착 혹은 공적 추구에 주목한 것이어서, 그렇게 무리가 있어 보이지는 않지만, 지나칠 만큼 '천리'라는 공적 이치의 실현을 위하여 '인욕'이라는 사(私)'를 배척하는 것이 옳다는 주장을 접하게 된다. 이로 인해 그러한 가르침의 모범적 실천자로서 성현이 추앙되는 '해석학'이 유행하게 된다. 그러면서 유학은 완전히 새로운 전기(轉機), 즉 신유학을 맞게 된다.

이처럼 천리라는 자연주의적 낙관과 공적 도덕의 실현을 위해서 극기는 절대적이지 않으면 안 된다는 엄격주의가, 한편으로는 추상적인 이론 구성으로서, 다른 한편으로는 구체적인 귀결로서 주자학의 인성론에 공존하고 있다. 이런 점으로 인해 얼마 후에 전개되는 주자학적 사유방식의 분해 과정에서, 하나는 유교의 규범주의를 자연주의적 제약으로부터 순화(純化)시키는 방향으로, 다른 하나는 '인간 욕망'

---

141) 戶川芳郎, 蜂屋邦夫, 溝口雄三(조성을·이동철 옮김) 『유교사』, 이론과실천, 1990, 346~347쪽 참조.

142) 청나라 때 사람으로, 절강(浙江) 덕청(德淸) 출신이며, 자는 자고(子高)이다. 동치(同治) 연간에 강녕서국(江寧書局) 교감(校勘)이 되었다. 안원(顔元)의 학문을 좋아했으며, 진환(陳奐)에게 성음(聲音)·훈고(訓詁)를 배웠다. 뒤에 송상풍(宋翔風)에게 『춘추공양전(春秋公羊傳)』을 배워 상주학파(常州學派)의 계승자가 된다. 저서로는 『논어주(論語注』와 『관자교정(管子校正)』, 『안씨학기(顔氏學記)』, 『적인당유집(謫麐堂遺集)』이 있다.

143) 戴望, 『戴氏注論語』 卷一二, 『續修四庫全書』 157, 經部, 四書類/續修四庫全書編纂委員會 編, 上海古籍出版社, 1995, 167쪽.

의 자연성을 용인하려는 방향으로 나뉘어 간다.[144]

(2) 도·인(仁)·욕망에 대한 토론의 단초

애초 유가 철학의 최고 가치는 '도(道)'로 표방되었다. '하학상달(下學上達)'[145]로 표현할 수 있는, 인간이 도달해야 하는 최고 경지는 구체와 추상에 걸쳐 있다. 인간이 살아가는 이 세상에서 도달해야 할 것과 그로부터 확장되는 형이상학의 진리에 도달하는 것이 유학의 궁극적 목표이다. 곧 '인'으로 표현할 수 있는 제반 영역에 걸쳐 '막힘 현상'이 없는 궁극 지점이 바로 우리가 가야 할 길이요, 그것이 바로 도이다. 그 도의 실현을 위해서는 일정 부분 '나[己]'를 억제하거나 희생하는 일이 선행되지 않으면 안 된다.

춘추 말기의 매우 혼란한 시기에, 지배층의 전횡과 제후들의 전쟁으로 인해 백성들의 삶은 이루 말할 수 없이 피폐해져 있었고, 개인도 역시 도덕적으로 타락해 있었다. 공자는 "아침에 도를 들으면 저녁에 죽어도 좋다."[146]라는 구도(求道)의 신념으로, 그 나름의 인문 정신을 세상에 실현하고자 하였다. 사회 혼란의 근원적 원인을 인간의 도덕적 타락으로 보고, 내면적 도덕성을 실현하는 군자, 혹은 인의 도를 세상에 실천하는 의연한 자세를 요구하였다.

이런 의미에서 공자는 '극기복례'를 인(仁) 실천의 중요한 요소로 삼았다. 이것을 주희는 '사욕(私欲)을 이겨내어 예를 회복하는 것(예로 돌아가는 것)'으로 설명하였고, 후술하겠지만, 청대의 고증학자는 '능히

144) 丸山眞男 지음, 김석근 옮김, 『日本政治思想史硏究』, 통나무, 1995, 133쪽 참조.
145) 『論語』「憲問」37장, 子曰: 不怨天, 不尤人, 下學而上達, 知我者其天乎 참조.
146) 『論語』「里仁」8장, 朝聞道, 夕死可矣.

자기를 예로 돌아가게 하는 것'으로 풀이하기도 하였다. '극(克)'을 사역동사의 의미가 담긴 '능(能)'의 뜻으로 보아, '극기복례'란 '내가 주체적으로 예를 이행할 수 있게 하는 것'이라고 이해하기도 하였다. 어쨌든 공자의 의중에는 '나'를 극복하거나 '나'가 주체적으로 세상을 제자리로 돌려놓는 기제, 즉 '예'를 이행하려는 솔선수범의 태도가 필요하다는 문제의식이 있었다.

여기에는 인간이면 누구나 선천적으로 지니고 있는, 동물적으로 표출될지도 모르는 욕망이 절제되지 않으면 안 된다는 생각이 어떤 형태로든 포함되어 있었다. 이 같은 맥락에서 수기치인(修己治人)·수기안인(修己安人)·선난후획(先難後獲)·살신성인(殺身成仁)과 같은, '나를 억제하여 타자를 배려하는 일'이나 희생을 감수하는 '나'의 태도, 즉 인(仁)의 자세를 공자는 요청하였다.

마찬가지로 공자의 가르침의 연장선에서 맹자와 순자는 그들 나름대로의 시각을 유지하면서 '절욕(節欲)', 곧 욕망의 조절이나 절제라는 입장을 표명하였다. 맹자는 내면적 덕성을 통한 수양이, 순자는 교육·교도·통제가 필요하다고 이해했다. 이러한 입장이 송대에 이르면 철학적으로 강화되어 논의가 풍부해지는데, 이때의 흐름은 일련의 엄숙주의(rigorism) 경향을 띤다. 선진 유가 철학의 도(道)가 한층 논리화되어 이치의 실현이라는 문제를 토론하게 된 것이다. 곧 '천리를 보존하고 인간의 욕망을 제거하는 일'을 지상 명제로 삼아, 사대부들에게 경건한 삶의 태도를 촉구하였다. 그런데 욕망의 문제는 시대 변화와 맞물리고 공간적 조건을 달리하면서, 송·원·명·청 및 근·현대기를 거치면서 계속 토론이 이루어진다.

유학적 사고에서는, 명시적이든 암묵적이든 천리와 인욕을 구분하는 데 익숙하다. 이는 신유학적 이욕관(理欲觀) 또는 의리관(義利觀)

에서 두드러진다. 그런 맥락에서 인간이 실천해야 할 도덕적 임무를 논하다 보면 으레 공(公)과 사(私)의 문제를 더불어 논하게 되고, 도덕 실천의 방법으로서 또한 수양을 문제 삼게 된다. 그러면서 우리는 저절로 이 같은 이분법적 사유에 빠져들게 된다.

여기에서 천리와 인간의 욕망에 관한 구분에 대해 연원적으로 살펴보자. 주백곤(朱伯崑)에 의하면, 우리가 일반적으로 『예기』라고 알고 있는 『소대례기(小戴禮記)』 속에는 음악 이론을 강구하고 있는 한 편의 중요한 문장인 「악기」가 있는데, 그것은 실제로는 예악(禮樂) 이론이다. 여기에 인용된 『순자』「악론」의 많은 말들은 순황(荀況)의 후학에게서 나온 것으로, 예악의 기원과 작용을 강론할 때 천리와 욕망의 범주를 제시한 것이다.[147] 사람이 태어나면서 고요한 것은 천성 곧 천리라면, 인간의 정신적·물질적 욕망은 외적 사물에 의해 생겨난다. 인간이 물질의 유혹에 굴복함으로써 욕망이 생긴다. 이와 같이 자연적 이치와 인간의 욕망을 대립시킴으로써, 이치로써 욕망을 다스리고 이치로써 정감을 조절한다는 순자의 생각을 절대화하였다. 이런 점이 훗날 송명(宋明) 도학가의 "천리를 궁구하고 욕망을 없앤다."라는 사상으로 발전하였다.[148] 『예기』에는 이런 글이 있다.

> 사람이 태어나면서 고요한 것은 천성이요, 바깥 사물의 감촉에 의해 움직이는 것은 '성품의 욕(欲: 욕망)'이다. 사물에 이르러 지력(知力)으로 판단할 줄 알게 된 후에 좋아하거나 싫어하는 모습이 드러난다. 이 좋아하고 싫어하는 것이 내면에서 절도가 없고, 지혜가 외적인 것에 유혹되고도 몸놀림을 반성할 수 없으면, 천리는 없어진다. 저 사물

147) 朱伯崑, 『先秦倫理學概論』, 北京大學出版社, 1984, 130쪽 참조.
148) 앞의 책, 131~132쪽 참조.

> 에 대한 인간의 느낌은 무궁한데, 인간이 좋아하거나 싫어함에 절도가 없으면, 이것은 외적 사물이 이르러서 사람이 사물에 변화됨을 뜻한다. 사람이 사물에 변화된다는 것은 천리를 없애고 욕망을 다하는 것이다.[149]

'천성'이란, 자연적 질서에서 생기는 사람의 속성이다. 이 천성에는 외물과의 감촉에 움직이려는 속성이 있다. 그것은 바로 성품의 욕망이라고 할 수도 있고, 인성 내부의 '욕동'이라고 할 수도 있다. 그것은 사물이면 으레 갖고 있는 외부로 움직이려는 내재적 운동성과 같다.

이 같은 '성(性)'이 갖는 '동(動)'이나 '욕(欲)'의 측면은 장재(張載)의 기 철학적 성찰에 들어가면 좀 더 자세히 설명되지만, 이는 주자학적 관점에서 보면 자연적 이치가 인간에게 체현된 것으로서의 '성'이다. 또한 거기에는 인간에게 부여되는 욕망에 관한 논의의 실마리가 마련되어 있는 셈인데, 우리로 하여금 평정을 잃음으로써 '천리'를 잃게 하는 것도 욕망이기 때문에, 여기에서 수양의 필요성이 제기된다.

그리하여 「악기」에서는 마음을 조절하는 데에 지나침[過]과 모자람[不及]을 초래하는 '사욕(私欲)'을 제거하자고 한다. 인간이 사물에 감응할 때, 좋아하기도 하고 싫어하기도 하여 감정이 다르게 나타난다는 점을 지적하면서, 그 감정이 지나쳐서 천리를 없애 버리면 큰 혼란이 일어나므로, 감정을 조절하고자 예악을 제정했다는 것이다. 여기에서는 아직 '욕망을 없애는 것[滅人欲]'을 '천리를 보존하는 것[存

149) 『禮記』「樂記」, 人之生而靜, 天之性也. 感於物而動, 性之欲也. 物至知知, 然後好惡形焉. 好惡無節於內, 知誘於外, 不能反躬天理滅矣. 夫物感人無窮而人之好惡無節, 則是物至而人化物也. 人化物也者, 滅天理而窮人欲者也.

天理]'의 전제로 보지 않을 뿐만 아니라, 정상적인 욕망을 부정하지도 않는다.[150]

자연의 이법을 체현하는 것을 근본 문제로 삼는 정자나 주자학에서 도덕과 욕망·이치와 욕망의 구분은 매우 중요하다. 의리(義理)와 이익(利益)의 가치가 주로 사회 영역에서 문제되었다면, '이욕(理欲)' 곧 이치와 욕망은 동아시아 유교사에서 오랫동안 토론거리가 되어 왔다. 20세기에 일어난 5·4운동을 전후한 시기에 이르도록 그것은 전제주의적 정체성 문제, 근대성 패러다임의 추구, 물질과 정신의 문제를 둘러싸고 지속적으로 논의되기도 하였다. 때로는 공적 실현과 사적 추구의 문제를 개입시켜, 욕망이 이치가 되거나 이익의 추구가 이치가 된다고 인식하기도 하였다. 때로는 이치와 욕망을 따로 떼어 논의할 수 없다는 문제 제기도 있었다.

아울러 '어디까지가 인간의 욕망인가?'라는 토론도 있었다. 욕망이란 생존을 위한 기초적 욕구를 넘어서 무제한적으로 물질을 추구하는 것이라고 인식되었다. 이는 특히 주자학적 욕망론에서 제기한 것으로, 욕망이란 천리, 즉 최소한의 생명 상태를 유지하기 위한 것 이상으로 많은 물질을 추구하는 것이라고 했다. 예를 들어 '배고플 때 먹는 밥'이나 '목이 마를 때 마시는 물'은 우리가 이 세상에 존재하기 위해 기초적으로 필요하다. 그와 같이 물질을 추구하는 것은 존재하기 위해 자연스럽다. 그렇지만 그 이상으로 과도하거나 사치스럽게 추구할 때가 있다. 이런 상태라면 욕망의 단계로 접어든 것이라고 보았다.

『주자어류』에 "먹고 마시는 사이에, 무엇이 천리이고, 무엇이 인간의 욕망인가?"라는 물음에 대해, "먹고 마시는 것은 천리이고, 아름다

150) 劉東桓, 『李贄의 天理人欲論 研究』, 고려대 대학원 박사학위 논문, 2000. 6., 89쪽 참조.

운 맛을 요구하는 것은 인간의 욕망이다."[151]라고 한 대목에서 볼 수 있듯이, 주돈이·장재·정호(程顥)·정이(程頤)·주희가 주도한 성리학적 사유에서 인간의 생존을 위해 기본적으로 필요한 '물질적 욕구'에 대해서는 문제 삼지 않았다. 그것은 자연적 이치이고 '성품'이라서, 따로 문제 삼을 필요가 없다고 보았기 때문이다.

2. 이성과 욕망의 문제

(1) 이치와 이성

우리는 이따금 "이성을 찾아라."라는 식의 말을 듣곤 한다. 때로는 우리 스스로에게 그 같은 훈계를 하기도 한다. 이는 우리가 일정 부분 성리학적 지도 이념 속에서 살았거나 살고 있다는 방증(傍證)일 것이다. 막연히 '딴청 피우지 마라'라는 의미로 이해되었던 이 한 마디에는, '이(理)'가 부여된 '성(性)', 즉 본성을 유지하면서 살아야지 욕망에 좌우되어서는 안 된다는 철학적 함의가 담겨 있다. 때로는 "근신해라."라는 말을 듣기도 하지만, 그것도 역시 돌이켜 보면 이성의 실현이 우리의 일상적인 과제였다는 것을 말해준다.

요즈음에도 '이성'이나 '합리성'에 관한 이야기가 여전히 화두가 되고 있는데, 이것도 시대 상황을 잘 반영해 준다. 여기에서 말하는 '이성'이나 '합리성'은 예전의 의미와는 달리 '냉철한 판단력', '철저히 따져보는 행위', '물질의 생산이나 돈 되는 이치에 부합하는 일'을 가

151) 『朱子語類』 卷十三 學七 「力行」, 問: "飮食之間, 孰爲天理, 孰爲人欲?" 曰: "飮食者, 天理也; 要求美味, 人欲也." 節(64 이후).

리킨다. 그런 점에서 예전에는 도덕 행위의 잣대로서 이성(ration)이라는, 이른바 '극기'를 감내하는 마음 상태가 중요시되었다면, 요즈음에는 이해타산의 메커니즘으로서의 이성(reason)에 대한 집착이 팽배해져 있다.

한편, 유가 철학에서도 '이성'이 ration과 같은 의미로, 아니면 reason과 같은 의미로 접근되는 것인가의 문제가 발생할 수 있다. 도덕 합리주의 입장에서 사물을 바라는 것이라면 이성은 곧 ration이겠지만, 그와 반대로 사물이나 물질에 대한 인간의 정서를 우선으로 하여 이성을 찾는 입장이라면 reason의 차원이라고 할 수 있다. 일찍이 양계초가 대진의 철학에 대해 평가하기를, 정감 철학을 가지고 이성 철학을 대신한 것에서 벗어나지 않았다고 했는데,[152] 이는 정감이나 욕망도 '이성적인 것'이라고 보는 견해가 있음을 예로 든 것이다. 그렇다면 그 이성은 'ration'보다는 'reason'에 가깝다고 할 수 있다.

도덕 합리주의에서 '천리'를 이법으로 여기고, 이 이법을 체현(體現)한 성품, 즉 이성을 보존하려면 생물학적 필요량 이상을 추구하려는 욕망을 제거하지 않으면 안 된다. 욕망을 누리면서 결코 세상에 도의(道義)니 인의(仁義)니 하는 숭고한 인간적 가치를 실현할 수는 없을 것이기 때문이다. 이런 문제의식에서 북송(北宋) 시기에 과거제가 확립되고 사대부 계층이 충실해져 감에 따라, 사대부 정신이라고도 할 만한 새로운 경세의식이 대두되었다. 주돈이(周敦頤)는, 성인은 배워서 될 수 있는 것인가라는 문제를 제기하면서, 누구나 배움을 통해 성인의 경지에 이를 수 있다고 함으로써, 사람들에게 도덕적 역량에 대한 자부심을 갖게 했다.[153] 장재는 "천지를 위하여 기록을 세우고, 천

152) 梁啓超, 『淸代學術概論』, 中華書局, 臺灣, 1978, 68쪽 참조.
153) 周敦頤, 『通書』「聖學」 第二十, 聖可學乎 ? 日: 可. 日: 有要乎? 日: 有. 請問焉 , 日: 一爲要.

하의 인민을 위하여 도를 세우며, 과거의 성인을 위하여 끊어진 학문을 계승하고, 모든 세대를 위하여 태평시대를 연다."[154]라는 포부를 가졌다. 그러한 경세의 책임을 수행하는 데에는 인의예지의 도덕 확립이라는 유학 자체의 혁신이 필요했다.[155]

이런 맥락에서 이기론과 심성론을 결합하여 사대부의 경세의식을 제고하기 위해 천리를 강조하고, 그것과 대립되는 개념으로서 인간의 욕망을 설정한 것은 불가피했을 것이다. 인간의 몸에 체현된 이치인 본성으로서의 덕성을 세상을 구제하는 데 사용해야 하며, 그렇지 않을 경우 그 도덕성을 회복하려는 수양이 요구된다고 보았다. 천리 측면의 본성이 바람직한 것이라면, 욕망은 불합리한 것이어서, 사물의 이치가 존재할 공간을 막는 것이라고 인식되었다.

이런 사상적 기조는 '복성(復性)', 즉 본성의 회복에 기초한 것으로서, 인간의 마음을 보는 맹자 이래의 심학 전통에 이기심성(理氣心性)의 토론을 보강한 것이다.

(2) 이치와 욕망의 변별

'이치와 욕망의 변별(辨別)'이라는 입장에서, 도덕적 이치에 부합하는 것은 추구하고, 욕망과 같이 불합리한 것은 엄격하게 배격하는, 신유학적 실마리는 장재가 제공하였다. 물론 이 같은 송명이학적 사유의 선구는, 『예기』에서 성품과 욕망에 대해 이분법적으로 접근한 것이거나 순자가 인간 내면에 대해 접근한 것에서 비롯하였다고 할 수

一者, 無欲也. 無欲則靜虛動直. 靜虛則明, 明則通; 動直則公, 公則溥. 明通公溥, 庶矣乎 참조.

154) 張載, 『張子語錄·語錄上』, 爲天地立誌, 爲生民立道, 爲去聖繼絕學, 爲萬世開太平.

155) 戶川芳郎, 蜂屋邦夫, 溝口雄三 지음, 조성을·이동철 옮김, 『유교사』, 이론과실천, 1990, 246~249쪽 참조.

있다. 기 철학적 견지에서 자신의 견해를 개진한 북송오자(北宋五子) 가운데 한 사람인 장재는, 천리와 인욕, 곧 자연적 이치와 욕망의 문제를 처음으로 제기하였다.

> 이치를 없애고 욕망을 다하는 것은, 사람의 행동이 자초한 것이다.[156]

장재는 자연적 측면의 이치와 인간의 욕망을 대립시킴으로써, '이치로 돌아가고 욕망을 배척할 것'을 주장하였다. 그에게 이치는 존재의 근원인 기(氣)의 이치이자 법칙성이었다. 그에 의하면 "천지의 기는 비록 취산(聚散: 모이거나 흩어짐)과 공취(攻取: 공격하거나 취함)의 온갖 갈래들이 있기는 하지만, 그 이치는 순조롭고 망령되지 않다. 기의 물질성이란 모양새 없는 상태로 흩어져 들어와 마침내 우리의 몸을 얻게 하고, 모여서는 상(象)이 되어 우리의 떳떳함을 잃지 않게 한다."[157] 이런 이치를 막는 일이 없도록 하기 위해서, 인간의 욕망이 장애가 되어서는 안 된다는 것이 장재의 입장이었다.

이렇듯 장재는 유가 철학에서 본격적으로 삶의 참된 이치와 욕망의 문제를 토론할 수 있는 재료를 제공하였다. 그는 기 철학적 존재론을 기반으로 인간의 성품에 대해 천지지성과 기질지성, 그리고 인간 성품의 운동적 요소—이는 물욕(物欲)을 의미하기도 함—가 역시 있다고 제시하였다.

그렇게 함으로써 장재는 정이(程頤, 1033~1107) 이후에 본격적으로 전개된, 사람의 성품에 대한 논의와 그 수양의 필요성을 제기하는 데

156) 張載, 『正蒙』 「誠明篇」, 滅理窮欲, 人爲之招也.

157) 張載, 『正蒙』 「太和篇」 第一, 天地之氣, 雖聚散·攻取百途, 然其爲理也順而不妄. 氣之爲物, 散入無形, 適得吾體; 聚爲有象, 不失吾常.

쓰이게 되는 본연지성과 기질지성을 연원적으로 마련하였다. 장재는, 인간의 몸이 있은 이후에 기질지성이 있고, 정은 성에서 발생되어 현실에 드러나는 것을 나타내는 말이며, 욕망은 정(情)이 태허, 곧 기의 본체로부터 나와서 '물질에 대한 욕망'으로 귀결되고 마는 것이라고 규정하였다.

그리하여 신유학의 토론에서, 성(性)·정(情)·욕(欲), 다시 말해서 인간의 성품이 감정으로 드러나고, 정이 인간의 성품에서 발출되며, 거기에 내재한 '욕'(욕동, 욕망)에 의해 물질에 대한 욕망, 즉 물욕으로 귀결된다는 과정상의 사유의 틀을 제시하였다. 그러면서 수양의 이론적 근거도 제시하였다. 그런 점에서 장재는 신유학적 심성론·수양론·욕망의 문제 등에 걸친 실마리를 마련하였다고 할 수 있다.

장재는 "천덕(天德)은 '허(虛: 비움)'이니, '허' 에 다시 무슨 말이 있겠는가?"[158]라고 하여, 자연의 덕이 비어 있음에 주목하였다. 이는 노장철학의 공간론에 기초한 것으로 볼 수 있다. 한편으로는 불교의 '공(空)'설과 일정 부분 관련이 있다고 할 수 있다. 그 같은 이념적 기초하에서 인간의 기질에 대한 수양의 필요성을 제기하였다.

'천리와 인간의 욕망을 이분법적으로 변별한' 장재는, 그것들은 근원적으로 하나라고 보았다. 그가 보기에, 다 같이 '물[水]'이나 '빛[光]'과 같은 것으로서 '자연적 이치'에 부합하지만, 인간인 '나'는 그 이치의 측면을 상실할 뿐이다. 마치 물의 자연성이나 빛의 성질을 얼음 또는 어둠 이전의 상태로 돌릴 수 있는 것처럼, 인간의 성품도 형이하학 이전의 형이상학의 단계로 거슬러 가서 천리의 단계에 접어드는, 그런 본성 찾기가 요구된다는 입장을 장재는 드러냈다. 그는 말한다.

158) 張載, 『張載集』「經學理窟·氣質」, 天德即是虛, 虛上更有何說也.

> 사람에게 천성이란 바로 수성이 얼음에 있는 것과 같아서, 얼고 풀리는 것은 비록 다르지만 성격은 한 가지요, 빛을 받는 것은 크고 작음의 차이가 있지만 어둡고 밝음·비추고 받아들임은 두 가지가 아닌 것과 같다. 천량(天良: 자연적인 좋은 상태)은 본래 나의 양능(良能: 타고난 능력)일 수 있는데, 다만 내가 잃게 되는 것일 뿐이다. 형이상학적 도달은 천리를 따르는 것이고, 형이하학적 도달은 인간의 욕망일 것이다![159]

장재에게는 성명(性命: 본성과 하늘이 부여했다고 믿는 도덕적 사명감)이 곧 천리였다. 하늘이 부여했다고 믿는 '성'과 '명'을 묶어 인간의 길이라고 본 맹자의 견해를 '천리'라고 여겼는데, 이 천리가 기 철학자인 장재에게는 바로 천지지성(天地之性)이다.

그의 입장에서는, "명(命) 아닌 것이 없다고 하였으니, 성명의 이치를 따르면 성명의 올바름을 얻을 것이요, 이치를 없애고 욕망을 다하는 것은 사람의 행동이 자초한 것이다."[160] 그는 옳은 것을 실천할 사명감을 가질 것을 주장하고, 그런 바탕 위에서 이치를 보존하고 욕망을 억제하는 것을 인간학적 행위의 전제로 삼았다. 그리하여 이치로만 되어 있지 않은 몸, 기운·기질로 넘쳐나는 몸에 유의하자고 했다. 기, 즉 몸에 존재하는 기운은 이(理)와는 달리 바람직스럽지 않아서 치우치고 편향될 수 있기 때문이다. 그의 생각에, "몸이 있으면 '기질지성(氣質之性)'이 있는데, 이것을 잘 되돌리면 '천지지성'은 거기에 있게 된다. 그러므로 군자라면 '기질지성'을 성(性)으로 여기지 않는

159) 張載, 『正蒙』「誠明篇」第六, 天性在人, 正猶水性之在冰, 凝釋雖異, 爲物一也; 受光有小大·昏明, 其照納不二也. 天良能本吾良能, 顧爲有我所喪爾. 明天人之本無二. 上達反天理, 下達徇人欲者與!

160) 張載, 「誠明篇」, "莫非命也, 順受其正", 順性命之理, 則得性命之正; 滅理窮欲, 人爲之招也.

다. 사람이 강유(剛柔)·완급(緩急)·재주가 있고 없음은 모두 기의 치우침이다."[161]

장재는 일단 본질적인 욕망은 인간의 본성이어서 소멸시킬 수 없다고 보았다. 그것은 생존을 위한 필요조건이라고 여겼다. 장재는 "음식이나 남녀의 문제는 모두 성인데, 이것을 어떻게 없앨 수 있겠는가?"[162]라는 입장을 취하기도 하였다.

남송(南宋) 시기에, 성리학의 집대성자인 주희(1130~1200)에 이르면, 천리와 인간의 욕망 혹은 이(理)와 욕(欲)에 관한 사유가 좀 더 풍부해진다. 그러면서 그 구분이 더욱 분명하고도 엄격해지는 모습을 보게 된다. 곧 장재·정호·정이에 의해 모색되는 욕망 제거의 당위성이 좀 더 세밀한 방향으로 나아간다고 볼 수 있다.

주희는 천리가 보존되면 인간의 욕망은 사라지고, 인간의 욕망이 이기면 천리가 사라진다고 보았다. 그의 인식에 의하면, 둘은 절대적으로 대립하므로 나란히 존재할 수 없다. 그에게 천리는 자연적인 것으로, 인(仁)·의(義)·예(禮)·지(知)이자 삼강오상(三綱五常)이었다. 어디까지나 이치는 지극히 선한 것이고 욕망은 악한 것이어서, "욕망을 고쳐 없애, 이치로 다시 돌아가는 것"이 성리학자들의 지상명령이었다. 주희는 사덕(四德), 즉 인의예지의 총명(聰明)이 곧 천리이고, 욕망은 이에 정반대되는 개념으로 보아, 이 양자를 엄격히 구별할 것을 주장하였다. 주자학적 사유 체계에서, 때로는 자연적 이치라고 표현해도 무방한 '천리'는 천명(天命)·천도(天道)·천덕(天德)과 같이 인간이 타고나는 '종합적 이치'를 나타내는 용어들이라고 할 수

161) 張載, 「誠明篇」, 形而後有氣質之性, 善反之則天地之性存焉. 故氣質之性, 君子有弗性者焉. 人之剛柔, 緩急, 有才與不才, 氣之偏也.

162) 張載, 『正蒙』「乾稱篇」, 飮食男女, 皆性也, 是烏可滅.

있다.[163]

주희는 인간의 욕망, 곧 인욕의 발생 원인을 형체나 기(氣)·습관·정(情) 등의 질곡(桎梏) 때문이라고 파악했다. 즉 이것은 천리에서 생기는데, 천리가 표출될 때 편차(偏差)가 있기 때문에, 이것도 발생하게 된다고 보았다. 따라서 그는 욕망 가운데 넘치거나 부족함이 없으면 천리이고, 그것이 중절(中節)을 잃으면 인욕이라고 하여, 이들이 결과적으로 대립되면서도 근원적으로는 밀접한 연관성을 갖는다고 보았다.

명대(明代)의 왕수인(王守仁, 1472~1528)도 "고요히 있을 때는 생각마다 인간의 욕망을 제거하여 천리를 보존하고, 움직일 때도 생각마

163) '천리'라는 용어의 연원은 『장자』적 자연관에서 비롯한 것이라 할 수 있다. 주희는 "하늘에는 春夏秋冬이 있고, 땅에는 金木水火가 있으며, 사람에겐 仁義禮智가 있어서, 모든 것들이 '四者'를 서로 쓰임으로 삼는다(天有春夏秋冬, 地有金木水火, 人有仁義禮智, 皆以四者相爲用也)."(『朱子語類』 卷一, 理氣上, 「太極天地上」)라고 했으며, "천지간에는 '이'도 있고 '기'도 있는데, '이'란 형이상의 도이자 만물 생성의 근본이다(天地之間, 有理有氣, 理也者, 形而上之道也, 生物之本也)."(『朱文公文集』 卷五十八 「答黃道夫書」)라고 하였다. "천하 만물의 당연한 법칙은 이(理)이고(天下萬物當然之則便是理)"(『朱子語類』 卷一百一十七, 朱子十四, 「訓門人五」), "세간의 물(物)엔 '이'가 있지 않음이 없으니, 모두 도달하여 거쳐야 한다(世間之物, 无不有理, 皆須格過)."(『朱子語類』 卷十五, 大學二, 「經下」)라거나, "이 '이'가 있으니 천지가 있고, 만약 이 '이'가 없으면 천지도 없다. 사람이나 사물 할 것 없이 모두 포용되고 실리지 않음이 있을까? '이'가 있으면 '기'의 유행이 있어서 만물을 발육한다(有此理, 便有此天地; 若無此理, 便亦無天地, 無人無物, 道無該載了! 有理, 便有氣流行, 發育萬物)."(『朱子語類』 卷一, 理氣上, 「太極天地上」)라고 하였으니, '천리'는 주희의 철학에서 도리·규율·질서·준칙이다. 그것은 자연적 이치이자, 사물 본래의 규율이자, 사회의 질서이다. 욕망론과 관련하여, 그는 '천리 자연'이라는 말을 쓰기도 했다. "단지 인간의 욕망을 제거한다면, 천리 자연은 존재한다. 예컨대 안자가 '인(仁)'에 대해 묻자, 부자께서 '예'가 아니면 시청언동을 하지 말라는 것으로 고해 주었으니, 이 네 가지를 빼고 다시 무엇이 있어야 꼭 '인'이겠는가(只是去了人欲, 天理自然存. 如顏子問仁, 夫子告以非禮勿視聽言動. 除卻此四者, 更有何物須是仁)?"(『朱子語類』 卷六十八, 易四 「乾上」)라고 하여, '인간의 욕망'이란 부자연스러운 것이라고 지적하기도 했다. 이전까지 유학의 사유에서 즐겨 쓰던 '천명'의 함의도, 주희는 '천리'로 끌어가서 '심성정의(心性情意)' 등의 인성론 범주로 연결하였다. 이때 '천'은 '자연'이고, '명'은 그 유행이며, '이'는 사물마다의 법칙성임을 설파하고, 이를 인간의 성품에 적용시켰다. 그는 "'천'과 '명', '성'과 '이(理)'라는 네 가지의 구별에서, '천'은 자연을 말한 것이고, '명'은 그 유행은 말한 것이며, 성은 그 완전한 본체에 나아가서 만물이 '생(生)'을 삼는 것을 말한 것이며, '이'는 사물마다 소유하고 있는 법칙을 말한 것이다. 종합적으로 말한다면, '천'은 '이'이고, '명'은 '성'이며, '성'은 '이'라는 것, 이 같은 것이 아니겠는가?"라는 물음에, "그렇다. 다만 지금 사람들이 말하는 것처럼, '천'은 '푸르고 푸른 것'을 말하는 것이 아니다. 내가 보기에는 이런 푸르고 푸른 것도 버릴 수는 없다."(問: "天與命, 性與理, 四者之別: 天則就其自然者言之, 命則就其流行而賦於物者言之, 性則就其全體而萬物所得以爲生者言之, 理則就其事事物物各有其則者言之. 到得合而言之, 則天卽理也, 命卽性也, 性卽理也, 是如此否?" 曰: "然. 但如今人說, 天非蒼蒼之謂. 據某看來, 亦捨不得這箇蒼蒼底.")(『朱子語類』卷五, 性理二, 「性情心意等名義」)라고 하여, 자연법칙뿐만 아니라 물리적인 자연을 '천'에 포괄하고, 이 같은 자연성을 인간의 내면성에 적용하였다.

다 욕망을 제거하여 이치를 보존할 것"을 요구하였다.

왕수인은 많은 점에서 육구연의 입장을 계승하였지만, 욕망에 관한 접근 방식은 주희에 가깝다. 그는 "마음은 이치이다. 이 마음에는 사욕의 폐단이 없으니 천리여서, 외면적으로 한 푼도 보탤 필요가 없다. 이 때문에 천리에 순한 마음을 발동하여 부모를 섬기면 효이고, 이것을 발동하여 임금을 섬기면 '충(忠)'이며, 이것을 발동하여 친구를 사귀고 백성을 다스리면 '믿음'과 '인(仁)'이다. 다만 이 마음에서 인간적인 욕망을 제거하고 천리를 보존하는 것에 공을 들이는 것이 옳다."[164]라고 하였다.

"마음이 이치이다."라는 왕수인의 견해에 의하면, "내 마음의 양지는 이른바 '천리'이다. 내 마음의 양지인 천리를 사물마다에 이룩한다면 사물마다 모두 그 이치를 얻게 될 것이다."[165] 이치의 보존을 위해 욕망을 제거해야 한다는 그의 입장은 치양지(致良知), 곧 양지를 이룩하는 공부에서 중요 과제인 것이다. 이치로서 양지가 드러나지 않는 이유는 인간의 욕망 때문이며, 따라서 천리 차원의 양지를 회복하기 위하여 욕망의 제거는 필수적인 것이 된다.

(3) 공공성(公共性)—공리주의(公利主義)—의 실현을 위한 사려

그렇지만 그는 치우친 기질지성을 성(천지지성)으로 여기지 않는 '군자'다운 면모의 요구에서 한 발 더 나아감으로써, 맹자의 성(性)에

164) 王守仁, 『傳習錄』上, 心卽理也. 此心無私欲之蔽, 卽是天理. 不須外面添一分. 以此純乎天理之心, 發之事父便是孝. 發之事君便是忠. 發之交友治民便是信與仁. 只在此心去人欲存天理上用功便是.

165) 王守仁, 『傳習錄』中, 吾心之良知, 卽所謂'天理'也. 致吾心良知之'天理'於事事物物, 則事事物物皆得其理矣.

관한 시각을 기 철학적으로 계승하였다. 인(仁)·의(義)·예(禮)·신(信)이라는 천덕(天德)을 세상에 실현하는 일에는 공리주의의 기조가 포함된다. 모범적 지도자라면 백성에게 돌아가는 이익을 진정한 이익으로 여긴다는 맥락에서, '이익의 공적 추구'를 정의라고 규정하기에 이른다.

> 인(仁)이란 온 세상의 선을 통섭하고, 예(禮)란 온 세상의 모임을 아름답게 여기며, 의(義)란 온 세상의 이익을 공공성으로 하며, 신(信)이란 온 세상이 한결같이 움직이게 한다.[166]

장재가 볼 때, "이로움이란, 백성에게 이로우면 이로움이라 할 수 있지만, 개인의 몸에 이롭거나 나라에만 이로운 것이라면 모두 이로운 것은 아니다."[167]

장재는 사람들이 이치를 없애고 욕망을 다하는 것, 즉 멸리궁욕(滅理窮欲)의 문제를 제기하여, 정호(程顥)·정이(程頤) 형제가 말한 "천리를 보존하고 인간의 욕망을 제거한다[存天理, 去人欲]."라는 이론을 선구적으로 제기하였다.

정호나 정이도 이치와 욕망을 논할 때, 옛 성현이 서로 전해주었다는 '도심(道心)'과 '인심(人心)'의 문제를 관련시켰다. 그들은 도심은 천리로서 선(善)의 근원이고, 인심은 욕망으로서 악의 근원이라고 인식하였다. 정호는 "인심은 지적 작용이 있지 않는 일이 없지만, 오직 욕망에 가리면 천리를 잊는다."[168]라거나 "인심은 위태로우니 욕망이

166) 張載, 『正蒙』「大易篇」, 仁統天下之善, 禮嘉天下之會, 義公天下之利, 信一天下之動.
167) 張載, 『張載集』「性理拾遺」, 利, 利於民可謂利, 利, 於身利於國, 營非利也.
168) 『二程語錄』 卷十一, 人心莫不有知, 惟蔽于人欲, 則忘天理也.

요, 도심은 은미하니 천리다."[169]라고 하여, 욕망에 가리면 천리를 잃을 것이요, 욕망의 가림을 제거하면 천리를 회복할 것이라고 하였다. 정호에게 천리는 도심인데 매우 은미한 것이고, 욕망은 인심인데 자못 위험한 것이다. 따라서 그에게 천리와 욕망은 서로 용납되지 않는 것이었다.

그가 생각하기에, 천리는 자연적이어서 인위적이지 않으며, 당연한 것이어서 사람이 정할 수 있는 것이 아니었다. "하지 말라고 해도 하는 것이며, 이르지 못하게 해도 이르는 것이 곧 천리이지만,"[170] 욕망은 사람을 해치는 모든 악의 근원이라고 인식한 것이다. 그는 이렇게 말한다.

> 욕망이 사람을 해치는 일이 심하구나! 사람이 착하지 못한 일을 하는 것은 욕망이 그를 유혹하기 때문이다. 유혹해도 모르는 것은 천리가 없어졌는데도 회복할 줄 모르기 때문이다. 그러므로 눈이 색을 욕망하고, 귀가 소리를 욕망하는 것에서, 코가 냄새를 욕망하고, 입이 맛을 욕망하며, 몸이 편안함을 욕망하는 것에 이르기까지, 이것들은 모두 사람들을 사역시키기 때문이다. 그렇다면 무엇으로 그들의 욕망을 막을까? '생각[思]'일 따름이다.[171]

이치와 욕망의 관계에서, 정이는 하늘이 부여했다는 이치, 곧 천리를 근본으로 삼고 인간의 욕망은 말단으로 여겼다. 그가 볼 때 말단

---

169)『二程語錄』卷十一, 人心惟危, 人欲也; 道心惟微, 天理也.

170)『二程語錄』卷十八, 莫之爲而爲, 莫之致而致, 便是天理.

171)『二程語錄』卷二十五, 甚矣欲之害人也! 人之爲不善, 欲誘之也. 誘之而弗知, 則至于天理滅而不知反. 故目則欲色, 耳則欲聲, 以至鼻則欲臭, 口則欲味, 體則欲安, 此皆有以使之也. 然則何以窒其欲, 曰思而已矣.

은 근본에서 나왔다. 그렇지만 근본으로서 천리를 벗어나 멀리 휩쓸려 가버렸다면, 이 상태는 바람직스럽지 못한 욕망이라고 했다.

따라서 마땅히 욕망의 과도함을 덜어내어 천리를 회복해야 한다고 보았다. 그는 "세상의 폐해는 말단이 이기는 데서 연유하지 않음이 없다. 집을 높이 짓고 담장에 조각하는 일은 궁실(宮室: 궁전 안의 방 또는 집이나 방)에서 근원하는 것이요, 주지육림(酒池肉林: 술을 연못에 담그고 고기를 수풀에 널브러지게 진열해 놓아 말릴 만큼 풍성한 것)은 먹고 마시는 일에서 근원하는 것이요, 음혹잔인(淫酷殘忍: 왜곡되고 잔혹하고 잔인함)은 형벌(刑罰)에서 근원하는 것이요, 병사에 관한 일을 궁지로 몰고 무기 쓰는 일을 더럽히는 것은 '다른 나라의 잘못된 것을 무력으로 고쳐주는 일을 정당하다고 여기는' 정벌이나 토벌에서 근원한다. 인간의 욕망 가운데 지나친 것은 모두 봉양(奉養: 조부모나 부모를 섬김)에서 근원하는데, 저 멀리 빗나간 말류는 해롭다. 선왕(先王: 옛날에 인의의 왕도정치를 펼쳤던 왕)이 그 근본을 조절한 것은 천리요, 나중 사람들이 말단으로 흐른 것은 인간의 욕망일 따름이다."[172]라고 하였다.

사람의 일은 기본적으로 필요하기 때문에 시작된다. 이것은 매우 자연적이어서 '천리'라고 할 수 있다. 집을 짓고 살거나 술이나 고기를 먹는 일, 혹은 못된 짓을 하는 사람에게 벌을 주고 응징하는 것은 자연적인 이치이다. 예를 들어 미국의 부시 정권이 이라크를 악의 축으로 여겨 전쟁으로 응징한 것은 그 의도가 일정 부분 올바른 쪽으로 되돌려 놓기 위한 것이었다고 가정한다면, 그것은 정당하고 이치에 부합한다. 이 같은 시초적인 행위는 매우 정당한 것이고, 근원적으로

172)『程氏易傳·損』, 天下之害, 無不由末之勝也: 峻宇雕墻, 本于宮室; 酒池肉林, 本于飮食; 淫酷殘忍, 本于刑罰; 窮兵黷武, 本于征討. 凡人欲之過者, 皆本于奉養; 其流之遠, 則爲害矣. 先王制其本者, 天理也; 后人流于末者, 人欲也. 損之義, 損人欲以復天理而已.

피할 수 없는 '하늘의 명령 또는 하느님의 일'과 같은 것이라고 말할 수도 있다. 그렇지만 여기에는 이미 '인간의 욕망'이 묻어 있을 수 있다. 부시 개인의 정치적 의도가 깔려 있을 수도 있다는 말이다.

그런 식으로 일이 왜곡되고 그 결과도 본래의 의도와는 달리 나쁜 방향으로 진행될 수 있다. 사람의 일도 마찬가지일 것이다. 시작은 천리에서 나왔다고 할 수 있겠지만, 일의 전개 과정에서 개인의 사적인 욕망과 연결되어 왜곡되는 경우가 많다. 장재·정호·정이는 모두 이러한 의미로 욕망을 접근하였다. 중용 상태의 천리를 벗어나면, 그것은 욕망이라는 말단으로 흐른다.

따라서 절도를 넘지 않으려는 사려 깊은 마음가짐을 요구했다. 이미 언급한 바와 같이, 순자의 철학에 보이는, '마음'이 갖는 인식 능력이나 변별 능력과 무관하지 않다고 할 수 있다.

3. 성품, 감정 그리고 욕망

(1) 장재의 기 철학적 사유와 욕망

욕망을 제거하여 자연적 이치를 보존하고 도덕적 이치인 '양지'를 보존하는 일—왕수인의 경우—은 현실적으로 쉽지 않다. 그렇지만 다분히 관념적이더라도 유학 사상가들은 이 점을 형이상학의 차원으로 끌어갔다. 그들은 이치를 인간성의 국면에서 실재화하면서 욕망을 문제 삼았다.

도덕성이 이치에서 체현된 존재임을 부각하기 위해 자연적 운동성, 즉 마음 또는 성품이나 감정의 테두리에서 논의될 수 있는 내면의 꿈틀거림에 대해 유난히도 민감하게 반응하였다.

이런 맥락에서 장재는 누구보다 선구적으로 기 철학적 이론화에 나섰다. 그는 천지 자연, 즉 우주와 인간 세계에 걸쳐 자연물의 근원 요소인 물질성으로서 '기'의 철학을 전개함으로써, 성리학적 인성론 구축에 크게 공헌하였다. 인간의 성(性: 성품)과 정(情: 감정, 정감)에 내재하는 운동성을 '욕(欲)'에 포괄하고, 본연의 천지지기(天地之氣)에 내재하는 순하고 한결같이 맑은 기의 본체를 따를 것을 요구하였다. 그는 "천지의 기는 비록 취산이나 공취가 백 갈래이지만, 그 이치의 됨됨이는 순하여 망령되지 않다."[173]라고 했다. 만물의 원초적 구성 요소를 물질적 '기'로 본 그의 철학에서, 천지에 가득한 '기'는 모이거나 흩어지고 공격하거나 취하는 과정에 있다. 그 같은 운동성을 나타내는 공취는 천지의 기가 갖추고 있는 고유한 성질이며, 온갖 양상을 띠고 있다. 그러나 그 속에는 일관되고 일정한 규율이 관통하는데, 그것이 바로 '기의 이치'이다.

> 한결같이 맑음은 기의 본질이요, 공취는 '기의 욕(欲: 욕동)'이다. 음식에 대한 입과 배, 냄새와 맛에 대한 코와 혀의 관계는 모두 공취지성이다.[174]

만물 존재의 물질성인 '기'의 본질은 처음부터 끝까지 맑다. 그런데 한편으로 거기에는 운동성이 있다. 바로 공취(攻取)하는 성질이 있는 것이다. 이것은 사물이 서로 공격하거나 수용하며 운동하는 근원

173) 張載, 『正蒙』「太和」, 天地之氣, 雖聚散·攻取百途, 然其爲理也順而不妄.

174) 張載, 『正蒙』「誠明篇」第六, 湛一, 氣之本; 攻取, 氣之欲. 口腹於飮食, 鼻舌於臭味, 皆攻取之性也

적 요소이다. 음(陰)과 양(陽)의 기운이란 서로 맞이하거나 배격한다. 음과 양은 서로 수용하지만, 양과 양 또는 음과 음은 서로 배격한다. 자석으로 말하자면 양극과 음극은 서로 붙지만, 같은 극끼리는 물리치는 것과 흡사하다.

장재는 이처럼 '움직이려는 잠재력'을 인간의 감각기관에 연결하였다. 즉 대상을 욕망하는 자연적인 힘을 인간의 몸에 적용한 것이다. '공취'라는 '기의 욕[氣之欲: 기의 꿈틀거림, 기의 욕동]'은 존재물의 운동성이지만, 이것이 인간의 몸에서는 먹고 마시고 냄새 맡고 맛보려는 성품의 운동 요소이다. 곧 공취지성이다. 여기에서 우리는 장재의 이분법을 읽을 수 있다. 해맑은 기의 본질과 기의 운동성을 따로 떼어 문제 삼으려는 의도를 보게 된다. 이는 다음 글을 보면 더욱 분명해진다.

> 덕을 아는 사람에게는 혐오할 대상일 따름이다. 기욕(嗜欲) 때문에 그 마음에 누를 끼치지 않으며, 작은 것으로 큰 것을 해치거나 말단이 근본을 상실하게 하지는 않는다. 마음이 성(性)을 극진히 할 수 있으니, "사람이 도를 넓힐 수 있는 것"이요, 성이 그 마음을 단속할 줄 모르니 "도가 사람을 넓힐 수 있는 것이 아니다."[175]

만물의 존재를 구성하는 기에는 '욕'이 있는데, 만물 가운데 하나인 인간도, 주돈이가 『태극도설』에서 밝힌 것처럼 아무리 만물의 영장이라 하더라도 어쩔 수 없이 욕망을 갖게 된다. 공취지성이라는 것 속에 대상을 접하여 움직이려는 운동성이 있다. 이는 대상의 인식이나

175) 張載, 『正蒙』「誠明篇」第六, 知德者屬厭而已, 不以嗜欲累其心. 不以小害大·末喪本焉爾. 心能盡性, "人能弘道"也; 性不知檢其心, "非道弘人"也.

이행에 관여하여, 먹고 마시며 맛보고 냄새 맡으려는 사물의 성취에 영향을 준다. 이 공취지성은 태어나면서부터 누구나 갖게 되지만, 덕을 인식한 사람이면 오히려 혐오할 줄 아는 단계에 있다고 장재는 생각했다.

맹자 이래로 도덕심·도덕성을 추구하는 인간형에게 완전한 '마음'은 매우 중요한 것이었다. 그것은 동물적 본성이라는 욕망의 너머에 있다. 장재는 이 같은 유가의 전통을 그대로 계승하였다. 맹자가 '성'과 '명'을 하나로 보면서 욕망을 배격할 줄 아는 '명', 즉 군자의 사명감을 인간의 완전한 성품의 범주에서 접근했다면, 장재도 같은 맥락을 유지했다. '덕을 아는 사람', 즉 지덕자(知德者)는 '기욕'을 혐오스럽게 여긴다고 하여, 그것을 근본의 장애물, 즉 말단에 관여하는 것으로 여겼다. 대상·사물을 선호하는 욕망을 의미하는 기욕은 사람의 마음에 누를 끼치는 존재로서, 사소한 것 때문에 큰일을 놓치게 하거나, 아무 것도 아닌 말단 때문에 근본을 상실하게 하는 것이다.

위의 인용문에는 욕망에 방해받지 않는 마음자세가 부각되고 있다. 마음이 성을 극진히 하는 일은 사람이 가야 할 길을 넓히는 것이다. 즉 '인능홍도(人能弘道)'의 태도가 요청된다. 인능홍도, 이것이야말로 공자가 그렇게 강조하던 인간주의의 면모이다.

이런 도를 넓히기 위해서는 도덕성을 극진히 하는 일이 매우 필요하다. 장재는 이에 욕망의 맥락으로 볼 수 있는 '공취지성'의 '성'을 완벽하게 단속할 것을 강력하게 요청하였다.

성품에서의 욕망을 문제 삼는 장재의 사유에서는 또한 '정', 즉 감정이 물욕으로 흐를 가능성을 염려하고 있다. 그는 "기는 본래 비어 있어서 무형 상태로 맑지만, 감응하여 생기면 모여서 모양새를 이룬다. 모양새가 존재하면 대립이 있고, 대립에는 반드시 그 행위에 대한 반대가 있으며, 반대가 있으니 원수가 있으며, 원수는 반드시 화해한다."[176]라고 하였다.

본래 무형인 기는 맑아서 문제될 것이 없지만, 그 운동이 구체화되는 과정에 모순과 대립이 있을 수 있다. 그런 맥락에서 인간의 감정에도 부정적인 욕망이 내재할 것이므로 유의하지 않으면 안 된다고 보았다.

> 그러므로 사랑과 미움의 정(情)은 똑같이 태허에서 나오지만, 마침내 물욕(物欲)에 귀결되어, 눈 깜짝하는 사이에 생성되니, 잠시도 틈을 주어서는 안 되는 그런 귀신같은 작용력이 있다.[177]

장재의 기 철학에서 만물 존재의 근원은 '태허(太虛)'이다. 그런 각도에서 보면, 인간의 정, 즉 감정은 본질적으로는 문제될 것이 없다. 그러나 그것은 물욕과 연계되는 작용을 한다는 점에 유의하지 않으면 안 된다. 정이란 희노애락의 감정으로, 욕(欲)과 같은 개념은 아니다. 정(情)과 욕(欲)은 '정욕'이라는 용어로 함께 붙어 쓰이지도 않는다.[178] 그렇지만 정과 욕은 밀접한 관계에 있다. 본래적이면서 원초적인 단계에서 기는 태허이고 무형이며 한결같이 맑지만, 내재적인 운동성, 즉 '욕'·'욕망'이 드러나는 과정에서 불가사의하게 증오의 모습이 구체화되는데, 그 점을 매우 유의해야 한다고 장재는 본 것이다.

---

176) 張載, 『正蒙』「太和」, 氣本之虛則湛無形, 感而生則聚而有象. 有象斯有對, 對必反其爲; 有反斯有仇, 仇必和而解.

177) 張載, 『正蒙』「太和」, 故愛惡之情同出於太虛, 而卒歸於物欲, 倏而生, 忽而成, 不容有毫髮之間, 其神矣夫!

178) 程宜山, 『張載哲學的系統分析』, 學林出版社, 1989, 81쪽 참조.

(2) 성품, 감정 그리고 욕망

우리가 '성품' 혹은 '본성'(엄밀히 말하면 본연의 성품)이라고 부르는 '성'과 감정이라고도 부르는 '정', 그리고 욕망에 대해 역시 장재는 존재론적 실마리를 제공하였다.

그런데 '성품'이란 자연적으로 타고난 '성'이라는 점에서 호환해서 써도 의미에 혼란은 없다. '감정'도 '정'과 같은 의미로 통용할 수 있다는 막연한 생각은 들지만, 그 연원적 전거는 찾기 어렵다. 아마 주희가 '정'에 대해 말하기를, "사물로 인해 느끼는 것"[179] 혹은 고요히 움직이지 않는 것을 '성'이라 하고, "느껴서 마침내 통하는 것"을 '정'이라고 했던[180] 것을 원용(援用)해 써도 되지 않을까? 정이라는 고요 상태의 '성'에 비해, 동적 단계에 접어든 '외적 사물로 인한 느낌'이라는 점에서 '감정'이라고 즐겨 쓴 것은 아닐까?

이 같은 성품과 감정의 문제에 대해 접근하는 인성론에서, 장재는 일정 부분 순자적인 맥락을 보인다. 역시 앞에서 이미 지적한 바와 같이, 순자에게 성이란 자연의 성취요, 정이란 성의 질(質: 바탕, 실질)이며, 욕(欲: 욕망)이란 정(情)의 메아리(반응, 꿈틀거림)여서,[181] 그것들은 하나이거나 하나로 연결된 양태로 존재한다.

이와 비슷하게 장재의 생각에서 정(情)과 욕(欲)은 모두 천지지기의 공취지성에서 근원하고, 정(情)은 최후에 '욕(欲)'으로 귀결된다는 것을 우리는 이미 앞에서 살펴보았다. 장재는 "맹자가 말하는 성과

179) 張載,『張子語錄·後錄下』"心妙性情之德",「妙是主宰運用之意·朱子語錄」, 人受天地之中, 隻有個心性安然不動, 情則因物而感.

180) 朱熹,『朱子語類』卷五十九. 孟子九. 告子上,「性無善無不善章」, 夫'寂然不動'是性, '感而遂通'是情.

181)『荀子』「正名」, 性者, 天之就也, 情者, 性之質也, 欲者, 情之應也.

정은 '하나'이다. 역시 그 문맥상의 실질이 어떤가를 살펴보면, 정이 반드시 악이 되는 것은 아니다. 희노애락의 감정이 발현할 때, 모두 절도에 맞으면 '화(和)'라 하고, 절도에 맞지 않으면 '악'이라 한다."[182] 라고 했다. 장재는 정을 쓰는 것을 반대하지 않았지만, '정'에 맡겨둘 것을 주장하지 않았다.

장재의 철학에 따르면, 성이 발현하여 정이 된다. 훗날 호병문(胡炳文, 1250~1333)은 이 같은 장재의 견해를 '성발위정(性發爲情)'이라고 정리하였다. 성이 형이상학적인 것이라면, 이에 비해 정은 실제의 의미가 담긴 실사(實事)이다. 그런데 성품이 감정으로 발현하는 것은 무엇에 의존하는 것인가? 장재는 성이 갖는 내재적 운동성을 '욕'(~하고자 한다)으로 표현하였다. 희오애락의 현실적 감정으로 이행·표현되는 것은 성의 발현인데, 여러 가지 양상들, 즉 기쁨·노여움·슬픔·즐거움의 감정 표현은 '욕망'에 의존한다고 본 것이다.

물론 거기에는 다시 절도에 맞느냐의 문제가 남는다. 성 내부에 있는 운동성, 기 철학적 공취(攻取: 기의 본질)는, 앞에서 이미 살펴본 것처럼 기의 욕(欲: 욕동, 욕망), 즉 기의 꿈틀거림이라고 할 수 있다. .

> 정(情)은 기의 바깥에서 극진하게 되지만, 그 발현은 성(性)의 자연 아닌 것이 없으니, 시원스럽고 예리하게 성을 극진히 함은 신령스러운 것이다. 정은 실사(實事)이니 희노애락을 말한다. 기뻐'하고자 하는[欲]' 사람이 이렇게 무엇인가를 기뻐할 것이고, 노여워'하고자 하는[欲]' 사람이 이렇게 무엇인가를 노여워할 것이며, 슬퍼'하고자 하거나[欲]' 즐거워'하고자 하는[欲]' 사람이 이렇게 무엇인가를 즐거워하거나 슬퍼할

182) 張載, 『張子語錄·語錄中』, 孟子之言性情皆一也, 亦觀其文勢如何, 情未必爲惡, 哀樂喜怒發而皆中節謂之和, 不中節則爲惡.

것이니, 성에서 발출(發出)되는 실사는 없다.[183]

정은 성의 자연스러운 발현이다. '하고자 하는' 또는 '욕동하는'이라고 풀이하거나 '욕망하는'이라고 표기해도 부자연스럽지 않은 '욕(欲)'은, 『예기』의 '성의 욕[性之欲: 성품의 욕, 욕망]'이나 '기'의 운동성으로서, 공취지성과 같은 것으로 보아도 좋다.

'욕'이란, 성이 정으로 발현(발출)하는 기제이다. '욕'의 의미를 규정할 때, '바라다'의 의미가 있다는 것을 이미 지적하였다. 이는 '바라다' 또는 '~하고자 한다'의 조동사적 의미가 있는 것과 맥락을 같이한다. '욕망하다'는 뜻으로 풀이해도 그 의미가 부자연스럽지는 않다. 인용문에서 '성발위정(性發爲情)'을 떠올리게 하는 장재의 생각, 곧 성이 정으로 되는 과정을 뜻하는 '발현·발동'의 기제가 '욕망'이라면, 그것은 『예기』에서 이미 지적한, 인간의 천성에 내재하는 욕망이라고 할 수 있다.

장재에게, 한결같이 맑은 것이 기의 본질이라면, 공취는 '기의 욕'으로 표현되는 일련의 자연적인 운동성이다. 인간의 형체, 즉 몸에서 입이나 배가 음식에 대한 것과 코나 혀가 냄새나 맛에 대한 것은 모두 공취지성(攻取之性)이다.[184] 우리가 여기에서 주목해야 할 것은, 장재는 공취지성 자체를 선이나 악으로 규정하려 하지는 않았다는 점이다. 다만 몸 안의 운동성이 '물욕(物慾)'으로 귀결되는 것을 문제 삼았을 뿐이다.

183) 張載, 『橫渠易說』「上經·乾」, 情盡在氣之外, 其發見莫非性之自然, 快利盡性, 所以神也. 情則是實事, 喜怒哀樂之謂也, 欲喜者如此喜之, 欲怒者如此怒之, 欲哀欲樂者如此樂之哀之, 莫非性中發出實事也.

184) 張載, 『正蒙』「誠明篇」第六, 湛一, 氣之本; 攻取, 氣之欲. 口腹於飮食, 鼻舌於臭味, 皆攻取之性也 참조.

또한 장재가 생각하기에, "몸이 있고 나서 기질지성이 있는데, 그것을 잘 돌이키면 천지지성이 거기에 있다. 그러므로 기질지성을 군자는 성으로 여기지 않는다."[185] 수양을 통해 인간 측의 기질의 성품을 잘 돌이키면 자연의 경지인 천지의 성품을 고스란히 회복할 수 있다고 본 것이다.

장재는 모범적인 인간형인 군자가 그 '기질지성'을 극복하면 '천지지성'만 있는 상태로 된다고 보았다. 그렇다면 이는 이목구비의 육체적 욕망을 본성으로 여기지 않는 맹자의 견해를 계승했다고 할 수 있다. 생명 그 자체를 의미하는 생물학적 성만을 주장한 고자의 견해에 첨예하게 반대한 맹자는 이목구비의 육체적 속성, 곧 욕망을 뛰어넘을 줄 아는 인간의 사명의식까지 본성에 포함하였다. 곧 군자다운 '명(命)'의 존재 때문에 사람은 동물과 차별화된다는 각도에서 고자와 대립하였고, 그런 흐름에서 동물적 욕망을 인간의 성품에서 배제하였는데, 장재 역시 그런 패러다임으로 인간의 본성을 보았다고 할 수 있다. 사람의 성품에 대해 접근하면서 욕망에 유의한 '맹자적 전통'의 맥락에서, 인간의 내면에 꿈틀거리는 '기학적 요소'의 성품, 즉 기질의 성품은 궁극적으로는 없어져야 할 것으로 보았다는 점에서 전통적인 성론을 유지하고 있었다.

(3) 기질지성, 천지지성, 공취지성 그리고 욕망

장재에게, 욕망의 의미는 일차적으로 '욕(欲)'으로 접근할 수 있다. 그것은 운동성, 곧 '~하려고 한다' 혹은 '욕망'으로 풀이해도 무방

185) 張載, 『正蒙』「誠明篇」第六, 形而後有氣質之性, 善反之則天地之性存焉. 故氣質之性, 君子有弗性者焉.

하며, 이는 선천적으로 피할 수 없는 것이다. 그것은 공취지성, 기질지성, 그리고 천지지성의 맥락에서 접근하지 않으면 안 된다. 욕망은 공취지성의 운동성이거나 '성'이 '정'으로 되게 하는 것이라고 할 수 있다. 이 공취지성은 자연스럽게 기질지성이나 천지지성이 정으로 되게 하는 운동성이라고 여겨진다.

여기에서 우리가 주목해야 할 것은, 장재는 기질지성만을 문제 삼았다는 점이다. 그것이 천지지성을 가릴 수 있으므로 수양의 필요성을 제기하였다. 장재는 공취지성이 기질지성과 어떤 관련이 있는지는 따로 분명하게 말하고 있지 않다.[186] 다만 그의 기 철학에서는 천지지성이 있으면 공취지성이 있다. 천지지성이 무형의 담일(湛一) 상태라면, 공취지성은 그 안에 더불어 내재하는 운동성이다. 그런데 사람의 몸체가 있고 나서 거기에 기질지성이 있으며, 그 기질지성에 천지지성이 있다.

아마 장재는 기질지성의 선악적 요소를 원초적으로 '좋은' 천지지성과 대비하려 했고, 공취지성으로는 자연뿐만 아니라 인간 내면의 운동을 논리적으로 설명하려 한 것 같다. 그렇다고 할 때, 기질지성으로는 선악에 대한 수양론적 의의를 부각시켰고, '공취지성'으로는 물욕으로 흘러서 결국은 악의 상태를 유발할지도 모른다는 견해를 표출하였다고 볼 수 있다. 다시 말하자면 '기질'의 성품으로는 인간의 성품에 내재하는 '선악'의 문제를 부각하고, '공취'의 성품으로는 '물질의 욕망'으로 흐를 수 있다는 점을 부각시켰다고 볼 수 있다. 장재는 말한다.

186) 程宜山, 『張載哲學的系統分析』, 學林出版社, 1989, 81쪽 참조.

사람에서의 성(性)이 선하지 않음이 없음은 그 본래적인 선(善)으로 돌아감과 불선(不善) 상태를 본래적인 상태로 되돌림에 달려 있을 뿐이니, 천지 상태를 지나쳐 버린 변화의 경우 불선 상태를 되돌려 본래 상태를 회복해야 할 것이요, 사람에서의 명(命)이 바르지 않음이 없는 것은 그 순함과 순하지 않음에 달려 있을 뿐이니, 요행수로 험한 곳에 가는 것은 하늘의 명을 따르지 않는 것이다.[187]

앞에서 지적한 바와 같이, 장재는 몸이 있으면 기질지성이 있으므로, 그것을 잘 되돌리면 천지지성이 거기에 있으니, 이런 점에서 군자는 기질지성을 성으로 여기지 않는다고 생각하였다.[188]

우리가 '기질'이라고 할 때, 기는 음양의 기운과 같은 것이고, 질은 오행과 같은 세부적인 것이다. 이런 '기질' 상태의 적절성을 장재는 우려하였다.

인간의 굳셈과 부드러움, 느림과 빠름, 재주가 있고 없음은 기(氣)의 치우침이다. 자연은 본래 셋이 어울려 치우치지 않으니, 그 기를 기르고 근본으로 돌아가서 치우치지 않으면 자연 그 자체일 것이다. 성(性)이 완성되지 않으면 선과 악이 섞인다. 그러므로 첩첩이 선을 계승하면 이에 선하리라. 악이 다 제거되면 선은 그 때문에 이루어질 수 있다. 그러므로 '선(善)'이라 하지 않고, '완성하는 것이 성이다(成之者, 性也).'[189]라고 한다.[190]

---

187) 張載, 『正蒙』「誠明篇」第六, 性於人無不善, 係其善反不善反而已, 過天地之化, 不善反者也; 命於人無不正, 係其順與不順而已, 行險以僥幸, 不順命者也.

188) 張載, 『正蒙』「誠明篇」第六, 形而後有氣質之性, 善反之則天地之性存焉. 故氣質之性, 君子有弗性者焉 참조.

189) 『周易』「繫辭傳上」5장.

190) 張載, 『正蒙』「誠明篇」第六, 人之剛柔緩急有才與不才, 氣之偏也. 天本參和不偏, 養其氣, 反

이렇듯 기질지성에는 선도 있고 악도 있어, 변화할 수 있는 것이다. 미완성의 인성은 선과 악이 섞인 것이다. 또 "성(性)이라는 물사(物事: 대상물)는 선이 있는가 하면 역시 반드시 악도 있으니, 이런 물질이 없는 쪽이 이치이기 때문에 선하지 않음이 없다."[191]라고 하여, 일정 부분 순자의 성론(性論)이 욕망을 악으로 본 것을 수정하였다.[192]

따라서 장재는 맹자의 성선설을 계승하여 자연 상태인 천지지성을 말하였다. 그가 말한 기질지성은 인간의 본성을 악의 상태로 본 순자의 견해와 그 함의의 규정이 비슷하다. 그러면서 그는 성의 운동성과 역동적 잠재성이 정으로 발출되는 논리적 계기를 마련함과 동시에, 천지지성의 '욕(欲)', 즉 운동의 요소—천지지성과 더불어 있는 공취지성—에 의해 정(情)으로 발출되고, 그것이 또한 물욕으로 귀결된다는 이론을 세웠다.

그렇게 함으로써 송대의 성리학적 엄숙주의 성 이론의 존재론적 기반을 마련하였다. 그리고 선진(先秦) 유학의 도를 넓히는 인문주의적 행위, 군자의 사명, 이치의 발현을 도모하는 사람의 길로서 수양의 필요성을 이론적으로 제시하였다.

(4) 모든 것에 우선하는 '천리', 더러운 찌꺼기와 같은 욕망

성리학의 심성론은 장재와 정이의 이론을 계승하였다. 본연지성(天地之性)은 고요하여 움직이지 않으며, 미처 발생하지 않은 상태로

之本而不偏, 則盡性而天矣. 性未成則善惡混, 故亹亹而繼善者斯爲善矣. 惡盡去則善因以成, 故舍曰善而曰"成之者性也".

191) 張載, 『張子語錄』「後錄下」, 又曰: 性隻是理, 非是有這個物事, 若性是有底物事, 則既有善亦必有惡, 惟其無此物隻是理, 故無不善.

192) 程宜山, 『張載哲學的系統分析』, 學林出版社, 1989, 83쪽 참조.

서, 지극히 순수하다. 이에 반해 기질지성은 이미 발현한 상태로서, 기(氣)의 바름과 치우침·맑음과 탁함을 함유하고, 성의 선과 악이 뒤섞여 있다. 본연지성은 이(理)를 가리키는 것이고, 기질지성은 이와 기를 뒤섞어 말한 것이다. 본연지성은, 성인과 보통 사람에게 차별 없이 똑같이 존재한다. 물론 이 본연지성은 사람과 만물을 구별하는 요소가 된다. 기(氣)로 말하자면, 그것이 바른 것은 사람이 되고, 그것이 치우친 것은 만물이 된다. 사람 중에도 성인의 기는 맑고, 보통 사람의 기는 탁하다.

기질지성은 육체와 관련하여 말한 것이다. 본연지성과 기질지성은 두 개가 독립하여 존재하는 것이 아니라, 서로 의존하기도 하고 서로 배척하기도 하면서 존재한다. 본연지성은 물과 같고, 기질지성은 물을 담은 그릇과 같다.

> 성을 물에 비유하자면, 본래 모두 맑다. 맑은 그릇에 물은 담으면 맑을 것이고, 깨끗하지 않은 그릇에 물을 담으면 냄새가 날 것이고, 오니(汚泥: 더러운 찌꺼기)가 묻은 그릇에 물을 담으면 탁할 것이다. 본연의 맑음은 일찍이 없었던 적이 없다.[193]

사람의 기질적인 성품을 가리켜 기질지성이라 한다. 이 기질의 성품에 본연의 성품이 있는 것으로 성리학에서는 믿었다. 말하자면 기질지성 안에 본연지성이 있다는 것이 된다. 본연지성은 기질의 영향을 고려하지 않고 추상적으로 사람의 본성을 상정한 것이다. 그들 성리학적 사유에서 구체적으로 존재하는 사람의 성품은 '기질지성'뿐이

193) 『朱子語類』 卷四 「性理一」, 人物之性氣質之性: 先生言氣質之性, 曰: 性譬之水, 本皆淸也. 以淨器盛之, 則淸; 以不淨之器盛之, 則臭; 以汙泥之器盛之, 則濁. 本然之淸, 未嘗不在 참조.

다. 역시 그들의 사유에서 온갖 기질의 성품이 다르므로 그 기질도 각기 다른 것이 된다.

여기에서 성인의 기질은 맑으므로, 본연의 성품이 더욱 빛나서 수양할 필요가 없다. 이에 반해, 보통 사람의 기질은 탁하므로 본연의 빛이 전혀 표현되지 않는다. 때문에 수양에 의해 그 기질을 변화시키지 않으면 안 된다.

이 기질의 변화를 위한 수양법에서 주자는 장재·정이의 맥락을 잇는다. 주자는 특히 정이의 거경(居敬: 경으로 이루어지는 일상의 삶)과 궁리(窮理: 이치의 궁구)를 계승하였다. 거경은 내적인 것이고, 궁리는 외적인 것이다. 요컨대 정이와 주희의 수양법에서 중요한 것은 주일무적(主一無適: 한 곳에 집중하여 마음의 흐트러짐이 없음)인데, 이는 궁극적으로 정신을 한 가지에 집중하여 사물에 대한 욕망이 끼어들지 않게 하는 것이다. 여기에서는 마음에 줏대가 없으면 어떠한 궁리도 가치가 없고, 이치에 통달한 사람이라 하더라도 욕망이 끼어들지 않도록 수양하지 않으면 이치는 가려질 수 있다는 문제의식이 깔려 있다.

정호는 "사람의 마음은 지적 작용이 있지 않은 경우가 없지만, 욕망에 가려지면 천리를 잊는다."[194]라고 하였다. 정이는 인간의 육체적 욕망은 타고날 수밖에 없다는 점에서 성품으로 규정하였다. "입·눈·귀·코와 사지의 욕망은 성(性)이다."[195]라고 하여, 사람이 살아가면서 식욕과 색욕은 불가피한 것이라고 인식하였다. 그것은 성품의 차원이라는 것이다. 이는 『예기』의 '성지욕(性之欲: 성품에 내재한 욕망)'과 같은 맥락으로, 순자도 이미 지적한 것이다. 사람이 몸을 갖고 이 세상에 나온 이상 욕망에서 벗어나기는 어렵다. 정이는 이런 점이 천리와

194) 『二程語錄』 卷11, 人心莫不有知, 惟蔽於人欲, 則忘天理也.
195) 『二程遺書』 卷19, 耳目口鼻四支之欲, 性也.

모순을 일으킨다고 지적하였다.

> 저 사람이 몸이 있으면, 자사(自私)의 이(理)가 있으니, 당연히 그것은 도(道)와 하나로 일치되기 어렵다.[196]

정이는 자신만을 챙기는 메커니즘, 즉 자기를 사적으로 챙기는 이치가 사람에게 있다고 하였다. '자사'는 유학적 가치인 도에 부합하지 않는다. 따라서 욕망을 완전히 없앨 수는 없겠지만, 자신만을 위해 추구하는 '사욕(私欲)'만은 반드시 막아야 한다는 의미가 여기에 함축되어 있다. 공(公)에 대립하는 사적 욕망에 대한 철저한 부정의 논리도 포함되어 있다.

그런 의미에서 주희는 우선 먹고 마시는 것은 자연적 이치이지만, 맛있는 음식을 요구하는 것은 욕망이라고 하였다.[197] 그는 "공자가 말한 '극기복례', 『중용』의 이른바 '중화(中和)를 극진하게 함'·'덕성을 높임'·'문학(問學: 묻고 배우는 일)을 따름', 『대학』의 이른바 '명덕을 밝힘', 『서경』의 이른바 '인심은 위태롭고 도심은 은미하니, 정일(精一: 한 곳에 정신을 집중함)하여야 진실로 중(中: 중용 상태)을 잡는다'는 등, 성현의 천 마디 만 마디 말씀이 단지 천리를 밝히고 욕망을 없앨 것을 가르치는 것이다."[198]라고 상세히 설파하였다. 따라서 천리와 욕망에 관하여 엄격히 구분하였다.

---

196) 『近思錄』「克己類」, 伊川先生曰: 大抵人有身, 便有自私之理, 宜其與道難一.

197) 『朱子語類』 卷十三 學七 力行, 問: "飮食之間, 孰爲天理, 孰爲人欲?" 曰: "飮食者, 天理也; 要求美味, 人欲也." 節(64 이후).

198) 『朱子語類』 卷12, 孔子所謂"克己復禮", 中庸所謂"致中和", "尊德性", "道問學", 大學所謂"明明德", 書曰"人心惟危, 道心惟微, 惟精惟一, 允執厥中": 聖賢千言萬語, 只是教人明天理, 滅人欲.

배우는 사람은 반드시 욕망을 다 바꾸어 천리를 완전히 회복해야 비로소 학문이다.[199]

이는 바로 이치와 욕망은 양립하는 것이 아니니, 사람은 철저히 이치를 보존하고 욕망을 제거해야 한다는 주희의 견해이다. 욕망이 이기면 천리가 소멸하는 것이고, 그것들이 뒤섞여 있는 것은 없으니, 학자는 반드시 이를 체득하고 성찰해야 한다고 인식하였다.[200]

4. 마음, 성품, 감정 그리고 욕망의 경계

(1) 이치와 욕망의 경계, 그리고 궁극적 지향점

동아시아인의 사유에서 자연은 대체로 긍정적으로 인식되는 존재이다. 순자와 같이, 자연과 인간을 유기적으로 보지 않는 천인분리(天人分離)의 관점을 갖는다면, 자연 조건은 극복의 대상이다. 자연 상태는 결코 좋은 것이 아니어서 인간의 노력, 이른바 수양이나 교육에 의해 개조해야 할 필요가 있다.

그렇지만 유가나 도가는 대체로 천인합일(天人合一)을 견지한다. 그들 사상가들은 대체로 '자연을 닮은 인간형'을 권장한다. 유가 철학의 경우, 자연은 완전한 것이고, 그것은 인격적이거나 주재적(主宰的)인 것으로 인식되었다. 도가 철학의 경우, 자연은 단순히 물리적 것일 수 있음에도 불구하고, 만물이 탄생한 근원이거나 인간의 존재를

199) 『朱子語類』 卷13, 學者須是革盡人欲, 復盡天理, 方始是學.
200) 『朱子語類』 卷12, 人欲勝則天理滅, 未有天理人欲夾雜者, 學者須要於此體認省察之.

지배하는 것이라고 간주했다. 따라서 사람들은 자연을 의지할 대상으로 여겼다. 자연 상태는 중용이고 중화이며, 때로는 무욕(노자나 주돈이의 경우) 상태라서, 더 이상 바랄 것이 없다고 인식되었다.

이에 반해 인간에 대한 시선은 어떠했는가? 인간에 대해서는 자연적이면서도 동물적이라는 이중적 잣대로 접근하였다. 선천적으로는 '선'의 상태지만, 후천적으로 동물적일 수 있다는 관점도 있고, 선천적으로 악하다는 관점도 있었다. 그리하여 인간의 욕망을 '인욕'이라 하여, 자연적 이치라고 믿는 '천리'에 대응시켰던 것으로 보인다. 좀 더 분명하게 자연과 인간을 대립시킴으로써, 당초 좋았던 자연 상태를 벗어난 인간을 자각하자는 요청의 의미도 포함되어 있다.

이런 의미에서 욕망의 문제를 토론의 긴 여정으로 끌어가게 된 것으로 볼 수 있다. 그 대표적인 것이 '이성주의적 관점에서 접근한 천리 보존과 욕망 제거'에 관한 성리학적 인성론이다. 시·공간적 상황의 변화는 인식의 변화를 가져왔다. 설사 인간이 아무리 동물적일 만큼 욕망을 추구한다 하더라도, 그것도 역시 자연적인 것이 아니고 무엇이란 말인가 하는 반론을 제기한 것이다.

본성이든 욕구든 욕망이든 할 것 없이, 그에 관한 토론은 우리가 몸을 갖고 있다는 점에서 출발한다. 욕망에 대한 유가 철학적 입장은, 도덕적이어서 타인과 관계성을 확보해야 함에도 불구하고 자칫 동물적일 수 있는 인간 삶의 양태에 관한 우환의식에서 기인한다. 농업 사회라는 단순한 재화 생산 시스템에서, 누군가가 생물학적 필요량을 초과하는 물질을 요구함으로써 약탈이나 전쟁이 자행된다면, 이는 다른 사람의 희생을 수반할 수밖에 없다는 우려가 있었던 것이다. 그리하여 꼭 알맞아서 지나치거나 모자람이 없는 상태, 즉 중용·중화 상태로 욕망을 처리해야 한다는 문제의식이 생겨났던 것이다.

인간의 욕망에 대립되는 것으로 여겨진, 송명이학과 같은 이성주의 철학에서의 '천리'라는 그 용어 자체는 오히려 도가적인 것이었다. '천'은, 공자나 맹자의 사유에서 형이상학과 형이하학, 곧 구체와 추상의 양 방면에 걸쳐 우리 인간이 따르지 않으면 안 되는 '좋은 것'이다. 그 같은 의미에서 '이치'를 부각한 것이 바로 '천리'라고 할 수 있다. 『순자』의 경우는 자연을 물리적인 것에 불과한 것으로 보았기 때문에, '천리'라는 용어를 쓰지 않았다. 따라서 『순자』에는 '인욕'이라는 용어도 보이지 않는다.

그런데 주희는 다소 추상적인 이치와 욕망의 관계를 일상생활로 끌어들였다. 앞에서 언급했듯이, 『주자어류』에서 "먹고 마시는 사이에, 무엇이 천리이고, 무엇이 인간의 욕망인가?"라는 물음에, "먹고 마시는 것은 천리이고, 아름다운 맛을 요구하는 것은 인간의 욕망이다."[201]라고 하여, 생리적으로 필요한 최소한의 양을 넘는 인간적 바람을 '욕망'이라고 하였다.

우리가 음식을 먹고 마시는 것은 피할 수 없다. 그것은 자연의 이치, 곧 천리이다. 먹고 마시는 과정에서 최소한의 양만 추구하는 것은 너무나 당연하다. 이것 역시 자연적이라고 할 수 있는 도덕상의 이치이자 천리이다. 왜냐하면 이 세상에는 무한정의 욕망을 충족시킬 수 있는 재화가 있지 않기 때문이다.

그럼에도 불구하고 인간은 다분히 동물적으로 무한정 바랄 수 있다. 역사적 경험을 통해 이런 세태는 아주 흔했다. 그리하여 장재·정호·정이·주희는 모두 '아름다운 맛은 요구하지 말라'고 요구했다고 볼 수 있다. 주희는 "입과 배의 욕망을 끊임없이 채우려는 것은 옳은 일

201) 『朱子語類』 卷十三 學七 「力行」, 問: "飮食之間, 孰爲天理, 孰爲人欲?" 曰: "飮食者, 天理也; 要求美味, 人欲也." 節(64 이후).

이 아니다. 대체로 하늘은 단지 내가 배고플 때에는 먹고, 목마를 때에는 마시라고 가르쳤을 뿐이니, 어찌 나로 하여금 입과 배의 욕망을 끝까지 추구하여 채우라고 가르쳤겠는가?"[202]라는 입장을 취했다. 그리하여 사사로운 뜻에 맡겨 남이 어떻게 되든 아랑곳하지 않고 자기의 이익을 취하는 것을 배척하였다. 그렇게 함으로써 도덕 합리주의자들은 '공적 이치'를 사회에 실현하고자 했다. 자기의 이익을 위해 '농단(壟斷: 원래의 의미는 사방을 볼 수 있는 언덕 꼭대기에서 손님을 몽땅 끌어 모은다는 것으로, 가장 좋은 자리를 차지하여 권력이나 이익을 독차지하는 것을 비유하는 말로 쓰임)'을 쌓는 일은 공적인 것에 위배되며, 타자에게 직접적으로 손해를 끼치는 행위라고 보았다. 그것은 도덕의식에도 어긋난다.

이런 의미에서 이황은 '천리'는 공(公)이고 욕망은 사(私)라고 규정하였다. 공적인 것을 추구하느냐, 아니면 욕망이라는 사(私)를 따르느냐에 따라 선악의 구분이 결정된다고 하였다.[203] 그는 「경연계차(經筵啓箚)」에서 "욕망[私]은 일심(一心)의 해충이고 도적(盜賊)이며 모든 악의 근본이다."라고 하여, 욕망을 이치와 엄격히 구분하고, 그것을 제거할 것을 강조하였다.

> 사(私)는 마음의 좀이고, 모든 악의 근본이다. 옛날부터 나라가 잘 다스려진 날은 항상 적고, 어지러운 날이 항상 많아서, 자신을 파멸시키고 나라를 망치는 데 이른 것은, 다 임금이 '사(私: 사사로움, 개인에 국한된 이익)'라는 한 글자를 능히 버리지 못했기 때문이다. 마음의 적을 제거하고 악의 뿌리를 뽑아 순수한 천리로 돌아가려면, 학문의 공(功)에

202) 『朱子語類』 卷96, 盖天地教我飢則食, 渴則飲, 何曾教我窮口腹之欲?
203) 李滉, 『退溪先生續集』 卷8 雜著 「天命圖說圖與序」, 或循天理之公, 或循人欲之私, 善惡之分, 由玆而決焉.

깊이 의지하지 않으면 안 되는데, 그 공부가 또한 어렵다. 무릇 한때 한 가지 일의 사(私)를 힘써 행하지 않음은 어렵지 않지만, 평일(平日 : 일상)의 온갖 일들에서 사를 말끔히 다 제거해 버리기는 어렵다. 어떤 때는 말끔히 다 제거하여 버렸다고 하더라도, 알지 못하는 사이에 홀연히 다시 처음과 같이 사가 싹틀 것이니, 이것이 하기 어려운 이유이다.[204]

우리는 유가 철학의 욕망론 가운데 '이성주의'에서 제기되는 사적인 것, 즉 욕망의 배격이 궁극적으로 무엇을 목표로 하는지 알 수 있다. 유학이 추구하는 군자다운 지도자는 수기치인의 '도리'에 충실하지 않으면 안 된다. 이른바 '내성외왕(內聖外王: 안으로는 성인의 인격을 갖추고, 밖으로 세상을 경륜하는 왕이 됨)'으로 표현할 수 있는 완벽한 덕성의 구비와 세상 사람을 지도할 수 있는 요건은 밀접하게 관련이 있다. '외왕'의 전제로서 '내성', 즉 완벽한 인간형의 성취를 위해 '사'를 제거하는 것은 참으로 불가피하다.

개인의 사, 마음의 악을 거의 제어하지 않는 한, 그 결과는 공적 이치를 가리게 되어, 자신을 파멸에 빠지게 하고, 나라를 망칠 수 있다. 따라서 수양 공부가 요구된다.

도덕 합리주의(이성 철학)적 이분법

천리	↔	인욕
이치	↔	욕망
공	↔	사
선	↔	악

204) 李滉,『退溪集』卷7 箚「戊辰經筵啓箚二」, 私者, 一心之蟊賊, 而萬惡之根本也. 自古國家治日常少, 亂日常多, 馴致於滅身亡國者, 盡是人君不能去一私字故也. 然欲去心賊拔惡根, 以復乎天理之純, 不深藉學問之功不可, 而其爲功亦難, 蓋一時一事之私, 勉强不行非難, 平日萬事之私, 克去淨盡爲難, 雖或旣已克盡, 不知不覺之間, 忽復萌動如初, 此所以爲難.

결국 정이와 주희에 의해 집대성되는 성리학적 이성주의 욕망론의 궁극적 지향점인 도(道)는, 지도자다운 원칙의 실천을 위해 필요한 것이었다. 거기에는 '기(己)' 또는 '사(私)'와 같은 욕망을 억제할 때만이 하늘이 부여한 공적 소임, 즉 백성을 길러 주는 일을 다할 수 있다는 이념이 강하게 내포되어 있다.

(2) 인심과 인욕, 마음과 욕망의 경계

맹자는 인간의 마음을 크게 신뢰하였다. 거기에는 덕성이 있고 인의예지의 사단이라는 도덕심이 있어서, 세상을 바로잡을 수 있는 기틀을 갖추고 있기 때문이다. 순자도 외적 사물에 대한 인식 능력이나 변별 작용을 마음이 할 수 있는 것으로 보았다. 이성주의 철학의 각도에서, 주희는 마음을 '허령지각(虛靈知覺)'이나 '허령불매(虛靈不昧)'의 상태로 규정하여, 마음이 갖는 긍정적 측면에 크게 기대하였다. 주자에 비해 왕수인은 인간의 주관적인 마음을 중시하여, '양지'를 마음의 본체로 삼았다. 그리하여 마음이 갖고 있는 타고난 인식 능력과 작용에 크게 기대를 걸었다.

그럼에도 불구하고 그들에게 마음은 '사람의 마음', 즉 '인심'일 뿐이었다. 사람, 곧 '인(人)'이란 '천(天)'과는 대비되어, 어떤 일을 할지 모르는 위험하고 위태로운 존재였다. '천'이라는 자연처럼 완벽하다고 할 수는 없는, 긍정적인 면과 부정적인 면을 모두 갖고 있는 우주자연 가운데에 있는 하나의 존재가 사람이라고 그들은 믿었다.

반면 그들은 바로 그 사람의 마음에는 이행해야 할 진리로서의 '천리'가 전혀 없지는 않지만, 그것은 지극히 조그맣고 숨어 있는 듯이 '은미'하다고 여겼다. 인간의 마음, 곧 인심에 그 도심이 없지는 않지만 너무 미미하여 포착하기가 쉽지 않다는 것이다. 또 '위태로운 인심' 때문에 지극히 정교하고 한결같은 '중용 상태'를 유지하기가 어렵다고 여겼다. 더욱이 사람의 마음에는 이치 그 자체를 의미하는 자연의 마음이 아닌 '인욕'이 도사리고 있다는 것이다. 따라서 그것이 '도심'을 가로막거나 '천리'를 실천하는 데 장애가 될 수 있으므로, '경계(警戒)'를 늦추지 않으면 안 된다고 보았다. 이것은 '16자 심법'으로 부르기도 하는, 『서경』의 "인심은 위태롭고 도심은 은미하니, 오직 정일(精一)하여야 참으로 그 중용을 잡는다."[205]라는 문장의 해석 과정의 하나였다. '천리와 인욕'·'인심과 인욕' 그리고 '인심과 도심'에 관련된 토론의 실마리였다.

이러한 '마음 다스리기 문제'는, 인간이면 누구나 이행해야 할 이치와 그 반대편에서 장애물로 작용한다는 욕망을 둘러싸고 벌어지는 긴 토론의 여정으로 이어졌다. 거기에서 마음은 어떤 위치에 있고, 사람은 어떻게 살아야 하는가에 관해 논의가 이루어졌다.

> 일찍이 논한 적이 있는데, 심(心: 마음)의 허령지각(虛靈知覺: 신령스럽게 비어 있음과 깨달아 아는 인식 작용)은 하나일 뿐이지만, 인심(人心)과 도심(道心)이라는 차이가 있음을 말한 것은, 어떤 것은 형기(形氣: 몸에 내재한 기운)의 사사로움에서 나오고, 어떤 것은 성명(性命: 자연이 부여한 성품)의 올바름에서 근원하여, 지각함이 똑같지 않기 때문이다. 이래서 어떤 것은 위태로워 안정되지 않고, 어떤 것은 미묘하여 알아보기 어려울 따름이다.[206]

205) 『書經』「大禹謨」, 人心惟危, 道心惟微, 惟精惟一, 允執厥中.

206) 朱熹, 「中庸章句序」, 蓋嘗論之: 心之虛靈知覺, 一而已矣, 而以爲有人心道心之異者, 則以其或生於形氣之私, 或原於性命之正, 而所以爲知覺者不同, 是以或危殆而不安, 或微妙而難見耳.

아무리 '허령지각'의 마음이라 하더라도, 문제는 그것이 인간의 육체와 떨어져 있지 않다는 점이다. 따라서 '도심' 외에 '인심'을 또한 염려하지 않으면 안 된다. 주희는 이 점을 간과하지 않았다. 그에 따르면, "사람이 육체를 가지고 있지 않은 이가 없기 때문에, 비록 최상의 지혜로운 사람이라도 인심이 없을 수 없고, 또한 이 성(性)을 가지고 있지 않은 이가 없기 때문에, 비록 최하의 어리석은 사람이라 하더라도 도심이 없지 않으니, 이 두 가지가 사방 한 치 사이의 마음에 섞여 다스릴 줄 모르면 위태로운 것이 더욱 위태롭고, 은미한 것은 더욱 은미하여, 천리의 '공(公)'은 끝내 인간 욕망의 '사(私)'을 이길 수 없다."[207]

따라서 '정(精)'과 '일(一)'이라는 수양론적 과제가 대두된다. 이를 통해 '천리 상태', 즉 '중용' 상태를 회복해야 할 필요성이 제기되었다. 역시 주희에 따르면, "'정'은 두 가지의 사이를 살펴 섞이지 않음이요, '일'은 본래적 마음의 올바름을 지켜 떠나지 않음이다. 여기에 종사(從事)하여 조금의 틈새나 끊임도 없이, 반드시 도심이 항상 한 몸을 주재하고, 사람의 마음이 늘 도심으로부터 명령을 듣는다면, 위태로운 것이 안정되고, 은미한 것이 드러나, 일상의 움직임과 고요 상태·언어와 행동이 저절로 '지나치거나 모자람'의 편차(偏差)가 없게 된다."[208] 라고 했다.

여기에서 우리는 인간의 마음 상태, 곧 인심을 자연적 이치로서의 천리와 인간의 욕망인 인욕에 결부시켜, 다음과 같은 세 갈래로 분류

207) 朱熹, 「中庸章句序」, 人莫不有是形, 故雖上智不能無人心, 亦莫不有是性, 故雖下愚不能無道心. 二者雜於方寸之間, 而不知所以治之, 則危者愈危, 微者愈微, 而天理之公卒無以勝夫人欲之私矣.

208) 朱熹, 「中庸章句序」, 精則察夫二者之間而不雜也, 一則守其本心之正而不離也. 從事於斯, 無少間斷, 必使道心常爲一身之主, 而人心每聽命焉, 則危者安, 微者著, 而動靜云爲自無過不及之差矣.

해 볼 수 있다.

첫째, '인심이 곧 천리인 상태'를 상정할 수 있다. 사람 마음 자체가 '천리'라는 바람직스런 면모로만 가득해서 육체 따위는 없는 '허령지각'의 '성명' 상태, 즉 성인의 인격으로만 이루어진 사람의 마음을 가정할 수 있다. 둘째, '인심이 천리와 인욕으로 섞인 상태'를 가정할 수 있는데, 일반적인 사람의 마음이 그러하다고 할 수 있다. 누구나 가진 '몸 기운', 곧 형기(形氣)는 '도(천리)'를 이행할 수 있는 가능성을 가지고 있을 뿐만 아니라, '몸 가는 대로 살 수 있는 욕동(욕망)'도 지니고 있다. 마지막으로 '인심이 곧 인욕인 상태'를 가정할 수 있다. 사람의 마음이 온통 욕망으로만 가득 차 있어서 순수한 천리, 즉 도덕성이 없는 상태로서, 사람의 마음이라고 할 만한 것이라고는 하나도 없는 상태를 가정할 수 있다.

① 인심이 곧 천리이다

그렇다면 사람의 마음이 온통 천리 그 자체일 수 있을까? 일단 가능하다고 본다면 '성인'이 여기에 해당한다. 하지만 현실적으로는 불가능하다. 단지 가상적·형이상학적으로는 가능하다. 몸은 세속에 있지만 마음은 오히려 세속을 초월해 있어서, 아무런 때가 묻지 않은 상태이다. 이는 마치 아주 깨끗한 그릇에 순도 100%의 물을 담듯이, 아무런 욕망도 없이 몸에 해맑은 마음이 실리는 것과 같은 상태이다. 그 자체가 '진리의 화신'과도 같아서 '자신을 위한 욕망이라고는 전혀 없는 상태'인 사람을 가정할 수 있다. 남을 위해 헌신할지언정 '사(私)', 즉 욕망이라고는 아예 없는 '순수한 자연의 이치'를 그대로 체현한 사람은, '마음 자체가 곧 천리'라고 할 수 있다. 사람의 마음 자체가 '바람직한 이치'로만 가득해서, 허령지각의 완벽한 마음이 육체 때문에 방해받지 않는, 더할 나위 없이 좋은 내면 상태를 상상할 수 있다. 주희는 "사람은 나면서부터 모두 천리이지만, 인간의 욕망은 나중에 생긴 '근거도 없는 존재'이다."[209]라고 했다. 이는 전혀 때가 묻지 않은 원초적인 자연 상태에 해당할 것이다. 이러한 사람의 마음 자체가 도심이며, 맹자가 말한 사단의 마음으로만 이루어진 상태라고 할 수 있다.

> 명도(明道: 정호의 아호)께서 "성인의 온갖 말씀은 단지 사람들에게 이미 놓친 마음을 돌이켜 몸에 들어오도록 하고, 스스로 찾아 위로 향하여 나아가고, 아래로부터 배워 위로 통달할 것을 요구한다."라고 하셨고, 이천(伊川: 정이)께서는 "사람의 마음은 본래 선하지만, 방탕하여 악이 되니 곧 놓아버린 것이다."라고 하셨다. 처음 볼 때는 역시 이 두 가지 지향하는 곳을 스스로 의심하게 된다. 여러분의 길은 어떠한가? 반드시 이 두 가지 지향하는 곳이 서로 장애가 되지 않음을 볼 수 있어야 옳다. 두 선생의 말씀은 본래 상충되지 않는다. 단지 한때의 말씀이고, 본질과 작용의 측면이 미처 어떤 것도 완벽하게 갖추어지지 않았다. 대체적인 의미는, 이 마음이 선하지 않음이 없지만 단지 마음을 놓아버리는 일에 엮인다는 것을 말한다. 진실로 그 이미 놓친 것을 스스로 알자마자, 놓치는 일은 곧 끊겨 마음은 곧바로 여기에 와 있을 것이다. 예컨대 측은(惻隱)·수오(羞惡)·공경(恭敬)·시비(是非)의 단서는 자연스레 완전하게 얻어진다.[210]

209) 『朱子語類』 卷十三, 「學七·力行」, 人生都是天理, 人欲卻是後來沒巴鼻生底.

210) 『朱子語類』 卷五十八, 孟子八, 明道云: "聖賢千言萬語, 只要人將已放之心, 反復入身來, 自能尋向上去, 下學而上達也." 伊川云: "人心本善, 流而爲惡, 乃放也." 初看亦自疑此兩處. 諸公道如何? 須看得此兩處自不相礙, 乃可. 二先生之言本不相礙, 只是一時語, 體用未甚完備. 大意以爲此心無不善, 止緣放了. 苟纔自知其已放, 則放底便斷, 心便在此. 心之善, 如惻隱·羞惡·恭敬·是非之端, 自然全得也.

시·공간적 조건 속에서, 인간의 마음은 '본래의 선한 상태', 즉 '천리' 그대로 자연 상태일 수는 없다. 인간의 '천성에 존재하는 욕'—장재의 견해를 빌리자면, 기(氣)의 욕(欲), 즉 공격하거나 취하려는 공취—의 운동성은 사물을 만나면 꿈틀거린다. 그 꿈틀거림의 내면 상태를 우리는 정(情: 감정)이라고 한다. 이것이 중용 상태를 잃는다면 '천리를 잃는 것'이 된다. 이런 상태는 맹자가 말한 사단과 같은 마음을 놓치는 것, 즉 '방심'이다.

방심을 회복한다면 '존심' 또는 '구방심'이 되어, 인간의 마음은 천리 상태로 돌아갈 수 있다. 한편, 주희는 "배우는 사람은 반드시 욕망을 다 고쳐 없애고, 다시 천리를 극진하게 하여야 비로소 배움이 시작된다."[211]라거나 "사람의 한 마음은 천리가 존재하면 욕망이 없어진다. 욕망이 이기면 천리가 없어져, 천리와 욕망이 서로 섞이는 경우가 없으니, 배우는 사람은 반드시 이 점을 몸소 인정하고 성찰하여야 한다."[212]라고 하여, 사람의 마음에 욕망이 없는 온전한 천리 상태를 기대하였다.

② 인심은 '천리와 인욕'이다

주희는 천리를 인의예지의 덕성으로 보았다. 그는 "천리는 다만 인의예지를 총괄하는 명칭이고, 인의예지는 곧 천리의 가짓수이다."[213]라고 하였다. 그에게 천리는 인간의 욕망과 양립할 수 없으며, 따라서 엄연히 구분하지 않으면 안 되는 것이었다. 천리는 보존해야 하지만, 인간의 욕망은 제거해야 하는 것이었다. 그는 천리가 있으

211) 『朱子語類』 卷十三, 學者須是革盡人欲, 復盡天理, 方始是學.

212) 앞의 책, 人之一心, 天理存則人欲亡; 人欲勝則天理滅. 未有天理人欲夾雜者, 學者須要于此體認省察之.

213) 앞의 책, 天理只是仁義禮智之總名, 仁義禮智便是天理之件數.

면 그와 관련하여 인간의 욕망이 있다고 보았다. “어떤 천리가 있으면 인간의 욕망이 있다. 대개 이 천리와 관련하여 반드시 마음에 정돈된 것이 있어야 하며, 마음이 잘 정돈되지 않으면 곧바로 욕망이 나온다.”[214]라고 했다. 그렇지만 그는 “욕망이란 바로 천리의 반대이다. 천리를 통해서 욕망이 있다고 한다면 옳겠지만, 욕망도 천리라고 한다면 옳지 않다. 대개 천리 가운데 욕망은 본래 없다. 오직 천리가 유행하는 과정에 편차(偏差)가 있어서 인간의 욕망이 나온다.”[215]라고 하여, 욕망이란 천리가 유행하는 과정에서 편차가 있는 것, 즉 지나치거나 모자란 것과 같이 좋지 않은 것으로 보고, 애써 그것은 따로 존재하지 않는다는 입장을 견지하였다.

여기에서 이이(李珥)의 견해를 참고하자. 그는 인심과 도심에 관한 견해에서, 인심이란 ‘천리’와 ‘인간의 욕망’으로 이루어져 있다고 하였다.

> 마음에는 천리도 있고 인간의 욕망도 있다. 예를 들면, 밥을 먹어야 할 때 밥을 먹고, 옷을 입어야 할 때 옷을 입는 것은 성현도 벗어날 수 없었던 것이니, 이것은 천리이기 때문이다. 먹는 것이나 여색에 대한 생각 때문에 방탕하여 악이 되는 것이라면, 이것은 곧 인욕이니, 도심만이 이것(천리)을 지켜낼 수 있을 따름이다. 인심이란 인욕에 휩쓸리기 쉽기 때문에, 비록 선의 상태라 하더라도 위태롭다.[216]

214) 앞의 책, 有個天理, 便有個人欲. 蓋緣這個天理, 須有個安頓處; 才安頓得不恰好, 便有人欲出來.

215)『朱子文集』卷四十「答何叔京」, 人欲云者, 正天理之反耳. 謂因天理而有人欲, 則可; 謂人欲亦是天理, 則不可. 蓋天理中本無人欲, 惟其流之有差, 遂生出人欲來.

216) 李珥,『栗谷全書』卷34 附錄二 年譜下 辛巳九年 46歲 7月 奉教製進人心道心說, 心, 也有天理, 也有人欲, 如當食而食, 當衣而衣, 聖賢所不免, 此則天理也. 因食色之念而流而爲惡者, 此則人欲也, 道心只可守之而已. 人心易流於人欲, 故雖善亦危.

이성의 각도에서 욕망을 바라보는 견해의 궁극 목표는 지도자의 마음 다스리기이다. 이이의 말처럼, 마음에는 천리도 있고 욕망도 있으니, 밥을 먹어야 할 때 밥을 먹고, 옷을 입어야 할 때 옷을 입는 것은 누구도 벗어날 수 없는 천리이다.

그렇지만 그 이상으로 '먹는 것이나 여색을 생각하는 것'은 악이다. 따라서 이치를 실천하기로 마음먹는 도심이 요구된다. 인심이란 욕망에 휩쓸리기 쉽기 때문에, 비록 선의 상태라 하더라도 위태롭다. 특히 세상을 이끄는 지도자는 그 앞에 놓인 현안들을 이치에 부합하게 하기 위하여 '사적 욕망'을 제거하려는 마음 쓰기에 유의하지 않으면 안 된다.

③ 인심이 곧 '인욕'이다

최악의 경우는 인심이 '인욕 그 자체'인 경우이다. 이는 마음에 천리가 존재하지 않는 경우이다. 천리가 인간에게 체현된 '인의예지'라는 도덕성 따위는 아예 없는 경우가 여기에 해당한다. 이 상태에서는 마음이 도심의 명령 따위는 전혀 따르지 않는다. 우리가 '인면수심'이라는 말을 할 때가 있는데, 이는 마음이 오로지 동물적 본성으로만 가득 차 있는 사람을 가리키는 말이다. 자신의 사적인 욕망만 있고, 인간적인 도덕성, 즉 천리에는 조금도 관심이 없는 사람일 것이다. 사람의 마음이 온통 욕망으로만 가득 차 있어서 순수한 천리, 즉 사람의 마음은 전혀 없는 상태이다.

묻기를 "사람이 으스대고 자랑하는 것은 그 병폐의 뿌리가 어디에 있는가? 단지 '욕(欲)' 위에 있는 사람의 마음일 뿐이다. 사람의 마음이 '욕'에 있게 되면 곧바로 인간의 욕망은 날로 커지고, 천리는 날로 사라질 것이니, 나를 자랑하고 남에게 과시하는 모든 사람은 미치지 않는 것이 없다. 그러므로 배우는 사람은 마땅히 '욕' 위에 있는 사람의 마음을 제거해야 할 것이니, 그렇게 되면 천리는 스스로 분명해질 것이다." 라고 하자, 이렇게 말했다. "욕망에 놓인 사람의 마음은 곧 사욕(私欲)이다. 성인이 사방팔방에서 일어나 사람들에게 말한 것은, 단지 사욕을 제거하라는 것이다. 맹지반(孟之反)[217]의 다른 일은 알 수 없겠지만, 단지 이 한 가지 일이라면 법으로 삼을 수 있다."[218]

이이는 사지(四肢)의 사사로움, 즉 육체적 욕망에 의해 좌우되는 사람의 마음, 다시 말하면 기(氣)가 주관하는 사람의 마음을 가정하였다. 그는 "만일 배가 고프면 먹는 것을 욕망하고, 추우면 옷 입는 것을 욕망하고, 목이 마르면 마시는 것을 욕망하고, 가려우면 긁는 것을 욕망하고, 눈은 색(色)을 욕망하고, 귀는 소리를 욕망하고, 사지는 편안함을 욕망하니, 이와 같은 것들을 인심(人心)이라 한다. 그 근원이 비록 천성(天性)에 바탕을 두었다고 하더라도, 그것들이 발현하는 것은 귀와 눈과 사지의 사사로움에서 비롯되며, 천리의 본연이 아니기 때문에 기에 의해 주관되므로, 그것을 인심이라고 지목한다."[219] 라고 하였다. 오로지 '이치'의 측면은 돌아보지 않은 채, '기'에 완전하

217) 맹지반은 노나라의 대부로, 이름은 측(側)이다. 그는 이미 패한 군사를 온전하게 하고, 홀로 말을 채찍질하여 스스로 자신의 공을 숨겼다. 자기의 군사가 패한 것을 통분하게 생각하고, 자기의 공을 남에게 보이고자 하지 않았다고 한다. 그 공을 자랑하지 않은 것을 공자가 인정한 것이다.(『논어』「옹야」 11장 참조)

218) 『朱子語類』 卷三十二 論語十四 雍也篇三, 問: "凡人所以矜伐者, 其病根在甚處? 只爲有欲上人之心. 才有欲上人之心, 則人欲日長, 天理日消, 凡可以矜己誇人者, 無所不至. 故學者當去其欲上人之心, 則天理自明矣." 曰: "欲上人之心, 便是私欲. 聖人四方八面提起向人說, 只要人去得私欲. 孟之反其他事不可知, 只此一事, 便可爲法也."

219) 『栗谷全書』 卷十, 書二, 「答成浩原」(李栗谷答成牛溪四七理氣辨－율곡이 우계에게 답한 편지－율곡 2서), 如或飢欲食, 寒欲衣, 渴欲飮, 癢欲搔, 目欲色, 耳欲聲, 四肢之欲安佚, 則如此之類, 謂之人心. 其原雖本乎天性, 而其發也, 由乎耳目四肢之私, 而非天理之本然, 故主乎氣而目之以人心也.

게 눌리는 사람의 마음을 상정한다면, 욕망이 바로 사람의 마음 자체일 것이고, 이는 '도덕심'이란 아예 없는 경우일 것이다.

(3) 심(心), 성(性), 정(情), 의(意)의 마음 범주와 욕망

1) '심통성정(心統性情)'—마음이 성품을 통솔하고 주재한다

좋은 물건을 보면 구입하고 싶어진다. 아름다운 사람을 보면 우리의 마음이 울렁거린다. 그것은 자연스러운 것이다. 이렇듯이 대상을 욕망하는 것은 항시적이다. 그렇다면 여기에서 어디까지가 마음이고 욕망이고 우리의 몸일까? 그것을 구분할 수 있을까? 그리고 어디까지가 우리의 본성이고 감정일까?

송대의 신유학에서 인성론의 기틀을 마련한 장재는, 주지하듯이 '심통성정(心統性情)'을 말했다. 이 말을 '마음이 성과 정을 통솔한다'거나, '마음이 성품을 통섭한다'거나, '마음이 성과 정에 통괄한다'고 풀이하기도 한다. 이렇게 의미를 새기는 이유는, 물론 관련되는 글의 문법이나 문맥에 충실하고자 함일 것이다.

우선, '마음이 성과 정을 통솔한다'는 의미로 본다면, 그것은 순자이래 마음이 갖는 인식 작용인 심지(心知)나 사려 작용인 심려(心慮)의 측면을, 인간의 성품과 감정 위에 놓으려는 입장에서 기인한 것으로 보인다. 마음이라는 인간 내면에 합리성과 '주재(主宰) 기능'이 내재되어 있음을 놓치지 않은 것이라고 할 수 있다.

또 한편으로 '마음이 성과 정을 통괄한다'거나 '마음이 성과 정을 통섭한다'고 보는 입장은, 아마 '성과 정은 마음의 부분집합 또는 범주'라는 관점의 표출일 것이며, '마음이 성과 정을 통솔한다'는 의미도 또한 담으려는 의도가 있었던 것으로 짐작된다. 주희는 "측은지심은 인의 단서요, 수오지심은 의의 단서요, 사양지심은 예의 단서요, 시비지심은 지의 단서이다."라는 맹자의 글을 다음과 같이 풀이하였다.

> 측은·수오·사양·시비는 '정'이다. 인·의·예·지는 '성'이다. '심'은 '성'과 '정'을 통솔하는 것(통괄하는 것)이다. 단서는 실마리이다. 그 '정'의 발현을 통해 '성'의 본연을 얻어 볼 수 있으니, 사물이 속(마음)에 있어서 실마리가 바깥으로 드러나는 것과 같다.[220]

바깥에서는 '정'이지만 안에서는 '성'이다. 실마리가 겉에 드러나는 것과 본연의 본체는 상호 의존한다. 마음은 허령의 존재로서, 이미 '성'과 '정'에 체현되어 있다. 따라서 존재하는 것은 '성'과 '정'이어서, 바깥에 마음이 따로 있는 것이 아니다. 논리상으로, 우선 '성'과 '정'은 마음에서 나오고, 성과 정의 본질은 모두 곧 마음의 본질이다. 아울러 '성'이나 '정'과 독립된 마음의 본질이란 있지 않다.

또 한편으로 마음은 허령한 것이어서, 그 가치의 체현은 '성'에 대한 실체가 드러나는 데 달려 있다. 바깥에 드러나는 실마리(정)로부터 속에 숨어 있는 '성'의 본질을 살필 수 있다.

'심통성정'에서, 마음은 주체성의 범주이면서 '미발'과 '이발'에 걸쳐 있다. 두 국면 중 '미발' 상태가 '도덕성'이라는 본체의 '성'이라면, '이발' 상태는 '정'으로서 작용이나 기능 혹은 역할[用]의 의미를 내포하고 있는데, 마음은 이 두 개의 머리, 곧 '양두(兩頭)'에 걸쳐 있다.[221] 예

220) 朱熹, 『孟子集注』「公孫丑章句上」"惻隱之心, 仁之端也; 羞惡之心, 義之端也; 辭讓之心, 禮之端也; 是非之心, 智之端也."에 관한 주. 惻隱·羞惡· 辭讓 ·是非, 情也. 仁· 義·禮·智, 性也. 心, 統性情者也. 端, 緖也. 因其情之發, 而性之本然可得而見, 猶有物在中而緖見於外也.

221) 『朱子語類』 卷五, 性理二, 「性情心意等名義」, "心統性情", 故言心之體用, 嘗跨過兩頭未發·已發處說. 仁之得名, 只專在未發上. 惻隱便是已發, 卻是相對言之 참조.

컨대 마음에서 '배려'라는 '인'의 본질이 '성'이라면, 그것은 발현하지 않은 '미동(未動) 상태'이다. 그것이 존재하는 까닭에 '정', 즉 '측은하게 여기는 마음'이 '이동(已動: 꿈틀거림)'하게 된다고 할 수 있다.

여기에서 우리는 '동(動)'의 요인에 주목하지 않으면 안 된다. 그것은 바로 '욕(欲)' 또는 '욕망'으로 표현해도 좋은데, 성에 내재하는 운동 요소이다. '성'의 차원에서는 '미동(未動)'의 운동 잠재태(潛在態)이고, '정'의 차원에서는 '이동(已動)'의 현실태(現實態)이다.

이렇듯 '심통성정'의 '통'은 '겸하다'는 의미이면서, '통솔하다'는 함의를 모두 갖는다. 우리는 이 같은 '친절한 설명'을 『주자어류』를 통해 어렵지 않게 발견할 수 있다.

> "심통성정"에서 성과 정은 모두 마음을 통해 드러난다. 마음은 '본체'(본질)이고, 바깥에 드러나는 것은 '작용'이다. 맹자가 "인(仁)은 사람의 마음이다."라고 했고, 또 "측은지심"을 말했는데, 성과 정 아래에는 모두 '심(心)'자가 있다. "인(仁)이라는 사람의 마음(인심)"은 '체'를 말한 것이요, "측은지심"은 '용'을 말한 것이다. 반드시 '체'가 있은 후에야 '용'이 있으니, "심통성정"의 의미를 알 수 있을 것이다.[222]
>
> "심통성정"을 묻자, 이렇게 답했다. "성은 이(理)이다. 성은 체(體)이고, 정(情)은 용(用)이다. 성과 정은 모두 마음에서 나온다. 그러므로 마음이 그것들을 통솔할 수 있다. '통'은 이를테면 '통병(統兵: 병사를 통솔하다)'의 '통'과 같으니, 주재할 수 있음을 말한다. 게다가 예컨대 인·의·예·지는 성인데, 맹자는 '인·의·예·지는 마음에 뿌리를 두고 있다.' 라고 하였다. 측은(惻隱)·수오(羞惡)·사손(辭遜: 사양)·시비(是非)는 본디

222) 『朱子語類』 卷九十七, 「程子之書三」, "心統性情." 性情皆因心而後見. 心是體, 發於外謂之用. 孟子曰: "仁, 人心也." 又曰: "惻隱之心." 性情上都下箇"心"字. "仁人心也", 是說體; "惻隱之心", 是說用. 必有體而後有用, 可見"心統性情"之義.

정인데, 맹자는 '측은지심, 수오지심, 사손(辭遜)지심, 시비지심'을 말하였으니, 이것으로써 말한다면 마음이 성과 정을 통솔할 수 있음을 알 수 있다. 하나의 마음속에 저절로 동정(動靜)이 있으니, 정은 성이요, 동은 정이다."[223]

'마음의 범주'에서 성과 정뿐만 아니라 '의(意)'가 논의되고, '지(志)'도 또한 언급된다. 그런데 사람들은 도대체 그것들의 의미는 무엇이고 어떠한 종류의 마음들인지 궁금해 한다. 이와 같은 의문을 주희는 일정 부분 해소해 주었다. '심통성정'의 맥락에서 시작하여, 심·성·정·의·지에 대해 그 '경계'를 정의하였다.

"'심통성정'의 '통'은 어떤 것인가?"라고 묻기에 이렇게 말했다. "'통'은 주재이니, 예를 들면 백만 군인을 통솔한다는 의미의 '통'이다. 마음이란 혼연(渾然)한 물건이고, 성은 이 마음의 이(理)이며, 정은 동처(動處)이다."

또 이렇게 말했다. "사람이 천지 가운데에서 받으니, 다만 심성의 안연부동(安然不動: 자연스럽게 편안하여 동요되지 않음)이 있지만, 정은 사물을 통해 느끼는 것이니, 성이 이(理)라면 정은 용(用)이요, 성은 고요하지만 정은 역동한다. 게다가 인·의·예·지·신은 '성'이다. 그렇지만 '인심(仁心)'이니 '의심(義心)'이니 하고 말하는 경우가 있으니, 이럴 경우 '성'은 역시 '심'과 통한다. 측은·수오·사손·시비를 말하는 것은 '정'이다. 그렇지만 '측은지심·수오지심·시비지심'을 말한다면, 이것들은 '정'

223)『朱子語類』卷九十七,「程子之書三」, 問"心統性情". 曰: "性者, 理也. 性是體, 情是用. 性情皆出於心, 故心能統之. 統, 如統兵之'統', 言有以主之也. 且如仁義禮智是性也, 孟子曰: '仁義禮智根於心.' 惻隱·羞惡·辭遜·是非, 本是情也, 孟子曰: '惻隱之心, 羞惡之心, 辭遜之心, 是非之心.' 以此言之, 則見得心可以統性情. 一心之中自有動靜, 靜者性也, 動者情也."

이면서 '심'과 더불어 연결하여 말한 것이다. 이것은 '정'과 '성'이 모두 '심'에 의해 주재되기 때문에 이렇게 연결하여 말했다."

"의(意)가 마음이 발현한 것이라면, '정'이나 '성'과는 어떠한 관계인가?"라고 묻기에 이렇게 답했다. "의도 정과 더불어 서로 가깝다." "지는 어떠한가?"라고 묻기에 이렇게 답했다. "지(志)도 정과 더불어 서로 가까운데, 단지 '심(心)'의 적연부동(寂然不動)이라야 바야흐로 발출(發出)하니, '의'라고 부르지는 않는다. 횡거(橫渠: 장재)가 '지공의사(志公意私: 지는 공적이고, 의는 사적이다)'라고 하였으니, 이를 참고하면 저절로 이해가 잘 될 수 있다. 지는 맑고, 의는 탁하다. '지'는 굳세고, '의'는 부드럽다. '지'는 곧장 의사(意思)를 일으키지만, '의'는 의사를 적이 숨긴다. 그대가 스스로 자세히 본다면 저절로 알 수 있다. '의'는 대부분 사의(私意)를 말한 것이요, '지'는 '필부불가탈지(匹夫不可奪志: 보통 사람일지라도 그 사람의 '뜻'을 빼앗을 수 없다)'라는 '뜻'을 말한다."[224]

이렇듯 마음은 성과 정을 주재한다. 그러면서 그것은 성·정·의·지에 연결되어 있는 인간의 내면적 실재이다. 성·정·의·지이라고 하여 각각 용어상으로 구별할 수 있지만, 마음에 따로 존재하는 것이 아니라는 것이다.

이 같은 입장을 계승하면서 나름대로 마음의 범주에 대한 견해를 표출한 율곡 이이의 견해는 매우 중요하다고 생각된다. 이이는 우

224) 『朱子語類』 卷九十七, 「程子之書三」, 問: "'心統性情', 統如何?" 曰: "統是主宰, 如統百萬軍. 心是渾然底物, 性是有此理, 情是動處." 又曰: "人受天地之中, 只有箇心性安然不動, 情則因物而感. 性是理, 情是用, 性靜而情動. 且如仁義禮智信是性, 然又有說'仁心·義心', 這是性亦與心通; 說惻隱·羞惡·辭遜·是非是情, 然又說道'惻隱之心, 羞惡之心, 是非之心', 這是情亦與心通說. 這是情性皆主於心, 故恁地通說." 問: "意者心之所發, 與情性如何?" 曰: "意也與情相近." 問: "志如何?" 曰: "志也與情相近. 只是心寂然不動, 方發出, 便喚做意. 橫渠云: '志公而意私.' 看這自說得好. 志便清, 意便濁; 志便剛, 意便柔; 志便有立作意思, 意便有潛竊意思. 公自子細看, 自見得. 意, 多是說私意; 志, 便說'匹夫不可奪志'."

선 '심통성정'에 관해 위에서 살펴본 대로, '통(統)'의 의미를 '주재하다'와 '겸하다'로 풀이한 주희의 견해를 그대로 받아들였다. 그러면서 그는 소옹(邵雍)의 견해를 빌어, 몸·마음·성품·감정 등의 것들이 사물의 관계에서 어떤 위치로 규정되는지를 다음과 같이 비유적으로 설명하였다.

주자가 "통(統)은 '주재(主宰)'이다. 성(性)은 마음의 이(理)요, 정(情)은 마음의 용(用: 작용, 기능)이요, 마음은 성정의 주재이니, 곧 이를 갖추어서 이와 정을 행하는 것이다. 지(智)로써 말하면, 시비(是非)의 이(理)를 아는 것은 성이요, 시비를 알고 시비를 가리는 것은 정이요, 이 이(理)를 갖추어 그 시비가 되는 것을 깨닫는 것이 마음이다. 이런 분별적인 입장에 처하는 일은 단지 털끝만큼의 차이에 달려 있을 뿐이어서 정밀하게 살펴야 볼 수 있다."라고 하였다.

또 "마음의 완전한 본질은 맑게 텅 비어 빛나되 만 가지 이치가 구비되어 있어, 그 유행이 동·정에 관통하였으니, 그 미발(未發) 상태의 완전한 본질로써 말하면 성이요, 그 이발(已發) 상태의 묘한 작용으로써 말하면 정이다. 그러나 다만 마구 뒤섞인 하나의 대상물 속에 들어가 그 '이발'과 '미발'을 가리켜서 말한 것이지, '성'도 한쪽에 있고, 마음도 한쪽에 있고, '정'도 한쪽에 있는 것으로서, 이렇게 떨어져 있는 것은 아니다."라고 하였다.

소자[邵子: 소옹(邵雍)]는 "성(性)은 도의 형체요, 마음은 성의 성벽(城壁: 성 밖의 큰 성)이며, 몸은 마음의 집이요, 물(物)은 몸을 싣는 배와 수레이다."라고 하였다.[225]

225) 李珥, 『栗谷全書』 卷二十, 聖學輯要 二, 「心統性情者也(橫渠語錄)」, 朱子曰: 統是主宰, 性者心之理, 情者心之用, 心者性情之主, 卽所以具此理而行此情者也. 以智言之, 所以知是非之理, 則性也, 所以知是非而是非之者, 情也, 具此理而覺其爲是非者心也, 此處分別, 只在毫釐之間, 精以

여기에서 특히 마음의 역할에 주목하고 있음을 볼 수 있다. 마음은 성과 정을 주재한다. 그것은 성과 정을 포함하는 것이지만, 거기에 그치지 않고 허령불매한 존재로서 성과 정을 통솔한다. 그렇지만 어디까지가 마음이고, 성이고, 정일까? 그것들은 따로 떨어져 있지 않다고 주희는 말하면서, '미발'과 '이발'로써 그 경계를 설명한다. 전자는 '성'이고, 후자는 '정'이라는 것이다. '발동' 혹은 '발현', 즉 출현하는 경계를 기준으로 마음에 대한 명칭이 성과 정으로 달라진다. 여기에서 소옹은 사람의 몸·마음·성·사물의 관계를 유기적으로 설명하였다.

2) 하나의 과정으로서 심(心)·성(性)·정(情)·의(意)의 일로(一路)와 욕망의 문제—율곡 이이의 견해를 중심으로

마음과 관련한 인간의 내면세계를 전거(典據)를 들어 손에 잡힐 듯이 우리에게 설명해준 이이는, 심·성·정·의의 관계는 따로 떨어진 것이 아니라 '하나의 과정'에서 발생한다고 하였다. 마음의 범주 안에서 여러 가지 경우들에 따라 '의미의 경계'가 발생한다고 보았다.

당시 조선의 사대부들은 천리를 보존하고 욕망을 막아내야 한다는 성리학적 대서사에 끊임없이 관심을 가졌다. 그러한 맥락에서 '사단칠정논변'도 유행하였다. 하지만 성품·감정·의지·욕심 등의 구분을 어떻게 해야 할지 분명하게 알 수 없어서 난감해한 것 같다. 이런 사례는 윤근수[尹根壽, 1537~1616, 자는 자고(子固)]가 이이를 만나 질문한 데에서도 찾을 수 있다.

이이는 우연히 윤근수를 만났는데, 자연스레 대화가 심·성·정·의

察之, 乃可見耳. ○ 又曰: 心之全體, 湛然虛明, 萬理具足, 其流行該貫乎動靜, 以其未發而全體者言之, 則性也. 以其已發而妙用者言之, 則情也. 然只就渾淪一物之中, 指其已發未發而爲言耳, 非是性是一箇地頭, 心是一箇地頭, 情又是一箇地頭, 如此懸隔也. ○ 邵子曰: 性者道之形體也, 心者性之郛郭也, 身者心之區宇也, 物者身之舟車也.

에 관한 이해의 문제로 옮겨갔다. 성이 발현하여 정이 되고, 심이 발현하여 의가 된다는 것이 못내 이해가 안 간다는 윤근수의 말을 접하고는,[226] 이이는 다음과 같은 견해를 제시하였다.

> 내가 이렇게 말했다. "공(公)이 이 점에 대해 이해하기 어렵다면, 아마 심·성·정에 대해 '나름의' 견해가 있는가 보오. 선유(先儒)의 이 말은 따로 의도가 있어서 단지 심(心)과 성(性)만을 논한 것이 아닌데, 지금 학자들은 이 말을 잘못 알아, 심과 성을 나누어, 두 개의 작용이 있고, 정과 의(意)의 두 가지가 있는 줄로 생각하니, 나는 매우 곤혹스럽소. 이제 공이 여기에 의심을 가진다고 하니, 아마 참으로 아는 것이 있는 것 같구려. 성은 심(心)의 이(理)요, 정은 심의 움직임이니, 정이 움직인 후에 정과 관련하여 계교(計較: 헤아리고 비교함)하는 것이 의(意)가 됩니다. 만일 심과 성이 둘로 나뉘면 도(道)와 기(器)가 서로 떨어질 수도 있을 것이요, 정과 의가 둘로 나뉘면 사람의 마음에도 두 개의 근원이 있으리니, 어찌 큰 잘못이 아니겠소. 반드시 성·심·정·의가 '일로(一路: 하나의 과정)'이면서 각각 경계가 있는 것임을 안 연후에야 잘못이 없다 할 수 있을 것이오. 어째서 '일로'라고 하는가? 심이 아직 발현하지 않으면 성이요, 이미 발현하면 정이요, 정이 발현한 후에 헤아리면 의가 되니, 이것이 '일로'인데, 어째서 무엇을 가지고 '경계가 있다'고 하오? 심이 고요히 움직이지 않을 때는 '성의 경계'요, 심이 느껴 마침내 통하면 '정의 경계'요, 느끼는 것에 따라 연역하고 생각하며 헤아리면 '의(意)의 경계'가 되니, 다만 '마음은 하나일 뿐'인데, 각각 경계가

226) 李珥, 『栗谷全書』 卷十四, 雜著一, 「雜記」, 子固歷見余談話, 從容語及心性情. 余曰: 公於此三字, 將一一理會否. 子固曰: 未也. 性發爲情·心發爲意云者, 殊未曉得 참조.

있습니다."[227]

이 같은 이이의 견해를 통해 우리는 심·성·정·의에 대한 함의를 쉽게 접근할 수 있다. 그것들의 '경계'에 관한 접근도 쉽게 해주는 하나의 시사를 얻게 된다. 그와 같은 마음 범주의 형이상학적 실재들이 '일로'에 있다는 이이의 견해는 기발하면서도 우리가 따로 이견(異見)을 보일 틈도 없어 보인다. 그것들의 관계는 '경계 없는 경계'의 사이라고나 할까? 이이는 마음 범주의 다양한 실재들에 대해, 다음과 같이 쉽게 구분하여 풀이하였다.

신이 이렇게 답했습니다. "정이란 마음에 느껴서 움직인 것입니다. 움직이자마자 곧 정인데, 자유로울 수 없는 것이 있습니다. 평상시에 함양(涵養)·성찰(省察)의 공이 지극하면, 정의 발현이 자연스레 이(理)에 맞고 절도에 맞지만, 만약 마음을 다스리는 힘이 없으면 대부분 중(中: 이치에 맞거나 절도에 맞음)하지 않습니다.

'지(志)'란 마음에 가는 것이 있음을 말하는데, 정이 이미 발현하여 그 나아갈 방향을 정할 때에, 선(善)으로 가는 것도 악(惡)으로 가는 것도 모두 지(志)입니다.

의(意)란 마음에 계교(計較)가 있음을 말하는데, 정이 이미 발현하여 헤아려 재고 운용하는 것입니다. 그러므로 주자는 "정은 배나 수레와 같고, 의는 사람이 그 배나 수레를 부리는 것과 같은 모양이다."라

227) 李珥, 『栗谷全書』 卷十四, 雜著一, 「雜記」, 余曰: 公於此難曉, 則庶幾有見於心性情矣. 先儒此說, 意有所在, 非直論心性, 而今之學者, 爲此說所誤, 分心性爲有二用, 分情意爲有二岐, 余甚苦之. 今公自謂於此有疑, 則庶幾有眞知矣. 性是心之理也, 情是心之動也, 情動後緣情計較者爲意, 若心性分二, 則道器可相離也. 情意分二, 則人心有二本矣, 豈不大差乎. 須知性心情意只是一路, 而各有境界, 然後可謂不差矣. 何謂一路, 心之未發爲性, 已發爲情, 發後商量爲意, 此一路也. 何謂各有境界, 心之寂然不動時, 是性境界, 感而遂通時, 是情境界, 因所感而紬繹商量, 爲意境界, 只是一心, 各有境界.

고 하였습니다. 염(念)·여(慮)·사(思)의 세 가지는 모두 의의 다른 이름인데, 사가 비교적 중요하고, 염과 여는 비교적 가볍습니다. 의를 가지고 거짓으로 행할 수 있지만, 정으로는 거짓으로 행할 수 없습니다. 그러므로 '성의(誠意)'라고 말하기는 하지만, '성정(誠情)'이라고 말하지는 않습니다. 정(情)·지(志)·의(意)는 모두 한 마음의 작용인데, 그 주된 것을 따라 이름을 세운 것이지, 허다하게 다른 양태의 마음이 있는 것은 아닙니다."[228]

결론적으로 우리는 다시 마음 범주에서 세분화되는 용어에 대한 이이의 견해에 주목할 필요가 있다. 이이가 생존해 있을 때 임금이 "마음은 하나인데, 어떤 경우에는 '정(情)'이라 하기도 하고, 어떤 경우에는 '지(志)'라 하기도 하고, 어떤 경우에는 '의(意)'라 하기도 하고, '염(念)'이라 하고, '여(慮)'라 하고, '사(思)'라 하니, 어찌 그리 명목(名目: 이름의 갈래)이 어지러운가?"라고 물었던 것 같다.[229]

이이는 역시 그것들의 관계는 따로 떨어져 있는 것이 아니라, 의미상 경계가 있어 보일 뿐인 '하나의 마음'이라고 말해 주었다. 순자의 사상에서 우리가 이미 살펴볼 수 있었던 '심려', 곧 마음의 사려 작용이나 '심지', 곧 마음의 인식 작용 또는 사리 판단의 기능에 가까운 역할에 주목하는 모습을 발견하게 된다.

228) 李珥, 『栗谷全書』 卷二十, 『聖學輯要』 「修己」. 窮理章, 臣答曰: "情者心有所感而動者也. 纔動便是情, 有不得自由者. 平居涵養·省察之功至, 則情之發, 自然中理中節. 若無治心之力, 則多有不中矣. 志者心有所之之謂, 情其發而定其趨向也, 之善之惡, 皆志也. 意者心有計較之謂, 情旣發而商量·運用者也. 故朱子曰: '情如舟車, 意如人使那舟車一般.' 念·慮·思三者, 皆意之別名, 而思較重, 念慮較輕, 意可以僞爲, 情不可僞爲, 故有曰誠意, 而無曰誠情. 情·志·意皆是一心之用也, 隨其所主而各立其名, 非有許多別樣心也."

229) 李珥, 『栗谷全書』 卷二十, 『聖學輯要』 「修己」. 窮理章, 或又問: "心一也, 而或曰情, 或曰志, 或曰意, 曰念, 曰慮, 曰思, 何其名目紛紜不一耶 참조.

3) 욕망은 '정'에서 발출하는 것

그렇다면 '욕', 즉 욕망은 어느 위치에 있는 것인가? 그것은 참으로 도덕 이성주의 철학의 욕망론에서 배격하지 않으면 안 되는, '이치'의 실현을 가로막는 장애물이다. 이미 장재의 경우에, '기의 욕[氣之欲: 기(기품)의 욕동]'을 말한 바 있듯이, 성품이 '기'이며, 기의 운동성이 바로 '욕'이다. 이것도 역시 앞에서 살펴보았는데, 그러한 의미에서 주희는 이렇게 말했다.

> 성은 아직 움직이지 않은 것이고, 정은 이미 움직인 것이다. 마음은 이미 움직인 상태로, 움직이지 않은 것 모두를 포함할 수 있다. 아마 마음에서 아직 움직이지 않은 것은 성이 되고, 이미 움직인 것은 정이 되니, 이른바 '심통성정'이다. 욕망은 정에서 발출한 것이다. 마음은 물과 같고, 성은 물의 고요함과 같으며, '정'이 물의 흐름이라면, '욕'은 물의 파도나 물결이다. 그렇지만 물의 물결이나 파도는 좋은 것도 있고 나쁜 것도 있다. '욕'의 좋은 것은 '내가 인(仁)하기를 '욕'한다는 것과 같은 것이요, 좋지 않은 것은 한 번 치달려 나가는 것이니, 파도가 치고 뒤집히고 출렁이는 것과 같다.[230]

주희는 심·성·정과 욕망의 관계에서, 그것이 어떤 위치에 있는지 쉽게 풀어주고 있다. 그러면서 여러 가지 용어들의 함의는 '마음의 범주'에서 서로 떨어져 있는 것이 아니라고 하였다. 그것들은 바로 '경계 없는 경계'에 있는 것들이다.

---

230) 『朱子語類』 卷五, 性理二, 「性情心意等名義」, 性是未動, 情是已動, 心包得已動未動. 蓋心之未動則爲性, 已動則爲情, 所謂'心統性情'也. 欲是情發出來底. 心如水, 性猶水之靜, 情則水之流, 欲則水之波瀾, 但波瀾有好底, 有不好底. 欲之好底, 如'我欲仁'之類; 不好底則一向奔馳出去, 若波濤飜浪.

욕망은 '정'의 단계에서 개입된다. 거기에서부터 존재하는 운동성이라고 할 수 있다. '성'이었던 것이 운동성이 개입하기 시작하면서 '정'으로 발동되는 단계에 접어들게 된다. 이 운동성을 주희는 욕망으로 본 것 같다. 장재는 이 운동성을 공취지성으로 보았는데, 거기에 존재하는 '욕망'이란 참으로 우리의 마음에서 조심하지 않으면 안 되는 것으로 여겼다. 이것에 대해 비유법을 써가며 주희는 친절하게 설명해 주었다.

5. 욕망 다스리기: 경(敬)을 지탱하고 의(意)를 성실하게 하는 일

(1) 이치 실현의 장애물인 욕망의 제거

장재에게 욕망의 의미는, 우선 '기'의 공취지성이라는 운동성에서 접근할 수 있다.이 성품의 운동성은 이미 앞에서 지적한 바와 같이, '욕동(欲動)'이라고 풀이해도 무방한 '기의 욕[氣之欲]'이다. 장재는 자연물에 내재한 에너지의 운동성은 인간과 사물 모두에 존재한다고 보았다. 그는 '~하려고 하다'라는 것과 같은 '꿈틀거림'의 잠재성이 사람의 성품에 있다고 파악하였다.

이런 의미에서의 '욕망'은, 사물이나 대상을 접촉하는 경우에는 '물욕'이라고 풀이할 수도 있다. 이 욕망은 공취지성이면서, 성(性)이 정(情)으로 드러나는 계기이기도 하다. 공취지성은 기질지성 속에 있는 천지지성이 지닌 본래적 운동성이다.

그런데 장재는 기질지성만을 문제 삼았다. 기 철학자인 그는 천지지성에 존재하는 공취지성은 부정하지 않았다. 이는 그가 자연물의 변화를 설명할 수 있기 위해서라도 원초적 운동성은 부정할 수 없었기 때문일 것이다. 그런 그가 인간의 몸이 있은 후부터 역시 불가피하게 존재하는 기질지성의 운동성은 부정하지 않으면 안 되는 사유체계를 유지하였다. 기의 운동을 부정할 수 없으니 공취지성의 운동은 인정해야 하지만, 인간의 욕망은 부정해야 하니, 기질지성의 운동성인 욕망은 부정하지 않으면 안 되는 모순을 장재의 철학은 지니고 있다.

장재의 논리적 모순은 아마 자연적 이치를 숭고하게 받드는 본원유가의 관점을 떠받들어야 할 뿐만 아니라, 당시에 사대부들에게 요구되었던 '심통성정'이라는, 성품과 감정을 통제할 줄 아는 자기 리더십의 강화를 위해 불가피했던 것 같다. 외적으로 표출될 계기이거나 표출될 정, 즉 감정에 대해서는 전면적으로 배격하는 논리를 세우지 않으면 안 되었기 때문일 것이다.

그 같은 관점에서 장재는 '기질지성'을 잘 반성해서 '천지지성'을 회복하고 보존할 필요가 있다고 제기한 것으로 보인다. 이에 성품의 운동성인 욕망을 제거하지 않으면 안 된다고 할 필요가 있었을 것이다. 그럼에도 역시 문제는 남는다. 몸이 있는 한 기질지성은 있을 것이고, 욕망을 다 없앤다는 것은 육체가 생명력을 잃는다는 것인데, 어떻게 할 것인가?

욕망 문제와 관련하여 유학은 중용 상태로 절제되는 '중절(中節)'을 크게 요구한다. 욕망을 완전히 없애는 것은 불가능하더라도 적절히 줄여야 하는 것이기 때문에, 그로부터 수양의 필요성이 제기된다. 인간 앞에 무수히 놓인 이치, 즉 사랑과 정의 또는 이치와 의리 등등으로 표현할 수 있는 '숭고한 내면의 가치'를 실현하기 위해, 다소 논리적인 모순을 감수하더라도 욕망은 제어하지 않으면 안 되는 것이 되었다.

본원 유학의 각도에서 보면, 인간은 욕망이 있어서 마음이 흔들리는 존재이다. 그 흔들림은 법도를 어기거나 악의 편일 가능성이 큰 것으로 믿어진다. 이에 40세에 마음이 흔들리지 않았다는 맹자는, 마음을 기를 것을 제기하여 '과욕(寡欲: 욕심이 적음)'을 그 방법 가운데 가장 좋다고 여겼다. 순자는 성(誠)으로써 마음을 기르는 것이 가장 좋다고 여겼다. 성심(誠心)으로 인(仁)을 지키고 의(義)를 실천하라고 권장하였다.[231]

이러한 마음 다스리기는 유학의 도덕론을 이법 차원에서 마련한 송명이학의 이성주의에서 매우 중요하게 계승되었다. 이 사유 체계에서 외적 사물은 인간의 감정에 변화를 일으키는 것인데, 그 감정이 무엇인지는 모르지만 바람직한 행위를 이루는 데 장애가 되는 것으로 믿어졌다. 여기에서 외적 사물이란, '권력 당국자'와 그의 직무와 관계되는 일반인끼리 주고받을지도 모르는 '비정상적인 물건'일 수도 있다. 공적 위치에 있는 사람은 그 권위나 권력에 비례해서 주어진 상황과 외부 조건에 의해 마음이 동요될 기회는 더욱 많아질 수 있다. 그만큼 마음을 잘 다스려야 할 현실적 문제가 발생한다. 자칫 '천리'라는 공적 이치에서 멀어지고 사적 욕망을 실현할 공간은 넓어지는 만큼, 그럴수록 엄숙한 자기 단속이 매우 강하게 요구된다.

이런 의미에서 사회 지도층인 사대부들에게 자연적 도덕 이법을 설파하고, 거기에서 이성의 논리를 끌어냄으로써, 그것을 실천하는 데 장애가 되는 욕망이 생기는 것은 마음이 편안히 자리 잡지 못하기 때문이라고 하면서,[232] 사사로운 욕망을 경계해야 한다고 촉구하였

---

231) 『荀子』「不苟篇」, 誠心守仁則形, 形則神, 神則能化矣, 誠心行義則理, 理則明, 明則能變矣 참조.
232) 『朱子語類』 卷13, 有箇天理, 便有箇人欲. 蓋緣這箇天理須有箇安頓處, 才安頓得不恰好, 便有

다. 이는 오늘날에도 여전히 유효하다고 할 수 있다.

(2) 사단칠정론도 욕망 제거에 관한 토론이다

1) 욕망 제거의 방법—'지경(持敬)'

조선의 사상사에 한 획을 그은 이른바 '사단칠정이기논변(四端七情理氣論辨)'도 사실은 '욕망 제거의 방법'에 관한 논리 맞추기였다.

사단과 칠정이 아직 발현하지 않은 미발(未發)의 상태에서는 문제될 것이 없지만, 발현 단계인 '이발(已發)'의 상태에서는 이치를 실현하는 데에 문제가 발생할 수 있으므로, '긴장 상태'에 접어들지 않으면 안 된다. 발현 그 자체부터 욕망이 개입되기 때문이다. 따라서 욕망을 제거하는 일에 착수하지 않으면 안 된다.

거기에는 '경(敬)'으로 제거해야 한다는 견해와 '의(意)'로 제거해야 한다는 견해가 있었다. 전자의 대표적인 경우는 이황의 견해이고, 후자의 대표적인 경우는 이이의 견해이다. 이황은 '경'으로써 올바른 마음 상태를 유지하고, 이이는 '성(誠)'으로써 '의(意)'를 알차게 해야 한다는 입장이었다.

조선의 경우, 이른바 이성주의 철학의 정점에 있었던 이황과 이이는 이치의 실현을 위해 마음 다스리기를 매우 중요한 요소로 간주하였다. 그들이 각각 특히 『성학십도』와 『성학집요』에서 제시한 수양론은, 정녕 나라와 사회를 이끄는 지도자라면 참고할 만하다. 자연적으로 우리에게 부여된 도덕의 이치를 보존하고 실현하는 데 장애가 되는 욕망을 막아내기 위한 가장 좋은 방법이 될 수 있기 때문이다.

人欲出來 참조.

동아시아 문화사에 오로지 한국만이 보유한 '사단칠정'에 관한 토론은 주로 여러 학파들, 예를 들어 기호학파, 영남학파, 호남학파 등은 주로 논리적 정합성에 어울리는지를 따지는 데 초점을 맞추고 있었다. 그렇지만 그 같은 토론은, 주자 철학이 욕망의 존재에 대해 크게 의미를 두면서도, 그것은 별로 '근거도 없는 존재'[233]라고 인식했던 것 이상으로 의미에 대한 접근을 용이하게 해주었다.

요컨대 이황에 따르면, 사람의 내면 상태가 악으로 드러나는 것은 욕망이 개입하기 때문이다. 사단의 정은, '이(理)'가 발동하여 '기'가 따르는 경우이다. 합리적 요소로서 이치가 발동하고 기가 올라타게 되는데, 여기에서 욕망 때문에 선한 것이 가려질 수도 있다. 칠정도 '기가 발동하여 이가 올라타는데, 여기에서도 절도에 맞게 하려는 노력이 요구된다. 곧 기의 운동성으로 인해 욕망이 한도를 넘어서게 되면 적절해지기를 기대하기란 어렵다. '정(情)'이란 성품의 욕망으로, 절도에 맞는 일, 즉 이치를 방해할 수 있다. 여기에서 우리에게 수양이 요구되고, 그 수양 과정에서는 '지경(持敬)'이 요구된다. 조심조심 두려운 듯이 마음은 몸을 주재하고, 마음은 '지경'을 통해서 단속하는 것이 필요하다.

이이에 따르면, 기(氣)가 일을 벌이는 것을 알고 정밀하게 살펴서 바른 이치로 나아가면, 인심은 도심의 명령을 듣게 되지만, 정밀하게 살피지 않고 인심이 향하는 것만을 생각하면, 감정이 이기고 욕망이 격렬해져 인심은 더욱 위태롭고 도심은 더욱 은미해진다. 따라서 정밀하게 살펴야 하는데, 그 일은 의(意)가 담당한다. 그렇다면 비교하고 헤아리는 마음 작용으로서 '의'가 진실하고 미더워야 한다. 마음

233) 『朱子語類』 卷13 「學七·力行」, 人生都是天理, 人欲卻是後來沒巴鼻生底 참조.

씀, 즉 마음 가는 것이 올바르지 않으면 안 되기 때문에, '성의(誠意)'의 필요성이 제기된다는 것이다.

당초 '경'을 정이(程頤)는 '주일무적(主一無適: 한 곳에 집중하여 관념의 분산이 없음)'이라고 풀이했다. 그것은 물욕에 찌든 마음 찌꺼기의 제거, 즉 인간의 맹목적 사욕을 철저하게 억제하는 것이다. 이황은 이것을 흙탕물이 가라앉아 맑게 되는 것으로 비유했다. '촌교'라고 하는 아교 만드는 과정에 비유하여 '경(敬)'을 설명하였다. 즉 『서경』「우공편(禹貢篇)」에, 제수(濟水)는 성질이 무거워서 황하(黃河)를 가로질러 흐르다가 아현(阿縣)에 이르면 땅속으로 스며들어 흐르는데, 아현 사람들은 우물을 판 뒤 이 물을 길러다 과서 아교를 만들었다고 한다. 이 아교는 흡착력이 매우 강해서, 흐린 물에 넣으면 물이 맑아졌기 때문에, 중원(中原) 사람들은 아교를 가지고 다니다가 흐린 물에 넣어서 맑은 물을 얻었다고 전해진다. 비유하자면, 마음이 물욕으로 혼탁해졌을 경우 '경'으로써 그 마음을 지탱하면, 마음이 문득 깨끗하고 또렷해지는 것과 같았으므로, 앞서 살다간 유학자들은 '경'을 촌교에 비유했다.[234]

이런 '경'의 함의를 이황은 일상으로 끌어왔다. 이는 『성학십도』 속의 「경재잠도(敬齋箴圖)」나 「숙흥야매잠도(夙興夜寐箴圖)」에 두드러지게 나타나 있으며, 「이평숙(李平叔)에 답하는 편지」에서도 볼 수 있다. 이 편지에서 "진서산(眞西山: 眞德秀)이 '경(敬)과 정(靜: 고요함)은 하나'라고 하였는데, 경과 정을 나누어 볼 수 있지 않겠는가?"라고 묻자, 이황은 "경은 스스로 움직임과 고요함을 겸하므로 고요함과 대립시켜 움직임과 고요함을 나누어서는 안 된다. 고요함은 비록 본래 움직임

234) 『退溪先生言行錄』 卷1 「論持敬」, 寸膠卽所謂阿膠也. 禹貢, 濟水, 性斤重. 橫絶黃河, 以流至阿縣, 則伏流地中. 故阿人, 穿井, 得其水, 煮膠, 而其膠甚力重, 投濁流卽清. 故中原人佩阿膠, 投濁而得淸, 譬如心爲物欲之渾, 持之以敬, 則心忽惺惺也. 故先儒以敬譬寸膠也. (李德弘) 참조.

에 상대되는 명칭이기는 하지만, 이제 이미 '경(敬)과 한 가지'라고 말했더라도, 역시 경과 대립시켜 움직임과 고요함을 나누어서는 안 된다."[235]라고 말했다.

경은 마음이 고요히 가라앉은 상태이다. 그렇지만 경은 고요 상태뿐만 아니라 움직임의 단계에서도 역시 요청된다는 것이 이황의 입장이었다. 이른바 '동정(動靜)'이라는 움직임과 고요함의 두 상태로 이루어지는 삶의 과정에 '경'의 태도가 요청된다는 것이다. 이황은 「황중거(黃仲擧)에게 답하는 편지」에서 이렇게 말했다.

> 사람의 마음은 체(體: 본질)와 용(用: 작용)을 구비하고, 적감[寂感: 적연부동(寂然不動), 즉 고요히 움직이지 않음의 본체적 측면]과 감이수통(感而遂通: 느껴 마침내 통하는 작용적 측면)을 포함하며, 동정(動靜)을 하나로 꿰뚫는다. 그러므로 그것이 사물에 감응하지 않았을 때는 적연부동하면서 온갖 이치가 다 갖추어져 있어, 마음의 본질이 온통 존재하지 아니함이 없고, 사물에 와서 느껴 마침내 통하여 품절(品節: 품격과 절도)이 있어서, 마음의 큰 쓰임이 행해지지 않음이 없다. 고요함은 곧 적연하여 아직 발하지 않은 것을 말하는 것이요, 움직임은 곧 느껴 이미 발한 것을 말한다. 사람이 삼재(三才)에 참여하여 인극(人極: 사람의 궁극 경계)을 세우는 방법은 이 두 단서를 벗어나지 않는 것일 따름이다. 미발(未發: 아직 발현하지 않음)의 때는 곧 계구공신(戒愼恐懼)의 처지요, 이발(已發: 이미 발현함)의 때는 곧 체찰정찰(體察精察: 몸소 정교하게 살핌)의 처지이다. 이른바 각성하고 정신을 차려 두루 비춰보는 공부는 미발과 이발의 사이를 다 꿰뚫어 틈새나 끊어짐을 용납하지 않아야 하니, 곧 이른바 경

235) 『退溪集』 卷37/書 「答李平叔」, "眞西山謂敬靜爲一, 敬靜, 可以分動靜看否?" "不然, 敬自兼動靜, 不當與靜對分動靜. 靜則雖本是對動之名, 然今旣云與敬爲一, 則亦不當對敬而分動靜也."

(敬)이다.[236]

이황은 존재의 본질과 작용·움직임과 고요함·희노애락의 감정이 표면화되지 않은 단계인 '미발'과 그것이 이미 표면화된 '이발' 상태 모두를 꿰뚫는 마음 상태가 바로 '경'이고, 또한 '정신을 차려 두루 살피는 공부'가 바로 '경'이라고 규정하였다.

주자학적 심성론의 한국적 전개이자, 그것에 대한 심층적 사유 과정인 이른바 사칠이기심성론(四七理氣心性論)을 통해, 이황은 '이치의 보존'과 '욕망의 억제'를 위한 방법의 양면에 걸쳐 '경'의 필요성을 제기하였다.

이른바 '이기호발(理氣互發)'의 입장, 곧 "사단, 이발이기수지(四端, 理發而氣隨之)"와 "칠정, 기발이이승지(七情, 氣發而理乘之)"에서, 이치가 발현하는 일과 기가 발현하는 일 모두에 걸쳐, '경'을 통해 선을 보존하고 악을 제어할 수 있다는 견해를 피력하였다.

> 그 성을 말함이 이미 이와 같기 때문에, 성이 발현하여 정이 되는 것은, 역시 이(理)와 기(氣)가 서로 기다리거나 혹은 해치는 것을 말한 것이다. 예컨대, 사단의 정은 이가 발현하고 기가 따르는 것이니, 본래 순선(純善)하여 악이 없지만, 반드시 이가 발현하여 이루어지지 못한 상태에 기에 가려지면 불선(不善)으로 흐르게 되는 것이며, 일곱 가지의 정은 기가 발현하여 이가 올라타니 역시 불선함이 없지만, 기가 발현한

236) 李滉,『退溪集』卷19/書「答黃仲擧」, 人心備體用, 該寂感, 貫動靜, 故其未感於物也, 寂然不動, 萬理咸具, 而心之全體無不存, 事物之來, 感而遂通, 品節不差, 而心之大用無不行. 靜則寂而未發之謂也, 動則感而已發之謂也. 人之所以參三而立極者, 不出此兩端而已. 未發則爲戒愼恐懼之地, 已發則爲體察精察之時, 而所謂喚醒與提起照管之功, 則通貫乎未發已發之間, 而不容間斷者, 卽所謂敬也.

것이 절도에 맞지 못하여 그 이(理)를 없애면 방탕하여 악이 된다.[237]

사람의 내면이 악하게 드러나는 것은 기의 개입 때문이라는 것이다.

사단의 정은, 이가 발현하고 기가 따르는 경우이다. 그런데 합리적 요소로서 '이가 발현할 때 기가 올라타기' 때문에 좋은 것이 가려질 수 있다. 마치 보석이 티끌에 가려지는 것처럼, 좋은 본질이 더러워질 수 있다.

또한 일곱 가지의 정, 곧 칠정도 '기가 발현하여 이가 올라타기' 때문에 절도에 맞게 하려는 노력이 요구된다. 곧 기가 넘치게 되면 욕망을 적절한 수준에서 충족시키기를 기대하기가 쉽지 않다. 정은 성품에 내재하는 운동성인 욕망이 바깥 사물에 작동하는 단계여서 절도에 맞추기가 쉽지 않다. 그리하여 우리의 수양이 요구되고, 수양을 통해 '경'의 상태를 유지하는 것이 필요하다는 것이다.

이른바 "이기호발(理氣互發)", 즉 사람의 순수한 도덕 감정인 사단과 일상의 일곱 가지 감정인 칠정을 볼 때, 사단은 이가 발현하여 기가 따르는 것이고, 칠정은 기가 발현하여 이가 올라타는 것이다. 그렇다면 거기에는 모두 '기'의 역할이 있다. 사단의 측면에서는 '기수(氣隨: 기가 따르는 것)'가, 그리고 칠정의 측면에서는 '기발(氣發: 기가 발현하는 것)'이 바로 그것이다.

여기에서 순선(純善)한 '이(理)'는 문제될 것이 없겠지만 '이'가 발동하는 일과 '이'가 올라타는 일에 나름의 역할을 하는 '기'는 걱정스러

237) 李滉, 『聖學十圖』「心統性情圖說」退溪의 설명, 其言性旣如此, 故其發而爲情, 亦以理氣之相須或相害處言. 如四端之情, 理發而氣隨之, 自純善無惡, 必理發未遂, 而掩於氣, 然後流爲不善. 七者之情, 氣發而理乘之, 亦無有不善, 若氣發不中, 而滅其理, 則放而爲惡也.

운 것이다. '기'에 내재하는 운동성인 욕망은 선으로 작동할지 악으로 작동할지 모르기 때문이다. 그래서 이황은 이렇게 말한다.

> 이와 같기 때문에 정부자[程夫子: 명나라 사람 정민정(程敏政, 1445~1499)을 높여 부른 말]는 "성을 논하면서 기를 논하지 않으면 완벽하지 않으며, 기를 논하면서 성을 논하지 않으면 분명하지 않다. 성과 기를 둘로 떼어 놓으면 옳지 않다."라고 하였다. 그렇다면 맹자와 자사가 다만 이(理)만을 가리켜 말한 것은, 미비(未備)한 것이 아니라, 기를 아울러 말하면 성이 본래 선하다는 것을 드러낼 수 없을 것이기 때문이었다.[238]

이렇게 말하면서 이것이 바로 그가 직접 「심통성정도(心統性情圖)」 중도(中圖)를 그린 의도였다고 하였다.[239] 그는 또 다시 '지경(持敬)'의 필요성을 제기하였다.

> 요컨대 이와 기를 겸하고 성과 정을 통솔하는 것이 심(心)이요, '성이 발현하여 정이 될 즈음'은 바로 일심(一心)의 기미이자, 온갖 변화의 추요(樞要: 요긴한 중추)로서, 선과 악이 이로부터 갈라지는 것이다. 배우는 사람은 참으로 '지경'을 한결같이 하여, '이'와 '욕(欲: 욕망)'에 어둡지 않아야 하고, 더욱 이것을 이룩하고 극진히 삼갈 수 있어야 한다. 미처 발현하지 않았을 때는 심(心)을 보존하고 성(性)을 기르는 공(功)이 깊고, 이미 발현하였을 때는 성찰(省察)의 습관이 익숙해지니, 참을 쌓고 오래도록 힘써 그치지 않으면, 이른바 마음에 조금도 잡된 것이 없는

238) 앞의 책, 같은 설명. 夫如是, 故程夫子之言曰: 論性不論氣不備, 論氣不論性不明, 二之則不是. 然則孟子, 子思所以只指理言者, 非不備也, 以其并氣而言, 則無以見性之本善故爾.
239) 앞의 책, 같은 설명. 此中圖之意也 참조.

'정일(精一: 정신을 한 곳에 모음)'과 '집중(執中: 중용 상태를 잡음)'의 성학(聖學: 성인이 되기 위한 학문)과 본체의 보존과 작용에 응하는 심법(心法: 마음 다스리는 법)이 다 밖에서 구할 필요 없이 여기에서 얻어질 수 있다.[240]

성리학적 사유체계에서는 자연으로부터 부여받은 인간의 성이 발현하여 정이 된다고 한다. 바로 '성발위정(性發爲情)'이다. 본연지성이나 기질지성이 발동하여 인간의 감정이 된다. 이때 본연지성은 이(理)의 순선(純善)한 상태라서 문제될 것이 없지만, 기질지성은 매우 유의해야 하는 성품이다.

이황의 설명대로라면, 공자가 말한 '성상근(性相近: 성품은 서로 비슷함)'의 '성(性)'과 정자가 말한 '성즉기, 기즉성(性卽氣, 氣卽性: 성은 곧 기이고, 기는 곧 성이다)'에서의 '성', 주자가 말한 '기자기, 성자성(氣自氣, 性自性: 기는 그대로 기이고, 성은 그대로 성이다)'의 '성'은, 서로 섞이지 않은 성이기 때문에, 이와 기가 서로 기다리고 서로 해칠 개연성이 있다.

이를테면 이가 발현할 때, 기에 가리거나 기가 발현하여 이를 없앨 수 있다. 이럴 경우에 악이 발생한다. 따라서 한결같이 경(敬)을 견지할 수 있어야 한다.[241]

2) 욕망 제거의 방법, '성의(誠意)'—의지를 알차게 함

이황의 '이기호발' 가운데 '이발기수(理發氣隨)'를 인정하지 않고 '기발이승(氣發理乘)'만을 채택한 이이는 욕망을 제거하기 위한 방법으로

240) 앞의 책, 같은 설명. 要之, 兼理氣統性情者, 心也, 而性發爲情之際, 乃一心之幾微, 萬化之樞要, 善惡之所由分也. 學者誠能一於持敬, 不昧理欲, 而尤致謹於此. 未發而存養之功深, 已發而省察之習熟, 眞積力久而不已焉, 則所謂精一執中之聖學. 存體應用之心法, 皆可不待外求而得之於此矣.

241) 앞의 책, 같은 설명 참조.

서 ‘성의(誠意: 의를 성실하게 함)’에 주목했다.

그에 의하면, “아직 발현하지 않은 것이 성(性)이고, 이미 발현한 것이 정(情)이며, 발현하여 따지고 헤아려보는 것이 의(意)이다. 마음은 성(性)과 정(情)과 의(意)를 주재한다. 때문에 아직 발현하지 않은 것이든 이미 발현한 것이든, 이것들에 대해 헤아리고 비교하는 일은 모두 마음이 한다. 발현하는 것은 기(氣)이며, 발현하게 하는 내적(內的) 법칙성이 되는 것은 이(理)이다.

마음의 범주에서 성품이 발현할 때 올바른 이치에서 곧게 나와서 기(氣)가 일을 벌이지 않으면 도심인데, 이는 칠정 가운데 선한 측면이다. 역시 마음의 범주에서 성품이 발현하였을 때, 기가 이미 일을 행했으면 인심인데, 이는 칠정에서 선의 측면과 악의 측면이 합쳐진 상태이다.”[242] 이이는 “심(心: 마음)·성(性: 본연지성 또는 기질지성)·정(情: 외부 사물에 움직이는 감정)·의(意: 마음이 가는 것)는 일로(一路)이다.”라는 입장을 견지하였다. 그는 성품·감정·의지는 마음의 범주에서 용어상 달리 표현하는 하나의 과정이라고 보았다. 여기에 존재론적 측면인 이(理)와 기(氣)를 관련시켜 말한다면, ‘발’, 즉 발현이라는 운동성의 과정이 있는데, 그것은 ‘기’에 내재한 것이고, 그렇게 하도록 하는 원인이 ‘이’라는 것이다. 따라서 사람에게 중요한 것은 ‘기’의 용사(用事), 곧 기가 일을 벌이는 것에 유의하는 것이다. 그리하여 ‘의(意)’, 즉 ‘헤아리고 비교하는 일’에 관심을 집중하지 않으면 안 된다.

기(氣)가 일을 벌이는 것을 알고서 정밀히 살펴 바른 이치[正理]로 나아가면 인심은 도심의 명(命)을 듣게 되고, 정밀히 살피지 못하여 오

242) 李珥, 『栗谷先生全書』 卷之九 書一 「答成浩原」, 大抵未發則性也, 已發則情也, 發而計較商量則意也. 心爲性情意之主, 故未發已發及其計較, 皆可謂之心也. 發者氣也, 所以發者理也. 其發直出於正理而氣不用事則道心也, 七情之善一邊也. 發之之際, 氣已用事則人心也, 七情之合善惡也.

직 인심이 향하는 대로라면, 감정이 이기고 욕망이 격렬해져서 인심은 더욱 위태롭고 도심은 더욱 은미해진다. 정밀하게 살피거나 살피지 않는 것은 모두 의(意)가 하는 것이다.[243]

그렇다면 '의'를 알차고 신실하고 진실하게 할 필요가 있다. 곧 '성의'가 요구된다. '의지를 알차게 하여' 인간의 감정이 도심을 이김으로써, 욕망이 치닫는 일을 정밀하게 살피지 않으면 안 된다. 사람의 마음이 '도심'으로부터 차단되지 않게 하는 것도 결과적으로는 '의'에 달려 있다면, '의'는 참으로 중요한 것이다. 이에 이이는 자기 수양으로서의 성의를 우선순위에 두었다.

그러므로 자기 수양에서 '성의'보다 더 우선하는 것은 없다. 지금 만일 "사단은 이가 발하여 기가 따르는 것이며, 칠정은 기가 발하여 이가 올라타는 것이다."라고 말한다면, 이것은 이(理)와 기(氣)의 두 가지 중 어떤 것은 앞서고 어떤 것은 뒤따르며, 서로 대치하여 두 갈래 길이 되어 각자 나오는 격이니, 인심이 어찌 근본을 두 개로 삼는 것이 아니겠는가? 정이 비록 여러 가지이나, 그 어떤 것도 이(理)에서 발한 것이 아니겠는가? 다만 기가 때로 가려서 일을 행하기도 하고, 때로는 가리지 않아 이(理)에게 명(命)을 듣기도 한다. 그러므로 선악의 차이가 있음을 이것으로써 몸소 인식해야만 거의 이 점을 알았다 할 것이다.[244]

'욕(欲)'이라는 성품에 내재한 운동성은, '음'과 '양'이 한 번씩 갈마

243) 앞의 책, 知其氣之用事, 精察而趨乎正理, 則人心聽命於道心也. 不能精察而惟其所向, 則情勝慾熾, 而人心愈危, 道心愈微矣. 精察與否, 皆是意之所爲.

244) 앞의 책, 故自修莫先於誠意, 今若曰'四端, 理發而氣隨之; 七情, 氣發而理乘之', 則是理氣二物, 或先或後, 相對爲兩岐, 各自出來矣, 人心豈非二本乎? 情雖萬般, 夫孰非發於理乎? 惟其氣或揜而用事, 或不揜而聽命於理, 故有善惡之異, 以此體認, 庶幾見之矣.

드는 '일음일양(一陰一陽)'과 같아서 자연적이다. 이렇듯 자연의 운행에서 물질적 운동성이란 없을 수 없다. 따라서 장재가 존재론에서 공취지성(攻取之性)을 말한 것은 그의 기 철학에서 불가피했을 것이다. 공취지성, 곧 '공취라는 운동성'이면서 '기(氣)의 욕(欲)'인 꿈틀거림을 인간의 몸 차원에서 말한 것이 욕망이다. 이 욕망은 성리학 전통에서 '골칫거리'로 여겨졌다. 그것은 성품과 감정에 걸쳐 발출(發出: 발현)하기 이전에는 '성품'에 잠재한다. 외물에 반응하여 작용이나 작동의 의미가 개입되는, 감정 단계에서 그것은 바로 욕망이 된다.

이러한 욕망에 대해 그 제거 방법을 모색하는 것은 도덕 합리주의에서 크게 중요시되었다. 수양의 중요성도 바로 이 욕망 때문에 대두된 것이라고 할 때, 논리상 석연치 않은 측면이 없지는 않지만, 거기에는 백성을 먹여 살리는 일을 담당하는 지도층의 경우 그들의 욕망을 억제하지 않으면 안 된다는 문제의식이 강하게 깔려 있었다.

Ⅲ

근대적 분화: '욕망에서 이성으로'

1. 욕망에서 이성 찾기

(1) 이성에 가려진 욕망의 성찰

성리학에서 "욕망에 의해 이성이 가려져서는 안 된다."라는 테제는 이렇듯 중요하게 자리 잡고 있었다. 이 같은 의론은 '정감적 세계관'으로 옮아간다. 시대가 변화함에 따라, 도덕 이성이 지나치게 부각된 나머지 욕망의 의미가 지나치게 가려져서는 안 된다는 인식이 일어나기 시작했다.

사실 인간은 누구라도 욕망을 피할 수 없다. 유가 철학자들은 직·간접으로 이 점을 지적했는데, 순자는 욕망의 문제를 좀 더 많이 거론했다. 순자와 거의 같은 의미로 『예기』「악기」에서는 성품 속에 타고난 욕망을 '성의 욕(性之欲)'이라 하였는데, 이는 이미 살펴본 대로이다. 생물학적으로 필요한 것 이상으로 한없이 물질을 누리려는 욕망은 우리의 합리적 일 처리를 방해한다. 공동 이익의 획득과 같은 '이성의 실천' 과정에서 느닷없이 돌출하는 욕망이 바람직한 일처리를 막을 수 있다. 이와 관련하여 흔히들 욕망을 문제 삼는다. 욕망 때문에 의(義)를 망친다고 말하기도 한다. 의(義)란 의(宜)이다. 곧 올바름이자 정의이다.

그런 기준에 위배될 수 있으므로 욕망을 제어할 필요성이 제기되는 것이다. 그렇더라도 욕망이 이성을 의미하는 천리 앞에서 무조건 터부시되어야 하는 것은 아닌 것 같다. 왜냐하면 무엇이 '천리'인지를 규명하는 것도 하나의 과제이려니와, 그 천리가 '직관'에 치우쳐 도출된 것이라면, 그것이 아무리 도덕론의 범주에서 매우 중요한 것이라 가정하더라도, 실제로는 객관적 진실이나 현실과는 동떨어진 쓸모없는 것일 수밖에 없기 때문이다.

실은 '천리'라는 것도 인간의 직관이나 짐작에서 나온 진리였다고 할 수 있다. 그러한 진리를 지나치게 강조하면, 자칫 의지나 의욕, 즉 사물(물질적 조건)이나 인간사를 실현하려는 마음마저 차단할 수 있다. 지나침의 문제는 있을지언정 어떤 목표를 이루려는 일정 정도의 '바람'마저 허용되지 않는다면, 무엇으로 천리를 이행할 것인가?

이런 맥락에서 격동기마다 이치와 욕망의 구별에 대한 성찰과 비판이 있었다. 동아시아 문화사를 보면 근대에 이르기까지—물론 일본의 경우에는 예외적인 면이 없지 않지만—주자학적 지도 노선은 계속되었고, '자의반 타의반'으로 '전제주의 정권'에 악용되기도 하였다. 이 과정에서 중국은 명대 중기·청대 중엽 그리고 근대의 격동기에, 기존의 지침은 보편적 존재의 '이치'가 되기에는 부족하다는 반성이 제기되었다. 당초 사대부들의 경세 이념에서 '천리 보존, 욕망 배격'은 권력 당국자가 지키지 않으면 안 되는 중요한 처세 지침이었지만, 그것이 시대 변화에 부응하면서 사물의 이치를 포괄하는 변함없는 경세 담론이 되기에는 역부족이었다. 어디까지가 천리이고, 어디까지가 욕망인지 그 경계를 확정하기도 쉽지 않았다. 논의는 할 수 있겠지만, 그것은 인간의 심리에 관한 것에 한정되었고, 외부 상황에 의해 수시로 변동하므로 경계를 설정할 수는 없었다.

천편일률적으로 욕망을 막아내라고만 한다면, 그런 논리는 시간이 흐르면서 모순을 드러내고 비판에 직면하게 된다. 그런 사례는 역사 속에서 흔히 볼 수 있다. 중국의 명대 중기·명말 청초·청대 중엽·근대기에, 시대 상황은 인간이면 누구나 가질 수밖에 없는 '타고난 성품으로서 욕망의 분출구가 부정되어야 하는가?' 하고 성찰하게 되었다. 인간의 역동성이 요구되고, 외부 세계와의 교섭을 통한 문명적 전환을 요구받는 시대적 추세 속에서, 한가하게 고작 수양 따위나 논하는 도덕론은 비판받았다.

전제주의 정권하에서 예교를 통한 욕망의 억압은 매우 도가 지나쳤다. 그런 사회 분위기에서 감정의 해소나 욕망 성취의 길이 막히게 되자, 많은 사람들이 죽음에 이르기도 하였다.

이런 점에 비추어 예교의 개혁을 선구적으로 주장한 대진(戴震, 1723~1777)은 이치와 욕망의 대립을 인정하지 않았다. 그는 이치는 욕망에 근본을 두고 있다고 보았다. 이치란 욕망이 알맞게 절제된 것이므로, 욕망을 떠나서 그것은 결코 존재하지 않는다는 입장을 취했다. 대진은 "이치란 욕망에 있는 것이고,[245]" "이치란 정이 상실되지 않은 것이다. 정을 얻지 못하고 이치를 얻는 것은 없었다."[246]라고 하여, 이치라는 명목으로 인간의 감정 표출을 제한해서는 안 된다는 견해를 제시했다. 이렇듯 '이성주의'의 관점과는 달리, 현실 상황이나 경험적인 잣대를 통해 이치를 찾으면서, 거기에서 욕망이나 정감도 '하나의

245) 戴震, 「孟子字義疏證」「理」, 理者存乎欲者也.
246) 戴震, 『孟子字義疏證』「理」, 理也者, 情之不爽失者也, 未有情不得而理得者也.

이치'일 수 있다고 하여, 인간 내면에 대한 인식의 패러다임을 바꿨다.

(2) 절충적이면서 과도기적인 욕망론

1) 욕망은 본성이고, 사람의 행위에는 선과 악이 있다

철저하게 이치와 욕망이라는 이분법에 의해 사서(四書)를 집주(集注)한 주희도 욕망의 존재감을 무시하지는 않았다. 그도 일단 '욕망 속에 이치가 있음'을 인정하였다. 이는 앞에서 이미 지적했는데, 주희의 생각도 욕망을 통해서 자연적 이치를 파악하려는 사상가들의 생각과 크게 다르지 않았다. 최소한 그런 문제의식을 가졌다고 할 수 있다.

> 천리와 인간 욕망의 분수는 여러 가지가 있다. 천리는 본래 다양하고 인간의 욕망도 또한 천리 속에서 나온 것이다. 비록 인간의 욕망일지라도 욕망 속에는 저절로 천리가 있다. "본래 전적으로 천리는 아니지 않은가?"라고 묻는다면, "인생이란 모두 천리이겠지만, 욕망이란 도리어 나중에 근거 없이 생긴 것이다."라고 말하리라.[247]

주희는 욕망이 천리에서 나온다고 하였다. 하지만 그런 욕망이라 하더라도, 그것은 나중에 나온 것이지 원초적인 것은 아니라는 식으로 말을 돌려 버린다. 의미가 있거나 근거가 없는 것으로 보고 싶었던 것 같다. 그 주안점은 여전히 천리에 있고, 욕망은 느닷없이 나타

247) 『朱子語類』 卷13 「學七·力行」, "天理人欲分數有多少. 天理本多, 人欲便也是天理裏面做出來. 雖是人欲, 人欲中自有天理." 問: "莫是本來全是天理否?" 曰: "人生都是天理, 人欲卻是後來沒巴鼻生底."

나는 못된 것이라고 본 것이다. 주희에게 천리는 도덕적 실재였지만, 욕망은 반드시 부정되어야 하는 '정체가 없는 것'이었다.

돌이켜보건대, 주희가 "인간의 욕망은 천리에서 나온다."라고 한 것도 『예기』의 "성지욕(性之欲: 성품의 욕동)"과 맥을 달리하지는 않는다. "인간의 욕망 속에 저절로 천리가 있다."라고 한 문맥 속의 욕망이란 장재가 말한 바와 같이 인간의 천성(천지지성)에 내재한 운동성이다. 그렇지만 이는 꼬리도 코도 없는 것과 같은 부정적인 것으로 인식되었다.

이와는 달리, 주희와 같은 시기를 살았던 호굉(胡宏, 1102~1161)·육구연(陸九淵, 1139~1193)·진량(陳亮, 1143~1194)·섭적(葉適, 1150~1223) 등은 절충주의적 입장에서 '욕망의 실재'를 인정하는 방향으로 나아갔다. 명대 중기의 나흠순(羅欽順, 1465~1547)도 역시 욕망의 존재를 천리와 분리하지 않는 절충주의적 입장을 보였다.

호굉은 "사람의 눈이 오색(五色)에 대한, 귀가 오성(五聲)에 대한, 입이 오미(五味)에 대한, 그 성품은 본디 그러한 것이지 밖에서 유래한 것이 아니다."[248]라고 했다. 인간의 욕망 자체가 악이거나 부정해야 할 대상은 아니라고 인식한 것이다. 그는 찬란한 모습을 추구하고, 색깔을 지향하며, 음악을 즐겨 듣고, 맛있는 음식을 찾는 욕망은 모두 본성에서 기인한 것이라고 보았다. 이 같은 입장은, "음식과 여색은 성품이다."라고 한 고자의 입장과 다르지 않다. 호굉은 "좋아하거나 싫어하는 것은 성품이다. 군자는 도를 기준으로 좋아하거나 싫어하며, 소인은 욕망을 기준으로 좋아하거나 싫어한다. 이것을 살피면, 천리와 인간의 욕망을 알 수 있다."[249]라고 했는데, 이는 공자가

248) 胡宏, 『五峰集』「知言」卷1, 夫人目于五色, 耳于五声, 口于五味, 其性固然, 非外来也.
249) 胡宏, 『五峰集』「知言」卷1, 好惡, 性也. 君子好惡以道, 小人好惡以欲. 察乎此, 則天理人欲可知.

"인(仁)을 기준으로 남을 미워하거나 좋아해야 한다."[250]라고 말한 대목을 상기시킨다. 사물이나 대상을 접할 때 자기를 기준으로 하지 않는 한, 그것이 욕망이라도 부정할 수는 없다는 입장을 말한 것이다.

미조구치(溝口雄三)는 호굉이 말한 '개체의 생리적 욕구와 본능적 욕구'를 본성에 편입하였는데[251], 그렇다면 호굉의 입장은 주희와 크게 다를 바 없다. 호굉의 견해는 일정 부분 고자의 설에 가깝지만, 유가에서 전통적으로 강조한 군자다움의 덕을 중시했다고 할 수 있다. 그가 "소인은 자기를 기준으로 좋아하거나 싫어하며, 군자는 도(道)를 기준으로 좋아하거나 싫어한다(小人好惡以己, 君子好惡以道)."라고 말한 것을 보건대, 욕망에 대해 무조건적으로 긍정한 것은 아니었다. 그는 기본적 욕구뿐만 아니라, 그것을 넘는 욕망도 성품의 차원이라고 여겼는데, 다만 그것을 누리는 것이 도(道)·의(義)와 같은 공적 기준에 어울려야 한다는 입장을 견지했다.

육구연은 말하기를, "천리와 인욕의 구분은 지극히 병통이 있다. 『예기』로부터 나온 이 말은 나중 사람들이 답습한 것이다. 「악기」에서는 '사람이 나면서부터 고요함은 천성이고, 사물에 감응하여 움직임은 성품의 욕망이다.'라고 하였다. 만약 이 말이 옳다면 움직이는 것도 옳고 고요함도 옳은 것이니, 어찌 천리와 물욕의 구분이 있겠는가? 만약 이 말이 옳지 않다면 고요함도 옳지 않으리니 어찌 움직임과 고요함의 간극이 있겠는가?"[252]라고 하였다.

그는 '천리'와 '인욕'이라는 『예기』의 용어가 노자에게서 기인한 것

---

250) 『論語』「里仁」 3장, 惟仁者, 能好人, 能惡人 참조.

251) 미조구치 유조 지음, 정태섭·김용천 옮김, 『중국의 공과 사』, 신서원, 2004, 25쪽 참조.

252) 陸九淵, 『陸象山全集』 卷三十五, 語錄: 天理人欲之分, 論極有病, 自禮記有此言, 而後人襲之, 樂記曰人生而靜天之性也, 感於物而動性之欲也. 若是則動亦是靜亦是, 豈有天理物欲之分, 若不是, 則靜亦不是, 豈有動靜之間哉.

이라고 주장하면서, 천을 이(理)로, 인(人)을 욕(欲)으로 규정하는 견해는 천인합일의 원칙에 어긋나며, 사리에도 맞지 않다고 비판했다. 그러면서 그 속성상 자연과 인간의 관계를 서로 먼 것으로 이해하는 이분법적 접근을 반대하였다.[253]

공리주의자인 진량은 사람의 물욕과 정감은 자연 본성에서 나온 것이라고 보았다. 다만 '정(正)'과 '부정(不正)'의 구분이 있을 따름이라고 했다. 그는 "희·노·애·락·애·오·욕이 천지에서 형체를 받고 색깔을 입혀 생긴 것이니, 여섯 가지가 그 올바름을 받으면 도가 되고, 그 올바름을 잃으면 '욕망'이 된다."[254]라고 하여, 정욕은 하늘에서 받았지만, 올바름과 올바르지 않음은 도리어 사람에 달려 있다고 보았다. 올바름과 올바르지 않음의 기준은 다른 게 아니라 바로 '도'와 '의'이다.

그러나 진량은 '도'와 '의'는 정감을 떠나서 존재할 수 없으니, 이른바 "도란 형기(形氣)의 표면에서 나오는 것이 아니라, 항상 사물 사이에서 행해진다."[255]라고 하여, 도덕적 이성은 감성의 존재와 떨어지지 않으며, 일상의 사물과 떨어지지 않는다고 보았다.[256] 이는 정의를 외적인 것으로 본 고자의 입장에 가깝다.

섭적도 천리와 인간의 욕망을 구분하지 않았다. 그의 '인심도심'설은 실제로 이치와 욕망의 구분에 관한 것이지만, 이치는 욕망에서 떨어져 있지 않고, 도는 '공(功)'에서 떨어져 있지 않다고 인식한 것이다.

---

253) 陸九淵, 『陸象山全集』 卷三十四, 語錄: 天理人欲之言, 蓋出於此. 樂記之言一根於老氏. 且如專言靜是天性, 則動獨不是天性耶. 書云, 人心惟危道心惟微, 解者多指人心爲人欲, 道心爲天理, 此說非是. 心一也, 人安有二心, 自人而言, 則曰惟危, 自道而言, 則曰惟微. 罔念作狂, 克念作聖, 非危乎? 無聲無臭無形無體非微呼? 因言莊子云, 眇乎小哉, 以屬諸人, 謷乎大哉, 獨遊於天, 又曰天道之與人道也, 相遠矣, 是分明裂天人而爲二也 참조.

254) 陳亮, 『陳亮集』 卷九 「勉强行道大有功」, 喜怒哀樂愛惡欲之所以受形於天地而被色而生者也, 六者得其正則爲道, 實其正則爲欲.

255) 陳亮, 『陳亮集』 卷十六 「書歐陽文粹後」, 道非出於形氣之表, 而常行於事物之間.

256) 蒙培元, 『中國心性論』, 臺灣學生書局, 1990, 381~382쪽 참조.

그는 이치와 욕망, 의(義)와 이(利)의 문제에서 진량처럼 공리주의적 입장을 보였다. 이학가들이 "천리와 욕망으로써 성인과 미치광이로 나누는 것은 그 의미의 선택이 정교하지 못하다."[257]라고 하여, 이치의 편에 서 있는 사람은 성인이고, 그렇지 못한 사람은 미치광이로 나누는 이분법을 비판하였다.[258]

나흠순은 그의 『곤지기(困知記)』에서 천리와 인간의 욕망을 나누는 정자의 입장을 비판하였다. 욕망은 자연적이어서 제거할 수 있는 것이 아니며, 바람직한 인간형인 군자의 신독(愼獨: 홀로 있을 때 행동을 삼감)처럼 욕망을 누릴 때 방종하지 않는, 사람의 역할이 따로 존재한다고 말했다.[259] 그는 인간의 일곱 가지 감정 가운데 '욕(欲)'이 선과 악 모두에 걸쳐 있는데, 그것이 절도에 맞으면 '선'이 되고, 그렇지 않으면 '악'이 된다고 보았다.[260]

2) 과도기적 욕망 인식: 물리인정, 인욕자연, 천리자연

시간이 흐르면서 추상적이거나 관념적인 도(道)나 이치만으로는 세상을 설명할 수 없었던 것일까? 여곤(呂坤, 1536~1618) 같은 사람은 '물리인정(物理人情)'·'인욕자연(人欲自然)'·'천리자연(天理自然)'과 같은 알쏭달쏭한 말들을 만들어 썼다. '물리인정'은 사물의 이치나 질서와 관련을 맺는 인간의 감정을 상정한 표현이다. 여기에서 그는 욕망과 관

---

257) 陳亮, 『水心文集』 卷二 『周易·損益』, 以天理人慾爲聖狂之分者, 其擇義未精也.

258) 蒙培元, 『中國心性論』, 臺灣學生書局, 1990, 392~393쪽 참조.

259) 羅欽順, 『困知記』 續三, 一, "人心, 人欲. 道心, 天理." 程子此言, 本之樂記, 自是分明. 後來諸公, 往往將人欲兩字看得過了, 故議論间有未歸一處. 夫性必有欲, 非人也, 天也. 既曰天矣, 其可去乎! 欲之有節無節, 非天也, 人也. 既曰人矣, 其可縱乎! 君子必愼其獨, 爲是故也. 獨乃天人之際, 離合之機, 毫釐之差, 千里之遠. 苟能無所不致其愼, 則天人一矣. 到此地位甚難, 但講學則不可不盡 참조.

260) 羅欽順, 『困知記』 卷上 一七, 樂記所言欲與好惡, 與中庸喜怒哀樂, 同謂之七情, 其理皆根於性者也. 七情之中, 欲較重, 蓋惟天生民有欲, 順之則喜, 逆之則怒, 得之則樂, 失之則哀, 故樂記獨以性之欲爲言, 欲未可謂之惡, 其爲善爲惡, 係於有節與無節爾 참조.

련하여 공과 사의 문제를 제기함으로써, 다소 '과도기적 견해'[261]를 보였다.

주희도 이미 '천리자연'이라는 용어를 썼다. 주희가 '천리'란 자연적으로 인간에게 부여된 이치라고 상정했다면, 여곤은 자연적인 천리뿐만 아니라 사물의 이치와 인간의 정서 및 욕망도 자연적인 것이라고 의식하였다. 여곤은 사물의 질서와 인간의 정서에 대해, 그것들의 '자연스러운 처리법'이 있다고 말했다. 그것은 바로 '공'이다. '공'을 따름으로써 '사'는 제거된다는 것이다.

> 물리인정은 자연일 따름이다. 성인은 그 자연적인 것을 터득하여 세상을 살펴보았는데, 세상 사람들은 성인의 통찰력을 회피할 수 없을 것이요, 그 자연적인 것을 파악하여 세상을 움직이지만, 세상 사람들은 성인이 알선하는 것을 깨닫지 못한다. 그러니 그것은 성인이 사물의 궤적을 따라 먹줄을 놓듯 바로잡는 준칙을 왜곡하거나 거역하는 일에 가깝다. 그렇지만 이것은 단지 인욕자연의 사사로운 감정을 제거하여 천리자연의 공(公)을 따르게 하는 것이다.[262]

여전히 여곤은 천리는 공(公)이고 인간의 욕망은 사(私)라는 전통적인 송명이학의 사유 틀에서 벗어나지 않고 있다. 그렇지만 '인욕자연'의 사와 '천리자연'의 공을 말함으로써, 개인 차원의 '욕망'이 자연적인 존재라고 말하고 있다. 그는 욕망을 제거하여 이것이 외부 세계에 대해 작용하지 못하게 함으로써 '천리자연'을 획득하도록 하자고

261) 미조구치 유조 지음, 정태섭·김용천 옮김, 『중국의 공과 사』, 신서원, 2004, 35쪽.

262) 呂坤, 『呻吟語』 권5, 物理人情, 自然而已. 聖人得其自然者以觀天下, 而天下之人不能逃聖人之洞察; 握其自然者以運天下, 而天下之人不覺爲聖人所斡旋. 卽其軌物所繩, 近于矯拂, 然拂其人欲自然之私, 而順其天理自然之公.

하였다. '인욕자연'은 인욕 방면의 자연이다. '천리자연'은 천리 방면의 자연이다. 따라서 욕망도 자연이고 이성도 자연이다. 그렇다면 욕망과 이성 모두 그 존재가 인정되어야 한다는 것이다.

그리하여 주희로부터 왕수인에 이르는, '천리를 보존하고 욕망을 제거한다'는 논리의 이율배반성이 무너지기 시작했고, 자연이라는 개념이 욕망과 결합하여 '인욕자연'이라는 기이한 용어마저 생겨나게 되었다.

풍종오(馮從吾, 1556~1627)는 "재화와 여색은 본디 인간의 욕망이지만, 공적인 재화와 공적인 여색이라면 천리이다[公貨公色便是天理]."라고 하였다. 한편으로는 욕망을 부정적인 개념으로 사용하면서도, 그것이 공적이면 천리라고 하여, 이 시기에 개념상의 혼란을 피할 수 없게 되었다.[263] "공적인 재화와 공적인 여색[公貨公色]이라면 천리이다."라고 했을 때의 '공'은, 호굉(胡宏, 1106~1161)이 말하는 '공욕'의 '공'처럼 사람마다 보편적으로 지니고 있다는 추상적인 의미의 공이 아니다. 재화와 여색이란, 구체적으로 말하면 가산(家産)과 전산(田産)을 가리킨다. 특권이 있거나 특권이 별로 없는 크고 작은 지주 사이 또는 지주와 전호 사이에서 격화되는 모순을 대하면서, 어떻게 상호 모순을 억제할 것인가 하는 과제를 담고 있는 '공평'의 '공'이다. 또한 그것은 주관적으로 한 개인의 내부에서 제일(齊一)할 수 있는 송학적(宋學的)인 공이 아니라, 욕망과 욕망 사이에서의 사회적 상관성을 잉태하는 공이었다.

따라서 이 관계에서의 중정(中正)은 타자와의 관계 속에서 정해지는 것이다. 한 개인의 주관에 의해 획일화할 수 있는 것이 아니다. 왜냐하면 자연적 욕망이 경제적인 발전에 따른 사회적 욕망으로서 전면

263) 미조구치 유조 지음, 정태섭·김용천 옮김, 앞의 책, 35쪽 참조.

에 나서게 되는, 바꿔 말해서 욕망이 개념상 사회적 욕망으로 받아들여지는 역사 단계에서는, 종래의 한 개인 내부의 주관적인 '천리와 인욕' 혹은 '공과 사' 같은 단순하면서도 이율배반적 관계의 테제로는 사태를 규율할 수 없게 되는 상황이 예측되기 때문이다.[264]

2. 일상의 욕망과 공유(公有)

(1) 도덕적 사명이 된 성품에 대한 인식의 전환

생명적이면서 생리적인 욕망과 도덕적 사명감을 인간의 성품 속에 포함시키려는 생각은 맹자로부터 이어져온 전통이다. 도덕성 또는 도덕심을 하늘이 부여한 사명과 연결시키려는 기조 속에서, 인간의 욕망은 참아 내지 않으면 안 되는 것이었다. 이것이 바로 맹자의 성명론이다.

주자학은 이 '성명'을 천리라고 본다. 여기에서 '성'은 도덕성이고, '명'은 하늘이 부여한 도덕적 사명이면서 바로 천리이다. 성은 기본적으로 생명 상태, 즉 자연성이다. 그것은 주어지는 생 자체이다. '명'은 천명이기도 하지만, 인간에게 주어지는 '사명'이기도 하다. 이는 사람에게 부여되는 도덕적 주체의식으로, 군자는 이 점을 소홀히 해서는 안 된다고 인식했다. 당초 맹자는 '명'을 도덕성에 포함시켜, 군자라는 지도층의 도덕적 사명의식을 고취하였다. 그는 동물적 욕망을 유보하려는 인간다움을 중시한 것이다.

264) 앞의 책, 275쪽 참조.

그렇지만 이 같은 생각은 시대의 변화와 함께 수정할 필요성이 제기되었다. '성명'의 '성'에 인간의 정욕을 포함시키려는 움직임이 일어난 것이다.

맹자에게 사람이란, 어려운 상황에 처한 사람을 두고 차마 그냥 지나치지 못하는 마음을 가진 존재였다. 이 마음을 확대할 줄 모르면 안 된다고 했다. 하늘이 '군자'에게 부여한 사명이기 때문이다. 군자는 도덕성의 이행을 위하여 생명 상태로 부여되는 동물적 욕망, 즉 오감과 같은 감각적 요소를 유보하지 않으면 안 된다. 반드시 '명'을 염두에 두고 '성'을 정의하려는 맹자의 생각에는 언뜻 논리적 모순이 있는 것처럼 보인다. 직관적인 논리는 경험적 사실을 들이대고 따질 때 취약할 수밖에 없기 때문이다.

이런 점에서 맹자의 견해는 고자와 대립하면서, 그것을 설득시키는 데에 애를 먹었다. 내적 인간성을 경험적 직관으로 설득하여 세상의 평화를 향한 지도자의 마음가짐을 기대했던 그의 생각은, 현실 상황에서는 모순으로 비칠 개연성이 얼마든지 있었다. '성'과 '명'을 따로 분리하지 않고, 욕망을 본성에 넣지 않으려는 군자의 의연한 태도를 기대한 맹자의 입장은, 후대의 사상가들에 의해 또 다른 해석을 유발했다.

앞에서 이미 살펴보았듯이, 맹자는 인간의 육체적이고 생리적인 측면을 성품에 포함시킬 수는 없다는 입장을 견지하였다. 그리하여 고자와 첨예하게 대립하였다. 그는, "입이 맛에, 눈이 빛에, 귀가 소리에, 코가 냄새에, 사지가 안일함에 대해서라면 성품의 차원이겠지만, 명(命: 하늘이 인간에게 준 사명)이 있기 때문에, 군자는 '그런 감각적인 측면을' 성품이라고 말하지 않는다."[265]라고 보았다. 성품이란 하늘

265) 『孟子』「盡心章句下」 24장, 孟子曰: 口之於味也, 目之於色也, 耳之於聲也, 鼻之於臭也, 四肢之於安佚也, 性也, 有命焉, 君子不謂性也.

로부터 부여받은 자연성이지만, 역시 하늘로부터 부여받은 것이라는 사명감도 있다. 다시 말하자면 감각적인 것을 억누르면서까지 도덕의 실천을 사명감으로 받아들이려는 성품이 있다. 그러므로 남에게 모범적인 군자는 '육감적인 욕망을 넘으려는 삶의 태도'를 취하지 않으면 안 된다는 것이었다.

이 같은 견해는 장재·정자·주자에게 계승된다. 정자는 "다섯 가지 욕망은 본성이지만, 분수가 있어서 모두를 원하는 대로 할 수는 없으니, 명(命)이 있기 때문이다. 이를 나의 본성에 있는 것이라고 해서 구하여 반드시 얻어야 한다고 말할 수는 없다."라고 하였다. 주희가 상고해 보건대, 누구나 다 그가 원하는 대로 할 수 없음은 다만 빈천 때문만이 아니며, 비록 부귀가 지극하더라도 또한 품절과 제한이 있으니, 역시 명이 있기 때문이라고 하면서, 타고난 성품으로서 욕망의 범위를 제한하고 있다.[266] 그들 대부분은 맹자 이래로 군자의 사명의식, 곧 감각적 측면을 감내하는 도덕성에 대한 자기 인식을 중요시하는 방향으로 나아가면서, '욕망'에 대해 크게 거리를 두었다.

이처럼 송대의 유학자들은 자연적인 존재의 이치를 중시한 나머지, 반드시 욕망을 제어하지 않으면 안 된다는 엄숙주의로 나아갔다. 그 같은 이념은 지배층에 의해 예교(禮敎)가 되어, 일반 백성의 일상성인 음식이나 남녀 관계와 같은 생물학적·생리적 욕구나 욕망마저 죄악시하는 결과를 초래하였다. 그 과정에서 진량(陳亮, 1143~1194) 같은 사람은 '도(道)'와 '의(義)'는 정감을 떠나 존재할 수 없으니, 이른바 "도는 형기(形氣: 몸을 구성하는 기운)의 표현에서 나오는 것이 아니라, 항상

266) 앞의『孟子』「盡心章句下」24장에 대한 주자의 주(注), 程子曰: 五者之欲, 性也. 然有分, 不能皆如其願, 則是命也. 不可謂我性之所有, 而求必得之也. 愚按: 不能皆如其願, 不止爲貧賤. 蓋雖富貴之極, 亦有品節限制, 則是亦有命也. 참조.

사물 사이에서 행해진다."[267]라고 하여, 도덕적 이성은 감성의 존재와 떨어지지 않으며, 일상의 사물과 떨어지지 않는다고 하였다.[268] 또 진량은 '도(道)'가 곧 '성(性)'이며, '명(命')은 '성' 속에 있어서 반드시 준수해야 할 이성적 원칙이라고 보았다. 그는 "귀가 소리에, 눈이 빛깔에, 코가 냄새에, 입이 맛에, 몸이 편안함에 대한 관계는 성품이고, 그 속에는 '명'도 있다. 성품에서 나왔으니 사람이 똑같이 욕망하는 것들이요, '명'에 맡기는 것이라면 반드시 절제해야 할 것이 있음을 거스를 수는 없다."[269]라고 하였다. 맹자는 이목구비의 감각적 성품을 군자다운 사명감 때문에 '성'으로 여기지 않았다. 그렇지만 진량은 이 같은 감성의 욕망을 성품에 포함시켰을 뿐만 아니라, '명'도 성품에 포괄하였다. 그렇게 함으로써 군자에게 주어진 도덕적 사명의식을 고수하려는 맹자의 의도를 일정 부분 계승하였다.

(2) '성'에는 정욕도 포함된다

왕기(王畿, 1498~1583)는 맹자와 다른 '성명합일(性命合一: 성과 명은 하나로 합쳐져 있음)'이라는 견해를 제시하였다. 그는 "전국 시대에 고자는 식욕과 성욕[食色]을 성이라 하고, 부딪치는 환경에 이끌리는 것을 명이라 하였다. 그래서 맹자는 성명 가운데 중요한 곳에 법도를 세워 사람들에게 보여주었다. 이것이 바로 '성명합일'의 종지이다. 세상의 유학자들이 기질과 의리를 나누어 놓았으니, 그렇다면 합일(合一)이라

267) 陳亮, 『陳亮集』 卷十六 「書歐陽文粹後」, 道非出於形氣之表, 而常行於事物之間.

268) 蒙培元, 『中國心性論』, 臺灣學生書局, 1990, 382쪽 참조.

269) 陳亮, 『陳亮集』 卷四 「問答下」, "耳之於聲也, 目之於色也, 鼻之於嗅也, 口之於味也, 四肢之於安逸也, 性也, 有命焉. 出於性, 則人之所同欲也; 委於命, 則必有制之者而不可違也." 蒙培元, 『中國心性論』, 臺灣學生書局, 1990, 382쪽 참조.

할 수 없다. 맛있는 음식을 달게 여기고 여색을 좋아하는 것은 사람의 욕망으로서, 이는 성이다. 그러나 거기에는 자연의 법칙이 있으므로, 오로지 욕망에만 내맡긴다면 세계를 이룰 수 없으니, 명을 세움으로써 성을 다하게 하는 것이다."[270]라고 하였다.

고자가 생명 현상으로서 '생(生)만을 성(性)으로 여긴 것'을 넘어 도덕성을 갖춘 성품을 말하면서, 그것은 하늘이 부여했다는 맹자의 입장을 일단 수용하였다. 그러면서 욕망을 성에 포함시켰다. 그는 또 이렇게 말한다.

> 입이 맛에, 귀가 소리에, 눈이 빛깔에, 코가 냄새에, 몸이 편안함에 관한 것 다섯 가지는, 성(性)의 어쩔 수 없는 것이다.[271]

왕기는, 맹자의 견해에서 보이는 '군자의 도덕적 사명 의식'으로부터 벗어났다. 당초 맹자는 오감적 욕망을 차마 인간성으로 여길 수 없다는 입장이었다. 이와 같은 맹자의 견해를 계승한 정이천이나 주희의 사유에서, 본성(본연지성)은 문제될 것이 없지만, 기질지성(氣質之性)은 언제 정욕으로 발현될지 모른다는 점에서 유념하지 않으면 안 되는 대상이었다. 본연지성은 '이(理)'의 측면만 있는 반면에, 기질지성은 '이'와 '기'가 합쳐져 있는데, 그러한 성품이 정으로 변하여 악하게 흐를 수 있기 때문이다.

이런 입장과는 달리, 왕기는 '성명(性命)의 성'에 정욕을 포함시키

270) 王畿, 『王畿集』 卷8, 「性命合一說」, 戰國之時, 告子以食色爲性, 以諉于所遇爲命, 故孟子從性命重處立法以示人, 正是性命合一之宗. 世儒分屬氣質義理, 便非合一之謂矣. 甘食說色人之所欲, 是性. 然却有個自然天則在, 若一向任了欲去, 不成世界, 立命所以盡性.

271) 王畿, 『王畿集』 卷3, 「書累語簡端錄」, 口之於味, 耳之於聲, 目之於色, 鼻之於臭, 身之於安逸, 五者性之不容已者也.

는 것은 불가피하다고 보았다. 정욕에 합리성을 부여한 것이다. 이는 도덕적 사명감으로서 '명'마저 '성'으로 여긴 맹자와, 그 전통을 이은 성리학적 사유인 '성명'론에 반기를 든 것이다.

하심은(何心隱, 1517~1579)은 태주학파 가운데 가장 적극적으로 욕망의 가치를 인정하였다. 그의 견해에 따르면, 물질적인 욕망으로서의 성(性)은 인간에게 매우 중요한데, 단지 지나치게 키워서는 안 될 뿐이라고 했다.

> 성이면서 맛, 성이면서 빛, 성이면서 소리, 성이면서 안일함이라고 할 때의 성이란, 욕망에 올라타는 것이다. 그런데 명은 그것(성)을 위하여 '욕망을' 제어한다. 이 때문에 군자의 성과 명을 성으로 삼는 그러한 성이라면, 욕망이 명에 의해 조절되는 것을 올라타는 것이요, '그러한' 성은 곧 크면서 허황하지 않다. 무릇 욕망되는 것을 욕망하면서 만약 조절하는 바가 있다면, 절제되어 조화로울 것이다. '그렇게 된다면' 저절로 욕망이 너무 많은 것을 욕망할 폐단은 없으리니, 이것이야말로 욕망을 줄이는 것이 아니겠는가? 욕망을 줄이는 것이란, 성을 완전하게 하는 것이다.[272]

맹자 이래로, 욕망 줄이기는 도덕심을 기르고 덕성을 보존하기 위한 가장 좋은 방법이었다. 이런 점은 송명이학의 마음 공부에 그대로 계승된다. 이 점은 이학적 엄숙주의에서 오히려 강화되어, 마음에 욕망이 없어서 천리가 그대로 회복되는 것을 요구하기에 이른다.

272) 何汝元,『何心隱集』卷二「寡欲」, 性而味, 性而色, 性而聲, 性而安逸, 性也, 乘乎其欲者也, 而命則爲之御焉. 是故君子性而性乎命者, 乘乎其欲之御於命也, 性乃大而不曠也. 凡欲所欲而若有所節, 節而和也. 自不戾乎欲於欲之多也, 非寡欲乎. 寡欲, 以盡性也.

이에 반해 하심은은 과연 그것이 가능할 것인가에 대해 회의하였으며, 그러한 내용을 '과욕론(寡欲論)'에 담아 전개했다. 그리하여 "물고기를 원하고 곰 발바닥을 원하는 것은 욕망이지만, 물고기를 버리고 곰 발바닥만을 취하는 것은 과욕이다. 살기를 바라고 의(義)를 바라는 것은 욕망이지만, 삶을 버리고 의리를 취하는 것은 과욕이다."[273]라는 유연한 입장을 취했다. 이렇듯 그는 '조화로운 조절'의 과정을 거친 욕망은 인정하자는 입장을 취했다.

왕간(王艮, 1483~1541)은 "천리와 인간의 욕망을 누가 분별할 수 있겠는가? 자기 몸을 돌아보아 자세히 살펴보면, 거기에는 미혹과 깨우침의 차이가 있을 뿐이다. 깨우치면 인간의 욕망이 바로 천리가 되고, 미혹되면 천리도 인간의 욕망이 된다."[274]라는 시각을 견지하였다. 그러면서 그는 "성인의 도는 백성의 일상생활과 다르지 않다. 대개 이와 다른 것은 모두 이단이다."[275]라고 하였다. 성인이 나라를 다스리는 것은 백성의 일상적인 욕망의 문제를 해결하기 위한 것이라고 생각하였다.

이 같은 관점은 근대 전환기에 접어드는 시기에 위원(魏源, 1794~1857)의 생각이나 청나라 말기에 담사동(譚嗣同, 1865~1895)의 성인에 대한 견해에서도 찾아볼 수 있다. 담사동의 사유에서 성인이란, 현실 문제에서 도(道)를 찾는 데 최선을 다하는 사람이다. 곧 성인은 시대적·공간적 조건인 기(器)에서 최선의 길을 찾는 사람이다.[276] 따

273) 何汝元, 『何心隱集』 卷二 「辯無欲」, 此欲憔寡則心存, 而心不能以無欲也. 欲魚欲熊掌, 欲也. 舍魚而取熊掌, 欲之寡也. 欲生欲義, 欲也. 舍生而取義, 欲之寡也.

274) 黃宗羲, 『明儒學案』 卷32 「泰州學案」, 天理人欲, 誰氏作此分別, 依反身細求, 只在迷悪間, 悪則人欲卽天理, 迷則天理亦人欲也.

275) 王艮, 『王心齋全集』 卷3 「語錄」, 聖人之道無異於百姓日用, 大凡與此異者皆是異端.

276) 李明洙, 「譚嗣同 '仁學'의 平等論에 관한 연구」, 성균관대학교 대학원 박사학위 논문, 1993, 40쪽 참조.

라서 왕간이 일상에서 욕망을 접근하고 자연적 이치를 발견하려 했던 것과 맥락이 닿아 있다. 왕간은 학문과 '도(道)'를 일상으로 끌어왔다. 그는 "일상사에 나가는 것이 학문이며, 일상사에 나가는 것이 도이다. 만일 사람이 가난에 시달리다 그 몸이 얼어 죽거나 굶어 죽는다면, 이것 역시 그 근본을 잃는 것이니 학문이 아니다."[277]라고 하여, 학문이 직·간접적으로 일상의 현실적인 측면과 무관해서는 안 된다고 보았다.

(3) 일상의 욕망을 성취하는 공동체

태주학파의 대부분은 인간의 욕망을 긍정하였다. 그러면서 그들은 '무사(無私)'의 원칙을 유지하였다. 하심은은 '공욕(公欲)'을 제시하여, 사적 욕망에 대해서는 유보적이었다. 그가 보기에, 물고기나 곰 발바닥을 먹고자 하는 식욕이 하나의 욕망이라면, 도덕적으로 살고자 하는 의리의 욕망도 하나의 욕망이었다.

하심은은 물질적 욕망과 도덕적인 욕망을 따로 구분하지 않았다. 양자를 똑같이 욕망에 포함시켰다. 다만 그 '많고 적음'을 조절하는 것을 문제 삼았다. 그는 공동체에서 물질적 요소의 획득이 조화롭게 구현되는 욕망을 중요하게 여겼다.

> 재화나 여색을 욕망하는 것은 부차적이요, 고르게 모여 살기를 바라는 것도 욕망이다.[278]

277) 王艮, 『王心齋全集』 卷2 「語錄」, 卽事是學, 卽事是道. 人有困於貧而凍餒其身者, 則亦失其本而非學也.

278) 何汝元, 『何心隱集』 卷三 「聚和老老文」, 欲貨色, 次也, 欲聚和, 欲也.

하심은은 개체의 주체성을 갖춘 현실 그대로의 인간을 추구하였다. 현실 속에서 인간은 누구나 욕심이나 의지를 가지고 살아간다고 보았다. 문제의 발생은 인간이 욕망을 갖는 데에 있는 것이 아니라, 그것이 공동체와 함께하지 않는 '사욕(私欲)'이라는 데에 있다고 보았다. 공동체와 함께 누리는 것이라면, 욕망의 추구는 인간에게 당연할 뿐만 아니라 가치도 있다는 것이다. 하심은은 이러한 자기 주장의 근거를 『맹자』의 '여민동락(與民同樂)'이나 '여백성동락(與百姓同樂)'에서 찾았다.[279]

> 옛날 공유(公劉)가 비록 재화를 바랐지만, 백성들과 함께 욕망을 추구함으로써, 선대(先代)의 위업을 돈독히 하여 욕망을 길렀다. 태왕은 비록 여색을 좋아했지만, 백성들과 함께 욕망을 추구함으로써, 왕업을 다져 욕망을 길렀다. 욕망을 기르는 것이 이와 같다면, 또한 무엇을 바라겠는가?[280]

인간이 욕망을 갖지 않는다는 것은 불가능한 일이다. 문제는 욕망을 추구하되 그 기회가 누구에게나 고르게 돌아가면서 효율적으로 그것이 달성되어야 하며, 그러한 목적을 위해 공동체 생활이 필요하다는 것이다.[281]

이지(李贄, 1527~1602)는 '일상'에서 인륜과 사물의 이치를 동시에 찾았다. 인간 관계의 질서, 이법, 규범과 사물의 이치를 따로 구분하

279) 劉東桓, 『李贄의 天理人欲論 硏究』, 고려대 대학원 박사학위 논문, 2000, 127쪽 참조.

280) 何汝元, 『何心隱集』 卷三 「聚和老老文」, 昔公劉雖欲貨, 然欲與百姓同欲, 以篤前烈, 以育欲也. 太王雖欲色, 亦欲與百姓同欲, 以基王績, 以育欲也. 育欲如是, 又奚欲哉?(劉東桓, 『李贄의 天理人欲論 硏究』, 고려대 대학원 박사학위 논문, 2000, 127쪽에서 재인용).

281) 劉東桓, 『李贄의 天理人欲論 硏究』, 고려대 대학원 박사학위 논문, 2000, 127쪽 참조.

지 않았다. 그는 도덕적 이치와 사물의 이치, 인륜과 도리를 함께 찾는 방법을 썼다. 이지는 "단지 내가 살피기를 좋아하는 것은, 백성의 일상생활에서의 가까운 말이다."[282]라고 하였다. 그는 '이언(邇言: 가까운 주변의 이야기)'을 중시했다.

'이언'은 일상적이면서 주변적인 일에 관한 말을 뜻한다. 그의 입장에서, "이를테면 재물을 좋아하거나, 여색을 좋아하거나, 부지런히 학문을 하거나, 과거에 급제하거나, 금은보화(金銀寶貨)를 많이 쌓아두거나, 밭이나 집을 많이 사서 자식을 위한 계획을 세우거나, 널리 풍수지리 이론을 구하여 자손의 복록(福祿)을 돈독히 하는 것을 비롯하여, 생산업을 다스리는 일 등, 이 세상의 모든 일은 다 공동으로 좋아하고 공동으로 익히며, 조화롭게 이구동성으로 함께 말하는 것이니, 이것이야말로 참으로 '이언'이다."[283]

'이언'이란, 의미상 본원 유가의 '근사(近思: 가까이에서 생각해 나감)'와 비슷하다. 자하가 "넓게 배워서 견문을 넓히고, 뜻을 독실하게 하여 반드시 얻기를 구하며, 간절히 물어서 정미한 것과 자세함을 이루고, 또 가까이 생각하여 내 몸에 있는 것을 구할 때, 인(仁)이 그 가운데 있을 것이다."[284]라고 지적했듯이, 이지도 생활 주변에서 진리를 찾았다. 그는 더불어 사는 주변 사람들의 '인지상정(人之常情)'을 반영하는 일을 중시하고, 보통 사람들의 여망이 함께 사는 생활 속에서 성취되는 것을 공동체 사상에 담아 냈다.

282) 李贄, 『焚書』 卷1 「答登明府」, 但我之所好察者, 百姓日用之邇言也.

283) 李贄, 앞의 글, 如好貨, 如好色, 如勤學, 如進取, 如多積金寶, 如多買田宅爲子孫謀, 博求風水篤兒孫福蔭, 凡世間一切治生産業等事, 皆其所共好而共習, 共和而共言者, 是眞邇言也.

284) 『論語』 「子張」 6장, 子夏曰: 博學而篤志, 切問而近思, 仁在其中矣.

3. 사적 욕망의 합리성 인식

(1) '근대성'과 '근대'의 문제

근대성은 무엇이고, 근대는 또한 무엇인가? 근대성은 자본주의의 맹아와 관련시키는 것이고, 근대는 서구의 자본주의적 메커니즘이 작동하는 시대가 도래했다는 것을 의미한다. 그런 점에서 전자는, 중국의 경우 명대 중기 무렵부터 명말 청초 시기까지에 해당하고, 후자는 일반적으로 1840년대 아편전쟁 이후부터 1949년 중화인민공화국의 성립 시기까지라고 본다.

좀 더 면밀히 검토해야 하겠지만, 미조구치 같은 학자는 태평천국(1851~1864)이 일어나기 전부터, 왕수인(1472~1528)의 학설이 흥기했던, 대략 350년간의 역사 단계를 '전근대'로 획정하였다. 미조구치는, 사상사에서 이 단계는 근대적 배아기(胚芽期) 혹은 배태기(胞胎期)에 해당하며, 양명학은 '근대의 먼 연원'이라 해도 무방하다고 보았다. 그는 명말 이후 350년간을 정교하게 분석하는 공헌을 했는데, 명·청의 유학자들이 보여준 공사(公私)·이욕(理欲) 등의 관념에 대해 사회적·정치사적 의의를 풀이하고, 그것을 중국 근대 사상의 기원으로 삼았다.[285] 쉽게 말하자면 그는 사적인 욕망 같은 요소들이 공적인 이치에 부합하느냐의 차원에서, 농업 경제를 뛰어넘는 물자 교류를 '합리성'으로 보려는 시도, 곧 '근대성'을 '근대'로 이해하였다.

이 같은 각도에서 접근할 수 있는 그런 모습은 아편전쟁 이후를 말하는 중국의 '근대'에도 이어졌다. 따라서 명대 왕수인의 생각까지

285) 楊芳燕, 「明清之際思想轉向的近代意涵－研究現狀與方法的省察」, 『漢學研究通訊』(20: 2-總78期), 中央研究院近代史研究所, 2001(民國 90年 5月), 48쪽 참조.

중국의 근대 사상으로 여긴 미조구치의 문법은 일정 부분 수용할 만하다.

그러면 시기 구분과 관련해서는 아편전쟁기 이후부터 현대 이전까지를 '근대'로 간주하고, 다시 사적 욕망이 갖는 '합리성'의 문제로 돌아가 보자. 욕망이란 대상을 자기 속으로 끌어오려는 것이거나, '나'의 주체성을 대상, 즉 타자를 통해 성취하려는 것이다. 선진 유가 철학부터 송명이학의 도덕 합리주의에 이르기까지는, 사물이나 외적 대상물은 경계하지 않으면 안 되는 것이라고 여겼다. '대상에 대한 욕망'이 타자의 것을 자기 것으로 만드는 일이든, 자기에 내재하는 것, 예를 들면 장재가 지적한 천지지성 내부의 운동성인 '공취지성'과 같은 '욕동'을 의미하든, 그것들은 모두 배격되지 않으면 안 되는 '무의미한 것'이었다. 예로부터 굳이 유가 철학이 아니어도, 이를테면『여씨춘추(呂氏春秋)』「귀공(貴公)」이나 「거사(去私)」 등에서도 '사(私)'란 극복해야 할 정당하지 않은 것이라고 간주하였다. 특히 정주이학과 육왕심학 역시 자연적 이치로서의 천리는 '선'이고 '공(公)'이므로, 그것을 견고하게 받들어야 하고, 욕망은 '악'이고 '사(私)'이니, 깎아내리고 억압하지 않으면 안 된다고 하였다.

그렇다면 '공'이어야 비로소 합리적이고 정당한 것이며, '사'는 온통 불합리한 것이어서 뿌리째 뽑아 버려야 하는 것인가? 이 같은 회의는 이미 명대 중기 이후부터 진행되었으며, 특히 명·청 교체기의 사상가들은 '사'를 줄기차게 변호하였다. 그들은 우선 '자연적 이치와 욕망'을 통일적 존재로 보려고 했다. 욕망을 천리의 차원으로 끌어올린 것이다. 예컨대 이지(李贄, 1527~1602)가 "옷 깁고 밥 먹는 일이 곧 인륜이고 물리이다."라고 말한 것이나, 여곤(呂坤, 1536~1618)이 "욕망도 역시 천리이며 사람의 성품이다"라고 한 것이 대표적이다.

천리를 욕망 가운데에 있는 것으로 파악한 사람도 있는데, 진확(陳確, 1604~1677)은 "천리는 바로 인간의 욕망으로부터 나타난다."라고 한 것이 대표적이다. 그리하여 보편적 이치와 욕망의 대립 관계를 해소하고, 사적 차원의 합리성을 부각시키려고 하였다.

역시 명·청 교체기에 '사(私)'가 대두된 것은 명대 중기에 수공업과 상품 경제가 발전한 상황에 호응한 것이다. 당시의 사회적 조건은 자본주의의 맹아기로 여겨진다. 즉 사람들은 농사에서 경제 작물을 경작하여 농업 생산에 변화를 가져왔고, 야철(冶鐵)이나 주철(鑄鐵) 및 도자기·면방직 등의 수공업이 발전했으며, 시장과 상업·화폐 경제가 확대되었고, 상공업이 흥기하는 등 사회 경제가 새로운 추세에 접어들고 있었다. 이리하여 사람들의 관념도 새롭게 변화하였다. 이지·진확·고염무 그리고 황종희 등은 모두 중국의 강남 생활을 배경으로, 이윤 추구를 목적으로 하는 상품경제의 영향을 받았는데, 특히 황종희는 '공업과 상업이 근본'이라는 입장에 서 있었다.

청대 초기의 경세학자들 가운데 황종희와 안이학파[顔李學派: 안원(顔元, 1635~1704)과 이공(李塨, 1659~1733)의 학문]의 주장에는 하(夏)·은(殷)·주(周) 삼대(三代)에 대한 복고적 이상이 비교적 농후하게 스며 있다. 그들의 사상에는 봉건·학교·선거·정전 등 봉건제도의 요소들이 개혁안의 내용으로 고스란히 등장했다. 경제에서 정전제의 경우, 황종희와 안원·이공은 그 실시를 주장한 반면, 고염무와 왕부지는 토지 사유제도 자체의 정당성을 주장했다.

그렇지만 정전제를 주장했던 황종희와 안원·이공의 경우도, 사실상 부민(富民)들의 반발 때문에 그들의 토지 사유권을 무시하고 대토지를 몰수하여 재분배하는 것이 불가능하다는 현실을 인정하였다. 그리하여 황종희는 부민의 대토지에 불이익을 주지 않는 정전 분배를 주장했고, 안원과 이공은 균전을 중심으로 한전(限田)과 정전을 병행하는 정책을 주장했다. 그 점에 특색이 있었으나, 그 실행 방법에 관해서는 다양한 제안이 있었다. 안이파의 왕원(王源)은 농민만이 토지를 소유하는 '경자유전(耕者有田: 농사를 짓는 농민만이 토지를 소유함)'의 정책을 표방하기도 했다.

고염무나 황종희는 모두 천하의 사(私)를 이용하여 천하의 공(公)을 성취한다는 정치론을 전개했는데, 황종희는 지방 신사(紳士)의 주체성을 강조했고, 고염무는 지방 대종족의 강화를 주장하면서, 왕부지가 부민대고(富民大賈)의 필요성을 인정한 바탕 위에서, 황제(국가)의 지나친 조세 수탈과 토지 집적을 비난한 점이 주목된다.

상업에 관해서는 황종희가 농·공·상이 모두 본업이라고 주장했으며, 고염무는 각종 이원(利源)의 개발을 강구하면서, 민간 상인의 부에 대한 국가의 통제·수탈을 반대했고, 왕부지의 경우는 상업의 필요성을 인정하면서도 상인의 부도덕성을 혐오하는 모순적 입장에 있었다.

청나라 초기에 민간 부민경제의 보호를 위해 국가의 수탈을 맹렬히 비난했던 사상가인 당견(唐甄, 1630~1704)도 주목할 만하다. 그리고 안이학파의 경우, 그 공리주의 철학에 따라 재화와 식(食)을 똑같이 중히 여기고, 민간의 사리(私利)를 옹호했는데, 이때 '이용후생(利用厚生)'을 위해 농업을 중심으로 한 이원의 개발도 중시하였다.

이처럼 청초의 경제사상은 명대 후기 이후 화폐·상품 경제의 발전을 반영하기는 했지만, 당시의 전통적인 농업과 상업·수공업을 전국적이고 유기적으로 결합하여 전개하는 것은 미숙한 수준이었다. 그리하여 아직도 중상주의 수준이 아니라 농업이 주축이었고, 신사·지주 중심의 부민경제를 중심으로 하여, 황제의 전제에 의한 일정한 제약과 소농민에 대한 윤리적 자선이 제창되는 상태였다.[286] 청대 중엽에 대진은 "모든 것이 욕망에서 나오니, 그것으로써 먹고 살며 목숨을 기르지 않는 것이 없다."[287]라고 하였다. 그는 이렇게 말했다.

> 제 아무리 사람이 배고픔과 추위에 울부짖고, 남녀가 애원(哀怨)하는 것에서부터, 거의 죽어가는 상태에서 살기를 바라는 일에 이르기까지, 인간의 욕망 아닌 것이 없음을 보고서도, 정욕(情欲)의 감정을 한 번에 끊는 일이 '천리의 본연'이니, 그것을 마음에 간직하라고 공허하게 지적한다. 일 처리에 이르러서는 다행스럽게 우연히 중용 상태에 있더라도, 사정을 세세하게 체득하지 않고 이렇듯 두루뭉술하게 구하여 안주하며, 불행하게 사정에 밝지 않아 그의 의견만을 고집하고, 바야흐로 '천리'라고 자신하면서 인간의 욕망을 비난하여, 작게는 한 개인의 재앙을 불러오고, 크게는 온 세상과 국가가 재앙을 감수하게 되는데, 다만 그런 이유가 욕망에서 나온 것이 아닌데도, 마침내 아무도 그 점을 깨우쳐 주지 않는다.[288]

이처럼 대진은 욕망을 부정적으로만 바라보는 세태를 비판하였다. 일찍이 욕망의 말살을 추구하던 주자학이 제창되던 시기에는, 그 목적은 주로 위정자의 덕성 함양을 강조하기 위한 것이었다. 그리고 양명학을 전개하던 시기에, 그 목적은 사인(士人)·부로층(父老層)을 끌

286) 서울대학교 동양사연구실 편, 『강좌 중국사 Ⅳ-제국 질서의 완성-』, 지식산업사. 2002(9쇄), 257~258쪽 참조.

287) 戴震, 『孟子字義疏證』「理」, 凡出於欲, 無非以生以養之事.

288) 戴震. 『孟子字義疏證』「權」, 雖視人之饑寒號呼, 男女哀怨, 以至垂死冀生, 無非人欲, 空指一絶情欲之感者爲天理之本然, 存之於心. 及其應事, 幸而偶中, 非曲體事情, 求如此以安之也; 不幸而事情未明, 執其意見, 方自信天理非人欲, 而小之一人受其禍, 大之天下國家受其禍, 徒以不出於欲, 遂莫之或悟也.

어들여 향촌 질서를 재편하기 위한 도덕적 지표를 세우려는 것이었다. 하지만 부민층이 황제·관료 등 공권력과 결합하여 질서를 안정시키고, 질서 이데올로기로서 천리가 오로지 하층민의 생존욕을 억압하는 기능을 했던 청대에, 바꿔 말하면 부민층의 사적 소유가 안정되고, 그 결과 도리어 부민층과 세민층(細民層: 물질적으로 넉넉하지 못한 빈곤층) 사이의 모순이 현재화하던 청대에, 특히 중엽 이후의 상황에 대해 대진은 이념적 측면에서 예리하게 비판하였다.[289]

중국의 근대 전환기에 담사동은 왕부지의 입장인 "천리란 인간의 욕망에서 발현한다."라는 시각을 견지하여, "천리가 선하면 인간의 욕망도 선하다."[290]라고 하였다. 이 같은 선언은 욕망을 경계한 성리학적 이성주의에 관한 강한 비판일 뿐만 아니라, 근대적 합리주의를 채택하려는 강한 희망이기도 했다. 인간의 욕망 분출은 자연적인 것이며, 그것 없이는 시대적 역동성에 부응할 수 없다는 문제의식의 표출이었다. 욕망에 대한 담사동의 시각은 전환기에 '이성'이나 '이치'가 어떠해야 하는가를 표출한 것이며, 유교사적으로는 과연 무엇이 '인(仁)'인가를 반론한 것이기도 하다. '에테르'의 존재론적 함의를 '인'으로 파악한 그는, 이치와 욕망은 결코 상충되지 않는다고 보았다. 강유위나 양계초와 마찬가지로 대동 사상가들 가운데 한 사람인 담사동은, 오래도록 전제군주제가 소용돌이치는 과정에서 자본주의가 제국주의로 돌변하는 국제 상황을 맞이하여, 공장제 기계공업·자유무역·민주주의로의 이행과 같은 여러 현안들을 해결하기 위한 제안을 현실적으로 표명했는데, 그 '이치의 동력'을 '욕망'에서 찾았다. 조선의 최

289) 戶川芳郎·蜂屋邦夫·溝口雄三 지음, 조성을·이동철 옮김, 『유교사』, 이론과실천, 1990, 341~342쪽 참조.

290) 譚嗣同, 『仁學』 上篇 9장, 王船山有言曰: 天理卽在人欲之中; 無人欲, 則天理亦無從發見 참조.

한기도 역시 "욕망이 없으면 하는 일이 없고, 욕망이 있으면 하는 일이 있다."[291]라고 하여, 근대의 물질성 메커니즘에 입각하여 나라가 변화하기를 희망했다.

이렇게 전개되는 '근대성'이나 '근대적 메커니즘'의 문제는, 다음과 같이 몇 가지의 토론을 통해 좀 더 분명해질 것이다.

(2) 사물에 마음이 가게 하는 사(私)

'견물생심(見物生心)'이라는 매우 흔히 쓰는 말이 있다. 여기에는 일정 부분 부정적인 의미가 담겨 있지만, 그렇더라도 어떤 행위의 동기가 있어야 사물이나 일에 부닥치거나 접촉할 수 있다는 의미이다. 이런 사실에 주목한다면, '마음이 내킨다'는 것은 매우 중요하다. 사물을 보고 마음을 움직이게 하는 내재적 운동성으로의 욕망을 역시 중요하게 여기지 않을 수 없다.

사람이라면 누구나 생리적인 욕망 외에 사물에 대한 교섭을 바라는 사회적 욕망을 갖게 되어 있다. 미조구치는 생리적 욕망을 개체적인 것이라고 규정했지만, 개체적이든 사회적이든 인간은 누구나 사적 차원에서 먹고 마시는 물건에 대한 욕망뿐만 아니라, 자신이 바라는 것을 사회적으로 실현하고자 한다.

이지(李贄)는 이런 점을 크게 주목하였다. 그는 '사(私)'가 갖는 합리성을 크게 강조하였다. 명나라 말기에 사적 욕망이 갖는 합리성을 일상으로 끌어들인 것이다. 그는 '사'를 인간의 사물에 대한 교섭의 동기로 여긴다. 그는, "사라는 것은 사람의 마음이다. 사람은 반드시

291) 崔漢綺, 『人政』 卷四 測人門[四] ○ 行事 無欲有欲: 無欲而無爲, 有欲而有爲.

'사'가 있은 후에야 그 마음이 드러나는데, 만약 '사'가 없다면 마음이 내키지 않을 것이다."라고 하였다.

이렇듯 이지는 '사'의 추구를 심성의 본질로 보았다. '사'라는 것은 개인마다 자신의 이익을 도모하는 것이다. 그는 '사'를 자연 법칙으로 규정하였을 뿐만 아니라, 실제적 추세로 여겼다. 그리하여 '사심', 즉 사적인 마음을 삶의 근거이자 역사 활동의 동인으로 간주하기에 이른다.

> 사사로움이란 사람의 마음이니, 사람에게 반드시 '사사로움'이 있은 후에 그 마음이 나타나는 법이며, 사사로움이 없다면 마음에 내키는 일은 없을 것이다. 이를테면, 밭에 매달려 사는 사람은 가을의 수확을 사적으로 소유하게 된 후에 밭을 다스리는 일에 기필코 온 힘을 쓸 것이고, 집에 있는 사람은 창고에 수확한 것을 사사로이 쌓은 후에 집을 다스리는 일에 기필코 온 힘을 쓸 것이며, 학문하는 사람은 벼슬 획득 과정에 사사로이 나아간 후 과거 공부에 기필코 온 힘을 쓸 것이다.[292]

개인을 의미하는 '기(己)'·'나[我]'·'오(吾)'는 '사'와 다른 개념인데, 주로 지배층의 자기 집착과 관련된 부정적인 말로 쓰인다. 이에 반해 '사'는 주로 일반 백성 각 개인을 뜻하는 말이라고 할 수 있다. 이는 이지가 정주학적 관점에서 "자신들만의 기준을 가지고 이전 시대의 척도에만 집착하는"[293] 독단적인 지배층을 비판하는 맥락에서 사용하

292) 李贄, 『藏書』 卷32 「德業儒臣後論」, 夫私者, 人之心也, 人必有私而後其心乃見, 若無私則無心矣. 若服田者私有秋之獲, 而後治田也必力, 居家者私積倉之獲, 而後治家也必力, 爲學者私進取之獲, 而後擧業之治必力.

293) 李贄, 『焚書』 卷1 「復周南士」, 措一己之繩墨, 持前王之規矩.

였다.[294]

'사(私)'와 '기(己)'가 구분되는 것이라면, 그것을 구분하는 기준은 무엇인가? 이지는 정(情) 또는 과도한 욕망, 즉 욕망이 자기 본위로 흐르는 것을 제어하기 위한 기준으로 '직(直: 곧음)'을 제시하였다.[295] '직'은 '천하 공공의 이치이며, 공적 옳음에 부합하는 것'으로, 이는 개체의 물질적 삶을 보장하는 것이다. 그리고 공동체 정신을 망각함으로써 방종으로 치달을 수도 있는 우려에 대한 일종의 방어 기제이다. 개인의 욕망은 추구되어야 하지만, 그것이 과도하다면 자기 스스로 방어해야 한다. 이때 그 기제가 바로 솔직함, 곧 '직'일 것이다. 개인의 욕망이 과도하게 자기 본위로 흐르는 것에 대해서는 단호히 경계해야 한다는, 이지의 욕망관은 천리와 인욕으로 구분되는 이전의 이학적 견해와는 다르다고 할 수 있다. 왜냐하면 그의 견해에서 사적 영역을 무시하면서, 다시 공적 영역으로 회귀하고자 하는 모습은 발견되지 않기 때문이다.

이지가 정·욕을 제어하기 위한 기제로 제시한 '직'이란, 지배자 자신의 단순한 의견을 '이치'로 강요하는 것을 의미하지 않는다. 그것은 인간의 현실적 삶을 그대로 인정하는 물질적 토대를 기초로 하며, '남과 함께 하는 바'로서의 '이언(邇言)', 즉 일상생활에서 사용되는 비근한 말이다. 그는 전체와 개체를 명확히 구분하고, 개체를 위한 삶을 모색했지만, 개체적 주체와 공동체적 주체의 합일성을 동시에 추구했다.[296]

진확(陳確)도 이지와 거의 같은 생각을 갖고 있었다. "천리는 바로

294) 劉東桓,「李贄의 天理人欲論 硏究」, 고려대학교 대학원 박사학위 논문, 2000, 140쪽 참조.
295) 李贄,『焚書』卷四「八物」.
296) 김세서리아,「양명좌파와 이탁오 사상에서의 개별 주체와 공동체 주체」,『오늘의 동양사상』(16), 예문동양사상연구원, 2007, 99~100쪽 참조.

인간의 욕망으로부터 드러나는데, 인간의 욕망이 좋게 융합하는 것이면 천리이다. ……욕망하면 사람의 마음에 의지가 생기는데, 온갖 선이 이로부터 생긴다."[297]라고 하여, 욕망이 갖는 순기능의 운동성을 지적하였다. 그도 역시 '사'의 합리성을 말했다. "효자가 그의 아버지를 사애(私愛)하는 이유와 충신이 그의 군주를 사애하는 이유, 어진 친구가 그의 친구를 사애하는 이유, 공손한 동생이 그의 형을 사애하는 이유, 곧은 지아비가 그의 아내를 사애하는 이유에는 역시 반드시 도가 있어야 한다."[298]라고 하였다. 그에게 '사'를 세우는 일은 '도'를 의미했으며, 그것은 '합리성'에 기초하고 있었다. 진정으로 자기의 자녀를 사애하는 부모라면 일정 부분 이치에 합당하게 사랑해야 한다고 했다. 만약 그렇지 않은 방법으로 사랑한다면, 비록 자식을 사랑한 것이라도 오히려 그들을 해치게 된다. 이 때문에 진정한 '사'는 '도'에 어울리는 것이어야 한다. '도'에 어울리지 않는 '사'는 헛된 가짜의 '사'라고 인식하였다. 그리하여 진확은 군자의 마음에서 나온 '사'와 소인의 마음에서 나온 '사'를 구분하였다.[299] 군자의 '사'는 진짜이지만, 소인의 '사'는 가짜라는 것이다. 곧 정당성으로 확보하는 '사'와 부당한 '사'를 구별하였다.

청초의 사상가들은 심학적 견해에 반대하기도 하였다. 물론 이지도 비판을 받았다. 그러나 이지가 제시한 "사람은 반드시 '사'가 있어야 한다."라는 명제는 진확이나 황종희도 본질적으로 받아들였다. 그

297) 陳確, 『陳確集』「無欲作聖辨」, 中華書局(北京), 1979, 461쪽, 天理正從人欲中見, 人欲恰好處, 卽天理也. ……欲卽是人心生意, 百善皆從此生.

298) 陳確, 『陳確集』 卷十一 「私說」, 中華書局(北京), 1979, 258쪽, 孝子之所以私其父, 忠臣之所以私其君, 賢友之所以私其友, 恭弟之所以私其兄, 貞夫之所以私其婦, 亦必有道矣.

299) 陳確, 『陳確集』 卷十一 「私說」(中華書局, 北京, 1979) 258쪽, 君子之心私而眞, 小人之心私而假; 君子之心私而篤, 小人之心私而浮. 彼古之所謂仁聖賢人者, 皆從自私之一念, 而能推而致之以造乎其極者也. 而可曰君子必无私乎哉! 참조.

들은 사욕의 합리성을 인정했는데, 정도의 차이는 있지만 이것을 기점으로 하여 욕망과 이치를 통일적으로 보았다. 왕부지는 "이치와 욕망은 모두 자연이며"[300], "욕망이 있으면 여기에 이치가 있다."[301]라고 하였다. 황종희도 "천리는 바로 인간의 욕망 속에 나타나는데, 욕망이 좋은 것이면 그것은 천리이다. 먼저 욕망이 없으면 역시 천리를 함께 말할 일이 없다."[302]라고 하였다.

이런 각도에서 그들은 '군주 전제'에 대해 비판하였다. 특히 황종희는 "군주는 온 세상 사람들로 하여금 스스로 사애하고 스스로 이익되지 못 하게 해놓고, 자신의 커다란 사욕(私欲)을 온 세상의 커다란 공적인 일로 삼는다."[303]라고 하였다.

이와 같이 이치와 욕망을 구분하는 것에 비판적 담론을 제기하였는데, 이는 물론 이지에게 힘입은 바가 크다.

(3) 공리주의(公利主義) 문제

현실적으로 사(私)·사욕을 인정해야 한다는 것이 명말 청초 사상가들의 입장이었다. 사사로움의 추구는 기초적으로 인간의 삶에 불가결한 물질 생활과 밀접하게 관련이 있는 것이어서 보편적인 것이다. 그렇지만 이익이나 욕망의 사적 추구는 다시 공공성으로 귀결되지 않으면 안 된다.

예를 들어, 군자와 소인 모두를 논한 진확의 생각에는 본원 유가

300) 王夫之,『張子正蒙注』卷三, 理欲皆自然.

301) 王夫之,『周易外傳』卷二, 有欲斯有理.

302) 黃宗羲,『南雷文定後集』卷三「陳乾初先生墓誌銘」, 天理正從人欲中見, 人欲恰好處即天理也. 向無人欲, 則亦並無天理之可言矣.

303) 黃宗羲,『明夷待訪錄』「原君」, 使天下之人不敢自私, 不敢自利, 以我之大私爲天下之大公.

의 자기 주체성이 계승되고 있고, 그러한 주체성은 수신(修身)을 통해 공익·공리의 차원으로 이어졌다고 이해된다. 그는 "군자가 집을 가지런히 하고, 나라를 다스리며, 천하를 평화롭게 하는 도리를, 그의 몸에서 사적으로 펴기를 바란다고 해서 반드시 부도덕한 처신이라고 여길 수는 없다. 부정한 마음으로 수신(修身)하고자 한들 불가능한 일이다. 그러므로 '천자로부터 보통 사람에 이르기까지 한결같이 수신을 근본으로 삼는다'고 하였으니, 이것은 '사(私)'를 잊으라고 말한 것이 아니고, '사'를 심화하라는 말이다."[304]라고 하였다. '수신'으로부터 '평천하'에 이르기까지의 디딤돌 역할을 '사'에 두고 있다. 그런 방향성을 취한 진확은 공리주의의 입장을 분명히 하였다.

> 한 사람을 이롭게 하느라 백 사람을 해친다면, 군자는 그런 이익을 추구하지 않으며, '자기' 한 사람을 해쳐 백 사람을 이롭게 한다면, 군자는 그런 해를 사양하지 않는다.[305]

진확의 공리주의에 대한 믿음의 맥락은 황종희의 견해에서도 어렵지 않게 발견된다. 그는 『명이대방록(明夷待訪錄)』 「원군(原君)」편」에서, 인류가 등장하면서부터 사람들은 저마다 스스로를 사애하고 이롭게 하였다는 인식을 드러내고 있다.

> 인간의 역사가 처음 시작되었을 때, 사람들은 각기 자기 중심적이었고, 사람들은 각기 이기적이었다. 세상에 공적으로 이익이 되는 일

304) 陳確, 『陳確集』「私說」中華書局, 北京, 1979, 257쪽. 君子欲以齊·治·平之道私諸其身, 而必不能以不德之身而齊之治之平之也. 則雖欲不正心以脩身, 得乎? 故曰: '自天子以至于庶人, 壹是皆以脩身爲本', 此非忘私之言, 深于私之言也.

305) 陳確, 『葬書』「深葬說下」, 利一而害百, 君子不趨其利; 害一而利百, 君子不辭其害.

이 있어도 이것을 일으키는 사람이 없고, 세상에 공공의 해가 있어도 이것을 없애는 사람이 없었다. 어떤 사람이 나와 자기 한 사람의 이익을 이익으로 삼지 않고, 세상 사람들로 하여금 그 이익을 받게 하고, 자기 한 사람의 해를 해로 생각지 않고, 온 세상으로 하여금 그 해를 면하게 하였다.[306]

후외려(侯外廬, 1903~1987)가 동양의 루소로 불렀던, 군주 전제를 반대한 황종희는, 당초 사람들은 공동체의 이익(公利)을 도모하지도 않았을 뿐만 아니라, 공동체에 해를 끼치지도 않았다고 보았다. 인류가 자아로부터 출발하여 자신의 이익을 추구하는 것은 자연스럽다는 것이다. '스스로 사애하고 이익을 챙기는 일'을 사람의 타고난 고유한 속성으로 보았다. 그도 역시 공리주의적 입장을 분명하게 표명했다.

황종희가 생각하기에, 군주란 '공공의 이익'을 보장해주는 사람이었다. 자신에게는 '무사(無私)'의 원칙을 적용하고, 공공의 이익을 추구하는 일을 군주의 최고 임무로 여겼다. 이는 맹자 이래 유가 전통의 민본주의에 닿아 있는데, 역시 일련의 이기주의와도 무관하지 않은 모습을 띤다.

한편, 청대 중엽의 대진(戴震)은 폐(蔽: 공공의 원칙이나 지혜를 가림)와 사(私) 가운데 존재하는 욕망의 존재를 경계하였다. 그 같은 욕망은 '공리(公利)'에 위배되기 때문이다. '사'는 자기의 욕망만을 따르고 남의 욕망에 대해서는 무시하는 것이며, '폐'는 지혜의 결핍으로 인해 자기의 잘못된 의견만을 옳다고 고집하는 태도이다. 따라서 그는 일상생활 속에서 인간의 욕망을 제거하려 할 것이 아니라, 사와 폐를 제

306) 黃宗羲, 『明夷待訪錄』「原君」, 有生之初, 人各自私也, 人各自利也. 天下有公利而莫或興之, 有公害而莫或除之. 有人者出, 不以一己之利爲利, 而使天下受其利. 不以一己之害爲害, 而使天下釋其害.

거해야 한다고 주장하였다. 그는 이렇게 말한다.

> 주자도 자주 말한 '인간의 욕망이 가리는 것'이란, 모두 '욕망이 없으면 가림이 없다'고 생각한 것이니, '비록 어리석더라도 반드시 현명하다'는 『중용』의 도리에 어긋난다. 나면서부터 어리석은 사람은 비록 '욕망이 없다'고 하더라도 어리석다. 욕망에서 나온 모든 것, 그것으로 사람들은 살아가고 몸을 기르지 않음이 없으니, 욕망의 잘못이란 '사(私)'이지 '가림'이 아니다. 스스로 이치를 얻었다고 해서 집착하는 실질적 오류가 바로 '가려서 현명하지 못함'이다. 천하 고금의 사람들의 큰 병폐는 '사'와 '가림'이라는 두 극단일 따름이다.[307]

대진은 욕망에 내재할 수 있는 편협함과 오로지 이치만을 공공성으로 고집하는 막힌 태도를 지적하였다. 물론 대진에게는, 정감이나 욕망에서 출발하여 이치를 찾으려는 시각이라 하더라도 '공(公)'을 염두에 두지 않고 '사(私)'만을 치중한다면, 그것은 결코 바람직한 것이 아니었다. '공'을 추구한다는 정당성을 확보하지 않은 채, 타자와 이치에 관한 인식의 공유도 이루어지지 않는다면, 그것은 사회성을 결여한 것이면서 유가 본연의 지향도 아니라는 것이 대진의 입장이었다.

욕망에 대한 대진의 시각으로 볼 때, 개인의 욕망은 오도된 이치에 가려서도 안 되지만, 욕망 또한 공리에 어긋나서도 안 된다. 이 같은 입장은 '자사자리(自私自利)'의 기준에서 전제 군주를 비판한 황종희

307) 戴震,『孟子字義疏證』卷上「理」, 朱子亦屢言 '人欲所蔽', 皆以爲無欲則無蔽, 非中庸'雖愚必明'之道也. 有生而愚者, 雖無欲, 亦愚也. 凡出於欲, 無非以生以養之事, 欲之失爲私, 不爲蔽. 自以爲得理, 而所執之實謬, 乃蔽而不明. 天下古今之人, 其大患, 私與蔽二端而已.

의 견해에서도 이미 보이고 있다. 또한 강유위·양계초·담사동의 욕망론, 이른바 청대 말기의 '대동 사상'에서도 발견된다. 그 같은 근대 전환기의 사상들에는 군주 한 사람의 '사욕' 때문에 천하의 '공리'가 침해되어서는 안 된다는 민본주의나 민주론이 함께 개진되고 있다.

4. 인간의 도리, 사물의 이치, 그리고 욕망

(1) 무엇을 위한 이분법인가: 본질과 작용은 따로 있지 않다

"도덕적으로 살아야 한다."라는 대명제는, 욕망을 누리는 일은 비도덕적이며 비인간적이라는 동아시아 문명의 전통이자 주요 가르침이다. 이것은 개인의 인격적 도야뿐만 아니라, 민족이나 국가 구성원에 대한 계도 수단이기도 했다.

이 같은 흐름에서 사람들은 정신을 중요시하고, 내면의 오묘한 이치를 추구한 나머지, 구체적 현상이나 사물의 이치·법칙성은 욕망이 개입한 악의 편이라고 파악하거나 터부시하는 경향마저 만연하게 되었다. 따라서 사물에 대한 외적 관심은 '선'에 대립하는 것이라는 인식도 팽배하게 되었다.

세계의 기축적(基軸的)인 문명 가운데 하나인 중화주의의 영향 아래에서 우리는 음과 양, 선과 악, 안과 밖, 문명과 야만, 자신과 타자, 육체와 마음이라는 이분법으로 사물을 분석하거나 단정하는 사고에 젖어 살아왔다. 한편으로 세계를 정신과 물질(신체)이라는 이원론으로 접근하려는 데카르트적 전통에서 17세기를 지나 19세기에 이르도록, 구별과 대조를 통해 세상을 보려는 이성의 메커니즘은 근대를 지배하였다.

이분법은 사물에 관한 종합적 이해를 방해하고, 절충할 공간을 말살한다. 성리학적 지도 이념을 견지한 근대기에 동아시아는 '인간의 도리'를 '사물의 이치'와 분리시켜 이분법적으로 나누었듯이, 동·서양의 문명에 대한 인식에서도 문명과 야만으로 구분하는 이분법을 견지하였다. 어느 한 쪽은 '도(道)'이고, 다른 쪽은 '기(器)'라고 나누었으며, '체(體)'와 '용(用)', '혼(魂)'과 '재(才)'로 나눔으로써, 시대가 처한 현안을 단순하게 몰고 가는 방식을 즐겨 사용했다. 중국이 그랬고, 조선이 그랬으며, 일본도 마찬가지였다.

그런 전통에서, 어떻게 보면 도덕론적 기준을 중심으로 세상의 실사(實事)를 처리하는 것을 강령으로 삼았다고 할 수 있다. 중국의 현상을 타파하기 위해 선구적으로 변법을 제기했던 정관응(鄭觀應, 1842~1921)도, "중국적인 것은 체(體: 본질)이다. 이른바 바뀌지 않는 것은 성인의 경(經)이다. 시중(時中: 시의적절한 행위)은 작용이다. 이른바 변역(變易)이라는 것은 성인의 권도(權道: 임시변통의 도리)이다. 체가 없이 무엇으로 세우며, 용이 없이 무엇으로 행하겠는가?"[308]라든가, "도는 근본이고 기는 말단이다. 기가 변했다 하더라도 도는 변할 수 없다."[309]라고 하여, 여전히 사물을 인식하는 데에 이분법을 고수하였다. 조선의 개화파들이 적용한 '문명-야만'이라는 이분법적 인식틀은 서구식 기준에 따른 것이기는 했지만, 유교적 관념의 '문명-야만'의 틀과 중첩되어 있었다. 문명 개화론자들은 전통적인 '문명-야만'의 틀 속에서 그 중심만 서구로 옮긴 것이어서, 위정척사론자들과

---

308) 鄭觀應, 『盛世危言』「自序」, 中體也, 所謂不易者, 聖之經也. 時中用也, 所謂變易者, 聖之權也. 無體何以立, 無用何以行.

309) 鄭觀應, 『盛世危言』「凡例」, 道爲體, 器爲末. 器可變, 道不可變.

사실상 인식의 틀을 공유하고 있었다.[310] 그러면서 또 한편으로 역시 '도'와 '기'로 나누어 보는 '동도서기'의 입장에 있었다. 일본의 화혼양재(和魂洋才) 노선도 역시 이분법적 사고에서 벗어나지 못한 것이었다.

서구의 근대 이성이 '물리'로 나아가 인간을 옥죄었다면, 동양의 이성은 '도리'를 가지고 상황 인식을 흐리게 하였다. 변화의 공간은 사물을 이해하는 데에 단선적인 논리를 허용하지 않는다. 하물며 상대적 요소라고 생각되는 것마저 실은 상대적이지 않으며, 사물들은 따로 떨어져 홀로 존재하는 것도 없다. 어떤 문제든지 획일적으로 떼어 놓고 파악하면 더욱 더 문제만 파생시킬 뿐이다. 같은 의미에서 지배 권력에 의해 인위적으로 조작된 이데올로기, 즉 '도는 만고불변'이라는 문명론적 헤게모니는 삼강오륜·중앙집권·소수자 양산·사회적 약자—궁녀·하인·내시—를 만드는 억압의 도구일 따름이었다.

이런 의미에서 동도서기·중체서용(中體西用)·화혼양재와 같이 동양과 서양·중국과 서양·일본과 서양으로 나누고, 이를 다시 도와 기·체와 용·영혼과 재주로 나누는 것은 결코 이치에 부합하지 않는다. 이러한 이분법적 사고는, 따지고 보면 황종희가 지적한 대로, 지배 권력의 '대사(大私)'를 '대공(大公)'으로 삼은 것이어서, 결과적으로는 역사 활동의 장애와 '민생의 피폐'를 초래한 것일 수 있다. 물론 이 같은 사고에 대한 성찰이 없었던 것은 아니다.

(2) 도덕의 논의는 현실의 일에 포함된다

위원(魏源, 1794~1857) 같은 사람은 이런 점을 선구적으로 성찰하였

310) 정용화, 『한국인의 근대적 자아 형성과 오리엔탈리즘』, 정치사상연구 제10집 1호, 한국정치사상학회, 2004, 38쪽 참조.

다. 그는 '도(道)'와 '용(用)'이 결합되어 있음을 강조했다. 이른바 '도'란 반드시 '나라의 치안'과 '민생(民生)'의 일용(日用), 즉 실사 가운데에서 체현되어야 한다는 것이다.

> '왕도(王道)'는 지극히 오래되고 자세하거니와, 정목(井牧: 우물을 파는 일이나 목축)·요역(徭役: 노동력의 차출)·병부(兵賦: 병사나 부역) 등에는 모두 '성(性)'이나 '명(命)'의 정미함이 그 사이에 유행한다. 그 입으로 심성을 외쳐대고, 예의를 실천하게 하고, 걸핏하면 '만물일체(萬物一體: 모든 존재들은 한 몸이다)'를 말하면서, 민중의 고통은 살피지 않으며, 관리의 정치 행위는 서투르고, 나라의 예산과 변방의 제어는 묻지 않는다. 사람·가정·국가와 관련하여, 위로는 나라 살림을 통제할 수 없고, 밖으로는 변방을 편안하게 할 수 없으며, 아래로는 백성을 빈곤 상태에서 벗어나게 할 수 없으면서, 평소에 '백성은 내 동포이고, 사물은 내 친구이다.'라는 공담(空談)을 들먹이고 있다. 여기에 이르러 한 가지 일도 백성에게 본받게 할 것이 없으니, 세상에 역시 이런 쓸모없는 '왕도'를 어디에다 쓰겠는가?[311]

위원은, '왕도'는 과연 무엇이어야 하는가를 되물었다. 맹자 이래로 제기되어 온 왕도정치의 골자는 사람·가정·국가의 현실적인 생활 조건과 관련이 있다. 오래도록 논의되어 온 '성'이나 '명'과 같은 인성론적 테제도 역시 그 속에 포함시켜야 한다고 보았다. 그런 의미에서 정호가 말한 '만물은 하나'라는 논의나, 장재가 말한 '백성은 내 동포'

311) 魏源, 『魏源集』「默觚·治篇一」, 王道至纖至悉, 井牧·徭役·兵賦, 皆性命之精微流行其間. 使其口心性, 躬禮義, 動言萬物一體, 而民瘼之不求, 吏治之不習, 國計邊防之不問, 與人家國, 上不足制國用, 外不足靖疆圉, 下不足蘇民困, 擧平日胞與民物之空談, 至此无一事可效諸民物, 天下亦安用此无用之王道哉!

또는 '사물은 나의 친구'라는 사해동포주의는 '서구의 충격'과 같은 위급한 국가 상황에서 '공담'일 수밖에 없다고 지적했다.

이 같은 인성론적 논의는 유가 철학의 형이상학적 '도'와 맥락이 닿아 있다. 위원은 그러한 인간의 길은 사물의 이치와는 직접적인 연관성이 작다고 보았다. 그는 맹자 이래로 제기되어 온, '패도'에 맞선 '왕도' 사상, 그리고 '군자의 사명의식'이나 강조하고, 그것을 인간의 성품으로 연결시키는 일은 시대 상황에 어울리지 않는다고 보았다. 여기에는, 그런 방식의 사고는 현실적 실용과는 무관하고, 그런 전통에서 도(체)와 작용으로 나누어 사물의 이치를 접근하는 것은 별로 쓸모가 없다는 인식이 깔려 있었다.

담사동도 같은 맥락을 취했다. 그는 "가야 할 길이란 형이하학적 현실과 떨어져 있지 않다. 참으로 이런 사실을 변별할 수 있다면, 이 세상이라는 그릇의 됨됨이도 역시 클 것이다. 현실적 상황이 이미 변했다면, '도'만 어찌 유독 변하지 않을 수 있겠는가? 변해도 여전히 현실이면서, 또한 여전히 '도'와 떨어져 있지 않다. 사람이 스스로 현실을 버릴 수 없거늘, 또 다시 어떻게 '도'를 버리겠는가?"[312]라는 입장이었다.

중국의 근대 전환기인 19세기의 상황을 보면, 아편전쟁이나 청일전쟁에서의 패배는 사회 전반에 대한 반성을 불러일으켰다. 양무 관료들—증국번(曾國藩, 1811~1872)·이홍장(李鴻章, 1823~1901)·장지동(張之洞, 1837~1909)—은 당시까지 고수해 온 중국의 길은 변화할 수 없다는 입장이었다. 장지동은 보교(保敎: 중국적 성인의 가르침)·종족의 보존·국가의 보존에 관심을 두었지만, 이보다 앞서 그들의 관심은 군사적

312) 譚嗣同, 「報貝元徵」『譚嗣同全集』上册 197쪽, 夫苟辨道之不離乎器, 則天下之爲器亦大矣. 器旣變, 道安得獨不變? 變而仍爲器, 亦仍不離乎道, 人自不能棄器, 又何以棄道哉?

인 것으로 귀결되었다. 양무파들은 당시의 변법파들과 일정 부분 공통된 관심사를 갖고 있었는데, 예컨대 "실제로 과거 제도의 변경·학교의 개설·변법·실학(공업·상업·병사·광업·철로)의 진흥 등, 변법파와 공통되는 정책을 주장했고, 상회·광학회(鑛學會) 등 사대부의 자주적인 결합인 '학회'도 장려하였다."[313] 그들은 서학에 대해서도 어느 정도 수용하는 모습을 보여, 법제와 기계의 개량 등에 대해서는 적극적이었다.

그렇지만 그들이 물러설 수 없는 것은 중국적 가치관이었다. 하늘은 불변하고 도(道)도 불변한다는 듯, 그들에게는 중국의 학문이야말로 성스러운 가르침이었다. 그런데 그들이 말하는 성스러운 가르침이란 실은 고작 삼강오륜 정도였다. 이들 양무파에 대해 강유위로 대표되는 무술변법기의 변법파들은, 시대 상황이 변하면 도(道)도 변한다는 입장이었다. 현실이 변하면, 거기에서 살아가는 방법은 달라질 수밖에 없다고 인식한 것이다.

그들은 사람이 살아가기 위해 필요한 모든 길은 현실이라는 '기(器)'에 바탕을 두어야 하며 그것은 변화한다고 보았다.

(3) 성품, 감정 그리고 욕망에 관한 합일적 인식

욕망의 의미를 보는 근대적 시각은 순자와 다소 유사하다. 다른 점은, 순자가 욕망의 조절을 위한 제도의 제정에 관심을 기울였다면, 근대의 사상가들은 욕망의 성취를 위한 제도의 구비에 관심의 초점을 맞추었다는 점이다.

중국 중심의 문명론에서 이분법은 성리학적 지도 이념을 오랫동

313) 近藤邦康, 「淸末變法論と譚嗣同の思想」, 『史學雜誌』, 69-6, 1960. 6. p.42(740).

안 유지해 온 전제 정권과 무관하지 않다. 지배 당사자들이 내세운 '도'란 바로 지도 노선이었으며, 이는 바로 사회 제도였다. 예컨대 삼강오상과 같은 제도를 시대 상황의 변화와 무관하게 '천리'로 삼아, 모든 것에 우선하는 진리라고 선전한 것을 들 수 있다. 그리하여 현실 상황을 반영하지 않은 '만고불변의 이(理)' 앞에서 인간의 욕망 따위는 항상 말살하지 않으면 안 되는 것이었다.

그렇지만 특히 근대의 전환기에 '무엇이 과연 이치이고 자아인가?'라는 회의에 부닥치게 되었다. 이치를 체현한 성리학적 이성은, 정감·감정을 터부시하고 '정(情)'과 '욕(欲)'을 하나로 묶어 모두 배제했는데, 공자진 같은 사상가는 이러한 논리에 반대했다. 그는 정감을 생래적(生來的)인 것으로 인식하여, '유정론(宥情論)'을 전개하였다. 즉 인간의 감정에 대해 관용과 존중의 입장을 취하였다.

그에 의하면, 사람에게는 저마다 진실하고 자연적인 감정이 있다. 인간의 감정은 가장 진실한 것이면서 자연적인 것이어서 인위적으로 제거할 수 없다는 것이다. 감정이란 호미질을 하듯이 북돋워 주어야 할 대상이며, 끊임없이 누그러뜨려 주고 존중해 주어야 한다고 했다.[314]

이런 공자진의 입장처럼 인간의 마음·성품·감정을 통일적으로 보려는 경향은, 당초 순자나 태주학파를 비롯하여 이지(李贄)에 이르는 양명 사상가들의 생각에서도 찾을 수 있었다. 또한 유종주·진확·황종희의 견해에서도 엿볼 수 있거니와[315], 근대 전환기에 담사동의 견해에서도 그들과 비슷한 입장은 강하게 드러난다.

담사동은, "생(生)을 말하는 성(性)이 '성'이고, '형색(形色: 육체와 얼굴

314) 龔自珍, 「長短言序」, 情之爲物也, 亦嘗有意乎鋤之矣; 鋤不能, 而反宥之; 宥之不已而反尊之 참조.

315) 자세한 것은 蒙培元, 『中國心性論』, 臺灣學生書局, 1990, 417~435쪽, 439~456쪽을 참고할 것.

색)'의 '천성'이 '성'이며, '성선(性善)'이 '성'이다."[316]라고 하여, '성'을 생명 현상이나 육체의 측면으로 단순화시켰다. 이러한 견해는 맹자가 제시한 도덕적인 성과 고자가 견지한 생명 현상의 '성'을 종합한 것이다. 여기에는 성품을 외향적인 것과 내면적인 것을 따로 분리할 수는 없다는 인식이 깔려 있다. 그는 인간의 본성·감정·욕망을 따로 분리하지 않고 우주 만물 존재의 원리인 '에테르'에 귀속시켜 접근하였다. 그런 담사동의 견해에서는 사람의 내면에 대한 경계가 무시되고, 선악에 대한 인식의 패러다임도 전환된다.

> 성은 선한데, 어찌하여 정에 악이 있겠는가? 감정에 악이 있는 것이 아닌데, 덩달아 그렇게 이름 붙였을 따름이다.[317]

우리가 악이라고 하는 것은 한편으로 명목상의 규정일 수 있다. 담사동은 인간의 시원적인 욕망은 선하다고 보았다. 때문에 악이라고 한다 하더라도 악의 상태가 되는 것은 아니었다. 인간이 어떻게 행위를 하느냐에 따라 악이 되거나 선이 될 뿐이었다. 인(仁)의 함의인 '살리는 이치'이자 만물이 존재하는 원리라고 여겨진 에테르의 조리를 따르면 선이 되고, 그렇지 않으면 악이 되었다. 명말 청초의 왕부지(1619~1692)나 청대 중엽의 대진(1723~1777)도 이성과 감성을 따로 분리하지 않았다. 이런 경향은 공자진의 '유정론'에서도 이미 살펴볼 수 있었다.

담사동은 이 같은 흐름을 계승하여, 이성과 정감의 두 측면을 역시 분리하지 않았다.

316) 譚嗣同, 『仁學』 上篇 9장, 生之謂性, 性也. 形色天性, 性也. 性善, 性也.
317) 譚嗣同, 『仁學』 上篇 9장, 性善, 何以情有惡? 曰情豈有惡哉? 從而爲之名耳.

(4) 사물의 이치에 비추어 사람의 도리를 알 수 있다

주자와 같은 시대를 살았던 사공파(事功派), 즉 동기보다는 일의 결과나 효과적인 측면을 중시했던 진량은 "이른바 도란 형기(形氣)의 표면에서 나오는 것이 아니라, 항상 사물 사이에서 유행한다."[318]라고 하였다.

그들은 도덕적 이성도 육체적 감각의 차원인 감성과 분리할 수 없다고 하였다. 이런 입장은 태주학파인 왕기·왕간·하심은, 그리고 명나라 말기의 유종주의 제자인 황종희의 견해에서도 발견할 수 있다. 그들은 이성과 감정 혹은 본성과 욕망으로 나누듯이 이분법적으로 사람의 내면을 바라보지 않았다. 현실에서의 경험을 통해 이치나 합리성을 찾으면서 욕망에 관한 견해도 개진하였다.

한 걸음 더 나아가 이지는 '일상'에서 인륜과 사물의 이치를 찾았다. 그는 생활 속에 존재하는 사물의 이치에 사람이 살아가는 규범이 내재해 있다고 보았다.

> 옷 깁고 밥 먹는 일이 곧 인륜이고 물리이니, 옷 깁고 밥 먹는 일을 빼놓고서 인륜이나 물리는 없다. 세상의 이런저런 것들은 모두 옷과 밥 같은 것일 뿐이다. 따라서 옷과 밥을 거론하다 보면 세상의 이런저런 것들이 그 가운데 자연적으로 존재할 것이니, 옷이나 밥 외에 다시 이른바 백성과 단절하여 서로 함께하지 않을 이런저런 것이 있지는 않다.[319]

---

318) 陳亮,『陳亮集』卷十六「書歐陽文粹後」, 道非出於形氣之表, 而常行於事物之間.

319) 李贄,『焚書』卷一「答鄧石陽」, 穿衣喫飯, 卽是人倫物理, 除却穿衣喫飯, 無倫物矣. 世間種種皆衣與飯類耳. 故擧衣與飯而世間種種自然在其中, 非衣飯之外更有所謂種種絶與百姓不相同者也.

이지에게 "도는 길인데, 하나의 길에 그치지 않는다. 성은 마음에 생기는 것인데, 역시 단 한 가지에 그치지 않는다."[320] 주자학적 사유에 따르면, 우주에는 모든 사물마다에 하나의 이치만이 있다. 그 이치가 인간에게 체현되면 성이 된다. 따라서 천리의 성을 보존하려는 인간의 노력은 끊임없이 요구되었다.

그런 성리학적 사유의 틀에서 보면 모든 피조물들은 하나의 이치를 얻어 존재하는 것이고, 그 이치는 온갖 사물들에 흩어져 있지만, 본질적으로는 다시 하나이다. 또 그 이치를 인간의 본성으로 삼고, 그런 이치를 일탈해서는 안 된다는 우려에서 수양의 필요성을 제기하였다.

또한 그들 학파가 말하는 이치의 실현이란, 일상에서 삼강오륜과 같은 습속을 따르는 것이다. 그러한 습속의 이치는 사물이 있기 이전부터 있던 것이며, 사물이 존재하기 시작한 이후에도 고수하지 않으면 안 되는 것으로 이념화되었다.

이런 이념이 사회를 움직이는 이치가 되자, 욕망의 추구는 곧 인륜을 저버리는 것이 되었다. 그런 냉혹한 엄숙주의에서 욕망의 문제를 '사유(私有)'의 차원으로 끌어올린 이지는 인간의 질서로서의 윤리와 사물의 이치를 '일상사'와 관련시켰다. 인간관계의 질서와 사물의 보편적 이치를 형이상학적 관점에서 접근하려 하지 않았다.

진확은 "사물이 완성된 후에 성이 바르게 되고, 사람이 완성된 후에 성이 완전해진다. 사물은 기(氣)로 완성되고, 사람은 배움으로 완성되니, 사람과 사물의 성(性)이 어찌 같을 수 있겠는가?"[321]라고 전제한 후, "이 물리를 미루어 보면, 사람의 이치를 미루어 알 수 있다."[322]

320) 李贄, 『焚書』 卷三 「論政篇」, 夫道者路也, 不止一途. 性者心所生也, 亦非止一種以已.

321) 陳確, 『陳確集』 卷三, 「陳乾初先生墓誌銘」, 物成然後性正, 人成然後性全. 物之成以氣, 人之成以學. 人物之性, 豈可同哉.

322) 陳確, 『陳確集』 卷三, 「陳乾初先生墓誌銘」, 此物理也, 可以推人理矣.

라고 하였다. 성리학적 전통에서 연역적으로 추론하고 직관적으로 접근했던 '이치'도, 일상에서 경험적으로 접근하지 않으면 안 된다는 입장을 표명하였다.

같은 맥락에서 진확은 주돈이(周敦頤, 1017~1073)가 주장한 '무욕(無欲: 욕심을 없애는 일)'을 비판하였다. 이러한 입장은 후대에 대진의 견해에서도 찾을 수 있거니와, 진확은 "주자(周子: 주돈이를 높여 부르는 호칭)의 '무욕'의 가르침은 '선(禪)' 아닌 '선'이다. 우리 유가는 단지 욕망 줄이기를 말했을 뿐, 욕망 없애기를 말하지 않았다. 성인의 마음은 보통 사람의 마음과 다르지 않으며, 보통 사람이 욕망하는 것은 역시 성인도 욕망한다. 인심에는 본디 이른바 천리라는 게 없다. 천리는 바로 인간의 욕망 속에 나타난다. 인간의 욕망 중 좋은 부분이 곧 천리이다. 우선 욕망이 없으면 역시 함께 말할 수 있는 천리는 없을 것이다."[323]라고 하였다. 진확의 이러한 생각은, 왕부지가 인간의 욕망 속에 천리가 존재한다고 인정한 것과도 유사하다.

이처럼 명나라 말기에 경험적 토대 위에서 사물의 이치를 통해 사람이 살아가기 위한 이치를 유추해 나갈 수 있다고 본 진확의 생각은 근대의 중국에서도 여전히 유효했다. 그만큼 사회와 제도를 움직이는 골간이나 이념이 취약했다. 지나치게 도덕 이성인 '도리'를 가지고 '물리'까지 설명한 것은, 이미 시대 상황을 너무 단순하게 보았음을 의미한다. 한편으로는 예교적 지도 이념을 유지함으로써 전제 정권을 유지하려는 야욕은 정작 주자학 본연의 '이치'를 가리는 일이라는 점을 인식하지 못한 것이다.

323) 陳確, 『陳確集』 卷三, 「陳乾初先生墓誌銘」, 周子無欲之教, 不禪而禪. 吾儒只言寡欲, 不言無欲. 聖人之心, 無異常人之心; 常人之所欲, 亦卽聖人之所欲也. 人心本無所謂天理, 天理正從人欲中見, 人欲恰好處, 卽天理也. 向無人欲, 則亦竝無天理之可言矣.

(5) 이치는 욕망에서 드러난다

근대성을 띠기 시작한 16세기 무렵의 명대 중기에 개인의 욕망이 실재한다는 것을 인정하도록 요구한 것이나, 명말 청초의 동림당 사건 이후에 '자사자리(自私自利)'라는 사적 욕망을 인정하도록 요구한 것이나, 서세동점 시기인 19세기 중엽부터 무술변법 시기에 이르기까지 욕망에 대한 인식이 변한 것은 시대적 조건에 따르른 것이었다.

이미 명대 중기에 왕간(王艮, 1483~1541)은 "누군가가 천리와 욕망을 이토록 분별한 것은 몸의 반성을 자세하게 추구하는 것에 의거하였으니, 그것은 단지 미혹과 깨달음의 사이에 있을 뿐이다. 깨달으면 인간의 욕망이 바로 천리가 되고, 미혹되면 천리도 인간의 욕망이 된다."[324]라고 하여, 이치와 욕망을 구분하는 주장을 비판했다. 맹목적으로 누리지 않고, 그것이 과연 무엇인지 성찰하면서 누린다면, 욕망과 이치를 따로 분리할 필요가 없다는 것이다.

명·청 교체기에 왕부지는, 이치는 욕망에 붙는다고 하여, 이치와 욕망을 구분하는 새로운 지평을 열었다. 그는 "예(禮)는 비록 순전히 천리의 절문(節文)이라 하더라도, 반드시 인간의 욕망에 붙어 드러난다. 음식·남녀·재화·여색이 비록 고요한 상태에 있다가 '마음으로 느껴 통하는' 법칙이라 하더라도, 변하고 어울리는 것으로 인해 그것이 작용하게 된다. 음식은 변화의 작용이고, 남녀는 어울림의 작용이다. 오직 그렇기 때문에 끝내 사람과 떨어져 따로 하늘이 있는 것이 아니고, 끝내 욕망과 떨어져 이치가 있는 것이 아니다."[325]라고 하여, 그는

324) 黃宗羲, 『明儒學案』 卷32 「泰州學案」, 天理人欲, 誰氏作此分別, 依反身細求, 只在迷惡間, 惡則人欲卽天理, 迷則天理亦人欲也.

325) 王夫之, 『讀四書大全說』 「孟子·梁惠王下篇」, 是禮雖純爲天理之節文, 而必寓於人欲以見; 雖居靜而爲感通之則, 然因乎變合以章其用. 唯然, 故終不離人而別有天, 禮, 天道也, 故『中庸』曰

천리와 욕망은 통일되어 있다고 주장했다.

청대 중엽에 대진도 송명이학이 "천리를 보존하고 욕망을 제거할 것"을 요구하는 시각에 대해 심각한 비판을 가하였다. 그는, 이치는 욕망에서 근원한다고 보았다. 다만 욕망은 절도에 맞아야 한다고 여겼다. 어떻든 욕망과 동떨어지면 이치가 없게 된다. 도덕이란 감정이나 욕망을 적절하게 분출하거나 채우기 위한 방법에 불과하다. 악은 사사로움에서 생기는 것이지, 욕망에서 생기는 것이 아니라고 인식하였다.

> 성현의 도는 '무사(無私)'이지, '무욕'은 아니다. ……성현의 도는 '사사로움이 없음'으로써 천하의 감정을 통하게 하고, 천하의 욕망을 이루어 주는 것이다.[326]

대진은 "군자는 다만 사사로움이 없을 뿐이며, 욕망이 없는 상태를 귀하게 여기지는 않는다."[327]라고 하여, 백성의 정감을 체현하고 백성의 욕망을 이루어 줄 것을 요구함과 동시에, 이학가들이 "천리를 보존하고 욕망을 배척하는 것"은 "이(理)로써 사람을 죽이는 것"이라고 비판했다. 그리하여 근본적으로 욕망을 천리에 대립되는 것이라고 생각하지 않고, 천리는 욕망에 근거하며, 모든 선은 욕망에 근거한다고 하였다.

천리의 보존을 지상명제로 여기는 송명이학의 시각에서, 욕망은 개인적인 이익을 추구하는 것과 같았다. 그런 점에서 욕망은 단절되지 않으면 안 되었다. 그들의 사유에서 만고불변의 도덕적 임무인 의

"不可以不知天". 終不離欲而別有理也.

326) 戴震, 『孟子字義疏證』「權」, 聖賢之道無私而非無欲 ……此以無私通天下之情遂天下之欲者也.

327) 戴震, 『孟子字義疏證』「權」, 君子亦無私而已矣, 不貴無欲.

리·천리가 인간에게 주어졌으니, 욕망 때문에 그러한 진리의 실천이 막혀서는 안 되는 것이었다.

이런 도덕 이성주의 철학에 반해, 이른바 '정감 철학'에서는 욕망을 일단 긍정적이고 합리적인 것이라고 여긴다. 역시 그것을 누리되 중용 상태를 유지하는 것이 인간의 과제이고, 거기에서 선악이 갈리지만, 욕망을 통해야 이치가 발현되고, 그 속에 사람 사는 방법이 있다고 인식하였다.

(6) 타고난 욕망, 사람이 만든 이치

우리는 이지·진확·왕부지·대진·담사동 등이 '이치는 욕망에 붙는다'고 하여, 욕망이 갖는 합리성의 면모를 놓치지 않으려고 했던 입장을 살펴보았다.

같은 의미에서 강유위는 좀 더 강력하게 주자학적이면서 직관론적인 자연관을 비판했다. 그는 욕망은 자연적인 것이며, 이치는 사람이 만들어 낸 것이라는 인문주의적 전환을 시도하였다. 그에 따르면 문명은 단계적으로 발전한다. 그는 이것을 삼세진화설로 정식화(定式化)했다. 삼세는 거난세·승평세·태평세를 가리킨다. 삼세란, 청대 중엽의 공양사상가(公羊思想家)인 유봉록(劉逢祿, 1776~1829)이 제기한 역사 변화의 관점으로, 세상이 최후에 대동세를 이룰 것을 기약하는 유가 철학적 역사관이다. 즉 거난세의 혼란한 상황에서, 아직은 좋은 세상이 아닌 소강상태의 승평세를 넘어, 개별자로서의 인간을 위해 모든 제도가 정착되고, 생활에 경계나 계급이 없는 평등 상태에 도달하는 것을 궁극 목표로 삼는 역사관이다. 대상들끼리, 지역들끼리 관계성을 확보한 유토피아로서의 대동태평세가 바로 그런 세상이다.

중요한 것은, 대동세에 사람들은 저마다의 고통을 제거하고 즐거움을 구가하게 된다는 점이다. 즉 인간이 바라는 대로, 욕망을 성취하는 기회를 누리게 된다는 것이다. 근대의 전환기에 이런 생각을 했다는 것은, 그 만큼 바람직스럽지 않은 방향으로 세상이 전개되고 있었다는 사실의 반증이다. 안으로는 오래도록 만연된 천명적(天命的)인 전제주의 정권이 있었고, 그로 말미암아 대외적으로도 세상의 변화에 대해 유연하게 대처할 수 없었다. 그리하여 사물의 질서, 물리에 대한 인식, 과학 기술이나 제도의 수용을 통해 인민의 삶을 개선하는 일에는 소홀할 수밖에 없었다. 강유위는 이에 대해 반성했다. 서구적 경제활동, 민주 제도, 진화론적인 세계관의 운용 등과 같은 서구적 근대성은, 중국이 이루어야 할 욕망과도 같은 것들이었다.

강유위에게, "사람은 나면서부터 욕망이 있으니 천성이다. 욕망을 다할 수 없다면 마땅히 조절해야 할 것이요, 욕망을 거의 다할 수 있다면 원하는 대로 해도 된다."[328]라고 하여, 여건이 허락한다면 욕망은 천성이므로 충족할 수 있는 기회가 주어져야 한다고 했다.

이런 시각에서 강유위는 "욕망은 타고나며, 이치는 사람이 만든 것"이라고 하여 반주자학적 입장에 섰다. 욕망은 불가피하게 존재할 수밖에 없다고 설파하면서, 인간이 할 수 있는 일은 욕망을 절제하고 악을 제거하는 것이라고 보았다. 그리하여 욕망을 싸잡아 부정적으로만 보려는 생각을 경계하였다. 그는 "『여람(呂覽: 여씨춘추)』에 '하늘이 사람에게 욕망이 있게 하였으니 사람이 절제하지 않을 수 없고, 하늘이 사람에게 악이 있게 하였으니 사람이 제거하지 않을 수 없다.'라고

328) 康有爲, 『大同書』 甲部, 入世界觀衆苦, 第五章「人情之苦·愿欲之苦」, 人生而有欲, 天之性哉. 欲無可盡, 則當節之, 欲可近盡, 則愿得之.

하였다. 욕망과 악은 하늘로부터 받은 것이다."[329]라고 하여, 자연에 대해 관념론적으로 접근하는 송명이학적 전통에서 탈피하였다.

여기에는 순자의 물리적 자연관과 근대 과학에서 영향을 받은 모습이 드러난다. 그는 "이를테면 하늘과 땅은 빛·전기·열이 겹겹이 부딪치고 변화한 것일 뿐인데, 무엇이 이른바 '이(理)'이겠는가?"[330]라고 하여, 사물의 질서에 대한 관념론적 접근을 더욱 강하게 비판하였다.

> 옛날 송태조[宋太祖: 조광윤(趙匡胤), 960~976 재위]가 조보(趙普)에게 "무엇이 큰 것인가?"라고 묻자, 조보는 "도(道)가 큰 것입니다."라고 했다. 정주(程朱: 정호·정이 형제와 주희를 함께 일컫는 말)가 마침내 태극의 도가 한결같이 있음을 말한 것이라고 생각했으니, 이것은 제대로 알지 못하고, 고차원의 논설을 하기를 좋아한 것이다. 저 사람의 몸이 있고 난 후에 지적 작용이 있고, 지적 작용이 있고 나서 '이(理)'가 있다. '이'라는 것은 사람이 세운 것이다.[331]

강유위는, 가의(賈誼, B.C. 200~B.C. 168)가 "군신을 세우고 상하 관계를 높이는데, 이것은 하늘이 하는 것이 아니고 사람이 베풀어 놓은 것이다."라고 한 말을 예로 들어, 오랫동안 하늘을 들먹거리면서 말한 이치는, 실은 '천리'가 아니고 '인리(人理)'였다는 것을 분명히 했다.[332]

강유위는 "이를테면 이목(耳目)이나 온갖 신체·혈기와 심지는 하늘

329) 康有爲, 『康有爲全集』「康子內外篇·理氣篇」, 『呂覽』曰: 天使人有慾, 人弗得不節; 天使人有惡, 人弗得不除」, 慾與惡所受於天也.

330) 康有爲, 『康有爲全集』「康子內外篇·理氣篇」, 若天地, 則光·電·熱·重相摩相化而已, 何所謂理哉?

331) 康有爲, 『康有爲全集』「康子內外篇·理氣篇」, 昔宋太祖問趙普: "何物爲大?", 普曰: "道爲大." 程·朱遂以太極之道有一謂在, 此皆不知而好爲高論之說也. 夫有人形而後有智, 有智而後有理. 理者, 人之所立. 賈誼謂立君臣, 尊上下, 此非天之所爲, 乃人之所設.

332) 康有爲, 『康有爲全集』「康子內外篇·理氣篇」, 賈誼謂立君臣, 尊上下, 此非天之所爲, 乃人之所設. 故理者, 人理也 참조.

이 선천적으로 준 것이다. 영아에게는 지적 작용이 없으므로, 욕망이 있지만 인사(人事)에는 관여하지 않는다. 그러므로 욕망이라는 것은 선천적이다. 정자(程子)가 '천리는 체인(體認)으로부터 나온다.'라고 했는데, 이것은 도를 모르는 말이다. 천욕(天慾)이 곧 인리(人理)이다."[333] 라고 하였다. 그는 천리를 몸소 확인하는 과정이 필요한 것이 아니라, 자연이 준 '욕(慾: 욕심이나 욕망), 즉 '대상에 다가가려는 마음'을 실현하면, 그것이 바로 이치라는 입장을 견지했다고 할 수 있다.

강유위의 이 같은 견해는 '전통 이학'에 대한 거부감의 표출이었다. 그는 천리가 아닌 '천욕'을 '인리'로 받아들여, 우리의 욕망을 사람이 세운 이치에 의해 매몰시킬 수 없다는 입장을 취했던 것이다. 이제 타고난 욕망을 인간 존재의 이치로 받아들이자는 강유위의 이런 입장은, 아편전쟁 이후 신비주의적 사물 인식에서 벗어나는 일, 즉 '천명의 몰락'이라는 근대 인문주의의 계승이었다. 이는 정치사적으로 '천명적 권위' 아래에서 전제주의가 외치던 '이치'를 부정하던 명말 청초의 황종희나 19세기 초·중엽의 공자진의 견해를 계승한 것이기도 했다.

한편, 19세기 말에 서구에서 유학하고 돌아온 엄복(嚴復, 1854~1921)은 과학적 방법을 채용하자고 주장했다. '관찰을 통해 법칙을 이끌어 낼 것'을 요청하였다. 그 가운데 베이컨이 세운 실험주의 방법을 매우 높이 평가했다. 그리고 밀(John Stuart Mill)의 『논리학 체계(*A System of Logic*, 穆勒名學)』를 중국에 번역·소개하면서, 중국의 전통 학문은 연역법만을 중시하고 귀납법을 소홀히 해왔다고 비판했다. 이 논의는 이전 사회를 지탱하던 이론과 새롭게 도입되는 서구의 담론 간 시각차를 극명하게 드러내 주었다.

333) 康有爲, 『康有爲全集』「康子內外篇·理氣篇」, 若耳目百體, 血氣心知, 天所先與. 嬰兒無知, 已有慾焉, 無與人事也. 故慾者, 天也. 程子謂"天理是體認出", 此不知道之言也, 蓋天慾而人理也.

굳이 중국이 아니더라도 동아시아 문명권에서는 전통적으로 어떤 이론이 전제되면, 그것을 바탕으로 여타 모든 것들이 파생되는 것처럼 교육되었다. 예를 들자면 고대에서 전근대에 이르는 성리학의 사유가 그러했다. 이런 이학적 논리체계에서는 우주의 본원으로서의 도(道)가 있다고 여겼고, 거기에서 삼라만상이 비롯된다고 믿었다.

그런데 근대의 철학적 사유에서의 시각은 이와 달랐다. 엄복과 비슷한 시기에 활동한 담사동은 "도는 반드시 기(器)에 의거한 연후에 실제적으로 쓰이는 것이어서, 진정으로 대상이 없는 공허한 가운데에 도라고 할 것이 존재하지는 않는다."[구양중곡(歐陽中鵠, 생몰년 미상)에게 보내는 편지]라고 하였다. 상대적으로 서학(西學)은 외재하는 사물 일반으로부터 벌어지는 각종 현상들을 바탕으로 이론화하여 사실을 추론한다고 보았다. 사물이 진리를 보증하는 조건이라고 간주한 것이다.[334]

욕망에 대한 인식도 '존재 방식에 관한 근대적 성찰'에서 비롯된다. 변화할 줄 모르는 사회 상황, 판에 박힌 지도 이념의 만연, 그리고 서구 과학의 수용이, '과연 무엇이 이치일까?'라는 존재론적 전환을 불러일으켰다고 볼 수 있다.

5. 근대 합리성과 욕망

(1) '물질욕'에 관한 인식

성리학이 기대하듯이, 경세가에게 청렴결백한 양심을 보존하도록

334) 문정진 외, 『중국 근대의 풍경』, 그린비, 2008, 305~306쪽 참조.

요구하는 것은 어쩔 수 없다 하더라도, 일반인들에게까지 그것을 요구할 수 있을까? 생리적 욕구를 넘는 욕망이든, 사물에 대한 사적 소유를 의미하는 사회적 욕망이든, 다시 말하자면 맛있는 음식이나 육체적 욕망에서부터 경제활동의 욕망에 이르기까지, 그 어떤 욕망을 막론하고 어느 것 하나라도 금지해도 되는 것이 있을까?

자기에게 돌아오는 보상이 없는데, 무작정 정의를 위해 욕망을 억제하는 것이라면, 그것은 아마 종교의 차원이라고 할 수 있다. 이 같은 반성이나 문제 제기는 명대 중기나 명말 청초에 진행되었다는 것을 이미 살펴보았다.

근대에 이르면 서구 자본주의의 영향을 받으면서, 또 19세기 중·후반에 진행된 메이지 유신 이후 일본의 근대 메커니즘이 실현되는 모습을 목도(目睹)하면서, 조선이나 중국의 인사들은 선망어린 눈길로 자기 나라의 현안을 고민하기 시작했다.

동아시아 문명사에서 '도'는 오랫동안 정체성(正體性)으로 간주되었다. 동질성·동일성을 뜻하면서 진리와도 같이 여겨졌던 그 길은 한유(韓愈, 768~824)의 '도통(道統)' 이론을 거치면서, 국가·사회·개인이 이행해야 할 변하지 않는 정통 노선으로 추상화되거나 이념화되었다.

그토록 더욱 공고화된 길인 인도(人道)가 시대적 조건 앞에서 사람의 존재 방식으로 충분할 수 있을까에 관한 회의는 일어나기 마련이었다. 오랜 전제주의의 폐색된 사회제도가 이행하는 과정에서 서구 충격이 가해졌음에도, 단순히 '중체서용'이나 '동도서기'의 길을 외쳐대며 나라의 현안을 해결하려고 한다면, 그것만으로는 안 된다는 사실을 역사는 이미 알려주었다. 중국의 '무술변법론'이나 한국의 경우 유길준의『서유견문』은 기존의 존재 방식에 대한 회의 과정에서 그 돌파구를 마련하고자 한 것이었다 할 수 있다. 거기에는 모든 것의 이념적 기초가 되었던 '도'나 '이치'의 허구로부터 벗어나야 한다는 자각이 일정 부분 깔려 있다.

한편 기존의 노선에 대한 회의에는 자신의 욕망이나 이익의 추구를 억압하는 사회제도나 분위기로부터 해방되어야 한다는 인식도 내재되어 있었다. 음식을 먹는 것은 피할 수 없는 천리이지만, 그 이상 맛있는 것을 요구하는 것은 욕망이므로 안 된다는 식의 단순 욕망론은 변화된 시대 상황에서 더 이상 통할 수 없었다. 본질적으로 사대부들의 '마음 비움'이 세상 경륜을 위해 절대적으로 요청되었다 하더라도, 같은 맥락에서 인민의 욕망까지 극도로 차단하면서까지 작동된 '삼강'과 같은 지도 시스템이 통할 수 있었을까?

이런 문제를 제기한 대표적인 경우는, 바로 명대 중기 혹은 명·청 교체기에 대두된 반도학적(反道学的) 움직임이었으며, 이런 사상적 배경에서 나온 것은 역시 이미 살펴본 대로, 천리자연(天理自然: 자연적 측면으로서의 천리)과 인욕자연(人欲自然: 자연적인 측면으로서의 인간의 욕망)이었다. 같은 맥락에서 우리나라의 근대 사상을 선도한 최한기는 물질에 대한 욕망에 대해 견해를 밝히면서 유교적 가르침에 대해 성찰하였다.

> 물질에 관한 욕망을 제거하는 데에만 힘쓰는 것은 사물에 대한 욕망을 통하여 그 도를 구명하는 것만 못하다. 재물과 여색과 벼슬은 물욕 중 큰 것이지만, 역시 기의 운화(運化)에 관련된 일이다. 때가 아직 되지 않았고 힘도 모자라서 사람을 해치고 법을 어긴다면, 그런 것은 행할 수도 없고, 생각하는 것조차 무익하다. 이런 점을 생각하지 않고 망령되이 저지르는 사람은 논의할 필요가 없다. 만약 생각이 여기에까지 이른다면, 비록 억지로 베풀려고 해도 불가능하다. 진실로 할 수 있는 방법을 강구하여 실천할 수 있게 한다면, 무엇을 안 된다고 할 수

> 있겠는가? 옳지 못한 방법으로 얻은 재물과 여색과 벼슬을 가리켜 물욕이라 하는 것이니, 정당한 방법으로 얻은 재물과 여색과 벼슬이라면 무슨 까닭에 제거하기에만 힘써 인사를 없앨 수 있겠는가? 사람이 가진 도리에 재산을 이루는 자본이나 백성을 다스리는 벼슬이 없을 수 없으니, 당연히 백성이 옳은 방법으로 그것을 얻도록 가르치고, 옳지 않은 방법으로 영위하고 구득하는 것을 금해야 한다. 바로 이로 인해 운화의 가르침이 치우침 없이 '중(中: 중용 상태)'을 유지될 수 있다. 비례물시(非禮勿視: 예가 아니면 보지 말 것)·비례물청(非禮勿聽: 예가 아니면 듣지 말 것)·비례물언(非禮勿言: 예가 아니면 말하지 말 것)·비례물동(非禮勿動: 예가 아니면 움직이지 말 것)이라는 공자의 '극기(克己: 자신을 이겨내는 일)'에 대한 가르침은, 그 정신이 오로지 '비(非: 아니다)'와 '물(勿: 말아라)'이라는 두 글자에 담겨 있으니, 이는 후세에서 말하는 바와 같이 사욕(私欲: 사적인 욕망)을 제거하자는 뜻이 아니다.[335]

최한기는 여기에서, '극기'의 중요한 정신은 '아닌 것'을 '하지 말라'는 것이지, 개인의 욕망을 원천적으로 금지하는 것은 아니라고 피력하고 있다. 그는 운동 변화의 관점에서 유연하게 욕망에 관하여 접근하자는 입장에 서 있었다. 그가 보기에, 재물이나 여색이나 벼슬 같은 사회적 욕망은 인간에게 피할 수 없는 것이었다. 다만 운화에 해당하는 일이므로 정당한 방법을 찾는 것이 중요하다고 보았다. 때와 역량, 타인에게 해를 끼치거나 법에 저촉되는지 여부, 실천의 가능성,

335) 崔漢綺,『人政』卷11 敎人門[四]「除物欲」, 務除物欲, 不如因物欲而究明其道, 貨色科宦. 物欲之大者, 而亦是運化中事, 時未至力不及, 害於人違於法者, 行之不得, 思之無益, 不念此而妄作者, 不須論也. 若念到於此, 雖欲强施而不可得也. 苟究可得之道, 而行之得之, 熟(孰)謂不可哉. 不以道之貨色科宦, 謂之物欲, 以道之貨色科宦, 豈可務除而廢人事乎. 人之有道也, 不可無濟産之資治民之官, 則當敎民以道得之, 禁其不以道營求, 乃是運化敎之得中也. 克己之訓, 精神在於非勿二字, 非後世除私欲之意也.

사고의 유익함을 논할 수는 있겠지만, 가능한 방법을 찾아 실행에 옮길 수 있다면 막을 수 없다는 것이었다. 운화의 교훈에 비추어 중용의 방법을 찾는다면, 그 같은 욕망은 거부하지 말아야 한다는 것이 그의 입장이었다.

같은 의미에서 공자가 말한 '극기복례'의 '극기'도 주자학의 입장에서처럼 '사욕을 이겨내는 것'으로 보지 않았다. 비례물시·비례물청·비례물언·비례물동이라는, '극기복례'로 나아가는 데에 필요한 세부적인 것들은, 그 취지가 오로지 '아닌 것을 하지 않는 것'이지, 주자학적 세계관에서 말하듯이 '욕망의 제거'를 뜻하는 것이 아니라는 점을 분명히 했다.

최한기는 '기(己)'를 개인의 욕망으로 풀이한 주자학적 입장에 간접적으로 반대했다고 할 수 있다. '아닌 것을 금지하는 나'에 주목한 것이다. 그는 시대 상황으로 볼 때 '옳지 않은 것'을 '금지하는 일'에 주목해야지, 하나의 몸인 '나'를 또 다른 '나'로 대립시키는 일은 결코 바람직스럽지 않다고 설파했다. '나'라는 주체성이나 역동성이 전근대적 도덕론에 의해 억압되어서는 안 된다는 생각을 밝힌 것이다.

(2) 사물 실천의 주체로서 몸과 욕망 인식

욕망은 인간의 내면에서 한없이 만들어진다는 점에서 '생성'을 그 속성으로 한다. 이성주의 철학에서 욕망이란 사물을 소유하거나 접촉하려는 하릴없는 것이고, 그 끝을 알 수 없다고 여겼던 것과는 달리, 그것은 대외적으로 사물을 생성하기 위한 의욕일 수 있다. 욕망을 부정적으로 보려는 시각에 반해, 그것이야말로 일을 이룩하고 물건을 만들 수 있는 동력이라고 보았으니, 이는 명대 중엽 이후 두드러진 문제제기였다.

욕망을 이치에 편입시키려는 움직임은 '동아시아적 근대성', 즉 자본주의의 맹아와 관련되는 것으로, 그것 없이는 도덕적 현안이나 사물의 이치를 실현할 수 없다는 의식의 반영이었다.

우리는 이미 앞에서 '사(私)'가 사물에 마음이 가게 하는 계기라고 인식한 이지의 견해를 살펴보았거니와, 같은 입장에서 진확은 "욕망은 사람의 마음에서 생동하는 의지로서, 온갖 '선'이 이로부터 생겨난다."[336]라고 했다는 것도 살펴보았다. 그들은 욕망에 대한 부정적 이미지를 불식하고, 그것은 대외적으로 무엇인가를 이룩할 수 있는 잠재력이라고 인식한 것이다.

청나라 초기에 안원이나 이공도 이 같은 입장에 섰다. 그들은『논어』「안연」1장에 나오는 '극기복례(克己復禮)'의 '기(己)'와 '위인유기[爲仁由己: 인(仁)의 실천은 나로부터 말미암음]'의 '기'에 대해, 주희가 전자를 '사욕'으로 보고 후자를 주체적 자아로 파악한 것과 견해를 달리했다. 그들에게 전자의 '기'는 모두 인(仁) 실천의 주체를 의미하는 '나'였다. 극기는 바로 몸을 단속하는 것, 곧 약신(約身)이라고 보았다. 몸을 잘 컨트롤하여 시청언동(視聽言動)의 행동이 조리에 맞게 하는 것이었다.[337] 대진도 역시 "성인은 '무사(無私)'이지만 '무욕(無欲)'은 아니다."라고 하여, '기'를 사욕으로 간주하면서 욕망을 부정한 주자학적 입장을 비판했다. 이는, '기'는 세상에서 무엇을 실현할 수 있는 고귀한 '주체성'일 수도 있다는 점을 지적한 것이다.

황종희의 스승인 유종주(劉宗周, 1578~1645)는 좋은 욕망, 이른바 양

---

336) 陳確,『陳確集』「無欲作聖辨」, 欲卽是人心生意, 百善皆從此生.

337) 戶川芳郎·蜂屋邦夫·溝口雄三 지음, 조성을·이동철 옮김,『유교사』, 이론과실천, 1990, 346~347쪽 참조.

욕(良欲)을 말하였다. 그는 "좋은 욕망은 성품에서 나온다."[338]라고 하여, 욕망에 대한 양명적 경계심을 늦추지 않는 모습을 보이기는 해도, 왕수인이 욕망을 전적으로 배척할 것을 주장한 것과는 약간 달리, 욕망의 성품적인 근원성, 즉 긍정적 측면을 놓치지 않으려 하였다.

이후 대진은 "모든 것이 욕망에서 나오니, 그것으로써 살고 몸을 기르지 않는 것이 없다."[339]라고 하여, 욕망이란 인간의 모든 대상에 대한 의욕으로 풀이하거나 양생(養生)의 수단으로 여겼다. 만일 욕망을 제거하면, 삶을 기르는 도(道)도 역시 폐지된다. 삶을 기르는 도가 욕망으로부터 나올 뿐만 아니라, 모든 도덕도 다 욕망에 근원을 두고 있다. 따라서 만일 근본적으로 욕망이 없다면 덕도 있을 수 없다. 인(仁)하지 않은 것은 본래 자신의 삶을 충족시키고자 하는 마음에서 유래하지만, 인도 실제로 그 자신의 삶을 충족시키고자 하는 마음에 기초를 두고 있다. 만약 근본적으로 그 자신의 삶을 충족시키고자 하는 마음이 없으면, 인도 있을 수 없다는 것이다. 인뿐만 아니라 의(義)·예(禮)·지(智)도 역시 모두 욕망에 기초하는 것이지, 욕망의 밖에 있는 것이 아니라는 것이다.

이보다 한 걸음 더 나아가, 정약용(丁若鏞, 1762~1836)은 욕망이나 욕심은 세상의 온갖 일을 해낼 수 있는 기제라고 인식하였다. 그는 이렇게 말한다.

> 장자는 "욕망을 심하게 즐기는 사람은 아마 천기가 누설될 것이다."[340]라고 하였다. 생각건대, 우리의 영체 안에는 본래 '원욕(願欲)'이

338) 戴璉璋·吳光 주편, 『劉宗周全集』(2책), 臺北, 中央研究院中國文史哲研究所 籌備處, 1986, 374쪽, 生於性, 良欲也. 참조.

339) 戴震, 『孟子字義疏證』「理」, 凡出於欲, 無非以生以養之事.

340) 『莊子』「大宗師」.

라는 하나의 실마리가 있다. 만약 이 '욕심(욕망하는 마음)'이 없다면, 이 세상의 온갖 일들을 해낼 수 없다. 다만 이익에 밝은 사람이라면 욕심이 이록(利祿)에서 관철되고, 의에 밝은 사람이라면 욕심이 도의에서 관철된다. '욕망'이란 지극한 것이니, 두 경우 모두 몸을 죽여 관철시키더라도 후회가 없다.[341]

정약용은, 맹자가 말한 "마음을 기르는 일에서 욕망을 줄이는 것보다 좋은 것이 없다."에 대한 해설에서, 이록을 관철시키거나 도의를 밝혀 실천하는 원동력으로서의 '욕망'을 언급하고 있다. 욕망을, 이록을 추구하려는 것과 도의를 추구하려는 것의 두 갈래로 나누었는데, 그것들 중 이록을 추구하려는 것이 나쁜 것, 즉 악한 것이라고 표명하지는 않았다. 도의의 실천에 방점을 둔 것으로 보이지만, '욕심' 즉 욕망하는 마음을 단순히 긍정적인 측면과 부정적인 측면의 두 갈래로 사유하고 있었다고 보기는 어렵다.

어떻든 내면적 '동력'으로서의 욕망을 파악하고 있었던 것은 분명해 보인다. 그렇다고 할 때 정약용에게 욕망이란 '욕동(欲動)'이라고 해석해도 무방하지 않을까 싶다. 무엇인가 막연하게 '정적으로' 바라기만 한다면, 그것은 실천력으로 이어질 수 없을 것이다. 선악의 문제는 차치하고, 도의든 이록이든 현실화될 수 있는 기틀을 '욕망'으로 인식한 것으로 생각된다. 이에 정약용은 자신의 경험담을 말하면서, 욕망이 없이는 선이든 악이든 실천할 수 없다고 했다.

이른바 탐욕스런 지아비가 재물을 좇거나 열사가 명예를 추구하는

341) 丁若鏞,『經集』第二卷「心經密驗·心性總義」, '孟子曰養心, 莫善於寡欲'條: 莊子曰其嗜慾深者, 其天機淺. ○ 案吾人靈體之內, 本有願欲一端. 若無此欲心, 卽天下萬事, 都無可做. 唯其喩於利者, 欲心從利祿上穿去, 其喩於義者. 欲心從道義上穿去, 欲之至極, 二者皆能殺身而無悔.

> 것과 같은, 그런 부류의 사람들을 나는 만난 적이 있다. 그들의 마음은 가라앉은 듯이 욕망이 없어서, 선을 행할 수도 없었고, 악을 행할 수도 없었으며, 문사(文詞)를 지을 수도 없었고, 산업을 할 수도 없었다. 단지 천지간 물건을 버리는 일에까지 욕망이 없을 수 있을까? 맹자가 가리킨 것은 이록을 추구하는 욕망일 뿐이다.[342]

정약용은 재물을 추구하든, 공공의 이익을 위해 의리를 실천하든, 그 같은 성과를 이룰 수 있는 실천력, 즉 현실화할 수 있는 계기를 '욕망'이라고 보았다. 이는 간접적으로 도덕성의 보존을 목적으로 삼는 주자학적 수양론에 대한 성찰로 볼 수 있다. 다시 말하자면, 정약용은 욕망을 제거하여 이치를 보존한다는 것은, 그 자체가 이미 현실화의 문제이면서 동적인 측면인데, 어떻게 '정적인 상태'만을 가지고 할 수 있겠는가라는 문제를 제기한 것이다. 궁극적으로 도덕성을 실천하기 위해서도 역동성이 필요하다고 본 것이다.

이처럼 정약용은 의리의 실천력으로서의 욕망뿐만 아니라, 선악을 이루는 일·문사(文詞)를 짓는 일·생산업을 이루는 일 등등까지 가능하게 하는 욕망을 또한 제기하였다.

이렇게 함으로써 정약용은 이른바 '실학적으로' 나아가 현실 속에서 욕망에 관한 이론적 토대를 마련하였다. 도덕성의 추구에만 그치지 말고, 때로는 그 너머에 있는 물질적인 것을 추구하는 동력도 필요하다는 생각을 은연중에 드러냈다고 볼 수 있다. 대진이나 정약용의 생각에서도 나타나듯이, 최한기에게 욕망은 의욕과 같아서, 외부의

342) 丁若鏞, 『經集』 第二卷 「心經密驗·心性總義」, '孟子曰養心, 莫善於寡欲'條: 所謂貪夫殉財, 烈士殉名也. 余嘗見一種人, 其心泊然無欲, 不能爲善, 不能爲惡, 不能爲文詞. 不能爲産業, 直一天地間棄物, 人可以無慾哉. 孟子所指, 蓋利祿之慾耳.

사물을 성취하는 기틀이었다.

> 욕망이 없으면 하는 일이 없고, 욕망이 있으면 하는 일이 있으니, 욕망이 있는 가운데에 마땅히 선한 욕망인지 악한 욕망인지, 귀중한 욕망인지 천한 욕망인지를 분간해야 한다.[343]

이렇듯 일의 성과는 욕망에 달려 있으며, 다만 욕망의 결과가 문제라는 것이다. 인류의 문명 행위는 욕망을 통해 이루어지지만, 그것은 선과 악·귀중함과 천함의 구분이 있다는 것이다. 오늘날 천민자본주의라고 비판받는 경우를 상정해볼 수 있다. 타인을 전혀 의식하지 않고 자기의 이익만을 취하는 일, 남을 의식하지 않는 생활이나 격조가 없는 물질생활을 넘어서는, 이른바 '노블리제 오블리주'에 맞는 욕망의 실현을 최한기는 권장했다고 할 수 있다.

(3) '선'일 수도 있고, '악'일 수도 있는 욕망

1) 적절한 욕망은 '선'이다

과연 천리는 선이고 욕망은 악이라고 확정적으로 말할 수 있을까? 욕망이 선하거나 악하다고 단정할 수 있을까? 이것이 선이라고 할 때 저것이 악이 되고 마는 것과 같은, 그런 맥락에서 발생하는 개념 규정은 아닐까?

욕망을 둘러싼 근대적 사유에는 이 같은 고민이 담겨 있었다. 주지하다시피 연원적으로 '선'의 실재를 생각한 사람은 맹자이다. 반면

343) 崔漢綺, 『人政』 卷四 測人門[四] 行事「無欲有欲」, 無欲而無爲, 有欲而有爲, 有欲之中, 當分善欲惡欲貴欲賤欲.

'악'을 상정한 사람은 순자이다. 이 두 가지의 선악에 대한 관념적 실재를 수용하여 송명이학은 '포용적으로' '천리의 공(公)은 선이고, '인간 욕망의 사(私)는 악'이라는 패러다임을 형성했다. 이는 도덕에 부합하는 이성, 다시 말하면 도덕 합리주의의 각도에서 '이성'을 규정해 놓고, 그것을 실현하는 데 인간의 욕망은 장애가 된다고 여겨 경계해야 할 표적으로 삼았다는 것을 의미한다고 해도 틀리지 않다.

순자적 기계론자나 도덕 이성주의에서 보면 욕망은 악이다. 순자는 자연의 소산인 본성 자체가 악의 상태라고 생각했다. 여기서 교도·교육·제도와 같은 사회적 장치의 필요성이 제기되었다. 즉 선의 상태로 인도하려는 인간적 노력이 요구된다는 것이다.

송명이학의 합리주의에서도 욕망은 역시 악이다. 욕망은 천리와 마찬가지로 자연스럽지만, 정의와 이익 혹은 공(公)과 사(私) 같이 대립적 관계에서 악의 편이다. 이에 선(善)의 상태인 천리를 회복하려는 인간의 수양이 요구된다.

욕망의 '선한 측면'과 관련하여, 맹자도 "욕망할 만한 것은 선이다."[344]라고 하였다. 욕망해도 되는 것을 설정해 놓은 것이다. 욕망은 불가피한 것이며, 또한 바람직한 것일 수도 있다는 가능성을 열어 놓은 셈이다. 더욱이 맹자는 '과욕'을 말하면서, 그것이 '마음을 기르는 데 최선의 방법'이라고 한 것으로 보아, 수양의 필요성도 제기했다고 할 수 있다.

명대의 나흠순은 종욕(縱欲: 방종한 욕망)을 악으로 보았다. 그리고 욕망이 지닌 선과 악이라는 두 측면 모두를 조심스럽게 접근하였다.

344) 『孟子』「盡心章句下」 25장, 可欲之謂善.

> 사람에게는 욕망이 있으니, 본디 하늘에서 나온 것이다. 아마 필연적이어서 그만둘 수 없는 측면이 있으며, 게다가 당연하여 바꿀 수 없는 것도 있다. 그만둘 수 없는 것에 관한 것이라면 모두 당연한 법칙성에 어울리니, 어디에 간들 '선' 아니겠는가? 오직 정욕(情欲)을 제멋대로 방종하듯이 하고도 반성할 줄 모른다면, 이것이 '악'이다. 전대의 유학자들이 대부분 '인간의 욕망 제거'와 '인간의 욕망 막기'를 말한 것은, 아마 그 휩쓸림을 막아 내기 위해서였을 것이니, 엄격하게 하지 않을 수 없었다.[345]

욕망은 자연적인 것이고 필연적인 것이라서 포기할 수 없다고 표명한 것이다. 욕망을 그저 나쁜 것으로만 여기기보다는, 그 휩쓸림을 문제 삼아야 한다고 하였다. 즉 무작정 부정적인 것으로만 여길 게 아니라, 그것을 실현할 때 방종하지 말고 중용의 방법을 택하라는 것이다.

2) 욕망은 기본적인 것으로, 나와 타자에게 함께 기여하면 선이다

명말의 이지나 진확은 욕망이 없으면 천리가 실천될 수 없다고 보았다. 그것은 사물 실현의 가능태로, 온갖 선이 그로부터 나온다고 보았다. 앞에서 이미 살펴보았듯이, 진확은 "천리는 바로 인간의 욕망으로부터 나오는데, 인간의 욕망이 좋은 것이면 천리이다."[346]라고 하면서, "욕망은 사람의 마음에서 생기는 의욕으로서, 온갖 선이 이

345) 羅欽順, 『困知記』 卷下, 夫人之有欲, 固出於天, 蓋有必然而不容已, 且有當然而不可易者. 於其所不容已者而皆合乎當然之則, 夫安往而非善乎? 惟其恣情縱欲而不知反, 斯爲惡爾. 先儒多以"去人欲""遏人欲"爲言, 蓋所以防其流者, 不得不嚴.

346) 陳確, 『陳確集』 「無欲作聖辨」, 天理正從人欲中見, 人欲恰好處, 卽天理也.

로부터 생겨난다."[347]라고 하였다. 유종주는 "양욕(良欲)은 성품에서 나온다."[348]라고 하여, 좋지 않은 욕망도 있다고 인정하였다.

근대기에 이르면, 욕망의 좋은 측면은 인간의 노력에 달려 있고, 그 노력에 따라 선과 악이 갈린다고 인식하였다. 조선의 최한기는 "선한 욕망과 귀중한 욕망은 인도(人道) 가운데 유익한 곳에 쓰이므로, 오히려 용맹스럽게 추진하지 못할까 두렵고, 악한 욕망과 천한 욕망은 단지 자기의 이익만 위하고 남의 피해는 돌보지 않는 것이므로, 기꺼이 제거해야 한다."[349]라고 하였다. 중요한 것은 욕망에 대해 경직된 눈으로 바라볼 것이 아니라, 운동 변화의 관점에서 유연하게 접근하라는 것이다.

> 사람의 습관에는 선악의 차이가 있어서, 성품이 뒤바뀌어 펼쳐져 맑음과 탁함으로부터 굳셈과 부드러움에 이르고, 굳셈과 부드러움으로부터 선악에 이르니, 어찌 이 사이에 서로 어긋나고 달라지는 것이 없을 수 있겠는가?[350]

최한기는 욕망이 운화를 따르느냐의 여부에 의해 선과 악이 갈린다고 인식하였다. 그는 성품·감정·욕망을 둘러싼 선악의 문제를 선천적인 것으로 규정하지 않았다. 중국의 담사동은 "세상 사람들은 천리를 선하다고 하며, 인간의 욕망은 악하다고 하지만, 사람의 욕망이

347) 陳確, 『陳確集』「無欲作聖辨」, 欲卽是人心生意, 百善皆從此生.

348) 戴璉璋·吳光 주편, 『劉宗周全集』(2책), 臺北, 中央硏究院中國文史哲硏究所 籌備處, 1986, 374쪽, 生於性, 良欲也 참조.

349) 崔漢綺, 『人政』 卷四 測人門[四] 行事「無欲有欲」, 善欲貴欲, 可用於人道之有益, 猶恐其不勇進, 惡欲賤欲, 只爲自己之利, 不顧在人之害, 當喜其除却也.

350) 崔漢綺, 『推測錄』 卷3「推情測性·性習有遷」, 人所習, 有善惡之殊, 而性之翻譯, 自淸濁而至剛柔, 自剛柔至善惡. 安得無這間差繆.

없이 어떻게 천리가 있겠는가?"라고 반문하면서, 망령되어 천리와 욕망을 구분하는 세태를 비판하였다. 그런 그는 천리도 선이고 인간의 욕망도 선이라는 견해를 나타냈다.[351] 이는 성리학적 도덕 이성주의를 직접적으로 비판한 것이다. 담사동은 본원 유가에서도 이런 견해를 취하지는 않았다는 입장을 보였다.

그는 "공자는 '인간의 성품은 서로 비슷하나 습관에 따라 서로 멀어진다.'[352]라고 하였다. 습관에 따르다가 나중에 '악'이라는 이름이 있게 된다. 악이 이미 이름으로 굳어졌고, 이름도 또한 관습에서 생겼으니, 결코 본질적으로 '악'이란 없다는 것을 알 수 있다."[353]라고 하여, 인간의 행위에 선과 악을 지나치게 들이대는 세태를 비판하였다. 같은 맥락에서 담사동은 "예도 음식에서 시작되었는데, 몸을 망치면서까지 '탐욕'을 부리게 되는 것도 바로 이 음식이지만, 그렇다고 이것을 경계한답시고 음식을 폐기처분하였다는 말은 듣지 못했다. 그렇다면 음식에 선하지 않음은 없다."[354]라고 하여, 예를 지나치게 강조한 나머지 기본적인 요구마저 이념적으로 침해하는 세태를 역시 비판하였다.

그는 "백성은 재화로 사는데, 그 '탐욕'을 부려 강탈하는 것이 이 재화 때문이라고 해서, 이런 일을 경계하느라 재화를 제거했다는 얘기를 듣지 못했으니, 재화에 선하지 않음은 없다. 망령되이 기뻐하거나 노여워함을 선하지 않다고 하지만, 칠정엔 즐거움과 노여움이 없

351) 譚嗣同, 『仁學』 上篇 9장, 世俗小儒, 以天理爲善, 以人欲爲惡, 不知無人欲, 尙安得有天理! 吾故悲夫世之妄生分別也. 天理, 善也; 人欲, 亦善也. 참조.

352) 『論語』「陽貨」 2장, 性相近也, 習相遠也.

353) 譚嗣同, 『仁學』 上篇 9장, 孔子曰: "性相近, 習相遠." 沿於習而後有惡之名. 惡旣爲名, 名又生於習, 可知斷斷乎無有惡矣.

354) 譚嗣同, 『仁學』 上篇 9장, 禮起於飮食, 而以之沈湎而饕餮者, 卽此飮食也; 不聞懲此而廢飮食, 則飮食無不善也.

을 수 없다. 단지 부당한 경우에만 선하지 않다고 지적될 수 있을 뿐이지, 기뻐하거나 노여워함이 악은 아니다."[355]라고 하여, 최한기와 마찬가지로 욕망의 선악 여부는 일정 부분 인간 행위의 결과에 달려 있다고 보았다. 그렇게 함으로써 그는 도덕 이성을 추구하다 인간의 감정적 측면의 욕망을 억제하여 자칫 물질 활동이 갖는 합리성의 추구마저 위축시킬 수 있다는 우려를 강력하게 표명하였다.

엄복은 즐거움과 고통을 인생의 궁극적 경계로 삼고, 그 기준에서 선악을 논하였다. "즐거우면 선이고 고통스러우면 악이다. 그러므로 선악은 '고통이나 즐거움'에 비견되는 것이다. 전에 내가 서양의 통계학이, 옛날로 거슬러 올라가 적용해도 사람 사는 이치나 법칙을 정교하게 정의했다고 말한 것도, 역시 두 가지 이점을 분명히 하는 것을 참된 이익으로 삼았기 때문일 따름이다."[356]라고 하였다. 그리하여 엄복은 결과로 나타나는 면모를 통해 사물을 판단하자는 공리주의(功利主義)의 각도에서 선과 악의 문제를 접근하자고 하였다.

손중산(孫中山: 孫文)은 "인류의 사상은 이기적이거나 이타적인 것이라고 말할 수 있다."[357]라고 하였다. 그는 동물성과 이기심은 악의 연원으로, 이것은 인류 진화의 장애물이고, 인성(人性)과 이타심은 '선'의 근원으로, 인류 진보의 동력이라고 보았다.[358] 그리하여 타인에게 이익을 주려는 마음을 권장했는데, 이는 다분히 혁명가적인 견해라고 할 수 있다.

355) 譚嗣同,『仁學』上篇 9장, 民生於貨財, 而以之貪黷而劫奪者, 卽此貨財也; 不聞戒此而去貨財, 則貨財無不善也. 妄喜妄怒, 謂之不善, 然七情不能無喜怒, 特不當其可耳, 非喜怒惡也.

356) 赫胥黎 저, 嚴復 역,『天演論』,「導言十八 新反」臺灣商務印書館, 1987, 48쪽, 樂卽爲善, 苦卽爲惡, 故曰善惡是苦樂也. 前吾謂西國計學爲亘古精義人理極則者, 亦以其明兩利爲眞利耳.

357) 孫中山,『三民主義』「民權主義第三講」, 人類的思想, 可說一種是利己的, 一種是利人的.

358) 徐順敎·季甄馥 主編,『中國近代倫理思想』, 華東師範大學出版社, 1993, 152~153쪽 참조.

6. 근대의 내적 공간과 욕망 인식

(1) 근대적 주체성과 욕망

1) 자연관의 근대적 전회: 내가 역사의 주체다

서구적 근대 이성은 시간에 대해서도 물질의 관점에서 접근한다. 그렇지만 중국이나 한국의 경우는 19세기 중반 또는 후반까지도 음과 양은 교대된다는 식의 순환적 자연관에 머물며 인간의 질서를 고민하고 있었다. 그러는 사이에 물질의 관점에서 세상을 바라본 서구적 모더니티, 곧 이성주의는 제국주의와 식민주의로 변하여 동아시아의 정적인 고요를 깨트렸다. 그것을 표현하는 말이 바로 '서세동점(西勢東漸)'이나 '서구충격(西歐衝擊)' 등이었다.

이에 지식인들은 하늘이 모든 것을 부여하였다는 식의 천명적 자연관에서 벗어나려는 움직임을 보였다. 농업 생산에 기초한 단순한 존재 방식을 채택하던 시대와 달리, 외적 상황에서 이치를 찾으려고 한 것이다. 천명·천도·도리와 같은 형이상학적이면서 도덕론에 그치는 인간론에 회의를 갖게 된 것이다. 여전히 주자학적 이법 중심의 세계관에 따라 세상을 설명하고 경세를 외치는 풍토에 일대 반성적 담론을 전개하였다.

정치적으로는, 성리학적 이념을 만고불변의 통치 기준이라고 선전하면서 일반 대중에게 '도리'를 앞세워 정신을 중요시하고 몸의 의미를 타자화하는 금욕주의는 역동적인 세계적 상황에 맞지 않는다고 각성한 것이다. 성리학의 전성기를 구가한 주자의 생몰 연도를 상기하자면, 그는 1130년에 태어나 1200년에 세상을 떠났다. 동아시아 지성사에 길이 남을 그는 사대부의 나아갈 길, 즉 도덕 이성을 보편화하는 데 온 힘을 쏟았다. 공자가 제시한 인간의 길을 『사서집주』를 통해 학문적으로 정립함으로써, 모든 욕망에 앞서 '이치'의 실현이 최우선이라는 이론 체계를 집대성하였다. 요즈음으로 말하자면, 지도자의 갈 길에 관해 사서(四書)를 기본서로 하는 정치 입문서의 정초(定礎)를 다졌다고 할 수 있다. 거기에서 인간에게 끊임없는 내면의 도야나 수양은 너무나도 귀중한 것이었다.

이런 점에서 유가 철학은 지도 계층이 실천해야 할 도덕론이었으며, 참다운 인간성 향상을 위한 꾸준한 노력은 아무리 강조해도 모자랄 만큼 중요한 것이었다. 마치 무엇인가를 깨끗하게 닦듯이 마음을 닦아야 하며, 또한 그 일은 항상 해야 하는 것이었다. 이것이 바로 사람 앞에 선 지도자의 길이며, 그 길을 가는 일, '도'를 이행하는 일은 역시 무엇보다 중요한 정치 지도자의 과제였다.

그런데 그 길은 다름 아닌 백성의 삶을 배려하는 '인(仁)'의 길이다. 따라서 그 길은 일반 백성의 복지를 향한 만고불변의 것일 수 있다. 그렇지만 세상을 설명해 줄 수 있는 진리가 되기에는 이미 한계가 있었다. 만고의 가르침이 되기에는 시대 상황이 너무나 변했기 때문이다. 그 길을 송명이학에서는 '이치'로 설명하려고 노력했지만, 그 이치라는 것도 그 시대의 상황을 반영하고 있는 '존재 방식'에 불과한 것이므로, 다른 시대에도 여전히 보편적으로 통용되기에는 시·공간성을 결여하고 있었다. 선험적·이념적으로나 이론상으로는 통용될 수 있을지 모르지만, 경험적 혹은 객관적으로는 증명된 적이 없었다.

중국뿐만 아니라 한국의 근대적 상황도 성리학이 연원적으로 제창되던 시기와는 또 달랐다. 새로운 길을 모색할 때가 온 것이었다. 시기적으로 서세의 충격이 있었던 만큼, 동아시아의 지역 상황에 맞는 길을 고민하지 않을 수 없었다고 할 수 있다.

이에 따라 자연관도 변화하게 된다. 신비적·선험적·관념적 실재인 '하늘'에 대해 '숭고함'을 부여하기에는 시대 상황이 크게 변했던 것이다. 오히려 경험론적이고 기계론적인 각도에서 물리적으로 사물을 보려고 했기에, 형이상학적 신비주의는 뒷전으로 밀리게 되었다.

그리하여 이때의 자연관은 중국 고대의 순자적인 경향성에 가까웠다. 고전 철학에서 한 획을 그은 순자는 "하지 않아도 이루어지고 구하지 않아도 얻어지는 것, 이것을 일컬어 천직(天職)이라 한다."[359] 라고 하여, 물리적 자연 상태를 인간 바깥의 것이라고 인식하였다. 그런 사유가 근대적 자연관에 나타난 것은 시대 상황이 경험적으로 사물을 인식할 것을 요구했기 때문일 것이다, 주지하는 바와 같이, 순자가 주장한 천인(天人) 분리의 자연관이란, 자연이나 인간 모두 각기 특정한 직분이나 직능을 갖고 있다는 것이다. 그에게 천직, 즉 자연적인 자기 직분은 이미 신의 뜻이 아니고 인위(action)도 아닌, 자연계 자체 역량의 결과였다. "천지가 합하여 만물이 생기고, 음양이 접촉하여 변화가 일어나는 것이다."[360] 여기에서는 사람에게도 상대적으로 직분이 있게 된다. 이른바 인분(人分)이란 것이 있어서, 그 직분을 최대한 활용할 것이 인간에게 요구된다. 인간에 불리한 자연 조건에 대해서는 극복해 내려는 의지가 요구된다. 우연의 일치인지는 모르겠지만, 중국이 근대 전환기와 아편전쟁기에 접어들 즈음 생을 마감한 공자진도 그 같은 사유를 진행했다. 그는 이렇게 말했다.

천지는 사람이 만든 것이고, 여러 사람이 스스로 만든 것이지, 성

359) 『荀子』「天論」2장, 不爲而成, 不求而得, 夫是之謂天職.
360) 『荀子』「禮論」14장, 天地合而萬物生, 陰陽接而變化起.

인이 만든 것이 아니다.[361]

중국의 전통 철학에서 순자의 물리적 자연관과는 달리, 공맹의 유학에서부터 성리학에 이르기까지, 인간에게 선천적으로 부여된 것은 천명이자 사명으로 인식되었다. 그것은 도덕적 형이상학의 관념적 실재로서, 그 자각이 인간에게 요구되었다.

그러나 근대 전환기의 철학은 이 같은 일련의 신비주의적 사유에서 벗어났다. 자연이나 성인에 대한 인식을 바꾼 것이다. 천지는 사람이 만든 것이며, 보통 사람들이 세계의 중심에 있다고 보고, 성인의 존재를 부정하였다. 이 같은 생각을 가진 공자진은 이렇게 말했다.

> 보통 사람의 주재는 도(道)도 아니요 태극도 아니니, 스스로 이름하여 '나'라고 한다. '나'의 안광(眼光)이 해와 달을 만들고, '나'의 힘이 산천(山川)을 만든다. ……'나'의 기운이 천지를 만든다.[362]

당초 명대에도 왕간(王艮, 1483~1541) 같은 양명 사상가들은 "우주는 나에게 있다."[363]라는 명제를 통해 인간의 주체성을 표방한 바 있지만, 공자진 같은 사람은 근대 시기에 좀 더 강력하게 '나'를 역사의 주체로 인식하였다. 직관론에 의거하여, 관념론적 실재를 인정하는 세계관에서 거의 벗어난 것이다. 그에게 진리의 주체는 '인간인 나'였으며, 동아시아 문화사에서 오랫동안 선전되어 온 '도'가 아니었다. 물론 성리학에서 말하는 세계의 존재 근원인 태극도 역시 아니었다. 나의

361) 龔自珍, 「壬癸之際胎觀第一」, 天地, 人所造, 衆人自造, 非聖人所造.

362) 龔自珍, 앞의 글, 衆人之宰, 非道非極, 自名曰我. 我光造日月, 我力造山川, ……我氣造天地.

363) 王艮, 『王心齋全集』 권1, 「年譜」 17쪽, 金守中, 「陽明學의 '大同'社會 意識에 관한 연구」, 서울대학교 박사학위 논문, 1991, 121쪽 참조.

빛이 자연계의 중요한 요소인 해와 달을 만들고, 나의 힘이 산천을 만들었다는 것이다. 이는 인문주의의 근대적 전환이라 할 수 있다.

후외려(侯外廬)가 평가하기를, 공자진은 봉건제도의 죄악을 밝혀낸 후에 '변통'의 견해를 제시할 수 있었다고 했는데, 이 점은 '유신 변법의 전제'가 되었다. 더욱이 그의 근대 자본주의 이론의 전개 과정에는 진보적인 면이 있었는데, 그 초기에는 인문주의 혹은 개인주의 사상을 수용할 것을 요구하며 상당 부분 심리학적 분석에 착수하였다. 그런 측면은 루터의 종교개혁 사상이나 루소의 천부인권설과 유사하다고 하면서, 공자진을 마틴 루터라고 평가하였다.[364] 공자진과 같은 사상적 흐름을 유지한 위원(魏源, 1794~1857)은 "사물은 반드시 '나로부터' 근원한다."[365]라거나 "조화(造化: 만물의 생성과 변화)는 나로부터 세워진다."[366]라고 하였다.

강유위는 "온 우주의 사물은 나에게 갖추어져 있다."[367]라거나, "천지는 내가 세우고, 온갖 변화는 내가 일으키며, 우주는 나에게 있다."[368]라고 말하기에 이른다. 담사동은 "자강(自强)이라는 것은 '스스로'를 강화하는 것일 뿐이다. 자강이 스스로를 위하는 것임을 알고, 이 한 가지 지혜만으로도 충분함을 뉘우친다면, 하물며 남에게까지 책임을 전가(轉嫁)하고자 할 것인가? 지금 자강책에 관하여 세상 사람들이 늘 말하는 기준으로 내가 말할 겨를은 없다. 그 지극한 요체(要締)를 논해 보아도, 역시 스스로에게서 구할 뿐이다."[369]라고 하여, '나

364) 侯外廬, 『中國思想通史』(5卷), 人民出版社, 1955, 656쪽 참조.

365) 魏源, 「皇朝經世文編敍」.

366) 魏源, 『默』上』, 「學篇二」.

367) 康有爲, 『諸天講』, 「自序」, 諸天之物, 皆備于我.

368) 康有爲, 『戊戌輪舟中絶筆及戊吾跋後』, 天地我立, 萬化我出, 宇宙在我; 易升運, 『西學東漸與自由意識』, 湖南人民出版社, 1988, 47쪽 참조.

369) 譚嗣同, 『仁學』, 上篇 44장, 今夫自强之策, 其爲世俗常談者, 吾弗暇論; 論其至要, 亦惟求諸己而已矣.

로 말미암고', '스스로', '스스로에게서'와 같은 표현을 통해 자아의 주체성을 강조하였다.[370]

시간적으로는 1840년대 초기의 아편전쟁 전후부터 19세기 말인 1898년의 무술변법 유신 무렵에 이르기까지, 그리고 공간적으로는 서구가 동아시아를 넘본 이른바 '서구 충격'의 과정에서, 중국의 세계인식—중국이 세계의 중심이라는 천하 사상—과 세상 접근법이 크게 문제되었다. 나아가 그 인식의 주체로서 인간의 중요성 또한 대두되었고, 역사의 동력 주체로서 '나'는 더욱 부각되었다.

2) 자아, 마음 경지의 중요성 인식

송명이학의 사유체계에서는, 외부의 자극에 흔들리는 정·감정·감성은 자연의 이치를 체현한 '성(性)'이라는 순수이성의 존재를 방해하는 운동성의 요소들이다. 따라서 매우 조심스럽게 내면적 수양을 통해 외적이고도 비도덕적인 요소에 유의하지 않으면 안 된다. 따라서 거기에는 인간의 주체성·역동성이 존재할 공간이 비좁다. 우주에 산재한 개인·국가·세계 등 수많은 존재자들은 도덕적 천리에 종속되어 정적 상태(static state)를 유지할 때 비로소 이성적인 것이 된다.

그리하여 그 같은 관념적 사유에서는 외적 사물을 향한 나의 주관성이나 역동성을 요구하는 근대 합리성의 가치는 무의미한 것이 된다. 이런 가르침의 패러다임에서 조선과 중국에서는 모두 삼강오륜이 강조되고 있었다. 물리가 아닌 도덕적인 측면에서 지나치게 의리를 강조하는 민족 동질성은 왕조 체제 속에서 요구되고 있었다. 물러설

370) 이명수, 「로컬적 주체성과 역동성의 경계로서 근대적 자아-중국 근대 유가 철학의 자아 사유를 중심으로-」, 『유교문화연구』 제16집, 성균관대학교 동아시아학술원 유교문화연구소, 2010, 260~261쪽 참조.

줄 모르는 중화주의적 동질성과 문명적 우위로서 동아시아적 아이덴티티를 주장하기 위한 이념적 도구로서 주자학적 리더십은 여전히 빛을 발하고 있었다.

그런 상황에서 뜻 있는 사람들은 인민이나 국가나 할 것 없이 모든 사물 존재의 방향성에 대해 현실적으로 고민하고 비판하는 단계에 접어들게 된다. 인간의 '몸'에 대해서도 수양의 대상이 아니라 외적 교섭을 통해 삶을 영위할 수 있는 수단으로 여긴 것이다. 몸이란 마음을 실음으로써 세상을 바꾸는 것임에도 불구하고, 보편적 선을 이룩하기 위하여 '바깥 사물'과 그것을 격리하라고 한다면, 그런 이론은 무너질 수밖에 없었다. 도덕 이성주의 철학에서 "마음이 몸을 주재(主宰)한다."라거나 "경(敬)이 마음을 주재한다."라고 한, 그런 내면적 추구는 격동기에 '세계를 주재하는 방법'이기에는 이미 불충분한 것이 되어 버렸다.

전통적 시각에서 보면, '나'는 도덕적 자아이거나 그 주체이다. 그러나 근대적 이성을 요구하는 시기에는 거기에 그치지 않고 물리적·상황적 현안 처리에 좀 더 적극적이고 주체적인 '나'가 요구되었다. 이런 의미에서 바로 중국 근대의 사상가들은 자연[天]과 인간[地], 이(理)와 기(氣), 의(義)와 이(利), 본성과 감정, 본성과 욕망, 도(道)와 기(器)의 관계를 상호 소통적이고 대화적인 관계로 인식하고 사물을 보는 '나'를 요구하였다. 따라서 도덕 합리성을 실현하는 데에 장애 요소로 인식되었던 정감이나 욕망의 측면도 '나'를 형성하는 중요한 요소이며, 그것은 나로 하여금 외적 세계의 실현을 가능하게 하는 것으로 인식하였다. 여기에서 대상을 인식하고 성취하는 '나'의 마음이나 의지가 또한 매우 중요하다는 것을 인정하게 된다.

명대 중기의 왕동(王棟, 1502~1581)은 "의(意)는 마음을 주재한다."

라고 하였다. 유종주(劉宗周, 1587~1645)는 "의(意)를 마음에 존재하는 것"[371]으로 여겨, 인간 의지의 운동성에 역시 주목하였다. 같은 맥락에서 공자진은 '유정론(宥情論)'을 펼치면서 자기의 감정에 대해 관용하고 존중할 것을 촉구하였다. 그는 정적이면서 도덕적인 자아를 의미하는 이치가 아니라, 기(氣)의 역동성과 관련된 희노애락의 정감에 주목하였다. 이치의 체현을 중시하는 성리학적 이성은 감정이야말로 조심스럽고 욕망이란 제어하지 않으면 안 되는 것이라고 여겼지만, 이들은 이미 그런 식으로 인간 내면을 보려는 패러다임에서 벗어났다.

앞에서 살펴본 바와 같이, 근대 이전의 왕부지(王夫之, 1619~1692)는 "욕망은 이(理)이고, 정(情)은 하나의 성(性)이다."[372]라고 하여, 인간의 정욕을 본성으로 파악함으로써, 욕망을 오히려 이치 실현의 근거로 여겼다. 이 같은 시각에서 공자진이나 위원, 그리고 그 이후의 담사동도 이성과 정감의 두 측면을 분리하지 않는 방향으로 나아갔다. 특히 담사동은 "국가 부강책의 지극히 중요한 골자는 역시 스스로에게서 구할 뿐이다"[373]라는 견해를 표명함으로써, '자아'를 세계 인식의 기초로 여겼다.

3) 의지의 경계, 근대 모더니티의 길

도덕감과 사명의식으로 가득한 군자의 길에는 자못 완벽한 인간성이 요구된다. 세상을 짊어질 그는, 인격적인 길을 추구하지 않으면 안 되므로, 욕망과 같은 '자기 의지'는 묻어 두어야 한다. 이런 관점은

371) 楊國榮,『王學通論－从王陽明到熊十力』, 上海三聯書店, 1990, 146쪽 참조.
372) 王夫之,『讀四書大全說』卷4,「里仁篇」.
373) 譚嗣同,『仁學』上편 44장, 今夫自强之策, 其爲世俗常談者, 吾弗暇論; 論其至要, 亦惟求諸己而已矣 참조.

전근대적인 것으로서, 그런 맥락에서만이 자기에게 이익이 되는 행위를 금지할 수 있다.

물론 이런 관점에 대해서는 시대 변화에 따라 당연히 비판이 제기되었다. 전근대적 관점에 대한 성찰은 시기적으로 명대 중기나 명말 청초 시기에 이미 진행되었고, 우리는 그 점에 대해 이미 살펴보았다. 그런 사조를 우리는 '자본주의의 맹아' 또는 근대성의 사유로 보기도 하였다. 근대성 또는 근대 합리주의는, 데카르트를 대표로 하는 유럽이나 베이컨을 대표로 하는 영국의 합리론이 추구하는 모더니티의 맥락에 닿아 있다. 그런 사조가 경험주의의 토대 위에서 세상을 바라보는 '나'의 존재 의미를 새롭게 되새겨보게 했다면, 이 같은 근대 이성의 길은 중국의 '자아 사유'에 영향을 미쳤다. 단순히 도덕적 자아에 머물지 않고, 내외를 아우를 줄 아는 '자아'를 요구하였다.

당시의 시대 상황은 바야흐로 새로운 존재양식을 요구했으므로, '도'로 표현되는 길을 찾는 자아를 고민하게 하였다. 그리고 그 길은 어떤 것이어야 하는가, 중국적인 것만 가지고 살 수 있는가, 서구적인 것을 가져올 것인가, 가져와도 본질적인 가치를 뒤바꿀 정도의 '길'을 모색할 것인가에 대해 고민하지 않으면 안 되었다. 인간관계뿐만 아니라 사물의 이치도 함께 고려하여, 바깥 세상에 적극적으로 참여하는 의지도 포함하는 철학이 유효한 시대가 되었던 것이다. 이런 분위기를 반영하여 서양을 소개한 엄복은 다음과 같이 말했다.

> 처음부터 끝까지 찾고 구해도 실로 환상이 아닌 것은 오직 '의지'일 뿐이다. 왜 의지만을 실질이라고 말하는가? 아마 '의지'는 시비가 있기는 하나 진실과 망령이 없는 것 같다. 의지가 망령되다고 의심하는 사람은 다시 이 의지를 의심하는데, 만약 '의지가 없다'고 한다면 역시 의

심도 없다. 그러므로 '의지는 환상이 없다'고 하고, 환상이 없기 때문에 늘 살아 이 땅에 거주한다. 우리의 삶은 처음부터 끝까지 하나의 '의지의 경계[意境]'일 따름이다. 의지를 쌓아 나를 이루는데, 의지가 스스로 존재하기 때문에 내가 스스로 존재하는 것이다. 내가 망령되지 않고, 내가 망령될 수 없으니, 이것은 이른바 '진아(眞我: 참된 자아)'라는 것이다. 데카르트의 설이 이와 같다.[374]

이렇듯 엄복은 '의경(意境)'을 중시하였다. 의경은 인간의 마음이 가는 곳이다. 의욕이 향하는 곳으로서, 인간 내면의 운동성이 미치는 땅이다. 일정 부분 사물을 욕망하는 내면적 주체성을 엄복은 중요시한 것이다. 그는 데카르트의 경험적 사유를 가능하게 하는 자아에 영향을 받아 나름의 근대 정신을 표출하였다. 환상을 배제하여 경험적인 진리에 접근하기 위해, 모든 것을 의심하는 '나'를 가능하게 하는 것을 의지로 파악하였다.

엄복에게는, 나를 구성하는 의지가 시종 우리 삶의 궁극적 경계이고, 그것은 자연적이었다. '자연적'이라는 것은 그의 저서 『천연론』에 실은 사회진화론(Social Darwinism)의 경향성이다. 그것은 시대 상황이 요구하는 근대적 역동성으로서의 '자아'이기도 했다. 물론 이 당시 양계초 같은 사람도 자아의 중요성을 『신민설(新民說)』에 담았다. 그의 생각이 미처 송명이학의 도덕론적 한계를 벗어나지는 못했지만, 국가나 국민정신이 투철한 '신민(新民)'의 주체성을 요구했다는 점에서는 또 다른 의미가 있다. 그 입설(立說)의 줄거리는 유가 사상에 있었지

---

374) 嚴復, 『天演論』 卷下, 「第九 眞幻 案語」, 原始要終, 是實非幻者, 惟'意'而已. 何言乎惟'意'爲實乎? 蓋'意'有是非, 而無真妄. 疑'意'爲妄者, 疑復是'意', 若曰無'意', 則亦無疑. 故曰惟'意'無幻, 無幻故常住. 吾生終始, 一'意'境耳. 積'意'成我, '意'自在, 故我自在. 非我可妄, 我不可妄, 此所謂真我者也. 特嘉爾之說如此.

만, 도교·불교·서구 근대 사상의 기저를 수용하는 방법으로, 도덕적 결핍이 없고 자유성을 확보한 '진아'의 인간을 요구하였다.[375]

(2) 욕망의 인식과 공사(公私) 문제

1) 전근대적 지향점: 욕망이나 이익의 추구는 악이다

① 미녀를 보고 좋아하듯이, 이치와 정의를 좋아하는 마음

사람이라면 누구나 아름다운 미녀를 싫어하지 않는다. 그런가 하면 마음씨가 갸륵하고 착한 사람을 좋아한다. 유가 철학은 본래적으로 후자에 주목한다. 마음에는 선험적으로 이치와 정의의 감각이 존재하고, 그것을 실천하고 그에 대해 관찰자의 각도에서 아름답게 여기는 능력이 있다고 본다. 역시 유가 철학은, 어떤 현상에 대해 육체적으로 느끼는 감각이 있겠지만, 정신으로도 이치와 정의를 헤아릴 줄 아는 마음이 존재한다고 믿고, 이것을 중요시한다.

이런 믿음은 『맹자』에서 두드러지고 있거니와, 이 같은 흐름은 송명이학, 특히 주자학적 세계관에 강하게 이어진다. 여기에서 욕망이나 이익의 추구는 그 같은 정신적 믿음에 반하는 것으로 간주한다. 『맹자』에는 옛날 중국의 절세미인을 예로 들어, 겉으로 보이는 아름다움보다는 정신적인 경지를 추구할 것을 촉구한 대목이 있다.

> 눈도 또한 그러하니, 자도(子都)에 이르러서는 세상에 더 이상 그 아름다움을 알아주지 못하는 일이 없었으니, 자도의 아름다움을 알지 못한다면 눈이 없는 것이다. 그러므로 '입이 맛에서 똑같이 즐김이 있

375) 梁啓超, 「近世第一大哲康德之學說」 참조.

으며, 귀가 소리에서 똑같이 들음이 있으며, 눈이 색(色)에서 똑같이 아름답게 여김이 있다.

마음에 이르러서만 유독 똑같이 옳게 여기는 바가 없겠는가? 마음에 똑같이 옳게 여긴다는 것은 어떤 것인가? 이치[理]와 정의[義]를 말한다. 성인은 우리의 마음에서 공통적으로 옳다고 여기는 것을 먼저 알았다. 때문에 이치와 정의가 우리의 마음에 기쁜 것은, 쇠고기나 돼지고기가 우리 입에 좋은 것과 같다.[376]

이 글에 대해 『주자집주』에서는 다음과 같이 풀이하고 있다.

정자는 "사물에 존재하는 것은 이치[理]이고, 사물을 처리하는 과정에 있는 것은 정의[義]이니, 이것은 본질과 작용을 말한다. 맹자께서 말씀한 '사람의 마음은 이치와 정의를 좋아하지 않는 자가 없다'는 것은, 다만 성인은 이것을 먼저 알고 먼저 깨달았을 뿐이요, 일반인보다 특이함이 있는 것은 아니다."라고 하였다. 정자는 또 "이치와 정의가 우리 마음에 기쁜 것은 쇠고기나 돼지고기가 우리 입에 좋은 것과 같다는 이 말씀은 친절하여 의미심장함이 있으니, 반드시 실제로 이치와 정의가 마음에 기쁜 것이, 참으로 쇠고기나 돼지고기가 우리 입맛에 좋은 것과 같음을 몸소 살펴야 비로소 터득되는 것이 있을 것이다."라고 하였다.[377]

376) 『孟子集注』 卷十一, 「告子章句上」, 惟目亦然. 至於子都, 天下莫不知其姣也. 不知子都之姣者, 無目者也. 故曰: 口之於味也, 有同耆焉; 耳之於聲也, 有同聽焉; 目之於色也, 有同美焉. 至於心, 獨無所同然乎? 心之所同然者何也? 謂理也, 義也. 聖人先得我心之所同然耳. 故理義之悅我心, 猶芻豢之悅我口.

377) 앞의 책, 「告子章句上」의 글에 대한 주. 程子曰: "在物爲理, 處物爲義, 體用之謂也. 孟子言人心無不悅理義者, 但聖人則先知先覺乎此耳, 非有以異於人也." 程子又曰: "理義之悅我心, 猶芻豢之悅我口, 此語親切有味. 須實體察得理義之悅心, 眞猶芻豢之悅口, 始得."

짐승의 고기 맛이 보통 사람인 우리의 '육체'를 즐겁게 하겠지만, 그와 달리 성인이라면 이치와 정의가 '마음'을 기쁘게 한다는 점에 주목한 맹자에게는, 마음에 내재한 이치와 정의를 실천하는 지도자·군자가 중요했다. 이를 계승하여 송명이학의 선구자인 정자는 사물에 있는 것을 '이치'로, 사물 처리의 방법을 '정의'로 파악하였다.

이런 의미에서 송명이학은 맹자 심학의 '이의(理義)'를 계승하여, 의리를 '공'으로, 이익을 따지는 마음을 '사'로 여겼다. 의리를 지키려는 군자다움만이 중요할 뿐, 이익을 밝히는 사적 행위는 경세가로서 의연한 태도가 아니라고 간주한 것이다. 그에 따라 천리는 보존하고 인간의 욕망은 막는 것이 지상명제가 될 수밖에 없다.

② 의리는 공, 이익은 사

공자가 "군자는 의에 밝고, 소인은 이익에 밝다."[378]라고 말한 데에서 알 수 있듯이, 유학의 가르침에서 이익의 추구는 결코 바람직스럽지 않다. 무엇보다 솔선수범하는 인(仁)의 도를 이행에는 선공후사(先公後私)나 선난후획(先難後獲: 어려운 일을 먼저하고, 이익의 획득은 뒤로 미루는 일)이라는 말이 나타내 주듯이, 사적인 것을 뒤로하고 공적인 것을 앞세우는 일이 중요하다.

이 같은 맥락에서 정호(程顥)는 의리와 이익을 구분해야 한다고 강조했다. "대체로 '의리'에서 나오면 '이익'으로 들어가고, 이익에서 나오면 '의리'로 들어가는 법이니, 천하의 일이란 의리와 이익일 따름이다."[379]라고 하였다. 그에게 의리는 '공'이고 '사'는 이익이었다. "의리와 이익은 단지 공과 사의 관계일 따름이다. 의리에서 나오자마자 이

378) 『論語』「里仁」, 子曰: 君子喻於義; 小人喻於利.
379) 『河南程氏遺書』 卷十一, 大凡出義則入利, 出利則入義, 天下之事惟義理而已.

익을 말하게 된다."[380]라고 하였다. 주희도 역시 "의리와 이익에 관한 이론은 유학자에게 가장 중요한 내용이다."[381]라고 하였다. 육구연도 "무릇 학문을 하고자 한다면, 먼저 의리와 이익, 공과 사를 구분할 줄 알아야 한다."[382]라고 하였다. 이정(二程: 정호와 정이)이나 주희·육구연은 모두 의리와 이익을 엄격하게 구분하였다.[383] 그런 기준으로 공과 사를 인식하는 패러다임을 유지하였다.

이들에게는 인(仁)과 의(義)의 도를 실천하는 일 또는 남을 배려하는 일이 '공'의 차원이다. '사'의 차원을 뛰어넘어 세상을 생각하는 것이 '군자' 곧 지도자의 일이다. 여기에 이익이나 욕망이 개입되면 그것은 이미 '사'여서, '수기(修己)'에 어긋날 뿐만 아니라, 사람을 다스리거나 편안하게 해주는 정치의 본령에도 어긋난다. 이미 지도자적 인간 요건을 상실하게 되는 것이다. 송명이학은 '수기'의 단계에 요구되는 공적 마음 자세, 즉 '사'를 버리는 군자다운 의연함을 형이상학적으로 접근했다는 점에서 욕망론의 의의를 찾을 수 있다.

> 사(私)는 마음의 좀이고, 모든 악의 근본이다. 옛날부터 나라가 잘 다스려진 날은 항상 적었고, 어지러운 날이 항상 많아서 자신을 파멸시키고 나라를 망치는 데 이른 것은, 다 임금이 '사'라는 한 글자를 능히 버리지 못했기 때문이다. 그러나 마음의 적을 제거하고 악의 뿌리를 뽑아 순수한 천리로 돌아가려면, 학문의 공(功)에 깊이 의지하지 않으면 안 되는데, 그 공부가 또한 어렵다.
>
> 무릇 한 때 한 가지 일의 사를 노력하여 행하지 않는 것은 어렵지

380)『河南程氏遺書』卷十七, 義與利只是個公與私也. 才出義, 便以利言也.
381) 朱熹,『朱子大全』「與延平李先生書」, 義利之說乃儒者第一義.
382) 陸九淵,『陸九淵集』「語錄下」, 凡欲爲學, 當先識義利公私之辨.
383) 張岱年,『中國倫理思想硏究』, 上海人民出版社, 1989, 127~128쪽 참조.

않지만, 일상의 모든 일 가운데 사를 말끔히 다 제거하기는 어렵다. 어떤 때는 말끔히 다 제거해 버렸다고 하더라도, 알지 못하는 사이에 홀연히 다시 처음과 같이 사가 싹틀 것이니, 이것이 하기 어려운 이유이다.[384]

이황의 '공'과 '사'에 관한 이야기를 참고하자면, 나의 내면은 '공'과 '사' 모두의 잠재적 개연성을 갖고 있다. 그는 이렇게 말했다.

'오(吾)'는 '나[我]'를 말한다. 자공이 이른바 '나는 남이 나에게 무엇을 끼치기를 바라지 않는다면, 나도 남에게 그것이 끼쳐지기를 바라지 않는다.'라는 문장에서의 '아(我)'자나 '오(吾)'자는 똑같이 모두 '공'이며, 공자는 네 가지를 끊었으니, '의(意)'도 없고, '기필'도 없고, '고집'도 없고, '나'를 내세움도 없다고 했을 때의 '나[我]'는 사(私)이다. 공자가 말한 '내[已]가 서고자 한다면 남을 세운다.'에서의 '기(已)'는 '공'이고, 안자가 말한 '나[已]를 극복하고 예로 돌아간다.'에서의 '기(已)'는 '사'이다. 여러 글자로 일컬어지는 것이 본래 합하여 한 글자가 되지만, 한 글자 사이에도 하나는 '공'이고 하나는 '사'이니, 천리와 욕망·잘함과 잘못함의 나뉨이 하늘과 땅 사이처럼 갈라지고 털끝만큼이 천 리로 벌어지는 것이니, 더욱 살피지 않을 수 없다.[385]

384) 李滉,『退溪集』卷7 箚「戊辰經筵啓箚二」, 私者, 一心之蟊賊, 而萬惡之根本也. 自古國家治日常少, 亂日常多, 馴致於滅身亡國者, 盡是人君不能去一私字故也. 然欲去心賊拔惡根, 以復乎天理之純, 不深藉學問之功不可, 而其爲功亦難, 蓋一時一事之私, 勉强不行非難, 平日萬事之私, 克去淨盡爲難, 雖或旣已克盡, 不知不覺之間, 忽復萌動如初, 此所以爲難.

385) 李滉,『退溪集』卷7,「經筵講義·西銘考證講義」, 且予吾, 卽我也. 與子貢所謂我不欲人之加諸我也, 吾亦欲無加諸人之我字吾字, 同皆公也, 而子絶四, 毋意毋必毋固毋我之我字 私也. 夫子所謂己欲立而立人之己字, 公也, 而顔子克己復禮之己字, 私也. 數字之稱, 本合爲一字, 一字之間, 一公一私, 而天理人欲得失之分, 不啻如霄壤之判, 差毫釐而繆千里, 尤不可以不審也.

욕망에 관한 이런 태도는 선조(宣祖) 같은 지도자에게 참으로 요구되는 리더십이었다. 명백하게 공적(公的)인 것을 향한 내면 상태로서 '수기(修己)'를 이룩하고, 그 다음에 '치인(治人)'이라는 의리를 공적으로 실천하는 것은 아무리 강조해도 모자랄 것이다. 정대한 도리로 일을 처리하는 것이 '공'이고, 자기의 사사로운 뜻으로 처리하는 것이 '사'라고 하여, 한 개인의 사사로운 뜻은 천하의 정대함에 반하는 부정(=왜곡)으로 간주된다. 무릇 개인의 개별적인 의사에 관련된 작의(作意)는 윤리적으로 부정되고, 사람들은 하나(=보편)라고 하는 신분적 질서의 규범에 수렴될 수밖에 없다.

'공'은 여기에 이르러 오로지 천리라는 만인에 대한 보편성으로 간주하고, 인간의 개별적인 욕망은 '사'로 간주하여 엄혹하게 압살하였다. 하지만 그것이 반드시 그렇게 단선적인 것은 아니었다. 예를 들어 정이천은 "의리와 이익의 관계는 공과 사의 관계일 뿐이다."『이정유서(二程遺書)』 권18]라고 하여, 공과 사의 문제를 의리와 이익의 관계에 비유하였다.

이런 의리는 마찬가지로 정이천이 "이익은 대중이 똑같이 원하는 바이다. 만일 그 마음이 공적인 상태가 되어 그 올바른 이치를 잃지 않는다면, 그것은 대중과 이익을 공유하는 것이다."『이정역전(程子易傳)』「익괘(益卦)」]라고 했듯이, '공'이란 공동체 성원의 '공[共: 일(一, 즉 하나)]'을 전제조건으로 하여, 상층부 사람들에 의한 사적 이익 추구를 억제하는 것이다. 그리하여 공은 자기의 욕망을 극복하고 돌아가야 할 예(禮)에 비유되어, 거의 천리와 같은 차원의 사회적 규범이 된다.[386]

386) 미조구치 유조 지음, 정태섭·김용천 옮김, 『중국의 공과 사』, 신서원, 2004, 24쪽 참조.

2) 절충주의의 지향점: 공적이고 방종하지 않는 욕망은 좋다

송명이학은, '의'에 밝은 군자를 희망하고 이익을 밝히는 소인을 배격하는 본원 유가적 이념을, 한층 더 '공'과 '사', 즉 이치와 욕망을 구분하는 데에 연결시켰다. "사람에게는 단지 하나의 공(公)과 사(私)가 있으며, 천하에는 단지 하나의 사악함과 올바름이 있다."라거나, "무릇 한 가지 일에는 곧 두 가지 단서가 있다. 옳은 것은 곧 천리의 공이요, 그른 것은 곧 인간 욕망의 사"라고 하여, 올바름과 사악함 · 옳음과 그름의 긴장된 윤리성을 부여하고 있다. 공은 인(仁)에 비유될 뿐만 아니라, 때로는 의(義) 혹은 자기의 사욕을 극복하고 돌아가야 할 예(禮)에 비유되어, 거의 천리와 같은 사회적 규범성을 갖게 되었다. 주희는 "먹고 마시는 것은 하늘의 이치이고, 맛있는 음식을 요구하는 것이 인간의 욕망"이라 했고, 호굉(胡宏, 1106~1161)은 "눈이 오색에 대해, 귀가 오성에 대해, 입이 오미에 대해서라면, 타고난 성품이 본디 저절로 그렇게 되는 것이지 외래적인 것이 아니다."[387]라고 하면서, "욕망할 수 있는 것은 천하의 공욕(公欲)인데, 가릴 수 있다고 해서 못 보도록 하겠는가?"[388]라고 하여, 욕망의 추구를 공적 보편성이라고 보았다. 자연적 욕망은 천리이거나 혹은 공적(公的)인 것이다. 따라서 그것은 천리이자 공(公) 아래에 포용된다. 다만 이때의 자연적 욕망은 오관의 욕망이나 성욕·식욕 등 개체의 생리적 혹은 본능적 욕구의 범위를 넘어서는 것은 아니다.[389]

그렇다면 앞에서 논한 바와 같이 생물학적 필요량(need)으로서의 '욕구'를 넘어서서는 안 된다. 따라서 호굉은 누구나 다 '공통적'으로 누

387) 胡宏,『知言』「陰陽」, 夫人目于五色, 耳于五聲, 口于五味, 其性固然, 非外來也.
388) 胡宏, 앞의 책, 夫可欲者, 天下之公欲也, 而可蔽之使不見乎?
389) 미조구치 유조 지음, 정태섭·김용천 옮김, 앞의 책, 2004, 24~25쪽 참조.

리지 않으면 안 되는 욕망의 최소량에 대해 관대하고도 유연하게 대처할 필요가 있다고 인정했다. 그렇더라도 생물학적 필요량 이상을 기[己: 사(私), 사욕(私欲)]로 여기면서, 그것을 욕구가 아닌 '욕망'이라고 규정한다면, 사물이나 대외적인 일을 접촉하는 데에 매우 제약적이며, 그 만큼 '나'의 역량을 확대할 수 있는 공간은 차단될 수 있다. 이 점에 대해 진량·섭적(葉適)·나흠순 등은 일정 부분 유의한 것으로 보인다.

우리는 이미 앞에서 나흠순이 종욕(縱欲: 방종한 욕망)을 악으로 보고 욕망이 지닌 선과 악이라는 두 측면 모두를 조심스럽게 접근했음을 살펴보았는데, 이 같은 문제의식은 시대 상황이나 물리적 조건에 따라 반응할 수밖에 없는 인간의 내면을 간파한 것이라고 볼 수 있다.

명대 중엽에, 그는 인간의 성품은 자연적인 것이고, 여기에는 욕망과 감정이 함께 있어서, 단지 방자한 욕망이나 방종한 감정 풀이를 문제 삼아야지, 그것을 막거나 제거해서는 안 된다는 시각을 견지하면서, 이전 유학자들의 논의는 잘못되었다고 여겼다.

더욱이 자연적 욕망에는 개체 내의 생리 현상이나 본능뿐만 아니라, 사회적 욕망이라고도 할 수 있는 물질욕·소유욕 및 생존욕도 포함된다. 재화·토지 등 외적 요소에 대해 발휘되는 물질욕·소유욕과 생존경쟁으로 드러나는 생존욕은 개체 내에서 한 개인이 주관적으로 조절할 수 있는 것이 아니다. 인간의 욕망은 본디 하늘이 부여한 것으로, 결코 멈출 수 없다. 다만 감정을 제멋대로 하고 욕망을 방종하게 하면서도 반성할 줄 모르는 것이 바로 악이다. 욕망과 희노애락이라는 감정적 측면은 모두 성품에 있는 것으로서, 그런 인간적 면모는 제거될 수 없다는 발언에 주목할 필요가 있다.[390]

390) 앞의 책, 25~26쪽 참조.

(3) 정의와 이익은 상충되지 않는다

1) 의리와 공리의 구분 문제

근대의 사상가들은 인간의 본연의 모습은 과연 무엇인가 하는 문제를 근원적으로 제기함으로써, 일련의 금욕주의의 굴레에서 벗어날 것을 요구하였다. 원초적 욕망은 보장해야 한다고 주장하는 정감 철학적 입장에 서서, 이성이나 이법은 욕망을 보장하는 것과 무관한 것이어서는 안 된다고 인식하였다.

따라서 물질 활동을 권장하고 경제활동을 중시하였다. 담사동은 '사치스러운 물자 생산의 문화를 숭상하고, 검소한 삶의 양식은 배격한다'는 의미의 숭사출검(崇奢黜儉)[391]을 제기하였다. 그리하여 본원 유가나 송명이학의 주류가 주장하던 초공리주의로부터 탈피하였다. 당초 유가에서 추구하는 공동선(共同善, common interests)은 초공리주의적이었지만, 그것이 '근대'라는 시·공간적 조건에서 변화를 맞은 것이다.

선진 시기에 맹자는 "인간의 본성은 선하다."라는 관점에서 인간 내면의 도덕적 실체를 믿고, '남에게 차마 하지 못하는 마음'을 밝혀냈다. 바로 초공리주의의 입장에 섰던 것이다. 그는 이렇게 말했다.

> 사람은 누구나 '남에게 차마 하지 못하는 마음'을 갖고 있다. 옛날 선왕(先王)은 '남에게 차마 하지 못하는 마음'이 있어서 이에 남에게 잔학(殘虐)하게 굴지 못하는 정치가 있었다. 이 '남에게 차마 하지 못하는 마음'을 가지고 남에게 차마 잔학하게 굴지 못하는 정치를 실시한다면, 천하를 다스리는 것은 손바닥 위에서 움직이는 것과 같이 할

---

391) 譚嗣同, 『仁學』 上篇 20장.

수 있다.[392]

맹자의 '남에게 차마 하지 못하는 마음'은 '어려움에 빠진 사람을 차마 버려두고 보지 못하는 마음'이다. 그는 이런 마음을 누구나 보편적으로 지니고 있다고 보았다. 그는 이런 마음의 맥락인 '선한 마음'과 '인의예지'의 덕성이 군주권(君主圈)의 솔선수범을 통해 이 세상 사람들에게 이행되기를 권장했다. 이른바 '양지(良知: 선천적인 지혜)'나 '양능(良能: 선천적 도덕 이행 능력)'이라는 도덕적 인식이나 능력이 평화스러운 사회를 실현하는 밑거름이 되기를 기대한 것이다.

이 같은 맥락에서 볼 때, "하필 이익을 말씀하십니까? 역시 인의(仁義)만 있을 뿐입니다."[393]라고 양혜왕에게 맹자가 한 말은 매우 중요하다. 이 말은 묵가나 법가의 공리주의에 대해 초공리주의 특징을 단적으로 드러내준다. 그는, "인(仁)이란 '인(人: 사람)'이다."[394]라 하고, "인(仁)은 사람의 마음이요, 의(義)는 사람의 길이건만, 그 길을 버리고 따르지 않으며, 그 마음을 놓아 구할 줄을 모르니 슬프다."[395]라고 하여, 사람이 도덕적 존재라고 강하게 규정하였다.

또한 맹자의 심학은 여타 선진(先秦) 시기의 사상가들에 비해 내면을 크게 문제 삼았다. 그리하여 '과욕(寡欲: 욕망 줄이기)'이나 양기(養氣: 호연지기 기르기), 또는 지언(知言: 남의 말을 잘 알아들음)과 같은 인간 수양의 과정이 필수적으로 대두되었다. 이렇게 유학을 '천리'의 차원으로 모색한 주자학적 세계관에서는, '인간의 욕망을 없애 천리를 보존할

392) 『孟子』「公孫丑章句上」6장, 人皆有不忍人之心. 先王有不忍人之心, 斯有不忍人之政矣. 以不忍人之心, 行不忍人之政, 治天下, 可運於掌上.

393) 『孟子』「梁惠王章句上」1장.

394) 『孟子』「盡心章句下」16장, 仁也者, 人也.

395) 『孟子』「告子章句上」11장, 仁人心也, 義人路也. 舍其路而弗由, 放其心而不知求, 哀哉.

것'과, 의리가 모든 것에 우선하는 자연적인 도리라고 주장한다.

하지만 이 같은 초공리주의에 대한 인식에는 변화가 나타나게 된다. 근대라는 시대 상황에서, 과연 '올바름'이란 무엇인가에 대한 의미를 새롭게 조명하기 시작한 것이다. 그리하여 사상가들은 공리주의적 전환을 시도하였다.

어떤 행위의 출발점이 사적 이익에 있다면 결코 정의를 이루기 어렵다는 것은 유가 철학의 본래적 관심이었다. 행위의 결과나 성과를 염두에 두다 보면, 정의의 이행은 어렵기 때문에 '공리'가 문제된다. 『논어』에 나오는 '견리사의(見利思義: 이익을 접하게 되면 정의를 생각함)'가 말해주듯이, 이익을 획득할 때에는, 과연 그 이익이 정의에 합당한가를 따져 보는 일은 중요한 토론거리였다.

고전적으로 볼 때 인간적인 도덕을 성취하기 위해서는 이해타산의 동기를 개입시키지 말아야 한다. 그런 행위로는 정의를 실현하기는 어렵기 때문이다. 이런 의미에서 맹자는 동물적 속성을 넘는 '사명의식'으로서 군자의 '명(命)'을 강조하였고, 순자는 인간을 무한한 욕망의 존재로 파악하여 이익을 쫓는 인간 내면을 계도할 통제의 필요성을 제기하였다.

맹자 이전에 묵자는 정의를 공공의 이익이라는 측면에서 보았다. 묵자는 "의(義)는 이익이다."[396]라고 했다. 또한 그는 "의(義)는 올바름이다."[397]라고 하여, 올바르고 공정한 이익을 추구해야 한다는 '공리주의'의 입장에 섰다.

고대 철학에는 이런 공리주의의 표방도 있었지만, 당초 유가 철학에서는 원초적으로 정의와 이익은 상충된다고 여겼다. 이는 저마다

---

396) 『墨子』「墨經上」, 義者, 利也.
397) 『墨子』「天志下」, 義者, 正也.

자기의 이익을 앞세우며 '힘'으로 타자를 제압하려 했던 춘추 말기나 전국 말기의 상황을 반영하고 있다. 또한 시대가 바뀔 때마다 정의와 이익을 서로 부딪치는 문제로 보려는 입장이 출현한 것이 이를 반증한다.

공자는 정의를 추구하려는 군자와, 이익만을 쫓아다니는 좀스러운 소인을 구별하였다. 이익을 볼 때는 정의를 생각해야 한다거나, 이익에 의거하여 행동하면 원망이 많다는 논조를 유지하였다. 그리하여 사적 이익 추구에 몰두하는 시대상을 꼬집었다. 맹자도 정의와 이익을 대립시켜, 남을 먼저 생각하는 리더십만이 세상을 '좋은 쪽으로' 변화시킬 것이라고 하였다.

물론 순자도 "정의를 앞세우고 이익을 뒤로 하면 영화롭겠지만, 이익을 앞세우고 의를 뒤로 하면 욕된다."[398]라고 하여, 일단 정의와 이익을 구분하였다. 그는 의리와 이익에 대한 생각은 사람이라면 누구나 다 갖고 있다고 파악했다. 따라서 이익을 바라는 백성의 욕망을 요임금이나 순임금 같은 성왕도 제거할 수 없다고 했다. 하지만 이익을 바라는 욕망은 의를 좋아하는 마음을 이기지는 못한다고 하여, '정의'와 '이익'은 양립할 수 없다고 보았다.[399]

한대의 동중서도 "정의를 올바르게 하고, 이익을 도모하지 않으며, 도를 밝히고, 공을 헤아리지 않아야 한다."[400]라고 하여, 역시 전통 유가의 의리관을 유지하였다. 송대의 소옹(邵雍)도 "천하가 다스려지려면 사람들은 반드시 정의를 숭상해야 하고, 천하가 어지러우려면

398) 『荀子』「榮辱」, 先義後利者榮, 先利而後義者辱.

399) 『荀子』「大略」, 義與利者, 人之所兩有也. 雖堯, 舜不能去民之欲利, 然而能使其欲利不克其好義也 참조.

400) 『漢書』 卷五十六 「董仲舒傳」, 正其誼不謀其利, 明其道不計其功.

사람들은 반드시 이익을 숭상해야 한다."라고 하였다.[401]

이후 이정(二程)도 "이익이란 보통 사람이 똑같이 욕망한다. 욕망을 독점하여 자기에게 보탠다면 그 해가 크다. 욕망이 심하면 어둡고 막혀서 의리를 잊을 것이요, 요구가 심하면 침탈하여 원한을 살 것이다."[402]라고 하였다.

이처럼 저마다 보편적 존재의 이치로서 '공'을 강조하였다. 마음을 공평하게 하여 올바른 이치를 잃지 않으면 여러 사람과 더불어 이익을 함께하고 남의 것을 침탈하지 않아, 남도 역시 이익을 함께할 것이라고 기대하였다. 그와 반대로 이익을 지나치게 좋아하여 자신만을 챙기는 자사(自私)의 폐단이 있어서, 스스로에게 보태는 것을 추구하다가 남의 것을 덜어 간다면, 남도 더불어 힘껏 싸울 것이기 때문에, 더 이상 도우려 하지 않고, 쳐서 빼앗기만 할 것이라고 우려하였다.[403]

공자의 '균(均: 균평)' 사상이나 맹자의 여민동락이라는 견해에도 이익을 바라고 욕망을 추구하는 일에 관련되는 '공리(公利)'의 입장이 없지는 않다. 그렇지만 그런 본원 유가에서부터 송명이학에 이르기까지 일관되게 의리를 실천하기 위해서는 이익을 추구하지 말아야 한다는 입장이었다.

2) 공리주의적 전환: 정의와 이익은 서로 붙어 있다

주희(1130~1200)로 대표되는 남송 시기에, 무엇보다 '의리(義理)'를 중시하는 이른바 의리지학(義理之學)이 크게 부각되었다. 이에 반해 비

---

401) 邵雍,『皇極經世』「觀物內篇」七, 天下將治, 則人必尙義也 : 天下將亂, 則人必尙利也.

402) 程顥·程頤,『二程集』「周易程氏傳」卷三「益」, 利者, 衆人所同欲也. 專欲益己, 其害大矣. 欲之甚, 則昏蔽而忘義理; 求之極, 則侵奪而致仇怨.

403) 程顥·程頤, 앞의 글, 理者天下之至公, 利者衆人所同欲. 苟公其心, 不失其正理, 則與衆同利, 無侵於人. 人亦欲與之. 若切於好利, 蔽於自私, 求自益以損於人, 則人亦與之力爭, 故莫肯益之, 而有擊奪之者矣 참조.

슷한 시기에 진량(1143~1194) 같은 사람은 '의리'와 '이욕(利欲)'을 대립시키는 입장에 반대하였다. 진량은 의리와 이익은 서로 나란히 설 수 있다는 입장을 취하였다. 그가 볼 때 이익을 떠나 의리를 말할 수 없으며, 의리는 어디까지나 이익을 조정하는 데 관계하는 것이었다. 의리는 대중이나 개인이 이익을 취하는 수단이라는 견해를 드러낸 것이다.

'의리학'은 결과보다는 동기의 좋고 나쁨을 중시한다. 주희를 비롯한 도학자들은 집권 관료들의 도덕성이 실제 정치에서 성공을 좌우할 것으로 보고, 결과를 따지는 공리적 효율성에는 중점을 두지 않았다. 그들은 천리와 욕망을 기준으로 하여 '왕패(王覇: 왕도와 패도)'를 논하였다. 전자는 왕도이고 후자는 패도라는 입장을 고수하면서, 패도는 '의리'라는 역사적 전통에도 어긋난다는 도통론(道統論)을 고수하였다.

이에 반해 진량으로 대표되는 사공학파(事功學派)는 의리쌍행(義利雙行: 정의와 이익은 둘 다 나란히 감)이나 왕패병용(王覇竝用: 왕도와 패도는 둘 다 나름대로 쓰임새가 있음)을 주장했다. 왕도만을 높이고 패도는 낮추었지만, 패도가 결코 나쁜 것만은 아니며, 정의와 이익의 두 범주도 역시 서로 보완적이고 상성적(相成的)이라는 것이다. 백성을 먹여 살리는 이익, 곧 '생민(生民)의 이익'이 없다면 정의를 몸소 실현할 방법이 없을 것이기 때문에, 이익도 의(義)라고 보았다. 따라서 의(義)와 이(利)는 상반되는 개념이 아니라 통일적인 것이라고 여겼다.

행위의 동기도 중요하지만 결과를 결코 소홀히 할 수 없다는 입장에서, 공리(功利)도 인(仁)을 실현하는 것이라고 보았다. 요컨대 "왕도와 패도는 섞어 쓰일 수 있으며, 천리와 인간의 욕망은 나란히 갈 수 있다."[404]라고 했다. 역시 남송 때 사공파 가운데 한 사람으로, 국방이

404) 陳亮, 『陳亮集』「復朱元晦書」, 王覇可以雜用, 天理人欲可以竝行.

나 민생 등을 주요 관심사로 삼고 경세의 입장에서 경서를 해석한 섭적(葉適, 1150~1223)은, "인(仁)한 사람은 의(義)를 올바르게 하지 이익을 도모하지 않으며, 도를 밝히지 공(功)을 헤아리지 않는다."라는 동중서의 '정의관'에 이의를 제기했다.

> "인(仁)한 사람은 의(義)를 올바르게 하지 이익을 도모하지 않으며, 도를 밝히지 공(功)을 헤아리지 않는다."라는 이 말씀은 처음 보면 매우 좋은데, 자세히 들여다보면 완전히 소활(疏闊: 어설프고 짜임새가 없음)하다. 옛 사람은 이익을 남에게 주고 그 공을 자처하지 않았기 때문에 도의가 빛났다. 후세의 유자들이 행하는 '동중서 논의'에는 이미 '공리(功利)'가 없다. 그렇다면 도의란 쓸모없는 공허한 말이다. 그래서 거론하는 사람도 이겨내지 못하고, 그 길을 가는 사람도 도달할 수 없으면서, 도리어 온 세상이 잘못이라고 한다.[405]

어찌 보면 우리가 '인(仁)'을 추구하고, 이 인을 실천하기 위해 정의를 외치는 것은 '나' 이외의 타인에게 손해를 끼치지 않는 것, 더 나아가 남에게 봉사하고 내가 가져야 할 것을 오히려 남에게 주는 것이 아니면 안 된다. 주희·진량·섭적이 살던 당시에 어디까지가 '의'였는지를 따져본다면, 오늘날 우리의 현실 세태와 마찬가지로 궁극적으로 사람들에게 뭔가 '공(功)'으로 돌아가지 않으면 '의'라고 하기 어려웠을 것이다. 역시 같은 맥락에서 명말의 이지(李贄, 1527~1602)는 다음과 같이 말했다.

405) 葉適, 「習學記言序目」 卷二十三, '仁人正誼不謀利, 明道不計功'. 此語初看極好, 細看全疏闊. 古人以利與人而不自居其功, 故道義光明. 後世儒者行仲舒之論, 既無功利, 則道義者乃無用之虛語爾; 然舉者不能勝, 行者不能至, 而反以爲詬于天下矣. 張岱年 『中國倫理思想研究』, 上海人民出版社, 1989, 128쪽 참조.

'의'를 올바르게 한다는 것은 누군가를 이롭게 하는 것이다. 만약 '이(利)'를 도모하지 않는다면 부정이 가능하리라. 나의 '도'가 진실로 밝혀지면 나의 '공(功)'은 다할 것이요, 만약 '공'을 헤아리지 않는다면 '도' 또한 언제 밝힐 수 있겠는가?[406]

여기에서 이지는 '의'란 결과적으로 타인에게 이익을 주는 것이라고 말하고 있다. 무엇인가 효과나 효험으로 나타나지 않는다면 정의라고 할 수 없다는 것이다. 이지 자신이 도를 말하고 의를 상정하는 것도, 그 이유(도리)가 분명하게 드러나서 궁극적으로 '공'이 완수되어야 한다는 것이다. 이렇듯 '공(공로)'을 염두에 두지 않는 도리는 결코 세상에 명백해질 수 없다는 입장을 표명하였다.

명말 청초의 왕부지(1619~1692)나 안원(顔元, 1635~1704), 청대 중엽의 대진은 의(義)와 이(利)의 문제를 생활 차원으로 끌어들여, 양자를 분리시켜 접근하는 것을 경계하였다.

사람을 세우는 도를 '의(義)'라 하고, 사람을 살리는 쓰임을 '이익'이라 한다. '의'에서 나와 '이익'으로 들어가면 인도가 성립하지 않으며, '이익'에서 나와 '해(害)'에 빠지면 사람을 위한 쓰임이 생기지 않는다.[407]

왕부지는 사람이 '입신(立身)'하는 도를 정의라고 하였다. 사람이 살아가는 데 요구되는 것을 이익으로 여긴 것이다. 그런데 정의를 떠나 이익 속에 진입한다면, 사람은 곧 입신할 수 없을 것이요, 이익을

406) 李贄.『藏書』卷三十二「德業儒臣後論」, 夫欲正義, 是利之也; 若不謀利, 不正可矣. 吾道苟明, 則吾之功畢矣; 若不計功, 道又何時而可明也.

407) 王夫之,『尙書引義』卷二, 立人之道曰義, 生人之用曰利. 出義入利, 人道不立; 出利入害, 人用不生.

떠나 자기에게 손해가 되는 곳으로 들어간다면, 그런 사람에게는 생활의 만족이란 있을 수 없다는 견해를 보였다.

안원은 일상에서 '공리'의 근거를 확실하게 찾았다. "세상에서 밭 갈고 씨 뿌리고도 수확을 도모하지 않는 일이 있는가? 세상에 그물을 치고 낚시 바늘을 붙잡고도 고기가 잡히기를 꾀하지 않는 일이 있는가? ……이렇게 도모하지도 않고[不] 꾀하지도 않는[不]다는 두 개의 '아닐 불(不)'자는 노자의 '무위(無爲)'나 석가의 '공(空)'에 뿌리를 둔 것이다."[408]라고 하여, 역시 정의와 이익에 대한 동중서(董仲舒)식 견해를 극복하려고 했다. 그에 의하면 정의와 이익은 따로 분리되지 않는다. 정의를 올바르게 하면 그것이 곧 이익을 도모하는 것이고, 도를 밝히면 그것이 곧 '공'을 꾀하는 것이 된다.

이런 의미에서 그는 전적으로 이익이나 공(功)을 도모하거나 헤아리지 않는 것은 '공적(空寂)'의 불교 가르침이요, 썩어빠진 유학이라고 비판했다.[409]

결국 대진이, "사람이 살아가는 데에 그 삶을 이루지 못하는 것보다 더 큰 병통이 없다. 자신의 삶을 이루기를 바란다면, 역시 남의 삶도 이루어 주는 것이 곧 인(仁)이다. 그의 삶을 이루느라 남의 삶을 해치고도 돌보지 않는 것은 불인(不仁)이다."[410]라고 하였듯이, 유학은 현실 속에서 '도'를 찾고, 사람과 사람 사이의 '관계성'을 확보하는 것을 '인'으로 여긴다.

408) 顔元, 『顔習齋言行錄』 卷下, 世有耕種而不謀收獲者乎? 世有荷網持鉤而不計得魚者乎? …… 這不謀不計兩不字, 便是老无釋空之根.—張岱年, 『中國倫理思想硏究』, 上海人民出版社, 1989, 128쪽 참조.

409) 顔元, 앞의 책, 蓋正誼便謀利, 明道便計功, 是欲速, 是助長, 全不謀利計功, 是空寂, 是腐儒. 張岱年 『中國倫理思想硏究』, 上海人民出版社, 1989, 128쪽 참조.

410) 戴震, 『孟子字義疏證』 卷上 「理」, 人之生也, 莫病於無以遂其生. 欲遂其生, 亦遂人之生, 仁也. 欲遂其生, 至於戕人之生而不顧者, 不仁也.

한대의 유학 정신과 송명이학에서 부각된 의리의 정신을 새롭게 극복하고, 공리주의의 바탕에서 의리의 의미를 또한 새롭게 모색하려는 시도는 나름대로 의미가 있을 것이다.

3) 근대 공리주의: 공리주의적(功利主義的) 공리주의(公利主義)

① 복고에 대한 비판: 왕도정치만 고집할 수는 없다

명대 중기나 명말 청초의 공리주의 사조와 흡사했던 근대 전환기인 청대 말기의 공리주의는, 시기적으로 서구의 충격이 격심한 상태에서 정치·경제·사회에 걸쳐 서구의 시스템을 수용하는 단계로 나아가는 경향이었다. 따라서 지식인들은 정치나 사회, 그리고 그것과 관련된 사상적 측면에서도 이전의 여느 때와 마찬가지로 새로운 전환을 모색하였다. 아편전쟁 이후에는 대외적으로 외국의 자본주의나 제국주의의 침략을 반대하거나 억제하는 사상이 있었고, 대내적으로는 봉건 전제 통치를 반대한 사상도 있었다.

이러한 과정을 시기별로 구분해 보면, 아편전쟁을 전후한 시기에 통치계층은 일부 개명(開明)한 관료·지주·지식인들로 분화되어 사회 개혁을 제창하였다. 이들의 사상은 동시대 지배계층의 수구사상과 대립했으며, 나중에는 개량주의 사상의 선구가 된다. 이와 동시에 외국 침략자들의 폭력과 이에 대한 청조 관리들의 투항은 또한 인민들에게 광범위한 반침략·반투항 사상을 불러일으키는 직접적인 원인이 되었다. 그 대표적인 사상가들은 공자진(1792~1841)·포세신(包世臣, 1775~1855)·임칙서(林則徐, 1785~1850)·위원(1794~1857) 등이었다.

1851년에 문종(文宗) 함풍제(咸豊帝)가 즉위한 해를 원년으로 하는 태평천국기에는, 중국 사회가 점차 반식민지·반봉건화 함에 따라 인민들에 의한 수많은 반봉건·반침략 운동을 불러일으켰다. 이때 홍수

전(洪秀全, 1814~1864)이나 홍인간(洪仁玕, 1822~1864)은 반청(反淸) 종족주의·종교적 평등주의를 제기하였다.

이후 중국은 양무운동기에 접어들자, 통치집단은 양무파와 수구파로 분화되었다. 양무파는 자강과 부(富)를 추구하는 운동을 벌여 수구파와 논쟁하면서, 근대 군사 공업과 민용기업(民用企業)을 내용으로 하는 양무운동을 전개하였다. 그런데 양무파로부터 분화되어 나온 조기 개량주의자들, 예컨대 하계(何啓)·호례원(胡禮垣)·정관응(鄭觀應)·왕도(王韜) 같은 사람들은 자본주의적 관점의 주장을 펼쳤다.

이러한 흐름 속에서 청일전쟁(1894)을 전후하여 강유위 등은 변법유신의 개량주의를 표방하였다. 강유위는 담사동이나 양계초 등과 함께 수구세력에 대항하는 정치운동을 추진하였다. 그는 중국의 현상은 변화해야 한다는 당위성을 말하기 위해, 이론적으로는 거란세·승평세·태평세를 역사 단계로 하는 공양삼세설에 입각한 철학적 견해를 표명했다.

사상적 전환기이기도 한 이 시기에, 뜻 있는 사람들은 개인의 자아는 공적 사회성에 매몰될 수 없다고 여겼다. 공자진은 '사(私)'의 합리성을 강조하여, 이른바 무사론(無私論)의 입장을 비판하였다. 앞에서 이미 지적했듯이, 공자진에게 '사'는 일체의 사안이나 문제를 고려하는 출발점이었다. 즉 그는 애국을 해도 다른 나라를 사랑하지는 않으며, 임금에게 충성을 해도 다른 나라 군주에게는 충성하지 않는다는 입장을 취했다. 사람들은 그의 부모에게 효도하고, 자신의 자녀를 아끼며, 자신의 남편에게 정절을 지키듯이, 사적 동기를 두지 않는 것이 없으며, '사'와 완전히 떨어진 행위란 근본적으로 존재하지 않는다는 입장이었다. 공자진에게 '사'는 악의 범주에 속하는 것이 아니었으며, '공사 관계'에서도 '선사후공(先私後公: 사적인 것을 우선시하고, 공적인 것을 뒤로 미룸)' 혹은 '공사호거(公私互擧: 공적인 것과 사적인 것은 서로를 일으킴)'일 수는 있어도, '유공무사(有公無私: 공적인 것만 있고, 사적인 것은 없음)'란 있을 수 없었다.[411] 이는 '도덕이란 최소한 자기에게 이익이 보장될 때 실질적으로 존재한다'는 것을 표명한 것이다.

위원은 "예로부터 왕도를 취하지 않는 부강함은 있었어도, 부강하려고 하지 않는 왕도는 없었다. 왕도와 패도의 구분은 그 마음에 있는 것이지 그 발자취에 있는 것이 아니다. 마음에는 공적인 것과 사적인 것이 모두 있으며, 발자취에는 북쪽 지방의 호(胡)와 남쪽 지방의 월(越) 같은 현격한 차이가 있는 것이 아니다."[412]라고 하였다. 그리하여 사적 욕망을 추구할 수 있는 현실적 가능성을 열어 놓았을 뿐만 아니라, 왕도와 패도가 갖는 족적의 차이를 인정하지 않았다. 그는 남송 때 진량이 그랬던 것과 유사하게, 왕도를 견지하면서도 패도를 무시하지는 않았다. 즉 정의와 이익을 따로 분리하지 않았다. 일의 성과를 중시하는 사공(事功)의 시각에서 세상의 변화를 말한 것이다.

> 오직 왕도가 변하면 패도이고, 덕이 변하면 공리(功利)이니, 이런 운수와 기회의 귀결점은, 곧 조종(祖宗)도 역시 그 스스로 변함을 청취하지 않을 수 없다는 것이다.[413]

공자진과 마찬가지로 공양사상가인 위원은 하늘과 땅과 사람은 변하며, 사물도 '오늘'과 다르게 변화한다고 하였다.[414] 현재의 천지와

---

411) 龔自珍, 『龔自珍全集』「論私」 참조.

412) 魏源, 『魏源集』「默·治篇一」, 自古有不王道之富强, 無不富强之王道. 王伯之分, 在其心不在其迹也. 心有公私, 迹無胡越.

413) 魏源, 앞의 책 「書古微·呂刑篇發微」, 惟王變而霸道, 德變而功利, 此運會所趨, 即祖宗亦不能不聽其自變.

414) 魏源, 앞의 책 「默觚·治篇五」, 三代以上, 天皆不同今日之天, 地皆不同今日之地, 人皆不同今

사람과 사물은 하(夏)·상(商: 은나라)·주(周) 삼대의 천지와 사람과 사물이 변화하여 온 것인데, "옛것의 변화가 더욱 극진할수록 인민을 더욱 편리하게 할 것이다."[415]라고 하였다. 그는 "옛것을 붙잡고 오늘에 계승하는 것은 오늘을 속이는 것이며, 오늘을 붙잡고 옛것을 법으로 삼는 일은 옛것을 속이는 것이다. 오늘을 속이는 것으로는 세상을 다스릴 수 없으며, 옛것을 속이는 것으로는 '사람들에게' 학문을 말해 줄 수 없다."[416]라고 하여, 삼대를 자주 들먹이는 사람들이 주공과 공자의 책을 읽고는 세상을 오도하고 있다면서, 이들을 '졸렬한 유학자'라고 비판하였다.[417] 그는 또 이렇게 말했다.

> 장생(莊生: 장자)은 상고(上古)를 즐겨 말하지만, 상고의 풍속은 결코 회복할 수 없다. 헛되이 진(晉)나라 사람에게 예법의 찌꺼기를 먹게 하여 세상의 가르침에 재앙을 가져왔다. 송나라 유학자들은 전적으로 삼대를 말했는데, 삼대의 정전(井田)·봉건(封建)·선거(選擧)는 결코 회복할 수 없으니, 한갓 공리(功利)의 학도로 하여금 유교적인 처세술에 대해 세상 물정(物情)에 어둡고 민첩하지 못하다고 여기게 할 뿐이다.[418]

이처럼 위원은, 장자의 자연주의적 복고나 지나치게 예법을 강조하는 태도, 그리고 유학자들이 걸핏하면 외쳐대는 삼대 문화의 복원

日之人, 物皆不同今日之物 참조.

415) 魏源, 앞의 책 「默觚·治篇五」, 變古愈盡, 便民愈甚.

416) 魏源, 앞의 책 「默觚·治篇五」, 執古以繩今, 是爲誣今; 執今以律古, 是爲誣古. 誣今不可以治, 誣古不可以語學.

417) 魏源, 앞의 책 「默觚·治篇五」 참조.

418) 魏源, 『魏源集』「默觚·治篇五」, 莊生喜言上古, 上古之風必不可復, 徒使晉人糠稗禮法而禍世教. 宋儒專言三代, 三代井田·封建·選擧必不可復, 徒使功利之徒以迂疏病儒術.

은 이제는 모두 불가능하다는 견해를 개진하였다. 그런 생각들은 모두 시대의 조류인 공리주의와 무관하기 때문에 더욱 그러하다는 것이다.

② 인(仁) 의미의 공리주의적 전개: 도리를 넘어 물리를 생각해야

우리가 도덕을 말하는데, 그것은 현실 속에 있는 것이 아닐까? 어떻게 보면 도덕이란 사람이 살아가는 데 필요한 길이자, 그 길을 잘 가기 위한 마음가짐이라고 할 수 있다. 그것이 우리의 삶 속에 늘 있어야 하는 것이라면, 우리가 맞이하는 사람이나 사물·일·현안과 무관하게 독립적으로 존재할 수 없다. 예를 들어 구멍가게 주인이 물건을 팔거나 택시 기사가 승객을 태우는 일에서부터 정치인이 국민을 상대로 정치를 하는 일에 이르기까지, 모든 현실의 상황에 '도덕'이 필요한 것이 아닐까? 유학자들은 으레 도덕이 따로 있는 것처럼, 그것이 현실과 분리되어 있는 것처럼 시끌벅적하게 말했다. 논리상으로는 가능할지 모르지만, 현실에 부딪쳐 조용하게 실천해야 하는, 살아가는 데 없어서는 안 되는 것이 도덕이다. 말하자면 '현실'이 없으면 실현해야 할 '도덕'의 공간은 존재하지 않는다.

이 같은 의미에서 근대 전환기에는 유가 철학의 도덕론에서 으뜸 요소인 인(仁)의 의미를 현실적으로 변용하는 문제에 대해 고민하였다. 왜냐하면 인이 타인과의 관계성이나 소통성을 의미하는 사람의 길이라면, 자본주의가 밀려오고 제국주의가 충격으로 다가오고 있을 즈음, 그 의미는 어떻게 인간 세계에 이바지할 수 있을까를 고려하지 않으면 안 되었기 때문이다.

우리는 이미 공양사상가인 위원이 맹자의 '성명(性命) 사상'이나 유학적 전통 속에 외쳐댄 '만물일체'처럼, 지나치게 이념적이어서는 안

된다고 지적했음을 이미 살펴보았다. 그는 실용적이면서 현실적인 사안에 적용할 이념을 찾으라고 하였다. 마찬가지로 무술혁명의 이념을 제시하고, 그 실행에 참여한 담사동은 우리가 알고 있듯이 『인학(仁學)』을 써서 '인(仁)'의 시대적 변용을 고민하였다. 담사동은 자본주의적 시스템을 염두에 두고 있었다는 것을 우리가 금세 알아차릴 수 있을 만큼, 그는 공(公)과 사(私) 혹은 정의와 이익의 문제를 따로 분리하지 않은 채, '유가 철학 본연의 가르침은 어떤 시대정신을 표출해야 하는가'를 하나의 문제로 제기하였다. 그러면서 '한 나라[私]'로부터 출발하여 '여러 나라[公]'의 관계로 나아가는, 전략적 제휴와도 같은 국제적 호혜주의를 모색하였다. 이것을 우리는 공리주의적(功利主義的) 공리주의(公利主義)라고 부를 수 있을 것이다.

> 저쪽은 단 한 나라에 의해 유지되지만, 이쪽은 여러 나라에 의해 유지되기 쉽다. 부담이 무거움에 대한 부담이 가벼움의 관계는 제10의 이점이다. 저쪽은 일방(一方)에서 이익을 독점하지만, 이쪽은 온 나라를 크게 이롭게 한다. 사익(私益)에 대한 공익의 관계는 제11의 이점이다. 저쪽은 남의 안전을 위태롭게 하지만, 이쪽은 남의 위험을 안전하게 한다. 이욕(利欲)에 대한 정의(正義)의 관계는 제12의 이점이다. 저들의 철도는 모든 사람들이 공통적으로 싫어하지만, 이쪽의 철도는 모든 사람이 다투어 향한다. 싫어함에 대한 좋아함의 관계는 제13의 이점이다.[419]

419) 譚嗣同, 『仁學』 下篇, 四十四, 彼一國孤撐, 此衆擊共擧; 重之於輕, 其利十. 彼專利於一方, 此博利於萬國, 私之於公, 其利十一. 彼以危人之安, 此以安人之危; 利之於義, 其利十二. 彼路爲衆心共疾, 此路爲郡情爭向, 惡之於好, 其利十三.

담사동은 인(仁: 호혜 평등)과 학(學: 자연과학)을 중시하는 '인학(仁學)'을 표방한 사상가이자 실천가이다. '인'이란 '나와 남 사이'의 관계성이다. 그것은 정치·경제·사회·교육 등 제반 현안에서 '막힌 현상'의 해소를 뜻한다. 문장이나 읽고 쓰는 사장학(詞章學)을 탈피하여, 서구 학문에 대해서도 소통의 관점에서 접근함으로써, 중국을 과학화하고 민주화하며, 자본주의 시장경제를 모색하는 사회제도로 나아가자는 '변법 이념'을 모색했던 담사동의 견해 속에는 공리주의가 자리 잡고 있었다.

막힌 중국의 제반 현상을 원활하게 하는 것과 그렇게 할 수 있는 학문을 '인학'이라고 본 그는, 대륙 간 철도를 구상하기도 하였다. 무역과 통상 혹은 국가 간의 연합이 가져다주는 이점과 같은 공리를 추구하는 것이 정의라는 것이다. 그 같은 국가 간의 연합을 통해 이점을 추구하는 것을 그는 '인정(仁政)'으로 여겼다. 인(仁)에 내재한 '소통[通]'의 함의를 국제 정치질서에까지 확장시켰다. 그는 "게다가 장차 일어날지도 모르는 전쟁의 실마리를 차단하여, 5대륙의 태평(太平)을 지키는 것은 인정(仁政)이다. 쇠망해 가는 약국(弱國)을 구제하고 지극히 궁핍하여 버려진 백성을 살리는 것은 의거(義擧)이다. 모든 통상(通商)을 독점하고 넘쳐 흩어지는 이원(利源)을 거두는 것은 지혜 있는 계략이다. 바람직하지 않은 결과의 선수(先手)를 제압하여, 만연(蔓延)된 뒷근심을 막는 것은 용기 있는 공(功)이다."[420]라고 하여, 대외적으로 폐쇄된 정책을 쓰고 있었던 당시의 정치를 비판하였다.

③ 자기 영리 행위의 필요성: 도학선생도 공리 없이는 못 산다

자기 자신이 존재하지 않고 남을 생각할 수 있을까? 내가 존재할

420) 譚嗣同, 앞의 책, 且夫弭將發之兵端, 保五洲之太平, 仁政也; 拯垂亡之弱國, 植極困之遺黎, 義擧也; 籠總匯之商務, 收溢散之利源, 智謨也; 爭棋劫之先着, 杜橫流之後患, 勇功也.

수 있는 근거 없이 남의 존재 조건을 고민할 수 있을까? 유가 철학이 그렇게 외쳐대는 '인(仁)'이라는 사랑도, 사실은 확고한 '나의 존재'로부터 '남에 대한 배려'로 옮아가는 것이다. '나'는 도덕 실현의 주체일 뿐만 아니라, '자기를 도모하는' 주체이기도 하다. 이 같은 견해는 명대 말기의 진확의 사유에서도 엿볼 수 있었다. 공리주의가 없는 도덕론은 있을 수 없고, 스스로 해결하는 일정한 생계수단이 없이는 학문도 존재할 수 없다고 보았다.

이 같은 각도에서 엄복은 공과 사·정의와 이익의 문제를 하나로 연결시켰다. 엄복은 『천연론(天演論)』(1898)을 통해, 영국의 생물학자인 헉슬리(Thomas Henry Huxley)의 저서 『진화와 윤리(*Evolution and Ethics*)』(1893)를 중국의 실정에 맞게 번역하여 소개하면서, '사(私)'의 의미를 개진하였다. 그는 '사'를 통해 '공'의 가치인 '인'을 추구할 수 있다고 하였다.

> 그리고 어린이를 사랑하는 일은 또한 스스로를 영위하는 '사(私)'로부터 시작되니, '사'로부터 사랑을 키우고, '인(仁)'으로부터 '사'를 이기니, 이것이 도(道)를 헤아리기 어려운 이유이다.[421]

엄복은 한 개인의 대타적인 성취의 계기를 '사'라고 규정하였다. 여기에서 대상물에 대한 애착은 자칫 이기주의로 흐를 수 있는데, 그것을 극복할 이념을 '인(仁)'이라고 여겼다. 그는, 일차적으로 사회에서 자아를 실현할 수 있는 사적 욕망은 불가피한 것인데, 사적 욕망을 성취하는 과정에서 요구되는 '도리'를 '인'으로 규정했다고 볼 수 있

421) 嚴復, 『天演論』 上, 導言十三 「制私」, 而慈幼之事, 又若從自營之私而起, 由私生慈, 由慈生仁, 由仁勝私, 此道之所以不測也.

다. 엄복은 헉슬리의 글을 번역하면서 다분히 중국 실정에 맞게 번안(翻案)을 가미하였다. 그리하여 그는 '사'를 통해 어떤 대상을 사랑할 줄 알고, 그로부터 '인'을 길러 '사'를 극복해 가는 공리주의(公利主義)를 표방하였다.

당시 학자들 중 상당수는 이미 서구 물질성의 근대 합리성, 즉 모더니티로 나아가고 있었다. 이런 의미에서 엄복은 '의리와 이욕(利欲)'을 합일적으로 파악하였다. 그는 자영(自營)과 공리(功利)를 언급함으로써, 이익을 추구하는 자기 행위가 생물학적 이치로 볼 때도 타당한 것이라고 하였다. 그는 이렇게 말한다.

> 대체로 동서 고인(古人)들의 이론은 모두 공리를 도의(道義)와 상반되는 것으로 간주하여, 마치 '향기 나는' 훈(薰) 풀과 '누린 내 나는' 유(蕕) 풀이 그릇을 함께 쓸 수 없는 것이나 마찬가지라고 여겼는데, 지금 사람의 생물학적 이치로는 자영(自營)을 버리면 존재할 수 없다. ……공리는 어째서 병통이 되는가? 그것(공리)을 이루는 도가 어떠해야 하는지를 물어야 할 따름이다. 그러므로 서양 사람들은 이것을 '개명자영(開明自營)'이라고 한다. 개명자영은 도의에 결코 배치되지 않는다.[422]

여기에서 '개명자영'이란 선진화된 자기 영리 행위이다. 물질적 이익을 버리고서 인간의 몸은 자존할 수 없다. 이는 입만 뻥긋하면 '천리'를 말하여 '인간의 욕망'을 비하하는 '도학선생'도 예외일 수 없

422) 嚴復, 『天演論』「論十六 群治 案語」, 大抵東西古人之說, 皆以功利爲與道義相反, 若薰蕕之必不可同器. 而今人則謂生學之理, 捨自營無以爲存. ……功利何足病, 問所以致之之道何如耳, 故西人謂此爲開明自營. 開明自營, 於道義必不背也.

다.[423] 엄복은 스스로 참여하는 근대화되고 진전된 공리의 추구는 도덕과 배치된다고 보지 않았다. 공리를 추구하는 데에 요구되는 도리를 따르면 된다고 인식한 것이다.

엄복은 맹자의 초공리주의를 비판하고, 또한 동중서가 말한 "의를 올바르게 하고 이익을 도모하지 않으며, 도를 밝히고 공을 헤아리지 않아야 한다."[424]라는 입장에 대해서도 강한 반감을 드러냈다.

> 맹자는 "역시 인의(仁義)가 있을 따름입니다. 하필 '이익'을 말하십니까?"라고 하였고, 동생(董生: 동중서)은 "의(誼: 義)를 올바르게 함에 '이익'을 도모하지 않으며, 도를 밝힘에 공(功)을 헤아리지 않는다."라고 하였는데, 동·서양의 옛 가르침은 의와 이익을 두 길로 나누지 않은 것이 없었다. 여기에서 의미의 쓰임이 지극히 아름답기는 하다. 그러나 변화와 도에 대해서라면 모두 천박하니, 온 천하가 인의에 재앙을 입을 것이다. 천연학(天演學: 진화론)이 흥한 이후부터, '이익' 없는 정의는 없으며, 공(功) 없는 도는 없다는 이치는 불을 보듯 분명해졌다. 통계학 이론이 그 선구가 되었으니, 아담 스미스의 말은 그 가운데 한 사례일 따름이다.[425]

무엇이 도이고 어떻게 사는 것이 이치에 합당한 것일까에 대해 유가 철학의 전통에 따르면, 공적인 것을 먼저 하고 사적인 것을 뒤로 미루며, 어려운 일을 내가 먼저 하고 결과적인 이득을 취하는 일은 뒤

---

423) 徐順教·季甄馥, 『中國近代倫理思想研究』, 華東師範大學出版社, 1993.

424) 班固, 『漢書』 卷五十六 「董仲舒傳」, 正其誼不謀其利, 明其道不計其功.

425) 嚴復, 『嚴復集』 「『原富』按語」, 孟子曰: "亦有仁義而已矣, 何必曰利?" 董生曰: "正誼不謀利, 明道不計功." 泰東西之舊教, 莫不分義利爲二涂, 此其用意至美, 然而于化于道皆淺, 凡率天下禍仁義矣. 自天演學興, 而后非誼不利, 非道無功之理, 洞若觀火. 而計學之論, 爲之先聲焉. 斯密之言, 其一事耳.

로 미루는 것이 '인(仁)'이고 '의(義)'이다. 같은 맥락에서 사리(私利)나 사욕(私欲)은 공의(公義)나 공리(公理)에 배치된다. 그 같은 도덕 이념은 주자학적 이성주의에서 정점에 이른다.

이에 반해 근대의 사상가들은 '도리' 이외에 '사물의 이치'라는 근대 합리성으로 다가갔다. 거기에서 '인(仁)'이나 '의(義)'의 의미를 찾았다. '이익을 추구하려는 인간의 욕망'이 남과 소통성을 확보한다면 그것이 '인'이고, 그런 과정이 올바르면 그것이 '의'라는 관점을 제기했다.

그리하여 엄복은 외적 사물을 접하는 데에서 이해타산의 메커니즘을 받아들일 것을 권했다. 공리주의의 추구가 반드시 도의에 배치되는 것은 아니라는 입장에 선 것이다.

4) 욕망과 도리(도덕)의 충돌 문제

유가 철학에서, 최소한 송명이학 시기까지는 대체로 욕망은 인간의 도리를 위배하는 것이라고 인식되었다. 당초 공자는 '인(仁)'을 실천하는 데에서, 이기적 행위를 넘어 남을 배려할 것을 요청하였다. 공자가 제시한 '인'의 도를 인의예지의 사덕(四德)으로 확장한 맹자는, 이 같은 인간의 덕을 도덕적 실재라고 주장했다. 그는 구방심(求放心: 놓아버린 마음을 찾는 일), 즉 형이상학적 도덕의 실재라고 믿는 인의예지의 마음을 회복할 것을 촉구하였다.

성리학의 세계관은 이러한 심학적 사유 체계에 '이치'라는 개념을 끌어들여 존재론적으로 이론화했고, '욕망을 막아 이치를 보존할 것'을 요구하였다. 이른바 '심성 유학'은 선을 실현하기 위해서는 자기 수양이 필요하다고 전제하였다. 이타심이 아닌 이기심으로는 세상이 존재할 수 없다는 도덕 합리주의를 주장한 것이다. 성품에 내재하는 욕망은 외적 대상을 과도하게 추구하므로, 그런 욕망은 제어되지 않으면 안 된다는 이성주의를 설파하였다.

공자를 비롯한 선진 유학에서 자기 수양을 통해 남과 원만한 관계를 유지하는 것을 중시하는 '인'의 실천이나, 신유학에서 이치를 체현한 본성을 회복하기 위한 실천도 외적 사물을 대상화·타자화·상대화한다. 이 같은 사유체계에서는, 이치나 질서를 찾기 위해 외적 사물에 대해 적개심을 갖는 것은 불가피했다. 따라서 욕망은 절제되거나 단절되지 않으면 안 되는 것이었다.

반면 근대의 사상가들은, 주자학적 전통 속에 강하게 부각된 '도리'가 아닌 근대적 합리성으로 다가갔다. 그들은 외적 사물을 획득하는 이치에 대해 소홀히 하지 말자고 하였다. 그들은 공리주의적 추구가 반드시 도의에 배치되는 것만은 아니라고 하여, 도리를 생각하는 '도덕적 자아'뿐만 아니라 사물의 질서까지 이행할 줄 아는 자아로 그 인식의 폭을 넓혔다.

근대에 접어들자, 사물의 질서에 관한 외적 성찰이 중요하게 대두될 수밖에 없었고, 경험적으로 '나'는 누구인가에 대해 새롭게 인식하기 시작했다. 안과 밖, 도리와 물리, 제도와 삶의 방법, 진리와 현실 상황을 아우르는 줄 아는 역동적인 인간에 대해 사유하였다. 내적 자아에서 벗어나, 외적 조건을 꿰뚫을 줄 아는 소통적 자아에 주목한 것이다. 이는 시대정신이자, 시·공간적 조건에서 '나'의 의미에 관한 전면적인 반성이기도 했다. 이 시기에는 '나'를 둘러싼 형이하의 이치와 형이상의 이치에 이르는, 그리고 학문·정치·가치관에 이르는 일과 사물에서 관계성을 확보하는 것이 공자의 인(仁)에 포함되는 내용이라고 인식하였다. 예컨대 담사동의 『인학』에서, 인(仁)은 존재의 근원이고 생명성이며 안과 밖을 아우르는 존재의 본원이라고 인식하였다. 그는 '인'을, 서구의 과학에서 사물이 존재하는 근원적 원리이자 분자와 원자와 같은 물질 구성 요소보다 더 본질적인 존재의 이치로 간주하는 '에테르'라고 규정하였다. 그런 기준으로 볼 때 의리와 이익, 이치와 욕망, 나의 내면과 사물을 향한 외적 지향은 서로 떨어져 있지 않아서, 대립적 요소를 서로 끌어안는다는 인간학을 전개하였다. 그는 인격적 변화를 촉구하고 자기 수양이나 외치는 도덕론을 넘어 외적 사물의 실현도 또한 이치로 받들어져야 한다는 실학적 사고에 입각하여, 국가와 제도는 이를 위한 수단이라고 보았다.

이런 맥락에서 근대의 사상가들은 오랫동안 유지해온 전제 군주제가 인간의 자아를 매몰시키고, 인민의 욕망 충족과 같은 자아실현의 기회를 박탈함으로써, 역사 발전에 장애를 초래했다고 인식하였다. 그들은 시대의 변화에는 아랑곳하지 않고 삼강오륜 따위나 외쳐대면서 자손만대에 걸쳐 부귀영화를 세습하여, 결과적으로 자신들의 '사적 욕망'을 '공적 욕망'이라고 호도하려고 획책하는 '썩은 유학'을 비판했다. 인민의 욕망을 억압하는 국가라면 차라리 없애 버리고 공정부(公政府)로 대체하자는 것이 강유위의 『대동서』나 담사동의 『인학』에 담긴 내용의 골자이다.

우리가 일반적으로 알고 있는 무국주의(無國主義), 즉 나라가 있는 것이 없는 것만도 못하다는 근대 사상가들의 비판도, 지배층에 있는 자들이 자신들만의 안일을 위해 정권을 비합리적으로 계속 장악함으로써 국가와 인민을 크게 피폐하게 만들고 말았다는 시각에서 비롯되었다. 이런 분위기에서 그들은 정치·경제·사회·문화에 걸쳐, 경색된 상황을 타파할 해법을 권력 당국자에게 요구하였으며, 따라서 단순히 전근대적 유가의 관점에만 머물던 경세 이념에서 벗어나, 도교와 불교의 사유는 물론 자본주의·민주주의·사회주의·진화론 등 서구의 과학사상까지 엮어 새로운 경세 이념으로 나아갈 것을 요구하였다.

Ⅳ

욕망 충족을 위한 사회 시스템의 변화

1. 욕망 충족을 위한 제도의 필요성

어떤 의미에서 제도란, 인민의 욕망을 수용하는 공간이다. 윤리도 원론적으로는 자신과 타인이 공존하기 위한 관계, 즉 규범의 원리이다. 다시 말하자면, 그것이 제도든 윤리든, 서로 공유하여 실천함으로써 공존의 터를 만드는 것이라고 할 수 있다.

물론 순자도 욕망 때문에 제도, 곧 예·예제를 제정할 것을 주장했다. 그것은 욕망을 조절하기 위한 것이었다. 그러나 근대의 사조에서는 억압된 욕망의 발산을 위한 제도를 요구하였다. 일찍이 순자는 "인간의 욕망을 따르자니 상황이 용납하지 않고, 사물이 그것을 감당해 낼 수 없다."[426]라고 하였다. 그런 생각은 일면 옳다고 할 수 있다. 순자는 "그러므로 선왕(先王)이 욕망 때문에 예의(禮義)를 제정하여 분배하는 것을 고안하여, 귀천의 차등, 나이 많은 사람과 어린 사람의 차이, 지혜로운 사람과 어리석은 사람, 능력 있는 사람과

426) 『荀子』「榮辱」, 從人之欲, 則勢不能容, 物不能贍也.

그렇지 못한 사람의 구분이 있도록 하였으니, 모두 사람들로 하여금 그 일을 헤아려 각기 그 마땅함을 얻도록 하였다. 그런 후에 곡록(穀綠)의 많고 적음과 두텁고 엷음을 어울리게 하였다. 이것이 무리가 거처하는 데에 한결같이 조화로워지는 도(道)이다."[427]라고 하였다. 순자는 무한한 욕망과 유한한 재화라는 모순을 조절하는 기능을 '예(禮)'에 두었다.[428] 과거에 제왕이 예를 제정하여 이 세상에 존재하는 물건을 분배했던 사실을 말함으로써, 제도를 제정해야 할 필요성을 제기하였다. 우리가 냉정하게 생각해보면, 인간의 내면에 대한 순자의 인식은 상당히 현실적이었다. 그럼에도 불구하고 거기에는 전체주의가 대두될 위험성이 내포되어 있었다. 선왕이 욕망 때문에 그 조절 수단인 예제를 제정했듯이, 후왕이 또한 그렇게 하기를 기대한 그의 생각은 인민을 통제하기 위한 수단으로 악용된 점이 없지 않았다.

이에 반해 대진은 '예'의 본질을 그 자체의 규범성에 두지 않았다. 백성의 욕망을 이루도록 해주는 것, 즉 왕도의 조건으로 풀이하였다.

> 『시경』에서는 "백성의 자질이란, 날마다 음식을 애용하는 것이다."라고 하였으며, 『예기』에서는 "음식이나 남녀 같은 것에 사람의 큰 욕망이 있다."라고 하였으니, 성인이 천하를 다스릴 때에 백성의 정감을 몸소 살피고, 백성의 욕망을 이루어 주어야 왕도가 갖추어지는 것이다.[429]

---

427) 『荀子』「榮辱」, 故先王案爲之制禮義以分之, 使有貴賤之等, 長幼之差, 知愚能不能之分, 皆使人載其事而各得其宜, 然後使穀綠多少厚薄之稱, 是夫群居和一之道也.

428) 『荀子』「禮論」 참조.

429) 戴震, 『孟子字義疏證』「理」, 詩曰: "民之質矣, 日用飮食." 記曰: "飮食男女, 人之大欲存焉."

같은 의미에서 근대의 강유위도 백성의 욕망을 충족시켜 주는 수단은 예라고 파악하였다. 그리고 그런 예는 시대에 맞게 변화해야 한다고 보았다.

> 예가 이미 정해졌다 하더라도, 마땅히 때에 따라 변통하고, 인정의 커다란 순리를 따라야 한다.[430]

그에 따르면, 예는 실제로 인간의 감정에 기초하고 있으며, 또한 예는 "감정을 다루고 의를 닦으며, 인간의 이익을 일으켜, 사람의 근심거리를 제거하는 약을 짓는 일"[431]에 지나지 않는다. 이는 존재방식이나 패턴으로서의 도를 현실적인 문제나 현안과 대립시킬 것이 아니라, 하나로 합쳐서 봐야 한다는 입장이었다. 중국이 당면한 현안을 해결하고, 사람들의 욕망을 충족시키기 위해서는 대외에 문호를 개방하는 등 좀 더 넓은 안목이 필요하다고 주장한 것이다.

2. 도(道)란, 제도 변혁의 공간이다

양무운동은, 초기에는 군사 기술의 수용에서부터 자연과학을 중심으로 한 서학 이론을 확립하는 것으로 발전했는데, 이를 통해 '중체서용론(中體西用論)'이 형성되었다. '서용(西用)'의 개념 속에, 특히 초기의 변법론자들은 민부(民富)의 육성과 중상주의적 무역 경쟁 등 자본

聖人治天下, 體民之情, 遂民之欲, 而王道備.

430) 康有爲, 『禮運注』, 禮旣成定, 然當隨時變通因人情之大順.

431) 康有爲, 앞의 책, 禮者, 治情修義興人利去人患之方藥也.

주의 제도의 요소들을 포함시켰다. 1880년대 후반 이후에는 자본주의 경제와 아울러 의회제를 매개로한 행정체계 개편의 요구가 확대되면서, '서용'의 개념에 변법적인 요소들이 강화되었다.[432]

일반적으로 중체서용론은 양무운동의 이론으로서, 변법론과는 대립되는 것으로 알려져 있었다. 그러나 양무운동에 대한 재평가 이후의 근대화 과정에서 각 단계들의 연속성을 강조하면서, 중학(中學: 중국의 학문)과 서학(西學: 서구의 학문)의 관계가 대립적인 측면뿐 아니라 보완적인 관계도 있다는 점을 논증하였다. 중체서용론은 이홍장의 막료 집단 및 주변 지식인들을 중심으로 형성된 초기 변법론자들에 의해 전형적인 발전 형태를 보였다. 풍계분(馮桂芬)이 자신의 저서인『교빈려항의(校邠廬抗議)』에서 이 논리를 제기한 이래, 중학과 서학 간의 관계에 대해, 서학의 수용을 촉진해야 할 현실적 필요성 때문에 변법론자들은 상호 보완적인 측면을 강조하였다.[433] 그들 이론의 가장 큰 특징이, 중상주의적 경제제도·조약 체결·상공업에서의 대외적 이권의 회수 및 의회제를 주장하고 있다는 점에서, 훗날의 변법 이론과 일정한 연속성을 갖는다. 여기에는 중학과 서학을 대립시키지 않고, 자기 주체를 확립함으로써 서양의 장점을 도입하는 것을 좀 더 용이하게 한다는 뜻에서, '중체'를 서학의 수용, 즉 '서용'의 전제로 삼는다는 논리 구조가 내재되어 있다.[434] 또한 초기의 변법론자들은 중체서용론 외에도 '중학중원설(西學中源說)', 다시 말하면 서학은 중국의 학문에 기원을 두고 있다는 주장을 함으로써, 복고를 통해 서학의 뿌리를 중국의 고대에서 확인하여 정당화하려고 시도했다.[435] 아울러

432) 조병한,「19세기 중국 개혁운동에서의 '中體西用'」,『동아시아 역사연구』2, 1996, 152쪽.
433) 馮桂芬,『校邠廬抗議』,「採西學議」, (鄭州: 中州古籍出版社, 1998 영인본), 209~211쪽.
434) 조병한, 앞의 글, 162쪽.
435) 鄭觀應,「道器」,「西學」, 56~58쪽, 73~77쪽(鄭州: 中州古籍出版社, 1998 영인본). 민두기,

공리(公理)의 개념을 활용하여, 서학의 도입을 정당화하는 논리를 구사하였다.

존재 방식이나 패턴으로서의 '도'와 현실적인 문제나 현안을 의미하는 '기'를 대립시켰던 '양무론'과는 달리, 정체성과 현실적 상황을 하나로 합쳐, 중국이 당면한 현안을 해결해보려 했던 강유위의 '변법론'의 전제가 되는 견해를 내놓았던 정관응도, 다분히 관념적이며 선험적인 도를 중국의 정체성으로 믿고 있었다.[436] "중국은 본질인데, 이른바 바뀌지 않는 것은 성인의 경(經)이다. '시중(時中: 시간적 중용, 시대적 상황에 맞음)'은 작용인데, 이른바 변역(變易)이라는 것은 성인의 권도(權道: 임기응변, 유연성 있는 대처방식)이다. 본질이 없이 무엇으로 세울 것이며, 작용이 없이 무엇으로 행하겠는가?"[437]라고 하여, 중국에서 전통적으로 유지되어 왔던 가치관에서 벗어나지 못하고 있었다.

따라서 현실이 요구하는 근본적 변화는 실현되기 어려운 시대적 조건에 있었다. 여전히 연역적 존재의 이치·도리에 기반하고 있어서, 시대 상황이 요구하는 처방전을 내기가 매우 어려웠다. 다시 말하면 인민이 욕망하는 현실적인 길의 변화 혹은 제도의 개혁 같은 일은, 이념적으로나 정치적으로 요원한 상황이었다.

강유위는 "도는 시간적 상황에 따라 존재한다."[438]라고 하였다. 그는 자연계인 천(天)이 운동함에 따라 사회 영역도 반드시 변화해야 한다는 당위론을 주장했다. 즉 자연계의 변화와 마찬가지로 우리 인간이 살아가는 방법도 마땅히 변화해야 한다고 여겨, 변통은 세상을 구

「中體西用論考」, 『중국 근대 개혁운동의 연구』(일조각, 1985), 30~31쪽. 서학중원설에 대한 논의는 신승하, 『19세기 중국 사회』(신서원, 2000), 79~86쪽 참고.

436) 小野川秀美, 『淸末政治思想研究』, みすず書房, 東京, 1969, 71쪽.

437) 鄭觀應, 『盛世危言』「自序」, 中體也, 所謂不易者, 聖之經也. 時中用也, 所謂變易者, 聖之權也. 無體何以立, 無用何以行.

438) 康有爲, 『春秋筆削大義微言考』 卷四, 道在時勢.

제하는 당연한 방법이라고 인식한 것이다. "중요한 것은 병에 따라 약을 쓰고, 만약 병이 제거되었다면 약을 기대할 것도 없고, 더욱이 옛 방법에 빠져서도 안 된다."[439]라는 것이다.

같은 입장에서, 담사동도 현실이 변했을 때, 그 현실 속에서 살아가는 방법도 달라질 수밖에 없다는 견해를 표명하였다.

> 상황이 이미 변했는데, 도만 어찌 유독 변하지 않을 수 있겠는가? 변화하는 것도 여전히 현실 상황이니, 또한 여전히 도를 벗어나지 않는다. 사람이 스스로 현실적 상황을 버릴 수는 없거늘, 또 다시 무엇 때문에 도를 버리겠는가?[440]

이들의 입장에서 보면, 현실이 변했다면 그 방법도 변하지 않을 수 없었다. 다시 말하자면 인간의 삶, 즉 존재 방식을 위한 '길'도 달라져야 했다. 그들에게 이 세상을 주재하는 것은 이미 신비주의적인 '천(天)'이나 '천명'이 아니었다. '성인의 '도' 또한 허구임이 드러났으며, 학문·정치·경제 등이 현실적으로 낙후되어 있음을 인정하고, 상황에 맞는 길을 찾는 것이 옳다는 것이었다. 그 길이란 동양의 것이든 서양의 것이든 막론하고, 중국의 현실을 변혁할 수 있는 처방이어야 했다.

---

439) 康有爲,『春秋筆削大義微言考』卷三, 要在因病發藥, 若病除亦不須藥又不可泥守舊方矣.

440) 譚嗣同,「報貝元徵」『譚嗣同全集』上册, 197쪽, 器旣變, 道安得獨不變? 變而仍爲器, 亦仍不離乎道, 人自不能棄器, 又何以棄道哉?

3. 예교, 명교 그리고 욕망

(1) 근본적 본질 변화의 문제

인간은 의식적이든 무의식적이든 자기 보존성·자기 지향성을 갖는다. 그리고 욕망을 운동성으로 하여 물리적이거나 추상적인 대상을 실현한다. 이 대상을 실현하려면, 그가 속한 국가나 사회가 마련한 제도적인 장치가 있어야 한다. 하지만 '정체성(正體性)'의 탈을 쓴 기존 제도는 이데올로기화되어 인민의 욕망을 오히려 억압할 때가 많았다. 사람들은 그가 속한 장소 혹은 장소의 이동을 통해서 욕망을 실현하려 하지만, 그가 속한 공간, 예를 들면 가정·협회·학회·학교·민족·국가·세계의 차원에서 제약의 기제들을 마주하기도 한다. 이 제약의 기제가 바로 정체성일 때가 많다.

순자에 의하면, 본질적으로 제도란 욕망의 충족과 조절을 위한 수단이었다. 그는 이것을 '도'로 규정하고, 이 '도'야말로 인간의 노력, 즉 사려 깊은 작용력을 통해 얻어지는 예·예제라고 보았다. 그런데 이 '도'는 동아시아 문명사에서 국시와 같은 정체성으로 선전되어 타자의 시스템, 예를 들어 서양의 문명이나 문화를 무시하거나 우습게 여기는 지표로 오도되기도 하였다. 일련의 옥시덴탈리즘으로 흘렀다.

그 정체성은 바로 중체서용의 '체'와 같이 국가 노선의 본질적 측면이었지만, 실은 변화를 싫어하는 수구파들의 맹목적 통치 방향이기도 했다. 우리나라의 경우에 '동도서기(東道西器)'의 '도'도 유사한 점이 없지 않은데, 그것은 사회 시스템의 이념적 골간이기도 했다. 그것은 종종 권력자들에 의해 '성인의 도', 즉 성인이 마련해준 물러설 수 없는 길, 바로 '인간의 길'로 이념화되었다. 근대 전환기에 한국이나 중국은 모두 이런 정체성의 굴레에서 자유롭지 않았다. 그 결과 인민 대중의 내면적 추구인 욕망을 실현해 줄 수 있는 공간은 그만큼 좁았다.

이런 상황 인식에서 진정한 도, 즉 국가와 인민이 나아가야 할 길이 모색되었는데, 그러한 맥락에서 변법의 문제가 제기되었다. '변법'이라 할 때의 '법'은 제도, 즉 국가와 사회를 움직이는 체제를 말한다. 이 변법의 필요성은 청일전쟁 이후에 유행한 사회진화론과도 궤를 같이했다. 양무운동의 일환으로 설립된 복주선정학당(福州船政學堂) 출신으로, 영국의 관비(官費) 유학생이었던 엄복(嚴復)은 헉슬리의 *Evolution and Ethics*를 『천연론』이라는 제목으로 번역, 출간했다. 이 사실은 앞에서 이미 밝힌 바 있는데, 『천연론』은 사회진화론을 근대 중국에 체계적으로 소개한 최초의 서양 사상서로, 청일전쟁 이후에 당시 중국이 처한 국제적 환경의 성격을 설명하는 데 가장 설득력 있는 이론 틀을 제공하였다. 당시 국제 사회는 국가 간의 생존경쟁이 일상적으로 행해지는 장이었으며, 이 생존경쟁은 우승열패의 법칙이 관철되며, 개혁이 늦어지면 중국은 도태된다는 엄연한 현실을 설명해 주었다.[441]

변법파의 이론은 초기 변법론자들의 주장과 상당 부분 연속성을 갖는다. 그러나 변법파는 작은 변화가 아닌 전면적 변화인 '전변(全變)'과 근본적 변화인 '변본(變本)'을 추구하였다.[442] 그것은 열국이 병립하는 엄연한 현실 때문이었는데, 이로 인해 변법파는 존속과 발전을 기도할 대상인 국가를 꾸려가는 방식에 대해 강한 문제의식을 갖게 되었다. 훗날 양계초는 『신민설(新民說)』에서도 지적하고 있지만,

441) 嚴復, 『天演論』(엄복 지음, 양일모 옮김, 『천연론』, 소명출판, 2008); 鄭永福, 「甲午戰爭與嚴復」, 『甲午戰爭九十周年紀念論文集』(濟南: 齊魯書社, 1986), 398~411쪽.

442) 조병한, 「19세기 중국 개혁운동에서의 '中體西用'」, 『동아시아역사연구』 2, 1996, 167쪽.

"중국인은 천하가 있음을 알았을 뿐 국가가 있음을 알지 못하고, 조정이 있음을 알았지만 국가가 있음을 알지 못하며, 개인이 있음을 알았지만 국가가 있음을 알지 못했다."[443]라고 하여, 국가의 생존을 위해 의회 개설이나 과거제도 개혁 같은 정치·교육 제도의 변혁이 필요하며, 그것은 전면적인 변혁이어야 한다고 주장했다.

(2) 공공의 이익을 추구하는 지도자

1) '단 하나의 이치'에 대한 회의

중국에서 근대에 전제군주제의 횡포가 극에 달했을 때, 물론 서태후의 수렴청정은 중국의 '막힌 상황'을 더욱 어렵게 하였고, 인민에 대한 구속적 요소도 이루 말할 수 없을 만큼 많았다. 이러한 분위기에서 중국의 정체성으로서의 '도'는 예교이자 명교이며, 성인이 만들어준 것으로 선전되어 인민을 압박하였다. 채상사(蔡尙思)에 의하면, 중국의 "예교는 예로써 가르침을 삼는다. 고대에는 명교(名敎)라고 불렀으니, 곧 명분(名分)으로 가르침을 삼은 것이다. 그것은 종교와 똑같은 작용을 했지만, 종교의 형식과는 달랐다. 그것은 주로 윤리학이나 도덕 철학으로서, 순수 철학과는 다르다. 그것은 윤리와 정치를 밀접하게 결합하여 단번에 만들어진 것으로, 윤리와 정치를 따로 분리시킨 것은 아니었다."[444]

예를 들어 삼강오륜은 예교이자 명교이다. 명교는 주어진 신분상의 이름을 고착화하고 이념화하였다. 윤리와 정치를 결합하는 형태로 왜곡된 명교는 일반 백성에게 흉측한 폐해를 끼쳤을 뿐만 아니라, 우

443) 梁啓超, 『新民說』「論國家思想」.
444) 蔡尙思, 『中國禮敎思想史』 中華書局(香港), 1991, 1쪽.

민(愚民)의 술책이 되기도 했다. 강유위나 담사동도 이러한 내용으로 지적했는데, 담사동은 "군신의 흉해(凶害)가 극에 달하여, 아버지와 자식, 지아비와 부인 간의 인륜도 드디어 명분과 세력으로 서로 강제하는 것이 당연시되었다. 이것은 모두 '삼강'이라는 이름의 해악이다. 이름이 있는 곳에 그 입을 막아 감히 외쳐 말하지 못하게 할 뿐만 아니라, 그 마음까지도 억눌러 감히 생각하지 못하게 한다. 백성을 어리석게 하는 술책은, 이 때문에 더없이 그 이름을 번잡하게 하는 것이 존숭되었다."[445]라고 하였다. 그리하여 인간관계의 절차로서 '예'의 본질을 넘어 인민에 대한 절대적인 교도 수단으로 변질되고 종교화되는 것을 비판하였다.

그에 의하면, 군주가 마치 천하를 호주머니 속에 있는 개인의 재산처럼 여기고 있었다.[446] 오랜 전제정권의 소산인 이른바 "망학(亡學)·망정(亡政)·망교(亡教)"라는, 나라를 망치는 학문 풍토·정치제도와 국가 지도 이념이 판을 치고 있었던 것이다. 예컨대 삼강오륜과 같은 '성인의 도'는 옛 폐단의 악순환을 가중시키고 있었던 것이 근대 전환기에 중국이 처한 현실이었다.

문화사적 관점에서 볼 때, 순자가 '예'에 의해 욕망을 조절하려고 한 데에는 '후왕(後王: 나중에 새로이 등장하는 군주)' 제도의 필요성이 내포되어 있었고, 거기에는 전제군주제에 의해 인민의 욕망이 억압될 위험성이 일정 부분 내재되어 있었다. 주자학의 사유체계에도 이런 요소가 전혀 없는 것은 아니었다. 주희는 이렇게 말했다.

---

445) 譚嗣同, 『仁學』 下篇 37장, 君臣之禍亟, 而父子夫婦之倫, 遂各以名勢相制爲當然矣. 此皆三綱之名之爲害也. 名之所在, 不惟關其口, 使不敢昌言, 乃并錮其心, 使不敢涉想. 愚黔首之術, 故莫以繁其名爲尙焉.

446) 譚嗣同, 앞의 책 下篇 33장, 天下爲君主囊橐中之私産, 不始今日, 固數千年來矣. 然而有知遼金元之罪浮於前此之君主者乎?

> 우주 사이에 이치는 '하나'일 뿐이다. 하늘이 그것을 얻어 하늘이 되고, 땅이 그것을 얻어 땅이 되어, 천지 사이에 생긴 모든 것은 각기 그것을 얻어 '성품'으로 삼는다. 그 확장은 '삼강'이 되고, 그 기율(紀律)은 '오상(五常: 오륜)'이 된다. 아마 이 모든 이치의 유행은 어디에 간들 있지 않은 곳이 없을 것이다. 그 소식(消息: 소멸과 생존)과 영허(盈虛: 차고 기움)는 순환하여 끊임이 없을 것이니, 당초 사물이 있기 이전부터 사람과 사물이 소진된 이후까지도 끝나면 다시 시작되고 시작되면 다시 끝이 있을 것이요, 물론 거기에는 경각의 짧은 시간에도 혹 정지한 적은 있지 않다.[447]

우주 사이에 단 하나의 이치만 있을 수 있을까? 성리학의 정점에 있었던 주희의 견해에는 이미 전제성(專制性)이 담겨 있다. 전제 왕권에 의해 삼강오륜의 운용을 절대화할 수 있는 논리가 담겨 있다. 시간적 조건과 공간적 상황을 전혀 고려하지 않은 채 절대불변의 '이치', 즉 '도'를 고정화시킬 수 있는 여지가 있다. '하나의 이(理)'를 보존하기 위해 어떤 욕망도 차단되지 않으면 안 되는 것처럼, 아전인수식으로 끌어다 쓸 전제정권적 요소가 있다.

그리하여 송명이학이 표방한 '천리를 보존하고 인간의 욕망을 막아내야 한다'는 식의 논리는, 정작 지도자가 갖추지 않으면 안 되는 경세가의 수양 지침이었음에도 불구하고, 오히려 민중의 생리적 욕구마저 마련해 주지 못했다. 그리고 결국 인간이면 누구나 갖는 타고난 성품인 욕망의 해소를 근원적으로 불가능하게 하는 이데올로기로

447) 朱熹, 『朱熹集』 卷七十, 「雜著·讀大紀」, 宇宙之間一理而已. 天得之而爲天, 地得之而爲地, 而凡生于天地之間者, 又各得之以爲性; 其張之爲三綱, 其紀之爲五常, 盖皆此理之流行, 无所適而不在. 若其消息盈虛, 循環不已, 則自未始有物之前, 以至人消物盡之後, 終則复始, 始復有终, 又未嘗有顷刻之或停也.

작동하고 말았다. '강상', 곧 '삼강오상'이라는 미명 하에 정려문(旌閭門)을 세워 효부나 열녀를 추앙했는데, 이는 어찌 보면 잘못된 이념의 실천을 위해 '타고난 욕망'을 이겨낸 것을 찬양하는 것이었다. 하지만 그들 당사자들이 지킨 '천리'란, 따지고 보면 집합체나 집단에 대한 맹목적 충성에 불과했다. 그들의 인간 실현, 예를 들어 먹고 마시는 정감적 행위마저 희생한 것에 지나지 않았다. 그 결과 나라를 유지하고 집단을 이끌어가는 데는 편리했겠지만, 과연 그것이 누구를 위한 것이었던가를 따져 본다면, 그것은 크게 잘못된 것이다. 이러한 점에서 현실적 막힘 현상의 소통을 위해, 격동기마다 태평천국운동이나 변법의 추진 등이 제기되었다고 할 수 있다.

2) 사적 이익을 도모해 주는 국가

다분히 직관이나 관념에 의해 만들어지거나 조작된 제도가 변혁되지 않는다면, 그것은 자칫 공동체 구성원들의 욕망이나 인민들의 바람이 행동으로 옮겨지는 것을 억제할 수도 있다. 중국의 경우 서세동점기부터 5·4운동 시기에 이르는 '중체서용'이나 한국의 '동도서기'도 일정 부분 외부 세계와의 교섭을 바라는 사람들의 욕망을 차단하는 이데올로기적 기제였다고 할 수 있다.

그런 사회 분위기에서 인간이면 누구나 갖는 권력욕이나 생존욕과 같은 욕망이, 본질적인 것이 아니라고 선전됨으로써 욕망을 누릴 기회가 원천적으로 박탈되었을 수도 있다.

사람은 누구나 자신의 이익을 도모하게 되어 있다. 개인의 집합체로서의 '국가'는 인간의 이런 속성을 간과해서는 안 된다. 개인은 대상을 인식하거나 획득함으로써 생명의 보존을 도모하거나 자기의 역사성을 쌓아간다. 순자는 인간을 무한한 욕망의 존재로 파악했기 때문에, 자기 자신의 이익을 도모하는 인간의 내면에 주목하였다. 근래에 어떤 학자는, 이기적 '유전자' 중심의 사고방식으로 전환해서 세상과 자연을 바라볼 것을 촉구하였다. 인간의 이성을 강조하는 근대적 사고방식도 유전자의 꼭두각시에 불과하다고 선언한 것이다. 인간은 여타의 생물과 마찬가지로 자기를 돕고 자기 영역에서 문화를 향유하는 존재라는 것이다.[448] 또 어떤 학자는 말하기를, 얼핏 보기에 인간은 타자를 위한 경향성을 띠는 것처럼 보이지만, 이것도 궁극적으로는 '이기적인' 자신의 이익을 도모하기 위한 것이라고 하였다.[449] 즉 인간은 자신을 위해 이타적인 전략을 취하는데, 이는 공동체의 이익을 통해 결국은 자신의 이익을 추구하기 위한 것이다.[450]

그리하여 개별자의 이익을 보장하기 위한 제도가 요구된다. 근대 전환기의 중국 상황도 황종희가 지적한 것과 같은, '공공'의 이익을 추구할 사람, 바로 타인의 '자사자리(自私自利)'를 위한 '무사(無私)'의 군주가 절실히 요구되었다. 개개인의 이익을 보장해 줄 수 있는 사람, 즉 자기 한 사람에게 해가 미치는 것을 개의치 않고 온 세상 사람들에게 미치는 해를 막아 줄 사람이 요구되었다.

이러한 상황에서 공자진·위원·강유위·담사동·양계초·엄복 등은 '사익'을 보장하는 '공적' 시스템을 마련해야 한다고 문제를 제기하였는데, 이는 전통적인 욕망관의 근대적 전환이었다고 할 수 있다.

---

448) Richard Dawkins, 이용철 옮김, 『이기적인 유전자(*The Selfish Gene*)』(1976), (동아출판사, 1992) 참조.

449) Matt Ridley, 신좌섭 옮김, 『이타적 유전자(*The Origins of Virtue*)』, (사이언스북스, 2001) 참조.

450) 李明洙, 「공간, 장소 그리고 경계에 관한 노장철학적 접근」, 『동아시아문화연구』 51집, 2012, 236~237쪽 참조.

4. 욕망과 인권

(1) 균형 잡힌 소통 사회

근대의 사상가들은 신분의 높고 낮음이나 남녀 성별의 차이를 막론하고, 인간이면 누구나 평등하게 욕망을 추구할 수 있다는 입장이었다. 그들이 내세운 대동·'통(通: 소통적 관계)'의 평등주의에는 '인(仁)'의 본래적 의미인 타인에 대한 배려가 변용되고 있었다.

당초 맹자는 '남에게 차마 하지 못하는 마음'을 가지고 백성과 즐거움을 함께하는 정치를 하라고 위정자에게 촉구하였다. 인민이 도탄에 빠져 있어서 '차마 눈을 뜨고는 보지 못하는 마음'이 발동되지 않으면 안 되는 상황은, 정도의 차이는 있었겠지만 동아시아의 근대기와 같은 상황을 가리킨다고 할 수 있다.

이 같은 성찰은 강유위의 불인인지심(不忍人之心)에서도 보인다. 그는 "인(仁)이며, 전기나 에테르이다."[451]라고 하면서, "인은 자연의 성품 가운데 으뜸의 덕이다."[452]라고 하여, 그런 마음이 소통되는 세상을 간절히 희망하였다. 그는 정치·경제·과학을 아우르는 '변법'을 통해 변화된 세상이 바로 공자가 제창했던 '인'의 세계의 모습이라고 생각했다. 이 같은 점은 시간이 흘러 1920년대에 출간한 저서인 『대동서』에 드러나 있다.

한편 담사동도 청조(淸朝)의 군주권에 대한 반감에서 비롯된 '대동'론을 전개하였다. 그도 자신의 저서인 『인학』에서, 인민에 대해 억압적 요소 또는 불평등한 제도로 작동했다고 여기는 예제(禮制)를 비판

451) 康有爲, 『孟子微』 卷一, 不忍人之心, 仁也, 電也, 以太也.
452) 康有爲, 『論語注』 卷十二, 仁者, 天性之元德.

하였다. 그는 강유위와 마찬가지로 인간의 '평등'이 진정한 '인'이며, 욕망을 누릴 수 있는 권리는 천부인권에 가깝다는 입장을 취했다.

근대의 민주제 요소인 공치(共治)와 공론(公論)을 언급한 조선의 최한기도 "한 나라의 일은 마땅히 한 나라의 사람들과 함께 다스려야지, 한두 명의 친한 사람끼리 자기들의 욕심만을 따라 다스려서는 안 된다. 나라 사람들의 공론에 지망(指望)된 사람을 취하여 관직을 맡겨 직책을 완성하게 하면, 그것이 바로 나라 사람들과 함께 다스리는 것이다."[453]라고 하여, 공적이거나 공론화되지 않는 사적 욕심이나 욕망이 자칫 공적 이치의 실현에 장애가 될 것을 우려하였다.

"재물이 땅바닥에 떨어지는 것을 싫어하지만, 그렇다고 내 호주머니 속에 넣지는 않는다."라는 『예기』「예운」편의 '대동' 이념을 근대 전환기에 크게 제창한 강유위는, 나라·가정·개인의 경계마다에 존재하는 '사', 즉 사애나 사욕을 우려하였다. "나라가 있고 가정이 있고 개인이 있다면, 각기 '경계'를 두어 스스로 사사롭게 자기의 경계만을 아낀다."[454]라는 것이다. 이해 당사자의 욕망을 충족시키기 위해서는 다른 사람의 소유를 박탈하거나 약탈할 수 있다고 본 것이다.

근대의 사상가들은 종래의 도덕 합리주의, 즉 이성주의 철학의 연장선에서 인간의 육체 활동을 소홀히 하는 풍토나 사회적 분위기로부터 전환할 것을 요구하였다. 아울러 어떠한 이념도 사회적 신분의 높낮이나 남녀의 구분에 의해 불평등하게 적용되어서는 안 된다는 점도 지적하였다. 그리하여 제도나 의식의 변화를 촉구하였다.

---

453) 崔漢綺, 『人政』 卷十六 選人門[三] 「國心選人」, 一國之事, 當與一國人共治, 不可與一二私人, 從欲而治, 取一國公論所指望之人, 任官責成, 卽與國人共治也.

454) 康有爲, 『禮運注』, 夫有國有家有己, 則各有其界, 而自私之, 其害公理而阻進化甚矣.

(2) 약자가 도구가 되지 않는 세상

이러한 주장에는 성적 욕망도 자연적으로 부여된 보편적인 것이라는 인식도 포함되어 있다. 특히 군주권이 욕망을 충족시키기 위해 하층민의 그것을 박탈하거나 남성들의 속물 근성에 의해 여성이 희생되는 현실을 강하게 비판하였다. 여성에 대한 불평등한 차별에 대해, 그는 "남녀의 차이는 다른 것이 아니다. 암수의 지극히 자그마한 차이만 있을 뿐이다. 그들은 모두 같은 인간들이다."[455]라고 하여, 상대에 대한 인간적 고려를 핵심 내용으로 하는 공자의 '인'의 정신을 여성에게도 확대해야 한다고 주장했다.

> 단지 성적 수단으로만 사람을 대하면, 그 스스로 대하는 것도 하나의 성적 대상일 것이니, 다시 어떻게 성적 도구가 아닐 수 있겠는가? 그러므로 남자를 중요시하고 여자를 가볍게 여기는 것은 지극히 난폭하고 무례한 법이다.[456]

담사동의 사상에서 여성은 결코 음구(淫具), 이른바 성노리개가 아니다. 변칙적인 엉큼한 행위, 곧 음(淫)은 사람을 죽이는 행위라고 규정한다. "사람을 죽이는 것은 자기의 사욕(私欲)을 만족시키고 발산하기 위해서인데, 이때 죽이려는 생각은 곧 음탕한 생각이다. 간음하는 사람은 여자가 원망하다가 고통에 빠지고 기괴하게 부르르 떠는 일을 자기의 즐거움으로 삼는다. 이때 음탕한 생각은 사람을 죽이는 마음

455) 譚嗣同, 『仁學』 上篇 10장, 夫男女之異, 非有他, 在牝牡數寸間耳, 猶夫人之類也.
456) 譚嗣同, 앞의 글, 直以淫具待人, 其自待亦一淫具矣. 復何爲不淫哉! 故重男輕女者, 至暴亂無禮之法也.

이다. 똑같은 여색(女色)이지만 어린 처녀를 세속에 찌든 인간들이 더욱 선호하니, 상대가 아파서 피를 흘리고 슬피 울부짖은 후에야 속이 시원한 것이 아니겠는가?"[457]라고 하면서, 속물 근성으로 인해 여성이 박해받는 사회를 비판하였다.

담사동은 지배권의 과도하게 음탕한 요구가 여성들에게 처참한 고통을 준다는 점을 지적했다. 소수의 지배층이 인민의 순수한 감정 발산은 억제하면서, 음행을 자신들만의 전유물로 독점하는 것을 비판하였다. 그는, 세상의 모든 남자와 여자는 똑같이 하늘과 땅의 아름다운 꽃이며, 헤아릴 수 없는 훌륭한 덕과 큰 과업을 동등하게 나누어 가지고 있으므로, 모두 평등하고 균등하다고 여겼다. 애당초 여자는 성적 도구로 세상에 태어난 것이 아니라는 것이다. 이른바 여색이란 화장품과 옷으로 치장한 것일 뿐, 그것들을 제거하면 피와 몸으로 구성되어 있어, 남자나 다를 것이 없다고 하였다. 유별나게 좋아할 만한 아름다움은 없기 때문에, 장차 서로 자유롭게 만나도록 유도하고 마음대로 서로 낯익게 하면, 활짝 서로를 알게 되고 당당하게 서로의 차이를 잊고서, 오히려 친구처럼 서로 왕래할 것이라고 하였다.[458]

---

457) 譚嗣同, 앞의 글, 殺人者, 將以快己之私, 而洩己之欲, 是殺念卽淫念也. 淫人者, 將以人之宛轉痛楚, 奇癢殊顫而爲己之至樂, 是淫念卽殺念也. 同一女色, 而髫齡室女, 尤流俗所涎慕, 非欲創之至流血哀啼而後快耶?

458) 譚嗣同, 앞의 글 참조.

5. 욕망과 환경

(1) 사물의 유기적 존재에 관한 성찰

우리가 자연과 대화하지 않고 맹목적으로 정복을 계속하고, 고도로 발전한 과학기술에 의해 물자의 생산과 소비를 늘린 나머지, 지구 온난화 등 환경 위기를 초래했다. 이는 인간의 끝없는 욕망과 무관하지 않을 것이다. 물론 과학기술이 환경 문제를 해결하는 긍정적인 요인이 될 수도 있겠지만, 그것은 욕망이 빚어낸 '자연 상태'의 파괴와 대량 소비의 폐해에서 발생하는 문제점을 따라잡아 해결하기에는 역부족인 것 같다.

따라서 인위적 행위에 앞서 자연적 존재의 이치를 보존해야 할 필요가 있다. 그렇다면 저절로 인간의 외적 욕망에 대한 성찰의 문제가 뒤따르게 된다. 물론 자칫 도덕론 일변도로 흘러서 상황을 두루 파악하고 인식하는 데는 한계가 있을 수 있겠지만, '자연의 이치를 보존하고 욕망을 막는다'는 성리학적 서사도 오늘날 일정 부분 의미를 지닐 수 있다.

욕망을 중용 상태로 유지하는 일, 그것은 '인(仁)'의 맥락이다. 그렇다면 그 '인' 개념을 인간 사회를 넘어 우주 차원으로 확대해야 한다. 재화를 지나치게 욕망한 나머지 타자를 피폐하게 할 가능성을 우려하고, '만물일체'라는 조화의 틀 속에서 바라보려는 이성주의적 시각은 이 시대에도 필요한 만큼, 그런 건강한 시각으로 사물을 바라보는 태도는 인간과 자연, 사람과 사물, 피조물 간 서로 대화를 유발하고 '관계성'을 맺는 계기는 마련할 수 있다. 그런 식으로 환경과 생태 문제 해결의 이념적 실마리를 찾을 수 있을 것이다.

우주 만물은 사람이든 사물이든 모두 서로 연관을 가지며 유기적으로 존재한다. 어느 것 하나라도 존재를 인정받지 못하거나 소홀히 여겨져서는 안 된다. 예를 들어 만물 존재 가운데 하나인 '홍어'가 있다고 치자. 그것은 나름대로 존재의 필요조건을 가지고 있으며, 역시 우주라는 자연 속에서 하나의 존재로 살아간다. 서로 차이가 있을 뿐, 사람과 똑같이 생명을 가진 존재이자 생태계의 중요 구성물로서 존재한다. 그럼에도 불구하고 사람의 입장에서 보면, 수컷 홍어는 '돈'이 되지 않는다. 그래서 잡히자마자 존재를 위해 필요한 홍어의 신체기관 중 일부는 제거된다고 한다.

이것은 물질적 합리성, 즉 '효율성'의 측면에서 사물을 바라보려는 메커니즘이 초래한 것이다. 이 같은 접근법을 가지고 나 이외의 존재물들을 대상화하거나 욕망한다면, 인류에게는 더욱 큰 재앙이 되어 부메랑으로 돌아올 것이다.

이런 효율성에 기초한 이성은 인간에게 물질을 대하는 합리주의를 일정 부분 마련해 주었다. 사회 제도 역시 합리적으로 구조화되고 조직화되었다. 그렇지만 그것은 나 이외의 인간이나 사물을 대립적으로 보거나 계산적으로 이분화시킨 면도 없지 않다. 주체와 객체, 나와 남을 구분하는 보편적이고 객관적인 합리주의를 형성하였는데, 19세기와 20세기를 지나면서 과학기술을 통해 이성의 이름으로 인간을 생태계 위기나 인간성의 파편화와 같은 억압의 체계에 빠져들게 한 경우가 많았다.

그렇다면 '천리'라는 '이성'의 각도에서 욕망을 바라보자는 시각을 또한 타산지석으로 삼을 필요가 있다. 거기에는 도덕 '이성'의 각도에서 욕망을 경계하면서도, 욕망에 의해 개체의 영역이 무리하게 침범되는 것에 대한 우려가 깔려 있다. "만물은 한 몸이다"라고 한, 이른바 '만물일체'론에는 나 바깥의 상대들을 '내 몸 안의 생명 현상'처럼 유기적으로 파악하자는 문맥이 담겨 있는 만큼, 이런 견해에 주목할 필요가 있을 것이다. 정호(程顥)는, 당시의 의사들이 신체의 마비 상태를 '불인(不仁)'이라고 표현한 것이 인(仁)의 본래적 의미를 잘 전달하고 있다고 여겼다. 그의 만물일체에 관한 견해에서, 이(理) 혹은 천리는 '인'을 덕성으로 삼는 것이다. 그는 "인한 사람은 천지만물을 일체로 삼아서 자기 몸 아닌 것이 없다."[459]라고 하였다.

이 같은 사상을 생태적 관점으로 확장할 수 있는 가장 적절한 예는 왕수인의 견해에서 찾을 수 있다. 왕수인은 말한다.

> 대인은 천지만물을 한 몸으로 여긴다. 그가 보기에는 천하가 한 집안 같고, 중국이 한 사람과 같다. 서로 형체가 다르다고 해서 너와 나를 구분하는 사람은 소인이다. 대인이 천지 만물을 한 몸으로 여길 수 있는 것은, 그렇게 의도적으로 생각해서가 아니라, 인(仁)한 본래적인 마음이 이와 같기 때문이다. 그래서 그는 천지만물과 더불어 하나가 된다.
>
> 어찌 대인만 그렇겠는가? 비록 소인의 마음이라 하더라도 역시 그렇지 않음이 없으련만, 저들은 다만 스스로 역량을 작게 여길 따름이다. 이 때문에 어린 아이가 우물에 빠져 생명이 위태로운 것을 보면 슬퍼하고 불쌍히 여기는 마음이 우러난다. 이는 인한 마음이 어린 아이와 더불어 하나가 된 것이다.
>
> 어린 아이는 오히려 동류(同類)라서 그렇거니와, 새나 짐승이 슬피 울고 벌벌 떠는 것을 보면 반드시 차마 못 쳐다보는 마음이 반드시 생

459) 程顥,『二程集』,「河南程氏遺書」卷二上, 仁者, 以天地萬物爲一體, 莫非己也.

긴다. 이는 인한 마음이 새나 짐승과 한 몸이 된 것이다.

새나 짐승은 오히려 지각을 갖고 있어서 그렇거니와, 풀이나 나무가 꺾인 것을 보면 반드시 긍휼히 여겨는 마음이 생기는데, 이는 인한 마음이 풀이나 나무와 더불어 한 몸이 된 것이다.

풀이나 나무는 오히려 생명의 의지가 있어서 그렇거니와, 돌과 기와가 훼손된 것을 보아도 반드시 돌보려 하고 안타까워하는 마음이 일어난다. 이것은 내 마음의 인이 기와나 돌과 한 몸이 된 것이다.

이렇게 한 몸이 되는 인(仁)은 비록 소인의 마음이라 하더라도 반드시 있다. 이것은 곧 천명의 성(性)에서 근원하여, 자연히 영묘하게 밝아서 어둡지 않은 것이다.[460]

왕수인은 천지 만물과 일체를 이룬 인간을 대인이라고 불렀다. 대인은 천하를 한 집안처럼 여기는 사람이며, 서로 형체가 다르다고 해서 너와 나를 구분하는 소인과는 다르다. 대인이 천지 만물을 한 몸으로 여길 수 있는 것은, 그렇게 의도적으로 생각해서가 아니라, 인한 마음이 본래 그렇기 때문이다. 그러므로 어린 아이가 우물에 빠져 생명이 위태로운 것을 보면 곧 슬프고 불쌍한 마음이 우러나는데, 이는 인한 마음이 어린 아이와 하나가 되기 때문이다. 왕수인의 인한 마음은 동류인 사람을 넘어 새나 짐승, 심지어 돌이나 기와 같은 무생물에까지도 연장된다. 새나 짐승이 슬피 우는 소리를 듣거나, 풀과 나무

460) 王守仁,『王陽明全集』卷26「大學問」, 大人者, 以天地萬物爲一體者也. 其視天下猶一家, 中國猶一人焉. 若夫間形骸而分爾我者, 小人矣. 大人之能以天地萬物爲一體也, 非意之也, 其心之仁本若是, 其與天地萬物而爲一也, 豈惟大人, 雖小人之心亦莫不然, 彼顧自小之耳. 是故見孺子之入井, 而必有怵惕惻隱之心焉, 是其仁之與孺子而爲一體也. 孺子猶同類者也, 見鳥獸之哀鳴觳觫, 而必有不忍之心, 是其仁之與鳥獸而爲一體也. 鳥獸猶有知覺者也, 見草木之摧折而必有憫恤之心焉, 是其仁之與草木而爲一體也. 草木猶有生意者也, 見瓦石之毁壞而必有顧惜之心焉, 是其仁之與瓦石而爲一體也. 是其一體之仁也, 雖小人之心亦必有之. 是乃根於天命之性, 而自然靈昭不昧者也.

가 꺾인 것을 보거나, 돌과 기와가 훼손된 것을 보아도 연민과 안타까운 마음이 일어난다. 이것은 내 마음속에 있는 인이 그들과 일체가 되기 때문이다.[461]

이렇듯 하찮게 여기기 십상인 대상물에게까지 나의 인한 마음을 가지고 '일체감'을 갖는다면, 그런 마음 상태는 참으로 숭고한 경지에 도달했다고 할 수 있을 것이다. 나 이외의 사물을 바라보는 것은 덕성의 발현이자 역시 천리의 이행이다. 이와는 반대로 만물을 부자연스럽게 할 개연성이 있다면, 그것은 인간의 과도한 욕망에 의한 것이다.

자연에 인공(人工)을 가하기에 앞서 지나친 물욕을 반성하고 물질성의 메커니즘으로만 세상을 바라보려는 인간의 행위를 성찰해야 할 이 시점에, 인간의 욕망에 대해 우려의 눈초리를 보냈던 동아시아의 도덕 이성주의는, 인민의 기초적인 욕망을 말살하는 부정적인 방면으로 악용되기도 했지만, 과도한 욕망 탓에 자연의 파괴를 초래한 인간의 비합리적인 모습을 일정 부분 돌아보게 하는 계기를 제공할 것이다.

(2) 절제된 욕망을 통한 사물 접근

우리가 정호·장재·왕수인처럼 만물일체의 관점에서, 안으로는 내 몸의 신체기관에서부터 밖으로는 온갖 사물들에 이르기까지, '내 몸' 아닌 것이 없는 유기적 관계를 맺는 것을 '인(仁)'의 속성으로 여기고, 또한 자연의 이치라고 여김으로써, 그런 상태를 위해 인간의 욕망은 제거되어야 했다면, 그런 이념은 나와 남이 공존하기 위한 좋은 조건

461) 崔一凡, 「生態學的 觀點에서 본 東洋思想의 人間觀」, 『陽明學』 27호, 韓國陽明學會, 2010, 48~49쪽 참조.

이 되기에 충분하다.

일단 그렇다고 해도 문제는 또 발생한다. 우리가 사물과의 원만한 관계성은 갖출 수 있겠지만, 그 같은 사물의 질서나 이치에 다가갈 동적인 요소는 어떻게 갖출 것인가? '욕망을 통해 이성 찾기'를 주장한 이른바 '정감 철학'을 견지한 사람들은, 욕망에 내재한 이치 실현의 힘을 간과하지 않았다. 그 힘을 '욕동'이라고 할 수 있다고 필자는 이미 밝혔다.

그런데 도덕 이성주의를 비판하고 자연의 이치를 현실화할 수 있는 가능태로서 욕망의 중요성을 주장한 사람들의 견해를 수긍한다 하더라도, 문제는 또 남는다. 강유위가 지적한 것처럼, 욕망이 자연의 이치여서 도덕 원리로서의 도리뿐만 아니라 사물의 이치로서의 물리를 실현할 계기일 수 있지만, 그 발현 과정에 방법론이 제기되지 않을 수 없다.

단적으로 공적이냐 아니냐의 문제가 제기될 수 있다. 또한 욕망을 통한 이치 실현의 중용 상태, 즉 욕망의 적절성이나 치밀성이 과제로 남을 수도 있다. 앞에서 이미 사욕(私欲)·종욕(縱欲)·악욕(惡慾)·천욕(賤欲)을 예로 들어, 그것이 공적이냐 사적이냐, 선이냐 악이냐, 격조가 있느냐 없느냐를 문제 삼는 사상가들의 견해를 살펴보았다. 그들은 욕망의 합리성을 인정하면서도, 불합리성도 성찰하였다. 그렇다면 동아시아의 욕망론은, 아무런 반성도 없이 무한 경쟁 속에 끝없이 성취하려는 서구적 모터니티와는 구별되는 강점을 이미 갖추고 있다고 할 수 있다.

주지하는 바와 같이, 최한기는 이전의 기 철학자들과 달리, 사물이 존재하는 데에 필요한 운동성의 연속성과 관계성을 발견해 냈다. 우주 속 사물들은 '하나의 기'를 본질로 한다는 점에서 이미 서로 유기적이며 관계를 맺고 있지만, 거기에 내재하는 운동 변화의 속성, 즉 운화는 생명성·운동성·순환성·변화성을 갖는다. '한 몸' 상태로 생성하고 운동하여 끊임없는 변화를 지속한다고 보았다.

그러한 맥락에서 최한기는 사람·사물·국가 사이에 존재하는 제반 대상물들이 '일체(一體: 한 몸)'·'일통(一統: 하나의 계통)'·'일치(一致: 한 곳에 이름)' 상태에 있다고 설파하였다.

> 만물일체란 사실상 운화하는 일기(一氣: 하나의 기운)가 지구·달·해·별과 만물의 형질을 지탱하고 가득히 꿰뚫어 '일체'를 이루는 것이다. 만약 이 기로써 그 '일체'의 의미를 연구하지 않는다면, 제각기 나뉜 형질이 어떻게 일체로 합성하겠는가?
>
> 옛날에 천인합일론이 때로는 개인의 이기적인 욕망을 완전히 떨쳐버려 흔연히 자연 상태가 되는 것을 말하기도 했고, 때로는 하늘이란 본디 형질과 떨어질 수 없음을 참으로 인식하는 것을 말하기도 했으며, 때로는 성명(性命: 성품과 자연적 부여)은 자연과 인간에 통해 있다고 말하는 등 마음대로 견강부회하였는데, 이러한 말들은 모두 타당하지 않다. 어찌 '일체'의 의미가 이러한 것들뿐이겠는가? 교육을 논하고 학문을 논한 세부적인 것에 이르러서도, 단지 운화기에 관련되어 있다는 점을 분명히 이해하지 못했기 때문에, 그 의미가 극도로 어지럽고 요란하며 애매모호했다.[462]

애초에 정호는 유가 철학의 종지인 '인(仁)'을 만물일체의 관점에

462) 崔漢綺, 『人政』 卷9 教人門2 萬物一體, 宜删萬物一體云者, 其實運化一氣, 撑拄充滿透澈於地月日星及萬物形質, 以成一體. 若不以此氣, 究其一體之義, 各分形質, 何以合成一體也. 古之天人合一之論, 或謂克去私欲, 渾是天也, 或謂眞知天自是形質隔不得也, 或謂性命通天人也. 揣摩牽合, 俱未妥貼, 豈獨一體之義. 至於論教論學諸條, 祗緣運化氣之未明, 以致紛擾漫糊也.

서 접근하였다. 신체의 온갖 기관들이 '한 몸'에 유기적으로 연결된 상태를 상정하여, 그 가운데 어떤 하나가 단절될 때는 생명이 존재할 수 없다고 보았다. 인간을 포함한 자연물을 구성하는 요소들이 서로 연결되어 존재하는 상태를 '인'이라고 한 것인데, 이는 유가 철학의 '인'의 의미에 담긴, 나와 남 사이 혹은 대상 간에 있어야 할 관계적 소통성을 생명의 측면에서 접근한 것이다.

존재물을 하나로 연결해 보려는 만물일체의 관점은, "천리를 보존하고 인간의 욕망을 막아야 한다."라는 송명이학의 명제나 노장 사상의 자연관에서도 엿볼 수 있다. 그런데 최한기는 이런 만물일체론이 운동 변화의 측면을 결여했다고 보았다. 그러한 논의들은 자연물에 내재한 운동성인 '운화'를 두루 파악하지 못했다고 여겼다. 그는 "게다가 사람과 사물의 삶과 죽음을 논할 때, 기가 모여 사람과 사물의 생장(生長)과 쇠로(衰老)에도 저절로 운화의 시작과 끝이 있고, 기가 흩어져 대기(大氣)로 조화롭게 돌아가는 것도 역시 운화의 '일체'이다."[463]라고 하여, 기가 흩어지거나 모이는 것을 말한 전통 기 철학을 넘어, 온갖 사물에 있는 기의 운동 변화를 지적하면서, 그것은 혼연일체의 '한 몸' 상태라고 부연하였다.

여기에서 우리가 최한기의 관점을 받아들인다면, 일단 이치 보존의 각도에서 욕망을 보려는 만물일체의 관점을 뛰어넘을 필요가 있다. 욕망의 순기능을 되돌아보자는 것이다. 욕망에 내재하는 사물이나 사람의 힘·운동성·역동·욕동과 같은 에너지, 즉 활동 운화의 측면을 인정하지 않으면 안 된다. 인간의 실천력, 즉 '나' 밖의 상대와 '소통하려는 노력'으로서의 '승순(承順: 따라 계승하는 일)'과 같은 인문정신

463) 崔漢綺,『人政』卷9 教人門2 萬物一體, 且以人物之生死論之, 氣聚而人物之生長衰老, 自有運化之始終, 氣散而返和於大氣, 亦運化之一體.

이 요청된다. 인간이나 사물에 내재한다는 자연적 이치를 정적인 상태에 있다고만 볼 것이 아니라, 그것은 끊임없이 운동하고 있음을 인정해야 한다. 그렇다면 그런 운동성(運動性)과도 같은 욕망에 대해서도 무조건 거부만 할 수는 없는 노릇이다.

따라서 이성과 욕망을 대립시켜 참된 존재 방식을 확보하기 위해 사람이나 사물에 대해 조심스러우면서도 존경스러운 태도를 유지할 것을 주장한 이황의 '지경(持敬)'이나, 역시 사람이나 사물에 대해 의지를 성실하게 하여 대할 것을 요청한 이이의 '성의(誠意)'가, 오늘을 사는 우리에게 시사하는 바는 크다고 할 수 있다.

결론적으로 '이성과 욕망'이라는 두 용어조차도 서로 대립하는 개념으로 여기지 말고, 이성 속에서도 욕망을 보고, 또한 욕망에서도 이성을 찾는 것이 합리적이지 않을까? 그런 방식으로 나의 안과 바깥에서 사물을 접근하는 것이 어떨까 싶다.

V

유가 욕망론의 정신과 메타 담론의 가능성

1. '오늘 이곳'에서 성찰하기: 인간 욕망의 불가피성

인간은 으레 욕망에 살고, 자기의 이익을 추구하는 데에 존재의 의미를 둔다. 몸을 갖고 있는 한, 무엇을 소유하려 하거나 바라는 것은 불가피하다. 그러한 바람의 끝이 어디인지는 알 수 없다. 이 점에 대해 유학은 전통적으로 매우 민감하게 반응하였다. 욕망하는 마음 자세로 치달은 나머지, 더불어 사는 데 필요한 '정의'를 해칠 수 있다는 우려가 유가 철학에는 크게 자리 잡고 있었다. 선공후사(先公後私)도 인간의 개인적인 욕망의 문제와 관련하여 발생한 것이다.

그렇지만 고대부터 근대까지, 아니 현재에도 욕망의 존재를 부정한 유교 사상가는 없다. 다만 욕망은 의심할 바 없이 모호한 존재이거나 세상을 혼란스럽게 하는 것이라고 인식해 왔을 뿐이다. 개인의 욕망은 자기 만족을 모르는 탐욕과도 같은 것이라고 이해하기도 했다.

고대부터 전근대 시기까지의 철학은 주로 도덕론의 각도에서 욕망을 이성과 대립시키는 인간론을 전개했고, 근대성을 추구하는 시기

또는 근대의 모더니티에서의 '욕망'은 일정 부분 합리성의 위치를 획득하게 되는 중요한 토론거리였다. 자연물에 음(陰)이나 양(陽)의 기운이 움직이고 있듯이, 자연물들 중 하나에 불과할 수 있는 인간의 성품에도 역시 운동성은 있을 수밖에 없는데, 이 같은 사유는 장재의 기 철학에서도 발견된다. 그러면서 명대 중기 이후 근대성을 표출한 사조나 근대 전환기의 유가 철학에서 욕망은 매우 긍정적이면서 불가피한 내면적 존재로 여겨져, 그 인식이 바뀌게 된다.

공자는 사람이 욕망을 피할 수 없다고 인식했지만, 뭔가를 원하더라도 탐욕스러워서는 안 된다고 하였다. 그는 "욕망은 해도 탐내지 말아야 하며"[464], "70세에 '바라는 바'대로 해도 법도를 넘지 않았다."[465]라고 하여, 욕망은 피할 수 없는 것이어서, 삶의 도리에 합당하게 조절하기 위해서는 거의 평생 동안 공(功)을 들여야 한다고 주장했다. 그는 "내가 바리지 않는 것을 남에게 베풀지 말라."[466]라고 하여, '바란다' 또는 '욕망한다'는 것이 바람직스럽지 않을 수 있다는 점에 매우 유의하였다. 맹자도 "바람직스러운 것은 선이다."[467]라고 하여, 욕망이 옳은 방향으로 작동하기를 희망했다. 그는 세상을 변화시킬 중요한 요소들 중 하나가 도덕심을 기르는 것이라고 여겼으며, 그러기 위해서는 욕망을 줄이는 것이 가장 좋은 방법이라고 유세하였다.[468] 그는 유세 과정에서 음악이나 재화에 대한 탐닉과 호색(好色) 같은 욕망을 추구하는 것에 대해 제후들과 동감하면서도, 그들에게 욕망을 공유하는 방법으로서 '여민동락'을 권하기도 하였다. 즉 욕망의

464) 『論語』「堯曰」 2장, 欲而不貪.
465) 『論語』「爲政」 4장, 從心所慾不踰矩.
466) 『論語』「顔淵」 1장, 己所不欲, 勿施於人.
467) 『孟子』「盡心章句下」 25장, 可欲之謂善.
468) 『孟子』「盡心章句下」 35장 참조.

불가피성을 인정하면서, 욕망은 백성들도 함께 누려야 하는 것이라고 설파하였다. 순자도 사람들이 보편적으로 욕망을 지니고 있다고 인정하면서, 이를 충족시켜주기 위해 '예악제도'를 갖추어야 한다고 주장했다.

이 같은 욕망에 대한 견해는 송명이학에 이르러 존재론적 전환을 맞이한다. 그것을 억제하는 문제가 크게 대두되었다. 경세가가 지녀야 할 인격적 측면, 즉 도덕 이성을 품성으로 갖추지 않고서는 절대 백성을 위한 일에 나설 수 없다는 점에서 욕망을 터부시하는 엄숙주의로 나아갔다. 자연이 인간에 부여한 법칙성인 천리를 보존해야 하며, 그것에 장애가 되는 욕망은 단절하지 않으면 안 된다고 하였다. 욕망이란 마치 맑은 물인 '천리'를 더럽히는 오니(汚泥)와 같아서, 그것을 제거하기 위해서는 마음의 수양도 역시 중요하다고 보았다.

사물에 대한 사람의 느낌은 무궁하게 다양하다. 따라서 온갖 잡념이 개입하기도 하는데, 그 대상에 대한 잡념은 욕망과 통하기 때문에 수양이 반드시 요구된다. 대상을 좋아하거나 싫어하는 감정이나 욕망 때문에, 절도 있는 행위는 성리학적 사유에서 참으로 바람직한 것으로 여겨진다. 절도가 없을 경우 외부 사물에 의해 흔들리게 되고, 급기야 올바름의 천리는 요원한 것이 되어버린다. 요즈음 우리 사회에서 그러한 예를 찾자면, 공직자가 뇌물—고대 용어로는 회로(賄賂)—을 받아 처벌을 받았다는 보도를 자주 접하게 되는데, 그것은 곧 천리가 가려졌음을 뜻한다. 때 묻은 욕망 때문에 자신의 풍요와 안락이나 챙기다가, 공무원이 가야 할 길, 즉 천리가 막혀버린 것이다. 공평무사해야 할 자신의 임무를 저버리고 권력을 이용하여 국민을 등친다면, 이는 매우 우려스러운 일이다.

이런 이유로 '천리를 보존하고 욕망을 막아내자'는 성리학적 대서

사가 생겨났다고 할 수 있다. 대체로 성리학적 관점에서 볼 때, 인·의·예·지의 사덕(四德)은 천리이고, 욕망의 추구는 이치에 반하는 행위인데, 그것들은 반비례 관계에 있다.

주희는 욕망 가운데 넘치거나 부족함이 없으면 천리이고, 그것이 절도에 맞지 않으면 욕망이라고 하여, 이들은 대립하면서도 근원적으로는 밀접한 연관성을 갖는다고 보았다. 그는 "배우는 사람은 인간의 욕망을 고쳐 없애, 다시 천리를 다해야 바야흐로 배움이 된다."[469] 라고 하였고, 『주자어류』에서는 흔히 "성인의 천 마디 만 마디의 말씀은 단지 사람들에게 천리를 보존하고 욕망을 없애라고 가르치는 것일 뿐"이며, "천리자연(天理自然)을 편안히 여기면, 욕망에 빠지는 위태로움은 없다."[470]라고 하여, 천리와 욕망을 대립시켜 경계하였다.

이와는 달리 천리와 욕망에 대한 절충론적 관점이 등장하기도 했다.

명대 중기 이후, 욕망은 '일상에서 빼놓을 수 없는 것'으로 인식되었다. 명대 말기에 이지와 같은 사람은 욕망이나 사심을 자기 이외의 사물에 대해 교섭하는 근거로 여겼다. 쉽게 풀이하자면 욕망을 '사물에 대한 마음 내킴'으로 여겼다. 그들은 욕망이 갖는 긍정적인 면을 한층 강조하였다.

이지와 유사하게 왕부지는 욕망을 통해 이치가 나타난다고 보았다. 황종희도 역시 같은 맥락에서 욕망론을 전개하였다. 그들은 공리주의(公利主義)의 입장에서 욕망의 문제를 바라보았다. 그는 '무사(無私)'의 지도자가 나와 '자사자리(自私自利)'하려는 인민 대중의 욕망을 충족시켜 주어야 한다는 입장에서 서서 전제주의를 비판하였다.

---

469) 黃宗羲, 『宋元學案』「晦翁學案·語要」, 學者須是革盡人欲, 復盡天理, 方始是學 참조.
470) 朱熹, 『朱子語類』 卷13, 有天理自然之安, 無人欲陷溺之危.

근대에 이르면, 명말 청초의 황종희나 왕부지의 견해는 거리낌 없이 채용된다. 서구의 충격으로 말미암아 도덕적 이치보다는 사물의 이치, 즉 물리에 대한 관심이 한층 더 높아졌기 때문이다. 명대 중기 이후, 왕간·왕기·하심은 등에 의해 욕망을 '일상사'와 관련시켜 접근하려 했던 관점은 중국 근대기에도 유사하게 대두되었다.

증국번(曾國藩, 1811~1872) 등 집권 세력의 대부분은 여전히 주자학적 지도 노선을 고수했지만, 강유위나 담사동 같은 변법 사상가들은 대체로 양명학적 소양을 바탕으로 욕망을 이치 속에 포함시켰다. 이 시기에 그들은 서구의 충격에 따른 반성으로 역동성을 강조했고, 같은 맥락에서 물질이나 문명 성취의 욕망을 크게 강조하였다. 이는 서구적 근대 합리성, 즉 모더니티에 영향을 받은 것인데, 대동론자인 강유위 같은 사람은 욕망이야말로 자연스러운 것이며, 천리는 오히려 사람이 만든 것이라고 하여, 욕망을 갖는 것은 불가피하다고 여겼다.

송명이학이라는 신유학이 '유가 사상의 이법적 전환'이었다고 한다면, 강유위가 "이치란 인간이 만든 것이고, 욕망이란 자연적인 것이다."라고 한 것은 근대적 이법 인식의 패러다임이었다. 그 만큼 직관론을 넘어 경험적이고 과학적인 '이치'로 나아갔다고 할 수 있다. 그리하여 인간의 욕망은 부정적인 성품의 함유물이 아니라, 자연적으로 타고난 이치로 간주되기에 이르렀다. 시대적으로 역동성이 크게 요구되는 상황에서 욕망이 발휘되어, 그 결과 사회 제도가 변혁되고, 국가와 민족이 위기에서 벗어나며, 인민의 감정 발산 또한 억제되지 않기를 사상가들은 희망하였다.

2. 물질 합리주의에 대한 성찰

(1) 물질주의에 묻히는 진정한 존재 방식

유교 문화권에서 '성인의 도'라는 미명하에, 삼강오륜과 같은 단순한 사회 습속으로 사람의 존엄한 가치나 욕망을 얼마나 억압했던가?

그 폐해는 19세기 말에 극에 달했고, 20세기 중엽 또는 그 후에 이르기까지 명교(名教: 신분을 나타내는 이름을 중시하여 백성을 교도하는 것)나 예교(禮教: 신분질서에서 요구되는 예의를 중시하여 백성을 교도하는 것)가 중시되던 암담한 현실에서, 사람들은 '욕망'이라는 말도 꺼내지 못할 지경이었다. 이제는 거꾸로 오늘날 우리가 겪고 있듯이 자본주의적 합리성에만 얽매이는 욕망에 대해 논의해야 하고, 그것이 우리 스스로를 억압하고 있는 현실에 대해 토론하지 않으면 안 되는 단계에 이미 와 있다. 20세기 초에 짐멜이 비판한 것처럼, 욕망이 우리의 삶을 온통 '돈'이라는 단순한 잣대를 가지고 바라보게 하는 단계로 넘어갔다. 고대부터 전근대에 이르기까지 도덕론의 전개 과정에 본의가 아니었든 황제 권력에 의해서였든 인민의 욕망에 대한 억압이 문제되었다면, 근대성의 전개나 근대 전환기 이후부터 오늘날까지 진행되고 있는 모더니티의 전개 과정에서도 욕망은 역시 문제가 되었으며, 그것은 현재 진행형이다. 근대 합리성이라는 물질주의 속의 욕망은 타자의 영토를 빼앗는 제국주의를 낳았고, 일반인들의 욕망은 과도한 물질주의를 배태하게 하였다. 돈, 즉 자본을 매개로 한 삶의 공간은 사람의 몸과 마음을 단순하게 흡입하고 있다.

이렇듯 세상이 온통 물신주의에 빠져들고 있다. 짐멜에 의하면, 돈에 대한 열망은 정착된 화폐경제에서 영혼이 보여주는 항구적인 상태이다. 그래서 사회 심리학자인 그는 돈이 바로 우리 시대의 '신'이라고 탄식한 사람들의 입장에 주목했다. 그는 거기에서 돈에 대한 표상과 신에 대한 표상 사이에 존재하는 의미 있는 관련성을 밝혀낼 수 있었다. 이 세상의 모든 다양성과 대립은 '신'을 통해서 통일성에 도달하게 된다면, 돈은 점점 더 모든 가치들을 충분하게 표현하는 등가물(等價物)이 됨으로써, 아주 추상적인 높이에서 객체들의 매우 광범위한 다양성을 초월하게 되며, 사물들이 상호 접촉하는 중심이 된다.[471]

너무 오래도록 도덕론에 편향되어 욕망을 논하는 것은 분명히 문제가 있다. 인간에게는 주어진 시·공간적 조건은 그런 것 말고도 여러 메커니즘들을 요구하기 때문이다. 걸핏하면 '도덕'을 들먹인다면 도덕 이외의 수많은 이치들은 삶 속에서 소홀하게 여겨질 수도 있다. 아무리 도덕적 이치라 하더라도, 그것은 현실과 관련된 것이므로 유연하게 적용하지 않으면 안 된다.

그와 같이 '도덕'이라는 명분으로 욕망이 억압되어서도 안 되지만, 무한한 욕망이 빚어낸 '물질주의의 망상'으로 인해 '물신(物神)'의 지경에 이른 오늘날의 상황에서, 전근대적 시각에서 부정하던 욕망이든 근대성의 모더니티에서 비롯된 자본이나 돈을 향한 욕망이든, 그것들 모두에 대해 한 번쯤 성찰해 보아야 하지 않을까?

돌이켜보면 19세기의 동아시아는 일정 부분 서구 물질문명의 메커니즘에 영향을 받으면서 '욕망'의 문제를 접근했지만, 오늘날 다시 과도한 물질 합리성의 추구를 극복하기 위한 대안을 고민하면서 욕망의 의미를 논하고 있음을 볼 때 격세지감은 있지만, 오늘 우리 시대를

471) 게오르그 짐멜 지음, 김덕영·윤미애 옮김, 『짐멜의 모더니티 읽기』, 새물결, 2005, 27~28쪽 참조.

반영한 욕망의 문제를 어떻게 할 것인가에 관한 과제는 여전히 남아 있다고 할 수 있다.

(2) 도리와 물리, 그리고 의리와 욕망

우리는 이치로 산다. 그 이치에는 사람의 도리가 있는가 하면, 사물의 이치가 있다. 사물의 이치에는 물리(物理)가 있는 하면 사리(事理)도 있다. 그런 이치들은 사람이 살아가기 위해 요소요소에 산재해 있는 메커니즘이다. 그렇게 무수하게 많은 메커니즘들이 있지만, 이 메커니즘을 실현하는 주체는 사람이다. 문제는 사람이 어떻게 이 메커니즘을 실현하느냐이다. 이치란 본질적으로 완벽하고 올바른 것 그 자체인데, 이러한 이치를 사람이 어떻게 올바르게 실현해 내거나 시현해 내느냐가 과제로 남는다.

이런 의미에서 의리의 문제를 언급할 필요가 있다. 만약 자칫 사람의 '욕망'이 어떤 일을 처리하는 과정에서, 마땅히 있어야 할 '의리'를 손상하지는 않을까 하고 우려해 보아야 하지 않을까? 이는 도덕합리주의의 전통에서 매우 중요한 토론거리였는데, 오늘의 우리 삶 속에서도 여전히 유효하지 않을까?

의리란 의(義)와 리(理)이기도 하다. 즉 정의와 이치이다. 그 조어(造語) 관계가 어떻든 '올바름'을 나타낸다. 주자학적 사유체계에서 '의'에 '이(理)'를 붙였다는 느낌이 강하게 들지만, '의'는 바로 '이'로서, 천부적으로 인간에게 부여되었다고 믿는 '올바름'이다. '의리'는 용어상 『예기(禮記)』「예기(禮器)」편에 보인다. "선왕이 예를 세웠는데, 근본의 측면도 있었고 문명적 꾸밈의 측면도 있었으니, 충신(忠信)은 예의 근본 차원이었고, 의리는 예의 문명적 꾸밈 차원이었다.

근본이 없으면 올바르지 않고, 꾸밈이 없으면 시행되지 않는다."[472] 라고 하였다.

그런데 유가 철학에서 '의리'는 마음의 중요 부분이 된다. 『맹자』에는 '이치와 정의'의 마음, 이른바 '이의지심(理義之心)'에 대해 주목하고 있는 부분이 있다. 맹자는 모든 사람의 마음에서 공통적인 것은 바로 이(理)나 의(義)라고 하였다. 맹자가 보기에, 누구나의 마음에 '이' 또는 '의'가 자리 잡고 있어서, 이런 이치와 정의의 측면이 우리의 마음을 뿌듯하게 해주는데, 그것은 쇠고기나 돼지고기가 우리의 입을 기쁘게 해주는 것과 같다고 비유하고 있다.[473] 여기에서 맹자는 세상 사람들이 자신의 마음에 갖추어져 있는 정의와 이치의 보편성을 놓치고 있음을 아쉬워 한 것으로 볼 수 있다. 실은 육체의 즐거움 못지않게 정의가 인간의 정신 차원의 기쁨을 유발할 수 있을 것인데, 그것을 놓치고 있음을 맹자가 지적했다고 할 수 있다.

여기에서 우리도 마음 차원의 이치와 정의에 주목해보자. 맹자는 '육체의 기쁨', 즉 욕망에 치우친 나머지 '의리'를 소홀히 한다는 푸념을 내비쳤다. 더욱이 맹자는 의리와 짝을 이루는 호연지기의 지대지강(至大至剛: 지극히 크고 굳셈)한 기운을 가지고 세상에 정의를 실현할 수 있을 것으로 보았다.[474] 이런 마음을 기르는 데에는 욕심이나 욕망을 줄이는 것보다 좋은 방법은 없다고 하였다.[475] 거꾸로 말하자면 욕심이 의리를 지키는 데 가장 방해가 된다고 여긴 것이다.

한편 아무리 욕망이 내면을 성취하는 동력으로 작동하는 긍정적

472) 『禮記』「禮器」, 先王之立禮也, 有本有文. 忠信, 禮之本也; 義理, 禮之文也. 無本不正, 無文不行.

473) 『孟子』「告子章句上」 7장, 心之所同然者何也? 謂理也, 義也. 聖人先得我心之所同然耳. 故理義之悅我心, 猶芻豢之悅我口 참조.

474) 『孟子』「公孫丑章句上」 2장.

475) 『孟子』「盡心章句下」 35장.

인 측면이 있다 하더라도, 욕망을 누릴 때 발생하는 공공성의 문제는 없을까?

어떤 사람의 욕망이 기본적으로 인정되고 그의 사욕이 이 세상에서 누려지는 것은 당연한 것이라고 하더라도, 그 사욕이 다른 사람의 사욕과 충돌한다면 그것 또한 큰 문제일 것이다. 이런 우려는 욕망의 '공적인 누림'과 관련되는 것인데, 고염무나 황종희의 견해에서도 그런 지적은 이미 나타나고 있었다.

욕망을 누릴 때 공공성을 고려해야 하는 것 외에도, 우리는 그 격조도 고려해 볼 필요가 있지는 않을까? 그렇다고 할 때 욕망을 적극적으로 부정한 엄숙주의 이학(理學)에 대해 나름대로 절충주의 입장에 섰던 사람들의 견해를 참고할 필요가 있다. 예컨대 나흠순이 말한 욕망의 방종함에 대한 경계, 하심은의 공욕(公欲: 공적인 욕망), 유종주의 양욕(良欲: 착한 욕망), 최한기 등에 의해 제기된 선욕(善欲: 선한 욕망)이나 귀욕(貴欲: 차원 높은 욕망) 같은 격조 있는 '욕망의 성취'에 귀를 기울일 필요가 있다.

특히 최한기가 말한 '선욕'이나 '귀욕'은 '악욕(惡欲: 악한 욕망)'이나 '천욕(賤欲: 천박한 욕망)'에 대비되는 것인데, 그는 이러한 표현을 통해 자신이 살고 있던 그 시점에서, 앞으로 다가올 시대에는 '근대적 이성'을 받아들이지 않으면 안 된다고 예견하고, 닥쳐올 '천박한 자본주의'를 문제 삼으면서 '노블리주 오블리제'를 미리 걱정한 것은 아닐까?

욕망, 그것은 문명사적 각도에서 물질 성취의 동인(動因)이 될 수 있다는 점에서 정당하고, 역사의 동력이라는 점에서 불가피하다. 그렇지만 어떤 목적물을 바라는 이기심으로서의 욕망이라면, 그것은 '사욕'에 지나지 않으며, 그것은 '비합리적 속성'을 갖거나 또는 공공성을 결여한다. 그때 사람들은 오도된 욕망을 통해 타인의 기회를 박탈함으로써, 누구에게나 열려 있는 공적 기회를 '사물화(私物化)'하거나 편취(偏取)할 수 있다.

이제 욕망을 의리에 대비시켜 부정하는 전근대적 발상을 넘어, 현안을 처리하거나 사업을 벌이는 일 또는 사물을 취하려는 모든 욕망들이 과연 '의리'에 부합하는가를 일상적으로 따져야 하는 것은 아닐까?

3. 제대로 사물 보기, 대상의 인식에 장애가 되는 욕망

(1) 욕망에 가려지는 이치

욕망은 사물에 다가가기 위한 '힘'이나 '계기'일 수 있는 반면, 대상을 둘러싸고 분쟁을 야기할 수 있다. 사람 간의 원만한 관계를 막을 뿐만 아니라, 내 앞에 마련된 보편적 질서나 이치의 포착을 방해할 수도 있다. 따라서 전면적으로 욕망을 말살하는 것은 바람직하지 않다 하더라도, '공(公)'과는 전혀 무관한 '사(私)'의 욕망, 즉 역기능만 하는 욕망은 문제 삼지 않으면 안 된다.

살아가는 과정의 요소요소마다에 이치나 법칙성이 있건만, 사람들 특히 지도층은 끝없는 '자신만을 챙기는' 욕망의 굴레에서 벗어나지 않는다. '주지육림(酒池肉林)'과 같은 과도한 욕망을 추구한 사람들을 역사 속에서 무수히 볼 수 있다.

세계사를 통틀어 유례가 없을 만큼 의리론이 전개되던 우리의 구한말 시기에, 기울어가는 나라를 구하기 위해 노심초사했던 최익현은, 원칙을 중시하고 욕망을 배격하는 주자학적 엄숙주의를 실천할 것을 임금에게 호소하였다. 그는 '참된 이치를 가로막는 인간의 욕망'에 대해 조심할 것을 요구하는 상소를 올린다.

> 신은 듣건대, 임금의 몸은 하늘과 땅, 신명과 사람의 주인으로서 관계되는 바가 매우 크니, 반드시 정신이 청명하고 지기가 완고해진 뒤에 온갖 기틀에 응대하면 혼란스럽지 않을 수 있고, 장수를 누리는 데 걱정이 없습니다.
>
> 대체로 임금은 숭고하고 부귀한 자리에 있어, 전후좌우에 기호(嗜好)하는 물건 아닌 것이 없으므로, 크게 지혜롭고 용기 있는 임금으로서 형기(形氣)와 성명(性命)·공사와 대소의 분수를 알아, 어진 사대부를 가까이하고, 시인(寺人)·궁첩(宮妾)들을 드물게 접하기로 마음먹는 분이 아니라면, 거기에 빠져들지 않는 사람이 드뭅니다. 그 중에 주색(酒色)의 해로움이 더욱 심하니, 정신과 지기(志氣)가 이로 말미암아 날마다 소모되면, 비록 잘 다스리려는 마음이 있어도 앞에서 잃고 뒤에서 잘못되어 싫증이 나고 태만해져, 수습하고 진작시켜 모든 일들을 다스려 성취할 수가 없게 됩니다.[476]

욕망이란 인류 문명의 계기이자 원동력의 요소로 작동할 수 있지만, 그것은 마음이 갖는 힘, 즉 의지 또는 의욕과 같은 것을 두고 하는 말이며, 다른 한편으로는 동물적 충동과도 같은 것일 수도 있다. 그것은 이치 실현의 동적 요소라는 점에서 합리적 측면에 어울린다. 그렇지만 왕조라는 세습 권력의 틀 안에서 육체적인 쾌락이나 추구하는

---

476) 崔益鉉, 『勉菴先生文集』 卷3, 「丙寅擬疏」, 臣聞人主一身, 天地神人之主, 所管甚大, 必精神志氣, 清明完固, 然後可以應萬幾而不亂, 可以享壽考而無慮. 蓋人主居崇高富貴之地, 前後左右, 莫非嗜好之物, 自非大智大勇之君, 識得形氣性命公私大小之分, 而以親近賢士大夫, 罕接寺人宮妾爲心者, 則鮮不沈溺於此, 而酒色之荒, 戕賊爲尤甚, 精神志氣坐此而日耗, 則雖有碩治之念, 而前忘後失, 厭苦懈怠, 無以收拾振作綜理成就矣.

국면에서의 욕망은 오히려 주자학적 엄숙주의의 각도에서 접근해야 한다.

지도자의 길에 있는 사람이 '사욕'에 빠져 있다면 공동체가 가야 할 안목은 가려질 것이다. 사회·국가가 나아가는 길에는 허령불매(虛靈不昧: 신령스럽게 깨끗하게 비워 있고, 어둡지 않은 상태)한 지도자의 마음이 있어야 한다. 욕심은 마음을 흐리게 함으로써 앞길을 막는다.

장재 이래 '심통성정(心統性情: 마음이 성품과 감정을 통솔함)'이라는 명제에서 말하는 마음이란, 태극과 같아서 모든 이치를 갖추고 있는 상태를 가리킨다. 그렇게 완벽한 마음을 갖고서, 자칫 잘못될 수 있는 성품을 통솔하고 절제력이 없는 감정을 통제할 수 있다면 바람직한 상태라고 할 수 있다. 마음이 맹목적인 육체의 편에 있는 성품, 즉 기질지성이나 감정(정욕, 욕망)을 통제하지 못하면 이치를 가리게 된다. 그렇게 되면 악의 상태가 되어, 개인이든 단체든 국가든 할 것 없이 모든 일이 비정상적인 상태가 된다. 역사 속에서 이러한 현상이 공교롭게도 왕조의 말기나 정권의 말기에 자주 나타나는 것을 볼 수 있다. 지도자가 과도하게 욕망을 추구할 때에는 더욱 심했다.

> 가령 음식이 어찌 천리가 아니겠습니까마는, 음식으로 인해 진수성찬을 절제하지 않으면 인간의 욕망이 되고, 의복이 어찌 천리가 아니겠습니까마는 의복으로 인해 화려하고 사치하여 절도가 없으면 인간의 욕망이 됩니다. 남녀 관계가 어찌 천리가 아니겠습니까마는, 남녀 관계로 인해 여색에 방탕하면 인간의 욕망이 되고, 궁실이 어찌 천리가 아니겠습니까마는 궁실로 인해 집을 높이 짓고 담장에 조각하면 욕망이 되니, 인간의 욕망은 바로 모두가 천리의 적입니다. 이를 헤아려 나아가면 모두 그러합니다. 만일 형기를 사심에 맡기고, 인간의 욕

망이 치열하도록 버려두면, 이른바 천리는 날마다 소멸되고 달마다 없어져서, 마음에 쌓여 있는 것은 더러운 찌꺼기에 지나지 않을 뿐입니다. 이렇게 하여 몸을 닦고 집을 바로잡아 나라에 파급시킨다는 것은 고금 천하에 그러한 이치는 없었습니다.[477]

절도를 넘는 것은 '인간의 욕망'이다. 일정한 조건 속에서는 궁실·음식·형벌·정토(征討: '정'은 선전포고이고, '토'는 군대를 동원하여 치는 것을 가리킨다)도 필요하며, 또한 그것은 천리이겠지만, 과도하면 '욕망'이라는 것이 송명이학의 인식이었다.

송명이학자들은 기울어 가는 나라에 대해 우려하며 대책을 모색하고, 자신들의 생각을 지도자에게 전달했다. 그들이 생각하기에 봉건 왕조라는 시대적 조건에서 궁실이라는 주거 환경은 천리에 부합한다 하더라도, 호사스럽게 궁실을 높이 짓고 담장을 화려하게 조각하여 장식한다면, 이는 이치를 벗어난 욕망이었다. 욕망은 바로 모두가 천리에 어긋나는 것이라고 한 데에서 알 수 있듯이, 엄숙주의의 중심에 서 있던 정이(程頤) 이후부터, 그것은 제거해야 하는 잘못된 마음씀씀이라고 인식되었다.[478]

만약 경세가라면, 기본적인 욕구만 누리면서 세상을 구제해야 한다. 즉 욕망은 단호히 물리쳐야 한다. 지도자는 의리를 정신적 기반으로 삼기 때문에, 이해와 의리가 충돌할 때에는 이해를 버리고 의리

477) 崔益鉉, 앞의 책, 「丙寅擬疏」, 如飮食豈非天理也, 因飮食而珍羞無節, 則人欲也, 衣服豈非天理也, 因衣服而華侈無度, 則人欲也, 男女豈非天理也, 因男女而作爲色荒, 則人欲也, 宮室豈非天理也, 因宮室而峻宇雕墻, 則人欲也, 纔曰人欲則皆天理之賊也. 推此求之, 莫不皆然, 若任其形氣之私, 而恣其人欲之熾, 則所謂天理者, 日消月亡而此心之所積者, 不過淫沴垢穢而已矣. 以此而能修身正家, 以及於國者, 古今天下, 必無之理也.

478) 程頤, 『程氏易傳』「損」, 天下之害, 無不由末之勝也; 峻宇雕墻, 本于宮室; 酒池肉林, 本于飮食; 淫酷殘忍, 本于刑罰; 窮兵黷武, 本于征討. 凡人欲之過者, 皆本于奉養; 其流之遠, 則爲害矣. 先王制其本者, 天理也; 后人流于末者, 人欲也. 損之義, 損人欲以復天理而已. 참조.

를 지켜야 한다.

구한말에 사상적으로 '의리'에 대해 강조하고 이를 실천으로 옮겼던 대표적 인물인 최익현의 욕망에 인식은, 오늘을 살아가는 우리에게도 시사하는 바 크다. 모든 물질적 욕망을 억제하면서 의리를 지키는 것이 지도자의 임무인데, 당시 조선의 상황은 어떠했는가? 안으로 지도층은 나라를 팔아먹거나 나아갈 방향을 잃은 채 방황하고 있었고, 밖으로 일본 제국주의 비롯한 외부 세력들이 조선의 영토나 물자를 호시탐탐 노리고 있었다.

최익현이 "삼가 빌건대, 현명하신 왕께서는 소신의 말을 망령되다고 여기지 마시고, 성현의 교훈을 믿을 수 있다고 여기셔서, 일찍 깨어 새벽에 일어나서 생각하고 삼가소서. 환관이나 궁첩에게 빠지지 말며, 세속이나 이단에 끌리지 마소서. 성상(聖上)의 학문을 계속 밝히셔서 일취월장(日就月將)하시고, 형기(形氣: 몸에 내재하는 기운)가 물러나 듣게 하여 본심이 맑아지고 인간의 욕망이 말끔히 없어져서 천리가 유통하면, 앞날에 쇠퇴함을 일으키고 나라를 잘 다스려서 상나라 고종과 주나라 선왕 같이, 임금이 학문을 강구한 효과를 밝게 드러내어 우뚝 서서 만세 제왕들의 법이 될 것입니다."[479]라고 한 데에서 알 수 있듯이, 그는 이치의 실현을 위해 욕망을 유보하기를 간절히 요구했다.

이는 우리의 역사 속에서 의리의 실천이 얼마나 중요하게 여겨졌는지를 엿볼 수 있게 해줄 뿐만 아니라, 그것이 현실에서 욕망론과 어떻게 관계되는지를 잘 보여준다. 또한 이 글을 통해, 자기의 이익이

479) 崔益鉉, 『勉菴先生文集』 권3, 「丙寅擬疏」, 伏乞聖明, 以小臣之言爲不妄, 以聖賢之敎爲可信, 蚤悟晨興. 克念克愼. 毋爲寺人宮妾所溺, 毋爲流俗他歧所引, 緝熙聖學, 日就月將, 使氣機退聽而本心澄澈, 人欲淨盡而天理流行, 異日興衰靖邦, 如商宗周宣, 以著明人主講學之效, 卓然爲帝王萬世之法焉. 「병인의소(丙寅擬疏)」는 1866년(고종 3년)의 병인양요 직전에 최익현이 올리려고 했던 상소문의 초안이다.

나 챙기면서 개인적으로 욕망을 모두 누리면서도, 눈앞에 산적해 있는 나라의 현안들에 대해서는 실마리조차 찾지 못하여, 결국 일반 백성들만 엄청난 피해를 입었던 역사적 경험을 거울로 삼아, 오늘을 사는 우리들에게 주는 교훈을 다시 새겨 보아야 하지 않을까?

(2) 이치의 실현과 사려 깊은 마음가짐: 우환 상태

도덕의 이치이든 사물의 이치(즉 사리)이든, 그 이치를 실현하는 주체는 사람이다. 따라서 사람이 없다면 이치는 무용지물이 된다. 이치를 실현하는 주체도 사람이고, 그것을 실현하는 목적도 사람을 위한 것이다. 그렇지만 엄연히 존재하는 그 이치를 보고도 수수방관하거나 딴청을 피우는 경우가 또한 있다. 그리하여 악의 편에 서는 경우이다. 이치의 실현은 우리가 마음먹기에 달려 있다. 도덕적 이치가 있지만 나 몰라라 한다면, 그것은 맹자가 말한 '방심'이 된다. 마음을 놓아버렸기 때문에 남이 죽든 말든 신경을 쓰지 않는다. 그 결과는 '악'이 될 게 뻔하다. 사물의 경우라면, 합리성을 따르지 않고 맹목적인 방향으로 나아가기 때문에 좋은 결과를 거두기 어렵다.

그러면 어떻게 해야 하는가? 고전적으로 말하자면 당연히 '마음'으로 사는 문제가 대두된다. '마음'으로 살아야 한다면, 바로 '마음 상태'가 중요하다. 때로는 '긴장 상태'라고 할 수도 있다. 맹자는 "우환에 살고, 안락에 죽는다."[480]라고 하였다. 우환은 소인배가 좀스럽게 자기만을 염려하는 것이 아니라, 군자가 타자를 염려하는 넉넉한 생각이다. 우환은 나뿐만 아니라 나를 둘러싼 사람·국가·세계에 관한 비

480) 『孟子』「告子章句下」 3장 참조.

전을 제시하려는 여유 있는 고민이다. 그것은 일이 어떻게 될 줄 모르는 상황에서 노심초사하며 나름대로 인간이 해야 할 일이 무엇인가를 고민하고, 때로는 하늘을 우러러 반성하는 것이다.

이렇게 성찰하고 고민하면서 세상을 바라보기를 권장한 대표적인 저작은 『주역』이다. 『서경』에는 유비무환(有備無患)[481]을, 공자는 원려(遠慮)[482]를 말하여, 나와 상대나 대상물에 관해 심원한 접근을 촉구하고, 모든 존재와 현안에 대해 사려 깊게 임할 것을 요청했다. 이런 맥락은 도덕 합리주의에 닿아 있다. 이성의 시선으로 욕망을 우려스럽게 바라볼 것을 권하면서, '지경(持敬: 사람이나 사물을 존경하면서 우러러보는 마음을 견지하는 것)'의 태도를 매우 중요시했다.

'경(敬)'을 지속적으로 유지하는 것을 정이(程頤)는 '주일무적(主一無適: 한 곳에 집중하여 마음에 흐트러짐이 없음)'으로 풀이하였다. 그것은 마음을 한 곳에 집중하여 참된 이치에서 벗어나지 않는 것이다. 이런 태도는 내 마음에서 맹목적인 요소를 비워 "이치를 보존하고, 욕망을 막아내는 일"을 하되, 철저하게 하는 것이다. 이런 성리학적 지향은, 인간 내면에 존재하는 동물적 불합리성에 의해 객관적 사리·사실·사물의 올바름·정의가 가려지는 것을 경계한 것이다. 이는 세상을 살아가는 데 필요한 사리를 찾고, 또한 그 이치를 실현하는 데에 치밀성·정밀성·주도면밀한 태도를 요청한 것이다.

481) 『書經』「說命」 참조.
82) 『論語』「衛靈公」 11장 참조.

4. 참된 마음의 경계와 욕망의 실현

(1) 욕망의 보편성과 물질의 추구

인간도 동물적인 한, 사물을 접근하는 기준이 욕망이나 이익과 관련된다. 더욱이 동물적이라는 것은 물리적이면서 육체적이며 생리적인 존재론적 국면에 관계하는 것이고, 그것은 욕구나 욕망과 같은 존재의 조건과 밀접하게 연결되어 있다.

이미 순자는 인간을 무한한 욕망의 존재로 파악하여, 자기 자신을 위해 이익을 추구하게 되는 멘털리티에 주목했다. 리처드 도킨스(Richard Dawkins)도 역시 『이기적 유전자』에서, 이성을 강조하는 근대적 사고방식도 유전자의 꼭두각시에 불과하며, 인간도 여타의 생물과 마찬가지로 자기를 도모하고 자기 영역에서 문화를 향유하는 존재라고 보았다.[483] 또 『이타적 유전자』라는 저작에서는, 언뜻 인간은 타자를 위한 경향성을 띠는 것처럼 보이지만, 이것 역시 궁극적으로는 '이기적인' 자신의 이익을 도모한다는 점을 보여주는 것이라고 하였다.[484]

굳이 자기의 이익을 도모하는 인간성을 참고하지는 않더라도, 우리가 살아가는 데에서, 물질성의 공간은 피할 수 없다. 무소유·금욕주의와 같은 수도자적 자세는 우리가 살아가는 세속 사회에서는 불가능하다. 물질을 기반으로 몸과 마음이 움직이는 삶의 현장이기 때문이다. 다만 타자의 '소유'와 '욕망'에 관련된 일을 하거나 고민하지 않

483) Richard Dawkins, 이용철 옮김, 『이기적인 유전자(*The Selfish Gene*)』(1976), 동아출판사, 1992 참조.

484) Matt Ridley, 신좌섭 옮김, 『이타적 유전자(*The Origins of Virtue*)』, 사이언스북스, 2001 참조.

으면 안 되는 자리에 있는 사람, 예컨대 정치인·정부 관료·시민운동가가 아니라면, 물질적 관점에서 대상을 바라보는 사람들의 행위가 잘못이라고 할 수 없다. 다만 이기적으로 욕망을 추구하는 것이 공동의 이익을 파괴할 때 문제가 되지, 그 자체가 비판의 대상이 될 수는 없다. 남과 나 사이에 원활한 관계를 확보하는 데 방해가 되는 물욕, 예를 들어 뇌물을 받는 행위나 공정한 게임을 저해하는 증여 행위, 혹은 한정된 재화를 두고 남보다 많이 차지하려는 이기적인 욕심은 비난받아야 한다.

> '서울의 한 사립고 교장 자택 금고에서 5만 원권으로 현금 17억 원이 쏟아졌다'. ……검찰은 공금 11억 원을 횡령하고, 교사 채용 대가로 억대의 돈을 받은 혐의 등으로 A 교장을 불구속 기소했다. 하지만 검찰은 돈다발의 정체에 대해선 밝히지 않았다. "현금이라 출처를 확인하지 못했다."라는 것이다. A 교장은 "37년간 임대 수입을 모은 돈으로 원래 임대업자 집에는 현금이 많다."라고 해명했다. 그러나 세상 사람들은 고개를 갸웃했다.[485]

황당하면서도 사리에 전혀 맞는 않는 욕망에 의해 물질을 소유한 사례이다. 그 많은 돈을 가지고 무얼 하려고 했을까? 자손만대에 물려주려고 했을까? 이렇게 잘못된 욕망 표출 사례가 있다고 해서, 보편적 욕망마저 부정하고, 욕망 그 자체를 원천적으로 단절시켜야 한다고 할 수는 없다.

최한기의 견해를 빌자면, 물질에 대한 욕망이라 하더라도, 인간이

485) 중앙일보(입력 2012.03.31 00:20, 수정 2012.03.31 22:39), '뉴스 속으로' 기사.

더불어 살기 위한 규범·행위·절차에 위배되지 않는다면 그 자체를 금기시해서는 안 된다.[486] 그렇지만 물욕이란 사람 간에 충돌을 야기하여, 그 밖의 모든 가치를 잠식하거나 빼앗을 수 있다. 그것이 극에 달하면, 사기나 도둑과 같은 범죄뿐만 아니라, 이른바 '교장 선생님의 검은 돈'과 같은 반사회적 행위를 유발할 수도 있다.

물질성·돈·자본에 지나치게 매달리면 인간적 면모는 사라지며, 더불어 살아가는 데에 필요한 공동체의 기반을 상실하게 된다. 뿐만 아니라 인간을 맞아줄 여타의 공간이 생겨나는 것조차 방해할 것이다. 공리(功利)를 추구하는 욕망이 금기시되어서도 안 되겠지만, 자기 자신만을 위하는 욕망이라면 극복되어야 하지 않을까?

(2) 사람의 마음이 가는 곳: 의경(意境)

인간은 '길'을 찾아 나서게 되어 있다. 그것은 어쩌면 욕망이 빚어낸 인생의 여정일 수 있다. 이런 욕망의 '길'을 사람들은 노마드 정신에 비유하기도 한다. 시·공간에서 이루어지는 그 자리와 그 모습을 사람들은 형이상학적으로 승화시키기도 한다. 때로는 만인이 따라야 할 정체성, 즉 사람의 길로 숭고화(崇高化)하기도 한다. 이런저런 방식으로 인간은 각자 자신의 의지를 따라 살아가는 '길' 위에 서 있다. 누구든 그런 길을 간다는 점에서는 평등하다. 그런데 그 중 어느 길이든 존재하는 지점이 또한 하나의 경계일 것이다.[487] 가지 않으면 안 되는 궁극적 경계, 즉 구경(究境)은 욕망이 있는 사람이라면 가지 않으면 안

486) 崔漢綺, 『人政』 卷11 教人門[4] 除物欲 참조.

487) 이명수, 「공간, 장소 그리고 경계에 관한 노장철학적 접근」, 『동아시아문화연구』 51집, 2012, 236쪽 참조.

되는 공간이다.

인간의 몸은 물질로 구성되어 있어서 물리적 수용 공간을 필요로 한다. 몸과 마음에는 운동성이 내재해 있어서 사회적 공간과 같은 대외 교섭의 장이 요구된다. 그러면서 사람은 그들을 품어 줄 공간이 좀 더 다양했으면 하는 '바람'을 갖는다. 그 '바람'에는 의지·의식·인식 작용이 포함되어 있다. 그와 같은 내면 상태는 사람으로 하여금 몸과 마음을 외부로 확장하게 하는 계기가 된다.

그런데 그 궁극적인 경계는 물리적 장소뿐만 아니라, 추상적 공간, 즉 형이상학에 걸쳐 있다. 이 같은 의미에서 풍우란(馮友蘭, 1895~1990)은 인간의 경계를 말했다. 그는 인생의 경계를 자연 경계·실리(공리) 경계·도덕 경계·천지 경계로 나누었는데, 사람마다 그런 궁극적 경계에 대한 느낌과 이해의 정도를 달리하고, 그들이 도달한 경계 또한 제각각이라고 하였다. 자연 경계는 비교적 낮은 경계이고, 이러한 경계에서 인간은 '재주대로 살고', '습관에 따르며', 본능이나 풍속에 따라서 일한다. '공리 경계'에서의 인간은 그 행위의 동기가 '이익을 위한 것이고', 그 특징은 '남으로부터 무엇인가를 얻으려고' 추구하는 것이다. '도덕 경계'에서의 인간 행위는 '정의를 실천하고', '남에게 베푸는 것'을 추구한다. '천지 경계'는 가장 높은 인생 경계로, '자연을 섬기는' 경계이고, 천인합일의 경계이다. 이러한 경계에서 인간은 자신이 사회의 일부분임을 의식할 뿐만 아니라, 또한 자신은 우주의 일부분이라는 것도 의식하게 된다. 따라서 사회에 공헌해야 할 뿐만 아니라, 우주에 대해서도 공헌해야 한다.[488]

종백화(宗白華, 1897~1986)는 인간과 세계 사이의 관계의 층차에 의

488) 馮友蘭, 『新原人』「境界」, 三聯書店, 2007, 43~61쪽 참조.

거해서 경계를 다섯 가지로 나누었다. 생리적(生理的) 물질의 필요를 만족시키기 위해서 공리 경계가 있고, 무리가 공존하고 서로 사랑하는 관계 때문에 윤리 경계가 있고, 무리가 조합해서 서로 만든 관계 때문에 정치 경계가 있고, 끝까지 만물의 이치를 연구하고 지혜를 추구하기 때문에 학술 경계가 있고, 본연의 모습으로 돌아가 은연 중에 하늘과 인간이 서로 일치하기를 바라기 때문에 종교 경계가 있다는 것이다. 그리고 공리 경계는 이로움을 주장하고, 윤리 경계는 사랑을 주장하며, 정치 경계는 권력을 주장하고, 학술 경계는 진리를 주장하며, 종교 경계는 신(神)을 주장한다는 것이다.[489]

풍우란의 지적대로라면, 자연 경계에서 타고난 대로 살아가고, 공리 경계에서 자신의 이익이나 챙기며, 도덕 경계에서 타자를 위해 정의롭게 살고, 천지 경계에서 이상적 자연의 경지에 도달하여, 온 우주 차원에서 사람이 할 수 있는 일을 다 하는 것이다. 이렇게 누리는 인간의 경계는 가장 바람직한 인간다운 공간일 수 있을 것이다. 풍우란은 자연 경계보다는 공리 경계를, 공리 경계보다는 도덕 경계를, 도덕 경계보다는 천지 경계를 고급 경계로 간주하여, 우리 인간이 성인처럼 완전한 인간이기를 기대하였다.[490] 그러면서 풍우란은 우리 인간이 점차 수준 높은 도덕인의 경계·경지에 도달할 것을 희망했다.[491]

인간이 머물고 누리려는 궁극 경계란, 물질·정치·경제·사회·예술·종교 등의 차원에 걸쳐 있다. 그런 경지에 걸쳐 몸과 마음을 공간적으로 수용해 줄 것을 욕망하는 것은 역시 끝이 없다. 이런 인생의 경계

489) 劉學, 『先秦諸子思惟研究』, 湖南人民出版社, 2009, 162쪽 참조.
490) 馮友蘭, 『新原人』「境界」, 三聯書店, 2007, 43~61쪽 참조.
491) 이명수, 앞의 책, 237쪽.

는 궁극적으로 이른바 진선미성(眞善美聖)의 경계이다.

그렇지만 이런 이상적 공간이나 경계에 도달하기에 앞서, 달리 말하자면 형이상학적 경계에 도달하기에 앞서 생명체로서 몸을 수용해주는 물질적 공간이야말로 참으로 기초적인 것이다. 그 같은 구체적 공간 내에서 '인간적' 공간 경계가 확장되어야 한다. 인간은 몸을 통해서 물질적 이익을 실현하고, 예술을 추구하며, 역시 도덕적 본능을 실현하기 위해 대외적으로 교섭하려는 욕망을 갖는데, 그것은 일정 부분 장소를 통해 실현한다고 할 수 있다. 그런데 그 장소는 인간의 몸이 진행하는 역사 활동의 장이거나 대외 교섭의 지점이다. 몸이 지탱하고 있는 영혼(정신)도 역시 경계를 확장하여 물질적인 것 이상을 추구하려고 한다. 그런 점에서 우리는 일차적으로 물질성과 관련한 욕망 추구의 경계, 근대성의 합리주의, 근대 모더니티 등은 거부할 수 없을 것이며, 그렇다고 물질 범주의 욕망 활동에 그치는 인간의 행위만을 권장할 수도 없다. 종백화나 풍우란 모두가 지적했듯이, '공리' 또는 '실리'의 경계 외에 정치·경제·사회·문화·예술에 걸친 인간이 추구하는 '다양한 의지의 땅'을 살펴야 한다.

'도덕에 가린 욕망'뿐만 아니라 근대적 물질 합리성으로서 '돈의 메커니즘'에 매몰된 '욕망 국면의 성찰'이 요구되거니와, 19세기 중반부터 20세기, 아니 오늘에 이르도록 횡행하고 있는 '물질적 욕망'을 확장하려는 제국주의에 대해서도 성찰해야 한다. 물질적 성취에 그치고 마는 인간의 욕망 활동이 여타 '인간 존재의 다양한 이치'를 가로막는 단순성도 돌아보아야 한다. 이런 맥락에서 논의되어 온 포스트모더니즘의 모색이나, 최근에 울리히 벡이 외쳐대는 제2 근대성 같은 '대안적 문명 행위'를 모색하는 것도 의미가 있다.

(3) 나쁜 욕망의 '경계'와 한계 넘기

이 세상에 모든 사람들이 욕망하는 것을 실현할 수 있을 만큼 모든 조건들이 구비되어 있다면 얼마나 좋을까? 그런데 현실은 그렇지 못하다. 인간에게는 항상 '결핍된 욕망'만 있을 뿐이다. 재화를 비롯하여 우리가 바라는 것들은 모두 한정되어 있는 반면, 우리의 욕망은 무한히 크다.

따라서 맹자도 지적한 것처럼, '농단(壟斷: 129쪽 참조)'[492]을 쌓아 타자에게 돌아갈 것을 독점하거나 빼앗을 개연성과 잠재성은 누구에게나 있다. 이는 근대에 접어들어 제국주의로 변해 버린 서구 모더니티의 한계인데, 이런 현상은 항상 우리의 삶의 언저리에 널려 있다고 할 수 있다.

어떤 영역에서 '사욕'을 누렸던 사례는 역사 속에서 어렵지 않게 찾을 수 있는데, 중체서용·동도서기·옥시덴탈리즘·오리엔탈리즘을 포함하여, 강유위가 제기한 국계(國界)·급계(級界: 계급의 경계)·종계(種界: 인종의 경계)·형계(形界: 몸이 만드는 경계)·가계(家界)·산계(產界: 생산의 경계)·난계(亂界: 혼란의 경계)·유계(類界: 인간과 인간 이외의 다른 생물을 구별하는 경계)·고계(苦界: 고통의 세계) 등 아홉 가지의 경계들 가운데 나라·계급·인종·형계·가족 등등을 의미하는 사적 경계는 바로 그 같은 역기능적인 욕망의 소산일 것이다.

이런 치우침의 경계는, 민족과 국가 내부는 물론이고 전 세계에 이르기까지 산재해 있고, 그 경계 사이에서의 갈등과 분쟁은 멈추지 않고 있다. 인민 내부의 대립 투쟁도 있고, 국가 간의 투쟁도 있다.

---

492) 『孟子』「公孫丑章句下」 10장.

저마다 동질성·정체성·도를 들먹이면서 경계를 만들어 싸움질을 한다. 강유위는 이렇게 말했다.

> 온 세상·나라·가정·개인, 이것들은 옛 잔챙이의 도이다. 나라가 있고 가정이 있고 개인이 있다면, 각기 '경계'를 두어 스스로 사사롭게 자기 경계만을 아낀다. 그래서 공리(公理)를 해치고 진화를 막는 일이 심하다.[493]

이미 살펴본 것처럼, 강유위는 정감 철학의 관점에서 "욕망은 자연적인 것이고, 이치는 사람이 만든 것이다."라고 하여, 결코 이치 속에 인간의 욕망이 매몰될 수 없다는 견해를 보였다. 그러면서 욕망 충족을 위해 타자의 소유를 박탈하거나 약탈할 개연성에 대해 우려했다.

'경계'를 내세우고 지역적 가치관을 선전하여 자신만의 욕망, 즉 사욕을 채우려 하는 리더십을 비판했다. 그 같은 자기만의 경계는 제거되어야만, 누구나가 원만하게 욕망을 충족할 수 있고, 고통에서 벗어나 즐겁게 살아갈 수 있을 것으로 보았다.

동아시아 역사를 보면 격동기에, 특히 왕조 교체기에 극에 달했던 정치·학문·교육에 걸친 이념적 획일성은, '정체성'의 탈을 쓰고 사람들의 다양한 욕망의 '경계'를 차단하였다. 이런 현상은 세계사적으로도 마찬가지였다. 자기의 후손들이 대대손손 영원히 나라를 지배하려고 꿈꿨던 전제 왕권이 수시로 '백성'의 온갖 욕망을 억압했던 전근대 시기는 물론이고 오늘날까지도, 그와 유사한 형태로 타자를 나로부터 분리시키는 행위는 끊이지 않고 있다.

493) 康有爲, 『禮運注』, 天下國家身, 此古昔之小道也. 夫有國有家有己, 則各有其界, 而自私之, 其害公理而阻進化甚矣.

그 결과는 사회적으로 갖가지 충돌을 불러일으켰고, 급기야 혁명으로 발전하여 왕조를 전복하기도 했다. 그런 예로는, 지난 2011년에 중동과 아프리카에서 일어난 재스민 혁명(중동 지역의 민주화 운동을 일컫는 말)을 들 수 있다. 마치 『춘향전』에서 암행어사 이몽룡이 포악한 사또인 변학도를 빗대어 쓴 한 편의 시에 표현되어 있는 것처럼, 자손만대에 걸쳐 부귀영화를 누리려는 과도한 욕망은 타자의 최소한의 욕망조차 박탈하는 악순환을 낳았다. 그렇다면 이 같은 부패에 대한 자기 검열은 계속되어야 할 것이다.

> 금 술동이의 맛좋은 술은 천 사람의 피요, 옥쟁반의 좋은 안주는 온 백성의 기름이라. 촛농 떨어질 때 백성들의 눈물 떨어지고, 노랫소리 높은 곳에 원망 소리 높도다[金樽美酒, 千人血; 玉盤佳肴, 萬姓膏. 燭淚落時, 民淚落; 歌聲高處, 怨聲高].

오늘날 자본주의 이행 과정에서 자본이 추구하는 욕망, 특히 신자유주의가 전 세계를 휩쓸고 있는 상황에서 무한 경쟁을 통해 욕망을 추구하는 것은 '효율성'과 '상품성'을 근거로 하고 있다. 사람·지역·국가를 막론하고 자신 이외의 타자가 지닌 가치는 인정하려 하지 않는다. 때로는 인간이 지닌 예술·종교 등에 걸친 문화적 감수성을 심각하게 왜곡하기도 하고, 심한 경우에는 삶 자체를 빼앗기기도 한다.

이런 점에 비추어, 욕망의 방향성이 설정되어야 할 것이다. 나의 '욕망 경계'가 타자의 그것을 침범해서는 안 된다. 나 이외에 타자 존재를 인정하지 않거나 인식하려 하지 않는 치우침의 경계는, 사람 간의 관계뿐만 아니라 인류가 나아가야 할 길에 장애가 될 수도 있으므로 제거되어야 하지 않을까?

| 참고문헌 |

[주요 원전]

『四書五經』, 『老子』, 『莊子』, 『荀子』, 『朱熹集』, 『朱子語類』, 『韓國文集總刊』 등.
康有爲, 『康有爲全集 1』, 上海古籍出版社, 上海, 1990(3版).
康有爲, 『孔子改制考』, 中華書局, 1988.
康有爲, 『大同書』, 帕米爾書店, 臺北, 1989.
羅欽順, 『困知記』, 中華書局, 1990.
譚嗣同, 『譚嗣同全集』, 中華書局, 1981.
戴震, 『戴東原先生全集』, 大化書局, 臺北, 民國 67年.
戴璉璋·吳光 주편, 『劉宗周全集』(2冊), 臺北, 中央研究院中國文史哲研究所 籌備處, 1986.
戴望, 『戴氏注論語』 卷一二, 『續修四庫全書』 157, 經部, 四書類/續修四庫全書編纂委員會 編, 上海古籍出版社, 1995.
孫中山, 『孫中山全集』, 中華書局, 1981.
沈大允, 『沈大允全集』, 成均館大學校 大東文化研究院, 2005.
梁啓超, 『飮氷室文集』, 中華書局, 臺灣, 1978.
梁啓超, 『淸代學術槪論』, 中華書局, 臺灣, 1978.
嚴復, 『嚴復集』, 中華書局, 1986.
呂坤, 『呻吟語』, 江蘇古籍出版社, 2002.
王艮, 『王心齋全集』, 臺灣廣文書局, 1989.
王畿, 『王畿集』, 鳳凰出版社, 江蘇古籍出版社, 2007.
王夫之, 『船山全書』, 湖南省, 嶽麓書社, 1988.
王夫之, 『張子正蒙注』, 中華書局, 1975.
王守仁, 『王陽明全集』, 上海古籍出版社, 1992.
魏源, 『魏源集』, 中華書局, 1976.
喩博文, 『正蒙注譯』, 蘭州大學出版社, 1990.
陸九淵, 『陸象山全集』, 中國書店, 1992.
李珥, 『栗谷全書』, 成均館大學校 大東文化研究院, 1971.

李贄,『焚書·續焚書』, 中華書局, 2009.
張載,『張載集』, 中華書局, 2008.
鄭觀應,『盛世危言』(上·下), 上海古籍出版社, 2008.
丁若鏞,『孟子要義』, 驪江出版社, 1985.
陳亮,『陳亮集』, 中華書局, 1974.
崔益鉉,『勉菴崔先生全書』, 驪江出版社, 1985.
崔漢綺,『明南樓全集』, 驪江出版社, 1990.
馮桂芬,『校邠廬抗議』, 中州古籍出版社, 1998.
赫胥黎(T. H. Huxley) 著, 嚴復 譯,『天演論』, 臺灣商務印書館, 1987.
黃宗羲,『明夷待訪錄』(四部備要: 子部), 中華書局, 1927.

[단행본]

• 국내서

권태역 엮음,『자크라캉의 욕망이론』, 문예출판사, 1994.
김기곤,『욕망의 인간학』, 세종출판사, 1997.
김석,『에크리—라캉으로 이끄는 마법의 문자들』, 살림, 2007.
김원중 편저,『虛辭辭典』, 현암사, 1898.
김형효,『구조주의 사유체계와 사상』, 인간사랑, 1989.
딜런 에반스 저, 김종주 외 역,『라깡 정신분석 사전』, 인간사랑, 1998.
문정진 외,『중국근대의 풍경』, 그린비, 2008.
미조구찌 유조 외 3인,『중국의 예치 시스템: 주희에서 등소평까지』, 청계출판사, 2001.
미조구찌 유조 저, 김용천 역,『中國 前近代 思想의 屈折과 展開』, 동과서, 1999
서종호,『유학의 욕망론과 인간 해석』, 한국학술정보(주), 2008.
아니카 르메르 지음, 이미선 옮김,『자크 라캉』, 문예출판사, 1996.
이강대,『주자학의 인간학적 이해』, 예문서원, 2000.
李康洙 外,『欲望論—철학적·종교적 해석—』, 경서원, 서울, 1995.
전경갑,『욕망의 통제와 탈주』, 한길사, 1999.
최봉영,『주체와 욕망』, 사계절, 2000.
戶川芳郎, 蜂屋邦夫, 溝口雄三 지음, 조성을·이동철 옮김,『유교사』, 이론과실천, 1990.
홍원식 外,『실학사상과 근대성』, 예문서원, 1998.

丸山眞男 저, 김석근 옮김, 『日本政治思想史硏究』, 통나무, 1995.
황준연 외, 『역주 사단칠정논변 1·2』, 학고방, 2009.
Matt Ridley 지음, 신좌섭 옮김, 『이타적 유전자(*The Origins of Virtue*)』, 사이언스북스, 2001.
Richard Dawkins 지음, 이용철 옮김, 『이기적인 유전자(*The Selfish Gene*)』, 1976, 동아출판사, 1992.
戸川芳郎, 蜂屋邦夫, 溝口雄三 지음, 조성을·이동철 옮김, 『유교사』, 이론과실천, 1990.

• 중국서

江曉原, 『"性"在古代中國』, 陝西科學技術出版社, 1988.
高瑞泉, 『天命的沒落』(修訂本), 上海人民出版社, 2007.
蒙培元, 『中國心性論』, 臺灣學生書局, 1990.
方爾加, 『王陽明心學硏究』, 湖南教育, 1989.
徐復觀, 『中國人性論史』, 臺灣商務印書館, 1969.
徐順教·季甄馥 主編, 『中國近代倫理思想』, 華東師範大學出版社, 1993.
徐義君, 『譚嗣同思想硏究』, 湖南人民出版社, 1981.
蕭公權, 『中國政治思想史』(上), 聯經出版社, 1980.
沈善洪 外, 『中國倫理學說史』(下), 浙江人民出版社, 1988.
王育濟, 『天理與人欲』, 齊魯書社, 1992.
楊國榮, 『王學通論』, 華東師範大學出版社, 2009.
劉學, 『先秦諸子思惟硏究』, 湖南人民出版社, 2009.
章開沅, 『西學東漸與自由意識』, 湖南人民出版社, 1988.
張岱年, 『中國倫理思想硏究』, 上海人民出版社, 1989.
張立文 主編, 『聖境』, 人民出版社, 2005.
張曙光, 『外王之學—荀子與中國文化』, 河南大學出版社, 1995.
程宜山, 『張載哲學的系統分析』, 學林出版社, 1989.
鄭鶴聲, 『論譚嗣同的變法思想及其歷史意義』, 文史哲, 山東大學, 1954 第9期.
宗白華, 『藝境』, 北京大學出版社, 1999.
鍾賢培, 『康有爲思想硏究』, 廣東高等教育出版社, 1988.
朱伯崑, 『先秦倫理學概論』, 北京大學出版社, 1984.
周兆茂, 『戴震哲學新探』, 安徽人民出版社, 1997.
陳正炎·林其錟, 『中國古代大同思想硏究』, 中華書局(香港), 1988.

蔡尙思,『中國禮教思想史』中華書局(香港), 1991.
許滌新 外 主編,『中國資本主義的萌芽』, 人民出版社, 1985.
侯外廬,『中國思想通史』(5卷), 人民出版社, 1955.

• 일본서

高田淳,『中國の近代と儒教』, 紀伊國屋書店, 1981.
溝口雄三,『中國前近代思想の挫折と展開』, 東京大學出版會, 1980.
近藤邦康·湯志鈞,『中國近代の思想家』, 岩波書店, 1985.
島田虔次,『中國に於ける近代思惟の挫折』, 筑摩書房, 1949.
山根三芳,『朱子倫理思想研究』, 東海大學出版會, 昭和 58年
山井湧,『明淸思想史の研究』, 東京大學出版會, 1980.
西順藏 外 譯註,『仁學』, 岩波書店, 1989.
小野川秀美,『淸末政治思想研究』, みすず書房, 1969.
小野澤精一 外 編,『氣の思想』, 東京大學出版會, 1978.
小野和子,『淸代學術概論』, 平凡社, 1974.
野村浩一,『中國革命の思想』, 岩波書店, 1971.
有田和夫,『淸末意識構造の研究』, 汲古書院, 1984.
竹內弘行,『中國の儒教的近代化論』, 研文出版, 1995.
村瀨裕也,『戴震の哲學』, 日中出版, 1984.
湯淺幸孫,『中國倫理思想の研究』, 同朋舍, 京都 昭和 56년.
丸山松幸,『中國近代の革命思想』, 研文出版, 1982.
橫山宏章,『中國近代政治思想史入門』, 研文出版, 1987.
溝口雄三,『中國の公と私』, 研文出版,1995.

[논문]

• 국내 논문

고재욱,「대진의 遂欲達情論」, 고려대학교 대학원 석사학위 논문, 1981.
권광호,「자아의 욕망을 어떻게 해석할 것인가?—郭象의 욕망관을 중심으로」, 『대동철학』 48집, 대동철학회, 2009.
권광호,「자아의 욕망을 어떻게 해석할 것인가?—장잠의 욕망관을 중심으로」,

『대동철학』 42집, 대동철학회, 2008.
김수중, 「陽明學의 '大同'社會意識에 관한 연구」, 서울대학교 박사학위논문, 1991.
김경호, 「성명과 형기: 욕망 조절의 성리학적 도식」, 『한국사상사학』 26집, 한국사상사학회, 2006.
김세서리아, 「유가 윤리의 실체화가 여성관에 미친 영향과 그 비판에 관한 연구」, 성균관대 대학원 박사학위 논문, 1997.
김수중, 「陽明學의 '大同'社會意識에 관한 연구」, 서울대 박사학위논문, 1991. 8.
김철운, 「대동(大同): 욕망의 동력으로 이루는 유가 공동체」, 『철학연구』 41집, 고려대학교 철학연구소, 2010.
김태동, 「대진의 심지론: 혈기심지의 인식을 중심으로」, 영남대 대학원 박사학위 논문, 2001.
김형찬, 「氣質變化, 욕망의 정화를 위한 성리학적 기획—栗谷李珥의 心性修養論을 중심으로—」, 철학연구 38집, 철학연구회, 2009.
김형찬, 「욕망하는 본성과 도덕적 본성의 융합—다산 정약용의 기호설을 중심으로—」, 『철학연구』 41집, 고려대학교 철학연구소, 2010.
박경환, 「張載의 氣論的 天人合一思想硏究」, 고대대학원, 박사학위 논문, 1997.
박원재, 「道家의 理想的 人間像에 관한 연구: 자아의 완성을 중심으로」, 고려대 대학원 박사논문, 1996.
박재술, 明末 陽明學의 개체 욕망 긍정 경향: 李贄를 중심으로, 시대와 철학, 한국철학사상연구회, 2003.
박재주, 「유가 윤리에서의 이성과 욕망의 관계가 가지는 도덕교육적 의의」, 『초등도덕교육』 23집, 한국초등교육도덕학회, 2007.
오종일, 「유학사상에 있어서 '欲'의 문제」, 『범한철학』 17輯, 1998.
유동환, 「이지의 천리인욕론 연구」, 고대대학원 박사학위 논문, 2000.
유병래, 「『老子』의 '玄之又玄, 衆妙之門' 해석—欲望論의 기본 구조—」, 『철학·사상·문화』 3호, 동서사상연구소, 2006.
유성태, 「孟子·莊子의 수양론 비교연구」, 원광대 대학원 박사학위 논문, 1990.
윤사순, 「유학 윤리의 현대적 變容」, 『범한철학』 17輯, 1998
윤재근, 「대순사상에 있어 인간의 욕망에 관한 해석」, 『종교교육학연구』 31권, 2009.
이경남, 「양수명의 양명 철학에 관한 연구」, 성대 대학원 박사논문, 2001.
이명수, 「康有爲의 大同論的 哲學思惟」, 『東洋哲學』 5집, 한국동양철학회, 1994.
이명수, 「공간, 장소 그리고 경계에 관한 노장철학적 접근」, 『동아시아문화연구』 51집, 2012.

이명수, 「龔自珍의 公羊思想과 그 人文主義」, 『儒教思想研究』 16집, 韓國儒教學會, 2002.
이명수, 「譚嗣同 『仁學』의 평등론에 관한 연구」, 성균관대학교 대학원 동양철학과 박사학위논문, 1992.
이명수, 「로컬적 주체성과 역동성의 경계로서 근대적 자아—중국 근대 유가 철학의 자아 사유를 중심으로—」, 『유교문화연구』 제16집, 성균관대 동아시아 학술원 유교문화연구소, 2010.
이명수, 「儒家哲學에 있어 욕망론 전개의 단초와 그 禮의 의미」, 『한국사상과 문화』 32집, 한국사상문화학회, 2006.
이명수, 「退溪 李滉의 心學에 있어 '敬'과 욕망의 문제」, 『유교사상연구』 28집, 유교학회, 2007.
이승환, 「결과주의와 동기주의의 대결: 진량과 주희의 왕패 논쟁」, 『中國哲學』 Vol.4 No.1, 중국철학회, 1994.
이승환, 「도학파(道學派)와 사공학파(事功學派)의 공적 합리성에 관한 논쟁—주희(朱熹)와 진량(陳亮)을 중심으로—」, 『철학연구』 28집, 고려대학교 철학연구소, 2004.
이종란, 「近代로 나아가는 哲學의 길—開化運動의 哲學思想—」, 『시대와 철학』 제10호, 한국철학사상연구회, 1995.
이종란, 「朝鮮末 儒家倫理와 西洋科學의 結合」, 『孔子學』 제2호, 韓國孔子學會, 1996.
이진우, 「이성과 욕망; 욕망의 계보학—니체와 들뢰즈를 중심으로—」, 『니체연구』 6권, 한국니체학회, 2004.
이화종, 「순자의 욕망론」, 『중국학논총』 12권 1호, 고려대학교 중국학연구소, 1999.
임옥균, 「戴震의 理槪念에 관한 연구」, 성대 대학원 박사학위 논문, 1993.
임홍빈, 「'사변적 정신'과 욕망의 문제」, 『철학』 93집, 한국철학회, 2007.
정도원, 「유가 욕망론의 기본적 특성에 관한 고찰—현실의 본연성과 욕망의 도덕적 승화—」, 『종교교육학연구』 31권, 2009.
정상봉 외, 「중국 유가 철학에 있어서의 이성과 욕망의 관계 연구」, 『시대와철학』 14권 2호, 한국철학사상연구회, 2003.
정용화, 「한국인의 근대적 자아 형성과 오리엔탈리즘」, 『정치사상연구』 제10집 1호, 한국정치사상학회, 2004.
조민환, 「朱熹 天理人欲之辨에 관한 미학적 연구」, 『유교사상연구』 6집, 한국유교학회, 1993.
조병한, 「19세기 중국 개혁운동에서의 '中體西用'」, 『동아시아역사연구』 2,

1996.
조병한, 「康有爲의 초기 유토피아 관념과 中西文化 인식」, 『동양사학연구』 65집, 1999.
조병한, 「淸末 중국의 變革사조와 근대日本 인식—黃遵憲과 康有爲를 중심으로—」, 『사학연구』 88호, 한국사학회, 2007.
최일범, 「生態學的 觀點에서 본 東洋思想의 人間觀」, 『陽明學』 27호, 韓國陽明學會, 2010.
홍성민, 「良知에 의한 욕망의 검열과 극복—주자 욕망론에 대한 왕양명의 실천철학적 변용—」, 『동양철학연구』 60집, 동양철학연구회, 2009.
홍승태, 「맹·순의 욕망론 연구」, 중앙대 대학원 석사논문. 2004.
황갑연, 「중국 유가 철학에 있어서의 이성과 욕망의 관계 연구—선진 유가(공맹순과 중용 및 악기)를 중심로—」, 『중국학보』 45, 한국중국학회, 2002.

• 중국 논문

林克光, 「論"大同書"」, 『中國近代思想家硏究論文選』, 三聯書店(北京), 1957.
張德鈞, 「譚嗣同思想述評」, 『歷史硏究』, 1962년 第3期.
張立文, 「戴震對自然生命的關懷—天性論(上, 下)—」, 『孔孟月刊』第二十九卷 第5, 6期.
趙士孝, 「戴震和程朱在理欲觀上的對峙」, 『中國哲學史』, 1987. 10.
馮友蘭, 「康有爲底思想」, 『中國近代思想史論文集』, 上海人民出版社, 1958.
東方朔, 「心知與心慮—兼論荀子的道德主體與人的概念」, 『國立政治大學哲學學報』 第二十七期, 國立政治大學哲學系, 2012.

• 일본 논문

溝口雄三, 「孟子字義疏證の歷史的考察」, 『東洋文化硏究所紀要』, 48册, 昭和 44年(1969) 3月.
近藤邦康, 「淸末變法論と譚嗣同の思想—變法と聖人之道—」, 『史學雜誌』 69—6, 1960. 6.
木下鐵矢, 「戴震と皖派の學術」, 京都: 京都大東洋史硏究會, 『東洋史硏究』 15卷 3號, 1986.
折下功, 「譚嗣同の思想における 仁の意味」, 『アジア硏究』 2—3. 1956. 3.

馬淵昌也, 「十三—十五世紀の士大夫思想における'欲'の把握をめぐって—'天理·人欲', '道心·人心', '無欲'を中心に」, 『朱子學的思惟—中國思想史における傳統と革新』(有田和夫·大島晃 編), 汲古書院, 東京, 1990.
山根三芳, 「朱子の倫理思想研究—私意について」, 『倫理學年報』 9集, 昭和 35年 2月.

유가 욕망론은 원초적으로 지도 계층의 자격에 대한 인간론적 접근이다. 우리 사회의 인식을 보면, 지도층은 믿음이 가지 않는 사람들이라고 낙인되어 있다. 그들은 일반 국민들과 달리 '대인'의 풍모를 갖추어야 함에도 불구하고, 현실은 그렇지 않다. 특히 정치인들의 경우, 도덕성을 비롯한 모든 면에서 일반 국민의 수준에 미치지 못하는 것으로 여론조사 결과에 나타나 있다.

어떤 조사에 의하면, 현재 자신이 다니고 있는 회사의 동료와 선배 그룹, 그리고 대표에 대한 신뢰도 또한 낮았다. 10명 중 4명 정도만(39.3%) 직장 동료를 믿는다고 답했으며, 직장 선배 및 상사는 31.3%, 회사 대표나 사장은 28.7%의 신뢰도를 보였다. 학교 선생님들을 믿는다는 의견은 36.4%에 그쳤으며, 대학 교수들을 신뢰한다는 의견은 이보다도 낮은 23.5%였고, 사설 학원의 선생님에 대한 신뢰도는 14%에 그쳤다. 이른바 전문가 그룹을 보면, 판사·검사·변호사 등 법조인을 신뢰한다는 응답도 19.6%에 그쳤다. 또 의사를 신뢰한다는 사람은 상대적으로 많은 편이었으나, 이마저도 10명 중 4명 정도(39.8%)에 불과했다. 대부분의 공무원을 신뢰한다는 의견은 단 12.2%로 매우 낮았다. 정부를 신뢰한다는 의견은 6.9%였으며, 정치

인들을 신뢰한다는 의견은 고작 1.9%로 가장 낮았다.[494]

왜 이렇게 되었을까? 저마다 '사적'인 자기를 우선시하고 자신들의 욕망을 채우기에만 바빴기 때문이다. 모든 면에서 대중과 더불어 대중을 위해 존재해야 하는 지도층이지만, 그들은 오히려 자신들의 이익 챙기기에 바빠 '격차 사회'의 주된 요인이 되고 있기 때문이다.

이 같은 사회 현상에 대한 고민의 소산이 바로 유가의 욕망론이었다. 그것은 지도층의 리더십이 본질적으로 정착되지 않은 것을 우려해, '그들'에게 욕망을 절제하고 욕망을 막아내자고 주장한 것이다. 그럼에도 불구하고 오히려 '그들'은 거꾸로 "골고루 나누어 먹어야 해."라거나 "다른 사람도 먹어야 하니 배가 고파도 좀 참아야 해." 라고 기만적으로 대중을 교도하면서, 뒤에서는 저 혼자서 마구 먹어대는 사람들이 되었다. 전제 정권의 왕을 포함한 권력 당사자들은 교묘한 정치술을 통해 대중들이 욕망을 해소할 기회를 빼앗아 자신들의 욕망을 누리는 데 사용하면서, 겉으로는 고상하고 엄숙하게 '도'를 외치고, 보통 사람들에게 욕망이란 누려서는 안 된다고 선전한 것이다.

이는 봉건 왕조가 쇠망하던 시기까지 중국이나 조선이 마찬가지였다고 할 수 있다. 유가의 욕망론은 군자·대인·대장부가 되기는 고사하고 '양상군자'가 되어 보통 사람보다도 못한 '짓거리'를 일삼는 사람을 계도하려는 이론적 전개였다. 이렇게 만연한 부조리에 대한 경종이었다.

공·맹·순의 사상이나 송명이학의 주장의 요점은, 모두가 기득권을 가진 사람들에게 사물을 성취할 때 천리에 어긋나지 않도록 조심하

494) 파이낸셜뉴스, 2014. 8. 08 기사 참조.

고, 하늘이 부여한 도덕성을 실현하여 정의를 이 땅에 실현하라는 것이다. 우리의 경우, 조선의 선비들, 즉 사림(士林)은 역시 임금에게 꾸준히 "전하! ……천리를 지키시고 욕망을 억누르소서!"라고 깨우치려고 하였다. 그렇지만 유가의 욕망론이 자기들에게 적용하려 한 행위지침을 오히려 백성에 대한 교도지침으로만 삼아, 삼강오륜 등을 지나치게 강조하면서 자신들이 악용한 측면이 없지 않았다.

오늘날도 비단 정치인뿐만 아니라 사회의 도처에 산재해 있는 지도층은 엘리트 의식이 있어야 한다. 그들은 제각기 자신들에게 부여된 이치, 즉 이법을 생각하지 않으면 안 된다. 그런 이치를 견지하는 가운데 자기 희생 정신을 사회에 발휘해야 한다. 이것이 바로 유가의 욕망론에 담긴 핵심 취지이다.

그리고 욕망에 대한 인식은 시·공간적 조건에 따라 달라져야 한다. 무엇인가가 참된 이치라고 강조하면서, 욕망을 이치와 대립시켜서도 안 된다. 지나치게 도덕성을 강조한 나머지 욕망을 억제해서도 안 되며, '돈이 되는 이치'를 막아서도 안 된다. 다만 그런 욕망이라면 누구나 함께 더불어 누릴 수 있는 것이어야 한다. 또한 욕망의 갈래는 매우 다양하므로 어떤 기제에 의해 획일화되어서도 안 된다. 이러한 취지로 이 저술을 진행하였다.

마지막으로 이 저술을 진행하는 과정에 도움을 준 익명의 한국연구재단 저술출판 심사자들에게 참으로 고마움을 표현하고자 한다. 사이사이 보완해야 할 대목들에 대한 조언은, 비록 몇 마디 안 되지만 크게 도움이 되었다.

아울러 이 저술에 대한 격려와 조언을 아끼지 않은 많은 선후배들에게 감사의 말씀을 드리며, 기꺼이 출판하여 세상에 알리고자 노력한, '다른생각' 출판사에도 고마움을 전하고 싶다.